Kohlhammer
DEUTSCHER
GEMEINDEVERLAG

Kommunale Schriften für Hessen

Herausgegeben vom Hessischen
Städte- und Gemeindebund

Hessische Kommunalverfassung

Gemeindeordnung, Landkreisordnung, Kommunalwahlgesetz, Kommunalwahlordnung und Gesetz über die kommunale Gemeinschaftsarbeit mit Anmerkungen und Hinweisen sowie einer erläuternden Einführung

Ulrich Dreßler
Leitender Ministerialrat
im Hessischen Ministerium des Innern
und für Sport

und

Ulrike Adrian
Leitende Verwaltungsdirektorin beim Hessischen
Städte- und Gemeindebund

23., überarbeitete Auflage

Deutscher Gemeindeverlag

23. Auflage 2021

Gesamtherstellung: W. Kohlhammer GmbH, Stuttgart

Print:
ISBN 978-3-555-02184-3

E-Book-Formate:
pdf: ISBN 978-3-555-02185-0
epub: ISBN 978-3-555-02186-7
mobi: ISBN 978-3-555-02187-4

Vorwort

Die erste schwarz-grüne Regierungskoalition in einem Flächenland der Bundesrepublik Deutschland hat das Kommunalrecht in Hessen in den Jahren 2013 bis 2020 durchaus erheblich umgestaltet. Nach neun (!) Novellen in den fünf Jahren vom 18. Januar 2014 bis zum 17 Januar 2019 hat es in der gegenwärtigen Legislaturperiode – und damit seit dem Erscheinen der Vorauflage – auch schon wieder fünf Änderungsgesetze gegeben (dazu unter I.). Nicht zuletzt wegen des Umfangs und der Bedeutung dieser Novellen war daher eine Neuauflage dieses Buches angezeigt, damit gerade auch die (neuen) Mandatsträgerinnen und Mandatsträger in den Kommunalparlamenten zu Beginn der neuen Wahlperiode am 1. April 2021 wieder eine vollständige und aktuelle Textausgabe zu Rate ziehen können. Die Entwicklung des Kommunalrechts in den Jahren 2012 und 2013 noch in schwarz-gelber Regierungsverantwortung vor dem Hintergrund der kommunalen Schuldenspirale wird unter II. dargestellt. Die die Kommunalpolitik (auch heute noch) prägenden Themen „Schuldenbremse" und „Energiewende" sind allerdings schon im Jahr 2011 aufgekommen (dazu unter III.). Um die jüngeren Entwicklungslinien des Kommunalrechts wirklich nachvollziehen zu können, empfiehlt sich ein noch weiterer Rückblick bis zum Jahr 1999 (dazu unter IV.); seit jenem Jahr ist die CDU konstant in allen Landesregierungen vertreten. Schließlich ist die im Jahr 2018 (endlich) vorgenommene Modernisierung der Landesverfassung für die Kommunen von besonderem Interesse (dazu unter V.).

I. Die in schwarz-grüner Regierungsverantwortung (2013–2020) vorgenommenen Neuerungen, insbesondere seit dem Erscheinen der Vorauflage im Frühjahr 2019

In der aktuellen Legislaturperiode, die am 18. Januar 2019 begann, hat die zweite Regierung Bouffier/Al Wazir ungeachtet ihrer nur noch knappen Ein-Stimmen-Mehrheit im Landtag die Kommunalverfassung schon fünfmal geändert.

Vorwort

1. Nach Entscheidungen des Bundesverfassungsgerichts vom 29. Januar 2019 und vom 15. April 2019 zur Verfassungswidrigkeit des Wahlrechtsausschlusses von vollbetreuten Menschen musste (auch) Hessen sein Landes- und Kommunalwahlrecht ändern. Mit dem **Gesetz zur Änderung des Landtagswahlgesetzes und anderer Vorschriften vom 30. Oktober 2019** (GVBl. S. 310) wurden u. a. HGO, HKO, KWG und KWO zur Ermöglichung des sog. inklusiven Wahlrechts novelliert. In der vorherigen Wahlperiode hatte der Landtag noch mehrheitlich einen entsprechenden Gesetzentwurf der Fraktion Die Linke (LT-Drs. 19/5271) abgelehnt.

2. Nachdem in Hessen im Februar 2020 noch die „Fassenacht" gefeiert wurde und der kurz darauf positiv getestete CDU-Parteivorsitzendenkandidat F. Merz noch am 11. März 2020 bei einer Parteiveranstaltung in Frankenberg vor 700 Besuchern auftrat, reagierte die Landespolitik ab Mitte März auf die Corona-Gefahr. Am 24. März beschloss der Landtag das **Gesetz zur Sicherung der kommunalen Entscheidungsfähigkeit und zur Verschiebung der Bürgermeisterwahlen** (GVBl. S. 201). Der nur ein Tag zuvor von den Koalitionsfraktionen zusammen mit SPD und FDP eingebrachte Gesetzentwurf (LT-Drs. 20/2591) wurde ohne Anhörung und nach nur einem einzigen Redebeitrag angenommen. Mit Änderungen von HGO, HKO und KWG wurde ein bis zum 31. März 2021 befristetes Eilentscheidungsrecht anstelle des Kommunalparlaments eingeführt. Dringende Angelegenheiten, die keinen Aufschub duldeten, konnten dadurch einem zahlenmäßig deutlich kleineren Ausschuss überantwortet werden. Die von April bis Oktober 2020 anstehenden Bürgermeisterwahlen und Bürgerentscheide wurden kraft Gesetzes verschoben. Die Aufrechterhaltung dieser Termine bei Beschränkung auf Briefwahl nach dem Beispiel des Nachbarlandes Bayern bei den landesweiten Stichwahlen am 29. März 2020 kam für den Hess. Landtag nicht in Betracht. Obwohl das Gesetz Gemeinden, die bereits Wahlscheine (für die Briefwahl) ausgegeben hatten, nicht erfasste und die Gesetzesinitiatoren dafür verfassungsrechtliche Gründe anführten, sagte die Stadtverordnetenversammlung der Stadt Lauterbach die für den 26. April 2021 angesetzte Bürgermeisterwahl ab, während am gleichen Tag die Direktwahl in Münster (Hessen) – als reine Briefwahl – stattfand. Corona stellte die „geordnete Verwaltung" also vor bisher nicht gekannte Herausforderungen, die allerdings verblassen im Vergleich zu den Anforderungen der wirtschaftlichen Folgenbewältigung. Nirgends wurde das so deutlich wie in Hessen in Anbetracht des Freitods des angesehenen Finanzministers Dr. Thomas Schäfer am 28. März 2020. Schäfer, der inoffiziell als einziger in Frage kommender Nachfolger für den Posten des Regierungschefs gehandelt wurde und der sich wie kein anderer um die hessischen Kommunen und ihre Finanzen verdient gemacht hat, wurde nach den Worten von Ministerpräsident Bouffier von den Sorgen um die wirtschaftliche Bewältigung der Corona-Krise gleichsam erdrückt.

3. Sehr viel intensiver wurde im Hess. Landtag der Gesetzentwurf vom 3. Dezember 2019 (LT-Drs. 20/1644) beraten, mit dem die Koalitionsfraktionen ihre Koalitionsvereinbarung vom 23. Dezember 2018 im kommunalrechtlichen Bereich umsetzten. Hier dauerte es fast fünf Monate bis zur Verkündung des **Gesetzes zur Verbesserung der politischen Teilhabe von ausländischen Einwohnerinnen und Einwohnern an der Kommunalpolitik sowie zur Änderung kommunal- und wahlrechtlicher Vorschriften vom 7. Mai 2020** (GVBl. S. 318). Das Gesetzgebungsverfahren wurde dominiert von der heftigen und teilweise kaum erträglichen Kritik der Arbeitsgemeinschaft der Ausländerbeiräte Hessen e.V. (AGAH), die sich mit dem Verlust der Monopolstellung des Ausländerbeirats als einzigem integrationspolitischen Beteiligungsmodell nicht abfinden mochte. Dass die anderen drei Bundesländer (Saarland, Rheinland-Pfalz und Nordrhein-Westfalen), die in den neunziger Jahren diesen Beirat verpflichtend eingeführt hatten, in Anbetracht des schwindenden Interesses allesamt schon viel früher Reformen eingeleitet hatten, wurde ausgeblendet. Die besonders angegriffenen Grünen in Hessen hatten bereits in ihrem Integrationskonzept vom Juni 2011 festgehalten: „Nicht ohne Grund ist die Beteiligung an Wahlen zu den Ausländerbeiräten gering. Wir wollen daher in der hessischen Gemeindeordnung und der Landkreisordnung die Möglichkeit schaffen, die Ausländerbeiräte durch Integrationsausschüsse des jeweiligen Kommunalparlaments zu ersetzen. ... So kann das Nebeneinander – hier der Ausländerbeirat, dort das kommunale Parlament – überwunden werden und den Integrationsausschüssen echte Entscheidungskompetenz inklusive Antragsrecht an das kommunale Parlament übertragen werden.“ Auch gegenüber der kommunalen Selbstverwaltung hat wohl noch nie in der Geschichte Hessens ein Ver-

ein, dessen Mitglieder noch dazu ausschließlich Gemeinden und Landkreise sind, derart misstrauisch und argwöhnisch „Stimmung gemacht“ („Ausländerbeiräte werden de facto abgeschafft“).
Bei all dem Getöse um die Novelle der Ausländerbeiräte blieben die übrigen – teilweise durchaus bedeutenden – Änderungen in dem Gesetzespaket fast unbemerkt. Im Hinblick auf die (nächsten) Kommunalwahlen sind besonders die Ausdehnung des aktiven und passiven Wahlrechts durch Verkürzung der Mindestwohnsitzdauer und die Konkretisierung der Unvereinbarkeit von Amt und Mandat bei kommunalen Arbeitnehmern zu erwähnen. Die Gesetzesnovelle wurde ergänzt durch die nachfolgende **Siebte Verordnung zur Änderung wahlrechtlicher Vorschriften vom 25. Mai 2020** (GVBl. S. 367). Kein Gegenstand der Debatte war die Absenkung des Mindestalters für das aktive Wahlrecht in Hessen, obwohl die Jugendlichen sich in der Diskussion über die Klimarettung besonders engagiert und in der Corona-Krise durchaus als verantwortungsbewusst gezeigt haben (vgl. LT-Drs. 20/3412 v. 5.10.2020). Anders als die Freien Wähler in Bayern haben die Grünen in Hessen, nachdem sie diesen Punkt aus ihrem Landtagswahlprogramm 2018 nicht in die Koalitionsvereinbarung mit der CDU einspeisen konnten, darauf verzichtet, eine neue Diskussion über das Jugendlichen-Wahlrecht zu entfachen. Nicht aufgenommen in die HGO-Novelle – obwohl im Koalitionsvertrag verankert – haben CDU und Grüne auch die Hochzonung der Finanzaufsicht über die kreisangehörigen Gemeinden vom Landrat auf den Regierungspräsidenten. Dass sich die beiden Koalitionspartner gleich zweimal hintereinander – 2013 und 2018 – auf dieses Vorhaben einigten, dies im Landtag auch begründeten (vgl. LT-Drs. 20/533 S. 2), um dann aber bei der nachfolgenden Kommunalverfassungs-Novelle jeweils davon wieder Abstand zu nehmen, ist wohl eine einmalige Merkwürdigkeit.

4. Mit dem Änderungsgesetz vom 4. September 2020 (GVBl. S. 573) wurde § 53 HKO redaktionell überarbeitet.

5. Als die zweite Corona-Welle anrollte, beschloss der Landtag das **Gesetz zur Änderung des Hess. Kommunalwahlgesetzes und anderer Vorschriften aus Anlass der Corona-Pandemie v. 11.12.2020** (in GVBl. S. 915). Das Gesetzgebungsverfahren war ähnlich hektisch wie in der ersten Corona-Welle (vgl. oben Nr. 2), auch dieses Mal gab es keine Anhörung der kommunalen Spitzenverbände. Inhaltlich ging es insbesondere um eine vorübergehende Absenkung des Quorums für Unterstützungsunterschriften, die von sog. nicht privilegierten Wahlvorschlagsträgern zu den allgemeinen Kommunalwahlen und zu Direktwahlen beizubringen sind (vgl. §§ 11 Abs. 4 Satz 1, 45 Abs. 3 Satz 2 KWG).

In der vorherigen Legislaturperiode (18.1.2014–17.1.2019) verantwortete die schwarz-grüne Koalition insgesamt neun Novellen der Kommunalverfassung. Diese Novellen wurden bereits bei den beiden Vorauflagen berücksichtigt, sollen aber hier wegen ihrer nachhaltigen Bedeutung und zum besseren Überblick noch einmal kurz genannt werden:
1. Eines der ersten Gesetze der neuen schwarz-grünen Regierungskoalition war das **Gesetz zur Änderung der Hessischen Gemeindeordnung vom 18. Juli 2014** (GVBl. S. 178). Ziel dieses Änderungsgesetzes war, die Energiewende durch erneute Aufweichung des Subsidiaritätsprinzips in § 121 HGO zu erleichtern. Nach dem in der Tat sehr vorsichtigen ersten Anlauf im Jahr 2011 (vgl. dazu nachfolgend unter III.) hatten die hessischen Kommunen ernüchtert feststellen müssen: „Es bleibt dabei, kein Nachbarland unterwirft seine Kommunen einem derart strikten Subsidiaritätsprinzip gerade für den Bereich der Energieversorgung." Es bleibt im Interesse der Abwehr der in Fukushima im März 2011 so überaus deutlich gewordenen Strahlungsgefahr und vor allem der Vermeidung des Atommülls, für den immer noch kein Endlager gefunden wurde, zu hoffen, dass der nun nochmals überarbeitete § 121 HGO den hessischen Kommunen dabei behilflich sein kann, die ihnen allseits zuerkannte zentrale Rolle bei der Energiewende zu erfüllen.
2. Mit dem **Gesetz zur Modernisierung des Dienstrechts der kommunalen Wahlbeamten vom 28. März 2015** (GVBl. S. 158) hat die schwarz-grüne Koalition zwei weitere zentrale Punkte ihrer Koalitionsvereinbarung umgesetzt, nämlich die **Aufhebung aller Altersgrenzen für kommunale Wahlbeamte** (zurückgehend auf den Beschluss des CDU-Parteitages vom 6.7.2013) und die Abschmelzung der Wahlbeamtenversorgung (zurückgehend auf die stete Kritik der Grünen an der „Luxusversorgung"). Der Zeitdruck, den die Koalition bei dieser Novelle entfachte, kam allerdings überraschend. Da auch das Mindestwählbarkeitsalter für die Landtagsabgeordneten nach der Koalitionsvereinbarung auf die Volljährigkeitsgrenze abgesenkt werden sollte und dies nur – weil in der Landesverfassung (Art. 75 Abs. 2) festgelegt –

durch eine Volksabstimmung möglich ist, hatte man allgemein wegen des Stellenwerts der Bürgerbeteiligung gerade bei den Grünen damit gerechnet, die Koalition werde diese Volksabstimmung, die schließlich (erst) im Oktober 2018 angesetzt wurde, abwarten. Aber in der Praxis wird ohnehin in Anbetracht der demografischen Entwicklung die Aufhebung der Höchstaltersgrenze eine viel größere Rolle spielen. Insofern hatte die einmütige Einschätzung des Hessischen Landtags aus dem Jahr 1962 bei der Einführung der beamtenrechtlichen Amtsausübungshöchstaltersgrenze, der Gesetzgeber „müsse einer Überalterung der leitenden Kräfte in der kommunalen Selbstverwaltung vorbeugen", nach rund 50 Jahre keinen Bestand mehr. Verfassungsrechtlich notwendig war die Gesetzesnovelle im Übrigen nicht; das Bundesverfassungsgericht hatte erst mit Beschluss vom 26.8.2013 (in NVwZ 2013 S. 1540) zur Rechtslage in Bayern festgestellt, dass die Wählbarkeitsgrenze von 67 Lebensjahren keine unzulässige Altersdiskriminierung darstellt.
Das Besondere an der Altersgrenzen-Novelle ist, dass sie in vollem Umfang auf die hauptamtlichen Beigeordneten übertragen wird. Insofern ist Hessen im Ländervergleich wieder einmal vorn. Bis zur Aufhebung des Beamtenrechtsrahmengesetzes im Jahr 2008 hatte der Bund die Beigeordneten als Beamte der zweiten Führungsebene noch der fachlichen Verwaltung und damit dem Berufsbild des normalen Lebenszeitbeamten zugeordnet. Der Landtag sieht das anders („Berufspolitiker"), lässt allerdings interessanterweise die Höchstaltersgrenze bei den mittelbar gewählten Wahlbeamten des Landes (z. B. Präsident und Vizepräsident des Hessischen Rechnungshofs) unangetastet, obwohl in der Koalitionsvereinbarung ganz allgemein von der Abschaffung des Höchstalters für Wahlämter die Rede war. Im Hinblick auf Persönlichkeiten, die sich gut darauf verstehen, in dem Wahlgremium Gefolgschaften zu bilden, wird insofern bereits vor der Gefahr der Gerontokratie („Herrschaft der Alten") der hessischen Kommunalpolitik gewarnt.
Die **Versorgung der kommunalen Wahlbeamten** in Hessen war 1992 unter rot-grüner Regierungsverantwortung anlässlich der Einführung der Direktwahl in Hessen in der Tat sehr großzügig ausgestaltet worden. Lebenslange Versorgungsbezüge nach nur einer Amtszeit – unabhängig vom Lebensalter – gab es außerhalb Hessens nur in Niedersachsen. Die CDU hatte dieses „Versorgungsprivileg" in der Vergangenheit stets mit dem Argument verteidigt, die Wahlämter auf der kommunalen Ebene

müssten in jeder Hinsicht attraktiv ausgestaltet sein, um gute und geeignete Persönlichkeiten anzuziehen. Aber nach der allgemeinen Erhöhung des Renten- bzw. Pensionseintrittsalters auf „67“ und Presse-Schlagzeilen wie „Üppige Pension nach nur einer Amtszeit: Bürgermeister haben ausgesorgt“ war diese Position in der Koalition mit den Grünen nicht länger zu halten. Auffällig ist allerdings das Bemühen, die Versorgungssituation der Bürgermeister und der anderen kommunalen Wahlbeamten an das für Landtagsabgeordnete geltende Recht anzugleichen. Konsequenter vor dem Hintergrund des Gewaltenteilungsgrundsatzes wäre es gewesen, die Versorgungssituation der Minister, also der Regierungsmitglieder, ins Auge zu nehmen. So mussten die Koalitionspartner es ertragen, dass der Geschäftsführende Direktor des Hessischen Städte- und Gemeindebundes von „Neidkomplexen“ der Landtagsabgeordneten sprach.

3. Im Rahmen der **Novelle des Finanzausgleichsgesetzes vom 23.7.2015** (in GVBl. S. 298) hat der Gesetzgeber (endlich) auch den § 53 Abs. 2 HKO überarbeitet und damit die bisherige Inkongruenz zwischen HKO und FAG in der Frage der Kreisumlage-Erhebung beseitigt.

4. Mit der **Melderechts-Novelle vom 28.9.2015** (GVBl. S. 346) wurde auch (geringfügig) das KWG geändert.

5. HGO, HKO, KWG und KGG wurden schließlich im Rahmen der **Bürgerbeteiligungs-Novelle vom 20.12.2015** (GVBl. S. 618) noch einmal kurz vor den Kommunalwahlen am 6. März 2016 in zahlreichen Punkten verändert. Das Herzstück dieser Novelle, die Veränderung des Bürgerentscheids in § 8b HGO, wird allerdings in den meisten Gemeinden kaum spürbar werden. Anders als bei den zeitgleichen Novellen in Baden-Württemberg und Rheinland-Pfalz wurde nämlich das Abstimmungsquorum von 25 % in den 411 Gemeinden mit bis zu 50.000 Einwohnern nicht angetastet. In allen Gemeinden kann dagegen zukünftig die Gemeindevertretung „quasi von oben“ einen Bürgerentscheid initiieren, notwendig für ein solches Vertreterbegehren ist aber eine Mehrheit von mindestens zwei Dritteln der gesetzlichen Zahl der Gemeindevertreter. Im Ergebnis ist Hessen nach wie vor weit entfernt vom Nachbarland Bayern, wo im Dezember 2015 vermeldet wurde, der Bürgerentscheid gehöre nach 20 Jahren in den bayerischen Gemeinden

zum politischen Alltag: am 10. Dezember 1995 fand dort der erste Bürgerentscheid statt; 1628 Bürgerentscheide folgten seitdem nach.
In den Jahren 2016 bis 2018 kamen zu diesem Paket noch einmal vier Novellen hinzu:
6. Relativ unbedeutend war dabei noch die Überarbeitung des § 110 Abs. 1 HGO im September 2016 anlässlich der Novellierung des Hess. Ausführungsgesetzes zum Wasserverbandsgesetz (GVBl. S. 167). Da **keine ehrenamtlichen Kassenverwalter** mehr in der Praxis festzustellen waren, wurde das entsprechende Wahlrecht gestrichen.
7. Große Beachtung – auch jenseits der Landesgrenzen – hat dagegen das **Hessenkasse-Gesetz vom 25.4.2018** (GVBl. S. 59) gefunden. Das Land Hessen hat die Niedrigzins-Phase genutzt, um das Altschulden-Problem vieler Kommunen – zu erkennen an der Höhe der aufgenommenen Kassenkredite – anzugehen. Von den entsprechenden Kommunen ließ sich keine die Teilnahme an diesem Entschuldungsprogramm entgehen. 165 Gemeinden und 13 Landkreise haben den entsprechenden Antrag gestellt. Um den Vorwurf, die Kommunen, die in der Vergangenheit ordnungsgemäß gewirtschaftet, insbesondere ihr Ausgabeverhalten immer an ihrer Einnahmesituation ausgerichtet hätten, seien die „Gekniffenen", zu entkräften, hat das Land aber im Rahmen des Hessenkasse-Gesetzes auch ein Investitionsförderungs-Programm für finanz- oder strukturschwache Kommunen aufgelegt. Teilnahmeberechtigt sind im Ergebnis alle Landkreise und die allermeisten Gemeinden, die an dem Entschuldungsprogramm nicht teilnehmen. Nur 14 dauerhaft abundante Gemeinden profitieren in keiner Weise vom Hessenkasse-Gesetz. Die größten Städte Frankfurt am Main und Wiesbaden haben zusätzliche Mittel in ihrer Eigenschaft als Schulträger erhalten.
Mit dem Hessenkasse-Gesetz wurden allerdings auch erhebliche Änderungen im Gemeindehaushaltsrecht vorgenommen, die eine Wiederholung dieser Problematik ausschließen sollen. Sinnbildlich sei an dieser Stelle der neue § 92 Abs. 7 HGO genannt: **„Die Gemeinde darf sich nicht überschulden".**
Im Rahmen des Hessenkasse-Gesetzes wurde auch § 67 Abs. 1 HGO überarbeitet, nachdem der Hess. VGH die vielerorts übliche Hinzuziehung von Verwaltungsmitarbeitern zu den nichtöffentlichen Sitzungen des Gemeindevorstands bzw. des Kreisausschusses moniert hatte.

8. Zu einer für viele Gemeinden wie auch für viele Bürger gleichermaßen bedeutenden Ergänzung des § 93 Abs. 2 HGO kam es im Rahmen des Gesetzes zur **Neuregelung der Erhebung von Straßenbeiträgen** vom 28.5.2018 (GVBl. S. 247), mit der es im Ergebnis den Gemeinden nun völlig frei gestellt wird, ob sie bei Sanierung der örtlichen Straßen weiterhin Straßenbeiträge von den anliegenden Grundstückseigentümern erheben oder aber das Projekt vollständig aus ihrem Steueraufkommen finanzieren (vgl. Dreßler, in HSGZ 2018 S. 277).
9. Eine weitere Änderung der HGO (§ 40 HGO) im Rahmen des Zweiten Dienstrechtsänderungsgesetzes vom 21.6.2018 (GVBl. S. 291) betrifft den Fall, dass **das Bundesverfassungsgericht (zukünftig einmal) eine Partei für verfassungswidrig erklärten sollte.** In diesem Fall werden ehrenamtliche Beigeordnete zukünftig nicht nur ohne Weiteres ihren Sitz im Gemeindevorstand verlieren, sondern zusätzlich wird ihr Ehrenbeamtenverhältnis beendet: sie sind kraft Gesetzes entlassen. Die Novellierung geht zurück auf das Jahr 2016, in dem sich das Land auf ein mögliches Verbot der NPD durch das Bundesverfassungsgericht vorbereitete. Nachdem das Bundesverfassungsgericht mit Urteil vom 17.1.2017 davon absah, wurde diese HGO-Novelle dennoch auf der Agenda behalten, um für etwaige zukünftige Fälle bestens gewappnet zu sein. Im Übrigen hat diese Novelle auch Auswirkungen auf den in der Praxis mit Abstand bedeutsameren Fall des Verzichts auf den Sitz.

II. Die Entwicklung des Kommunalrechts in den Jahren 2012 und 2013 im Zeichen der kommunalen Schuldenspirale

1. Mit dem Kommunalen **Schutzschirmgesetz vom 14. Mai 2012** nahm sich der Gesetzgeber den konsolidierungsbedürftigen Kommunen an, solchen also, „die die angehäuften (Kassen-)Kreditvolumina aus eigener Kraft kaum mehr in einem nennenswerten Umfang werden zurückführen können“ (LT-Drs. 18/5317 S. 1). Diese Situationsanalyse galt nach dem Schutzschirmgesetz für nahezu ein Viertel der hessischen Gemeinden (92 von damals noch 426) und für zwei Drittel der hessischen Landkreise (14 von 21)! Diesen Kommunen hat das Land staatliche Hilfe mit originären Landesmitteln angeboten; bei Inanspruchnahme mussten diese sich allerdings im Gegenzug verpflichten, ihre Haushalts-

wirtschaft mit vertraglich festgelegten Maßnahmen zum nächstmöglichen Zeitpunkt wieder zum dauerhaften Ausgleich (zurück) zu führen. Vor allem aber wurden die teilnehmenden 80 kreisangehörigen Gemeinden mit bis zu 50.000 Einwohnern (bis zur finanziellen Gesundung) der unmittelbaren Finanzaufsicht des jeweils zuständigen Regierungspräsidiums unterstellt. Wegen der Bedeutung der Zuständigkeitsverlagerung für alle Rechtsanwender werden die (noch) betroffenen Gemeinden in einer Fußnote zu § 136 HGO aufgeführt.
Auch auf der untergesetzlichen Ebene zog das Land im Rahmen der staatlichen Finanzaufsicht über die Kommunen, also auch und gerade über die (defizitären) Nicht-Schutzschirmkommunen, die Zügel (erneut) an. Die **Hinweise des Innenministeriums vom 1. Oktober 2013 zur Anwendung der haushaltsrechtlichen Vorschriften in der HGO** (StAnz. S. 1295) enthhielten entsprechende Gesetzesauslegungen. Am 3. März 2014 gab das Hessische Innenministerium **Ergänzende Hinweise zur Anwendung der Leitlinie über die Konsolidierung der kommunalen Haushalte und die Handhabung der staatlichen Finanzaufsicht** vom 6. Mai 2010 (vgl. dazu nachfolgend unter III.) heraus. In dem Erlass, von Kritikern als „Rosenmontags-Erlass" bezeichnet, wurden insbesondere die folgenden Probleme angesprochen: Ausgestaltung des Haushaltssicherungskonzepts, Aufstellung der Eröffnungsbilanz und Ausschöpfung der Einnahmepotentiale in defizitären Kommunen. Dass in vielen (meist kleineren) Gemeinden fünf Jahre nach dem gesetzlichen Stichtag 1.1.2009 immer noch keine Eröffnungsbilanz aufgestellt wurde, war in Anbetracht der (fast) flächendeckenden freiwilligen Entscheidung für die Doppik kaum fassbar, nach dem Erlass des Innenministeriums jedenfalls nicht länger hinnehmbar. Entsprechendes galt insbesondere auch für den Verzicht auf eine gemeindliche Straßenbeitragssatzung, zumal der Hessische Landtag bereits mit Gesetz vom 21.11.2012 (GVBl. S. 436) auf Wunsch der kommunalen Spitzenverbände als Alternative zum einmaligen (wegen seiner Höhe bei den Bürgern besonders unbeliebten) Straßenbeitrag den wiederkehrenden Straßenbeitrag eingeführt hatte. Mit dem **Erlass vom 29. Oktober 2014 über die kommunale Finanzplanung sowie die Haushalts- und Wirtschaftsführung bis 2018** (in StAnz. S. 982) – nach seinem Empfangsdatum 1 Tag später bisweilen auch als „Weltspartags-Erlass" bezeichnet – forderte das Hessische Innenministerium den Haushaltsaus-

gleich bis spätestens zum Haushaltsjahr 2017. In allen Fällen, in denen der Haushaltsausgleich erst später erreicht werden soll, bedürfen bei kreisangehörigen Gemeinden mit bis zu 50.000 Einwohnern die künftigen Haushaltsgenehmigungen des jeweiligen Landrats des Einvernehmens des Regierungspräsidenten. Diese Vorgaben wurden ein Jahr später erneuert und erhärtet mit dem **Erlass vom 21. September 2015 über die kommunale Finanzplanung sowie die Haushalts- und Wirtschaftsführung bis 2019** (in StAnz. S. 999).
Die kommunale Freude über das **Urteil des Staatsgerichtshofs vom 21. Mai 2013** (in HSGZ 2013 S. 210) hielt nicht lange an. Mit diesem Urteil hatte das Hessische Verfassungsgericht das Finanzausgleichsänderungsgesetz 2011 korrigiert, mit dem der jährliche Finanztransfer vom Land auf die Kommunen um rund 360 Mio. Euro „korrigiert" worden war. Das Gericht schrieb dem Land zwar ins Stammbuch, dass es seiner verfassungsrechtlichen Verpflichtung zu einem aufgabengerechten Finanzausgleich nur nachkomme, wenn es die Höhe der zur kommunalen Aufgabenerfüllung notwendigen Finanzmittel kenne. Auf dem Weg zu einem bedarfsgerechten Finanzausgleich hat die Landesregierung Bouffier/Al Wazir jedoch bereits im September 2014 anlässlich einer ersten Modellberechnung klargestellt, dass sich der finanzielle Bedarf der Kommunen basierend auf einer systematischen Erfassung und Bewertung der ihnen vom Land zur Pflicht gemachten Aufgaben allenfalls in der Höhe des bisherigen Finanztransfers bewege. (Zur Novelle des Finanzausgleichsgesetzes im Sommer 2015 vgl. oben I. 3.).
Viele Kommunen machten daher geltend, das Land saniere sich vor dem Hintergrund der verfassungsrechtlichen Schuldenbremse auf Kosten seiner Gemeinden. Dabei muss allerdings fairerweise im Auge behalten werden, dass das Land selbst in der jüngeren Vergangenheit nun schon zweimal die Grunderwerbsteuer anhob, es also keineswegs allein den Kommunen überließ, den Bürgern die unangenehme Nachricht von Abgabe-Erhöhungen zu überbringen.
2. Mit dem Änderungsgesetz vom 21. November 2012 wurde auch das Gesetz über die kommunale Gemeinschaftsarbeit geändert. Die Unternehmensform „Kommunale Anstalt", die den Gemeinden und Landkreisen erst mit der Kommunalrechtsnovelle 2011 zur Verfügung gestellt wurde, wurde als weitere Form der kommunalen Zusammenar-

beit in öffentlich-rechtlicher Form etabliert (**Gemeinsame kommunale Anstalt**).

3. Im Rahmen der (großen) **Dienstrechtsreform vom 27. Mai 2013** (GVBl. S. 217, 367), die als wesentliche Neuerung das Altersgeld für (freiwillig) aus dem öffentlichen Dienst ausscheidende Beamte – auch Wahlbeamte – beinhaltete, wurde § 130 HGO redaktionell überarbeitet.

III. Rückblick auf die „große" Kommunalrechtsnovelle vom Dezember 2011, auf die verfassungsrechtlichen Schuldenbremsen und auf Fukushima

Mit dem **Gesetz zur Änderung der Hessischen Gemeindeordnung und anderer Gesetze vom 16. Dezember 2011** (GVBl. I S. 778) wurden insgesamt 14 Gesetze sowie 3 Verordnungen novelliert. Allein in der HGO wurden 51 Paragraphen geändert, 23 aufgehoben und 2 neu eingefügt. Die Kommunalrechtsnovelle 2011 hatte zwei Schwerpunktthemen und einen „Resteblock".

1. Schuldenbremse (auch) für die Kommunen

Der Haushaltsausgleich (ohne Schuldenaufnahme) ist für die Kommunen auch nach der Kommunalrechtsnovelle vom Dezember 2011 keine gesetzliche „Muss-Vorschrift", sondern lediglich ein „Soll-Befehl" (vgl. § 92 Abs. 3 HGO). Aber zur Sicherstellung, dass auch die Kommunen alle Anstrengungen unternehmen, um ihre Ausgaben zukünftig wieder ohne die Aufnahme neuer Schulden zu stemmen, ist im Rahmen der Kommunalrechtsnovelle 2011 die **Genehmigungspflicht für Kassenkredite** (wieder) eingeführt worden (vgl. § 105 HGO n. F.). Die (damaligen) Koalitionsfraktionen CDU und FDP wiesen in ihrem Regierungsentwurf vom 10. Mai 2011 (LT-Drs. 18/4031) darauf hin, dass die hessischen Kommunen nach dem Saarland, Rheinland-Pfalz und Nordrhein-Westfalen das höchste Niveau der Kassenverstärkungskredite in Deutschland aufwiesen. Außerdem werden in § 92 Abs. 4 HGO n. F. nunmehr die Situationen, in denen die Kommune zur Aufstellung eines Haushaltssicherungskonzeptes verpflichtet ist, konkret beschrieben. Die Regelung soll nach dem Willen der Koalitionsfraktionen die Gemeinden zu einer die stetige finanzielle Leistungsfähigkeit fördernden Haushaltswirtschaft anhalten.

Wie kam es zu dieser Verhaltensänderung beim Land, nachdem doch gerade in Hessen die Finanzaufsicht über die Kommunen gern mit dem Wort „Nachsicht“ gekennzeichnet worden war? Die amerikanische Wirtschaftskrise war im Jahr 2008 auch in Deutschland eingetroffen und im Dezember des gleichen Jahres war „Finanzkrise“ zum Wort des Jahres gekürt worden. Auf Bundesebene war im Jahr 2009 im Rahmen der Föderalismusreform II das Grundgesetz um **neue Bestimmungen über die „staatliche Schuldenbremse“** ergänzt worden, mit rechtlichen „Fesseln nicht nur für den Bund, sondern auch für die Länder. Ihnen wird es ab dem Jahr 2020 verfassungsrechtlich verboten sein, (weiterhin) neue Schulden zu machen (Art. 109 Abs. 3 S. 1 GG, Art. 143d Abs. 1 S. 3 GG). Bereits jetzt sind ihre Haushalte so aufzustellen, dass im Haushaltsjahr 2020 die Vorgabe der Null-Verschuldung auch tatsächlich erfüllt werden kann (Art. 143d Abs. 1 S. 4 GG). Mithin wird sich bereits in dieser Dekade (Art. 143d Abs. 1 S. 5 GG) zeigen, wie ernst es der Bundes- und Landespolitik ist mit dem Sparen zur Vermeidung einer übermäßigen Zinsbelastung für nachfolgende Generationen.

Man kann durchaus von einer verfassungspolitischen Sensation sprechen, dass die Bundesverfassung nunmehr aufgrund der sog. Föderalismusreform II den Ländern derart rigide Vorgaben für ihre Haushaltsführung macht. Für den Außenstehenden mag es erstaunlich sein, dass der Bundesrat am 12. Juni 2009 dieser Grundgesetzänderung mit der notwendigen Zweidrittelmehrheit (vgl. Art. 79 Abs. 2 GG) – ohne Gegenstimme – zugestimmt hat: nur die Länder Berlin, Mecklenburg-Vorpommern und Schleswig-Holstein enthielten sich der Stimme. Das **Verhalten der Ländervertreter im Bundesrat** ist aber ein **Beleg für die allgemeine Einsicht, dass die Entwicklung der Staatsverschuldung in Deutschland auf allen Ebenen so keinesfalls fortgesetzt werden kann und darf.**

Natürlich gab es kritische Stimmen, insbesondere aus dem Bereich der Landtage, wonach die Länder mit dem strikten strukturellen Verschuldungsverbot im Grundgesetz budgetrechtlich entmachtet würden und damit ihre Eigenstaatlichkeit verlören. Da die Länder nach der Verteilung der Gesetzkompetenzen im Grundgesetz kaum die Möglichkeit hätten, ihre Einnahmen weitgehend selbst zu determinieren, würden sie durch das zusätzliche strukturelle Verschuldungsverbot ab dem Jahr

2020 zu „bloßen Bittstellern“ bzw. „nachgeordneten Dienststellen“ des Bundes. Dem ist jedoch entgegenzuhalten, dass wirkliche Eigenstaatlichkeit freilich ein finanzielles Handlungspotential voraussetzt, das viele (kleinen) Bundesländer ohne die Konsolidierungshilfen möglicherweise schon heute nicht mehr hätten. Der ehemalige Bundesfinanzminister Steinbrück hat in diesem Zusammenhang übrigens darauf aufmerksam gemacht, dass die **„Null-Verschuldung“ der Länder** nicht der Vorschlag des Bundes gewesen sei, sondern auf einer Einigung der „Länderfürsten“ beruhe. Einigen Ministerpräsidenten sei es um die Konsolidierungshilfen (Art. 143d Abs. 2 GG) gegangen, für andere, insbesondere Bayern, seien diese Hilfen nur zustimmungsfähig gewesen, wenn nach dem Konsolidierungszeitraum das Gebot der Null-Verschuldung gelte. Befürworter der Novelle weisen im Übrigen darauf hin, dass die Länder im Rahmen ihrer verfassungsrechtlichen Kompetenzen Kreditaufnahmen in Ausnahmefällen – aus konjunkturellen Gründen oder in außergewöhnlichen Notlagen – für weiterhin zulässig erklären können (Art. 109 Abs. 1 S. 2 und S. 4 GG). Als erstes Bundesland passte Schleswig-Holstein im Mai 2010 mit der nötigen 2/3 Mehrheit im Landtag seine Verfassung in dem oben beschriebenen Sinn an das Grundgesetz an, um den „Irrweg in den Schuldenstaat zu beenden“.

Dass die grundgesetzliche Schuldenbremse das Land zu gewaltigen Anstrengungen zwingen würde, um die Schere zwischen Einnahmen und Ausgaben (ohne die Aufnahme immer neuer Kredite) zu schließen, wurde spätestens klar, als Hessen im November 2009 als erstes Flächenland eine nach kaufmännischen Prinzipien erstellte Eröffnungsbilanz vorgelegte, die unter dem Strich ein zumindest „für Laien schockierendes“ Ergebnis (58 Milliarden Euro Defizit) auswies (vgl. Ex-Ministerpräsident Koch, in Innovative Verwaltung 2010 S. 12). Das Land erwartete allerdings auch von seinen (finanziell notleidenden) Kommunen eine Rückkehr zu einer seriösen Haushaltswirtschaft: die (zweite) **Leitlinie des Hessischen Innenministeriums zur Konsolidierung der kommunalen Haushalte und Handhabung der kommunalen Finanzaufsicht vom 6. Mai 2010** (in StAnz. S. 1470) stieß erwartungsgemäß bei den Kommunen auf wenig Begeisterung. Der Hess. Städtetag stellte lapidar fest, der Innenminister habe die Leitlinie sehr praxisfern mit verschärften Vorgaben fortgeschrieben (vgl. Geschäftsbericht 2011, in INF. HStT 9/2011 S. 14). Die Vorgängernorm, die Leitlinie vom 3.8.2005 (in

StAnz. S. 3261) war nach den Grundsätzen der hessischen Erlassbereinigung befristet zum 31.12.2010. Die Verkündung dieser Verwaltungsvorschrift hatte allgemeines Aufsehen erregt. Die oberste Finanzaufsichtsbehörde hatte sich offensichtlich zu dieser verbindlichen Anweisung an die nachgeordneten Behörden gezwungen gesehen, weil bereits zum 31.12.2004 in den hessischen Kommunalhaushalten Fehlbeträge des Verwaltungshaushalts in Höhe von insgesamt 2,7 Mrd. Euro aufgelaufen waren (vgl. StAnz. 2006 S. 3549). Dennoch forderten die kommunalen Spitzenverbände vehement die Aufhebung der Leitlinie (vgl. INF. HStT 2005 S. 149), z. T. unter Hinweis darauf, dass der kommunale Anteil an der Staatsverschuldung in Deutschland insgesamt kaum ins Gewicht falle. Auch habe das Land selbst schon des Öfteren einen Haushaltsplan aufgestellt, bei dem die Nettoneuverschuldung höher lag als die Nettoinvestitionen, obwohl schon nach Art. 141 HVerf. a. F. eine Kreditaufnahme in der Regel nur für Ausgaben zu werbenden Zwecken zulässig war (vgl. StGH, Urt. v. 12.12.2005, in StAnz. S. 4727). Die oberste Finanzaufsicht hatte nach diesem Proteststurm ihre Leitlinie anschließend in einem Punkt berichtigt (bezüglich der Elternentgelte in Kinderbetreuungseinrichtungen – durch Erlass vom 27.9.2005, in StAnz. S. 4198) und sie in einem anderen Punkt präzisiert (insbesondere hinsichtlich der Kreisumlage – durch Schreiben an die kommunalen Spitzenverbände vom 14.12.2005, als Entwurf, der insofern nicht verändert wurde, veröffentlicht in INF. HStT 2005 S. 150). Jedoch hatte der Hessische Städtetag am Ende der Auseinandersetzung ernüchtert feststellen müssen: „Es bleibt dabei: die Leitlinie wird nicht aufgehoben“ (vgl. INF. HStT 2005 S. 147).
Der vormalige Innenminister Volker Bouffier machte nach seiner Wahl zum Ministerpräsidenten am 31. August 2010 bereits in seiner ersten Regierungserklärung eine Woche später im Landtag deutlich: **„Mit der Verschuldenspolitik zu Lasten der nachfolgenden Generationen kann es so nicht weitergehen!“**. Er führte weiter aus, dass im Hessischen Landtag die Politik wachsender Verschuldung seit 1969 jahrzehntelang von allen demokratischen Parteien praktiziert worden sei. Dieser fatale Konsens aller Parteien habe ermöglicht, dass die reichste Generation aller Zeiten die größten Schulden aller Zeiten gemacht habe. Gerade im Jahr 2010, dem Jahr des „globalen Schuldenrauschs“, bot der **drohende Staatsbankrott Griechenlands** ein abschreckendes Beispiel.

Der Vorsitzende der CDU-Fraktion im Hessischen Landtag erklärte am 26. April 2010, „dass das Beispiel Griechenlands die Politik mahne, die Enkelgeneration nicht länger auszubeuten".
In Hessen erhielt der von dem Ministerpräsidenten angekündigte Ausstieg aus der Schuldenspirale zusätzlichen Schwung durch die **Volksabstimmung am 27. März 2011** – zeitgleich mit den Kommunalwahlen – über die Aufnahme der Schuldenbremse (auch) in die Landesverfassung. Anders als das Grundgesetz kann die Hessische Verfassung bekanntlich nicht eigenständig vom Parlament, sondern nur vom Volk geändert werden (vgl. Art. 123 Abs. 2 HVerf.). Ein gemeinsamer Beschlussvorschlag der Fraktionen CDU, SPD, FDP und Bündnis 90/Die Grünen vom 2. Dezember 2010 (LT-Drs. 18/3441) zur Novellierung des Art. 141 HVerf. wurde in der Volksabstimmung von 70 % der Abstimmenden angenommen, wobei allerdings auch nur knapp die Hälfte der Stimmberechtigten teilnahm. Der neue Art. 141 HVerf. ist erstmals für das Haushaltsjahr 2020 anzuwenden. Art. 161 HVerf. bestimmt aber ergänzend, dass der Abbau des bestehenden Defizits bereits im Haushaltsjahr 2011 beginnt und dass die nachfolgenden Haushalte so aufzustellen sind, dass im Haushaltsjahr 2020 tatsächlich die Vorgabe der Nullverschuldung erfüllt wird. **Wegen ihrer Bedeutung werden sowohl die grundgesetzliche Schuldenbremse als auch die vom hessischen Volk angenommenen Art. 141 und 161 HVerf. n. F. in dieser Textausgabe (Teile B und C) wiedergegeben.**

2. Energiewende

Das zweite beherrschende Thema der Kommunalrechtsnovelle 2011 war die **Frage der wirtschaftlichen Betätigung von hessischen Kommunen bei der Energieversorgung** der Bevölkerung. Unmittelbar nach der Atomkatastrophe von Fukushima am 11. März 2011 hatten die Koalitionsfraktionen CDU und FDP in ihrem Gesetzentwurf vom 10. Mai 2011 zunächst (noch) keine Ausnahme von dem im Jahr 2005 während der CDU-Alleinregierung eingeführten sehr strengen Subsidiaritätsprinzip in § 121 Abs. 1 HGO vorgesehen. Zu überraschend kam das Signal zur **Energiewende 2011**. Erst am 28.10.2010 hatte der Bundestag mit den Stimmen von CDU/CSU und FDP durch eine Novelle des Atomgesetzes eine Laufzeitverlängerung für die deutschen Atomkraftwerke beschlossen. In Hessen hatte die schwarz-gelbe Mehrheit im

Landtag am 16.11.2010 durch die Aufhebung des § 81 Abs. 2 HBO den Gemeinden die Möglichkeit genommen, für ihr Hoheitsgebiet „Klimaschutzsatzungen“ zu erlassen. Der Landtag war sogar so weit gegangen, bestehende gemeindliche Satzungen auf der Grundlage von § 81 Abs. 2 HBO a. F. landesgesetzlich aufzuheben, was insbesondere der von der Stadtverordnetenversammlung in Marburg gerade erst am 29.10.2010 (nach Überarbeitung neuerlich) beschlossenen Solarsatzung den schnellen Todesstoß versetzte. Am 16. März hatte sich die Bundesregierung mit den Ministerpräsidenten der Länder auf eine zunächst für drei Monate begrenzte Abschaltung von sieben deutschen Kernkraftwerken als Sofortmaßnahme („Moratorium“) geeinigt. Die höchst eilige Umsetzung dieses Moratoriums in Hessen zwei Tage später gegenüber dem Betreiber des Kernkraftwerks Biblis litt dann auch – wie spätestens seit dem Beschluss des Bundesverwaltungsgerichts vom 20.12.2013 (in DVBl. 2013 S. 726) bekannt ist – unter gravierenden handwerklichen Mängeln.

Nachdem die Bundesregierung in der Kabinettsitzung vom 7. Juni 2011 dann allerdings tatsächlich den „Atomausstieg“ und die sog. Energiewende beschloss, wurde die Novelle des § 121 HGO zum beherrschenden Thema der parlamentarischen Beratungen über die Kommunalrechtsnovelle 2011 und brachte den vorgesehen Zeitplan gehörig durcheinander. Im Rahmen des sog. **hessischen Energiegipfels** einigten sich am 10. November 2011 schließlich vier der fünf im Landtag vertretenen Fraktionen (CDU, SPD, FDP und Grüne) sowie eine Reihe von Verbänden auf Maßnahmen zur Einleitung der Energiewende in Hessen. Im Kapitel A 7 (Rolle der Kommunen) ist ausdrücklich festgehalten, dass den **Kommunen eine wesentliche Rolle bei der Umsetzung der Energiewende** zukommt. „Gerade um die Akzeptanz von Windkraftanlagen vor Ort zu fördern und auch die Wertschöpfung vor Ort zu realisieren, soll den Kommunen erlaubt werden, sich in diesem Bereich wirtschaftlich zu betätigen. Ihnen soll also die Möglichkeit eröffnet werden, in einem eingeschränkten Aufgabenfeld und unter Berücksichtigung klarer Kriterien durch eine Ergänzung des § 121 HGO auch in begrenzter eigener Trägerschaft Energieerzeugungsanlagen und Energieverteilungsanlagen im Bereich der erneuerbaren Energien wirtschaftlich zu betreiben. Ungeachtet dieser erweiterten Handlungsmöglichkeit im Bereich der Energieversorgung für die Kommunen gilt auch

in Zukunft das konstituierende Ordnungsprinzip: Privat vor Staat. Daher soll unter Beachtung des Bestandsschutzes der Energieversorger die neue Regelung ebenfalls eine Drittschutzklausel für private Dritte enthalten."
Ungeachtet des Grundkonsenses gab es gerade zu diesem Kapitel abweichende Protokollerklärungen sowohl der SPD als auch der Grünen und ebenfalls der kommunalen Spitzenverbände. Die FDP wiederum beeilte sich klarzustellen, dass der Kompromiss auf Eis gelegt werde, wenn niemand ihn wolle („Unser Herz hängt nicht daran"). Insofern war klar, dass die **„vorsichtige" Öffnung des Subsidiaritätsprinzips für die Energiewende in § 121 HGO**, welche schließlich von der Koalition durch Änderungsantrag vom 24. November 2011 eingebracht und in dritter Lesung am 15. Dezember 2011 durchgesetzt wurde, keinen Beifall von Opposition und kommunalen Spitzenverbänden erhalten würde. Das kritische Urteil „unzureichend" wurde insbesondere dadurch genährt, dass sich die schwarz-gelbe Mehrheit im Niedersächsischen Landtag im September 2010 zu einem weitaus kommunalfreundlicheren Kompromiss durchgerungen hatte.

3. Sonstige Novellierungsthemen im Jahr 2011

Durch die hitzige Diskussion über die wirtschaftliche Betätigung der Kommunen sind die anderen Schwerpunkte der Kommunalrechtsnovelle 2011 in der öffentlichen Wahrnehmung fast „untergegangen". Immerhin ist u. a. die Führung der Haushaltswirtschaft nach den Grundsätzen der **doppelten Buchführung** zur ausschließlich zulässigen Haushaltssystematik bestimmt worden. Das **Internet, genauer: die kommunale Homepage, ist** erstmals in Hessen als zulässige Bekanntmachungsform anerkannt worden; für das hessische Landesrecht bleibt es nach wie vor bei der Papierform. Die Regelung über das **Bürgerbegehren** (§ 8b HGO) ist modifiziert worden: in einigen Punkten ist man interessierten Bürgerinitiativen durchaus entgegengekommen, dafür sind Bürgerbegehren in Bauleitplanverfahren nur noch zu Beginn (Aufstellungsbeschluss) erlaubt. Die entsprechende Forderung der beiden Gemeinde-Spitzenverbände war auch nach dem Regierungswechsel 1999 (zunächst) unbeachtet geblieben. Dass der Landtag ihr nunmehr stattgegeben hat, zeigte gerade vor dem Hintergrund von „Stuttgart 21" den Mut zur unpopulären Entscheidung, zumal wohl in keinem einzigen deutschen Bundesland das Maß der direkt-demokratischen Mitwirkung bei Bürgerbegehren und Bürgerentscheid jemals wieder eingeschränkt wurde. Überraschend war auch die Einführung der **„Vertrauensfrage" für Bürgermeister und Landräte** als Folge der Ereignisse um den Duisburger Oberbürgermeister nach der Loveparade am 24. Juli 2010. Entsprechendes galt für die **„Aufwertung" der Parlamentsvorsteher** in den Gemeindevertretungen und Kreistagen.

IV. Höhepunkte in der Entwicklung des Kommunalverfassungsrechts seit 1999

Kernstück der **Kommunalrechtsnovelle 1999** war die Einführung eines neuen Wahlsystems (**„Kumulieren und Panaschieren"**). Nach Einführung der Direktwahl des Bürgermeisters/Landrats und des Bürgerentscheids auf gemeindlicher Ebene im Jahr 1993 wurde damit das dritte und letzte Charakteristikum der als besonders „bürgernah" geltenden baden-württembergischen Kommunalverfassung in die hessische Gemeindeordnung übernommen. Bei dem neuen Wahlsystem wird das bisherige Verhältniswahlrecht (Ankreuzen einer „starren Liste") um Elemente der Personenwahl ergänzt: Der Wähler hat so viele Stimmen, wie Sitze zu vergeben sind und kann bis zu drei Stimmen seines Kontingents auf einen einzelnen Bewerber anhäufen (kumulieren). Der Wähler kann aber auch seine Stimmen an Kandidaten aus verschiedenen Listen vergeben (panaschieren) und beide Formen miteinander verbinden; er kann z. B. eine Liste ankreuzen, innerhalb dieser Liste einen Teil seines Gesamtstimmenkontingents einzeln oder kumuliert an Bewerber vergeben, Bewerber streichen und Bewerbern aus einer anderen Liste Einzelstimmen zuteilen. **Erstmals bei den Kommunalwahlen im März des Jahres 2001** erhielten die Bürger in Hessen auf diese Weise einen unmittelbaren Einfluss auf die konkrete Zusammensetzung der sie repräsentierenden Körperschaften auf kommunaler Ebene (Gemeindevertretung/Kreistag).
Nach den einschneidenden „Demokratisierungsnovellen" im letzten Jahrzehnt gönnte der Gesetzgeber der Kommunalverfassung eine **mehrjährige Ruhephase**, die ebenso notwendig wie willkommen war. Das „kommunale Grundgesetz" muss auf langfristigen Bestand ausgelegt

sein und darf nicht fortlaufend punktuellen Änderungen unterzogen werden.
Nach der Landtagswahl vom 2.2.2003 war allerdings klar, dass es in der 16. Wahlperiode des Landesparlaments (2003 bis 2008) weitere tief greifende Veränderungen im Kommunalverfassungsrecht geben würde. Die nunmehr allein regierende CDU hatte in ihrem Regierungsprogramm vom 28.3.2003 umfassende Reformen im kommunalen Wirtschafts- und Haushaltsrecht angekündigt. Diese Modernisierung des Rechts der kommunalen Finanzen war in Anbetracht der Entwicklung in den anderen Bundesländern im letzten Jahrzehnt überfällig und wurde vom Landtag mit dem **Gesetz zur Änderung der Hessischen Gemeindeordnung und anderer Gesetze vom 31.1.2005 (GVBl. I S. 54**) vorgenommen. Im kommunalen Wirtschaftsrecht ist insbesondere eine strikte Subsidiaritätsregel für die kommunalwirtschaftliche Betätigung eingeführt worden. Im kommunalen Haushaltsrecht erhielten die Kommunen das Wahlrecht zwischen dem kameralistischen und dem doppischen Haushalts- und Rechnungswesen. Zur Kommunalrechtsnovelle 2005 hat der Kohlhammer-Verlag im Hinblick auf ihre weit reichende Bedeutung und ihre äußerst umfangreiche Themenpalette im April 2005 in der Reihe „Kommunale Schriften für Hessen" ein spezielles Handbuch veröffentlicht (**Amerkamp/Dreßler/Klein/Meireis: Die Hessische Kommunalverfassungsnovelle 2005**).
Die allgemeine Kommunalverfassung und das Kommunalwahlrecht wurden von der Kommunalrechtsnovelle 2005 in ihren Grundzügen nicht angetastet. Grundlegende Änderungen am dreipoligen Kräfteverhältnis zwischen der hauptamtlichen Verwaltungsspitze (Bürgermeister/Landrat), den ehrenamtlichen Kommunalpolitikern im Kommunalparlament und im Gemeindevorstand/Kreisausschuss und schließlich der Bürgerschaft selbst, standen nicht zur Diskussion. Die Landesregierung hat dies in ihrem der Novelle zugrunde liegenden Gesetzentwurf vom 5.7.2004 ausdrücklich betont (LT-Drs. 16/2463 S. 40). In ihrem Regierungsprogramm für die 16. Legislaturperiode hatte die hessische CDU schon im März 2003 deutlich klargestellt, dass nach ihrer Ansicht (nur) mit erheblicher **ehrenamtlicher kommunalpolitischer Mitwirkung** ausgestattete Gemeinden und Kreise die für die Wünsche und Bedürfnisse der Bürger angemessene Organisationsform darstellen. In den hessischen Gemeinden und Landkreisen steht daher

– ähnlich wie bei Bund und Ländern – auch zukünftig ein Kollegium (Gemeindevorstand/Magistrat bzw. Kreisausschuss) an der Spitze der Verwaltung. Die Übernahme der süddeutschen Bürgermeisterverfassung wurde nicht erwogen. Schließlich hat die Magistratsverfassung in den hessischen Kommunen eine lange und erfolgreiche Geschichte.
Auch im Kommunalwahlrecht gab es 2005 keinen grundsätzlichen, sondern lediglich punktuellen Änderungsbedarf. Unumstritten war ohnehin das neue Wahlsystem (**„Kumulieren und Panaschieren"**). Das neue Wahlrecht hat im Hinblick auf die vorher eingeführte Direktwahl von Bürgermeistern und Landräten eine Systemwidrigkeit beseitigt: Die Mitglieder der Gemeindevertretung bzw. des Kreistags, des obersten Organs der Gemeinde bzw. des Landkreises, werden sich nicht mehr, wie in der Vergangenheit bisweilen geschehen, vom Bürgermeister oder Landrat sagen lassen müssen, er habe eine „höhere demokratische Legitimation". Mit dem Kumulieren und Panaschieren will der Gesetzgeber die Arbeit in den Kommunalparlamenten entgiften, dadurch dass der einzelne Mandatsträger in den Vordergrund und die Bedeutung seiner parteipolitischen Zugehörigkeit in den Hintergrund tritt. Nach allen Erfahrungen aus Baden-Württemberg, werden allzu hohe parteipolitische Profilierungssucht, bewusste Konfrontation und das Mobbing gegen einen ungeliebten Bürgermeister/Landrat von den Wählern nicht honoriert. Der Vertreter des baden-württembergischen Innenministeriums, Ministerialrat Albrecht Quecke, erklärte bei der öffentlichen Anhörung des Hessischen Landtags am 1.12.1999 ausdrücklich: „Das Wahlsystem wird tendenziell dazu führen, dass sich die Gremien aus Einzelpersönlichkeiten mit eigenem Kopf zusammensetzen, auch wenn sie einer Partei angehören".
Nicht unerwähnt darf in diesem Zusammenhang bleiben, dass der Weg für diese Kommunalrechtsnovelle vom Volk selbst, und zwar schon vor geraumer Zeit freigemacht wurde. Denn die Festlegung des Kommunalwahlrechts auf die Grundsätze der Verhältniswahl in Art. 137 Abs. 6 HVerf. a. F. wurde schon am 9.7.1950 per Volksabstimmung beseitigt. Im Kreis der deutschen Flächenstaaten gibt es nunmehr nur noch zwei Länder, nämlich Nordrhein-Westfalen und das Saarland, die ihren Bürgern bei Kommunalwahlen das Kumulieren und das Panaschieren vorenthalten.

Vorwort

Nicht verändert hat der Hessische Landtag – trotz eines diesbezüglichen Änderungsantrages der SPD-Fraktion vom 6.10.2004 (LT-Drs. 16/2764) – aber auch die minderheitenfreundliche **Null-Prozent-Hürde.** Bekanntlich hat der Hessische Landtag 1999 die bisherige Sperrklausel für die Teilnahme an der Sitzverteilung zu den Kommunalparlamenten in Höhe von 5 % – wie zuvor bereits in sieben anderen Flächenländern Deutschlands – gänzlich gestrichen. Insbesondere nach der Entscheidung des Verfassungsgerichtshofs Nordrhein-Westfalen vom 6.7.1999 (HSGZ 1999 S. 385) und dem Ergebnis der Kommunalwahl in Nordrhein-Westfalen vom 12.9.1999 (ohne Sperrklausel) war die 5 %-Hürde aus Sicht des Hessischen Landtags auch in abgemilderter Form verfassungsrechtlich nicht zu halten (Durchbrechung der formalen Wahlrechtsgleichheit und der Chancengleichheit der beteiligten Wahlvorschlagsträger!). Dabei ist insbesondere zu beachten, dass es in Nordrhein-Westfalen kein Kumulieren und Panaschieren gibt. Die Sperrklausel findet aber beim listenübergreifenden Wählen noch viel weniger eine Rechtfertigung, weil die Liste für die Sitzverteilung in der Vertretungskörperschaft unter den Bewerbern nicht den Ausschlag gibt, sondern nur den ersten Anknüpfungspunkt darstellt (vgl. Bay VerfGH, Entscheidung v. 18.3.1952, E 5 S. 11, 66). Es bleibt natürlich die sog. rechnerische oder faktische Hürde, die es zu überspringen gilt, um einen Sitz in der Vertretungskörperschaft zu erringen (Quotient aus 100 geteilt durch die jeweilige Zahl der Sitze in der Vertretungskörperschaft in %), wenngleich sie keinen absoluten, sondern nur einen Durchschnittswert angibt. Das neue hessische Kommunalwahlrecht stellt zudem sicher, dass die Wähler durch die bloße Kennzeichnung eines Wahlvorschlags (Listenstimme) ihr gesamtes Stimmenkontingent grundsätzlich auch auf Bewerber eines solchen Wahlvorschlags verteilen können, der weniger Bewerber enthält, als Mandate zu vergeben sind (§ 20a Abs. 4 und 5 KWG n. F.).
Minderheitenfreundlich ist auch die Beibehaltung des Sitzverteilungsverfahrens nach **Hare-Niemeyer**; die SPD hat mit dem o. a. Änderungsantrag vom 6.10.2004 ausdrücklich gefordert, es durch das für große Parteien günstigere Verfahren nach d'Hondt auszutauschen. Nicht eingeführt wurde auch die obligatorische **Verkleinerung der Kommunalparlamente** (bei einer Verringerung der Mandate steigt die für den Einzug in das Parlament zu überspringende rechnerische Hürde).

Abgeschafft wurde allerdings der als allzu starke Ausprägung des Minderheitenschutzes empfundene, bisher in § 36a HGO/§ 26a HKO gewährleistete Fraktionsstatus für einzelne Mandatsträger. **Ein-Personen-Fraktionen** gibt es auch sonst in keinem anderen Bundesland, weder auf der staatlichen noch auf der kommunalen Ebene. Selbst in den Ländern mit FDP-Regierungsbeteiligung, wie z. B. Baden-Württemberg, dem „Mutterland" des Kumulierens und Panaschierens, bekommen „Einzelkämpfer" in den Kommunalparlamenten vom Gesetz nicht den Fraktionsstatus zugesprochen. In Hessen musste folglich in der (16.) Kommunalwahlperiode vom 1.4.2006 bis zum 31.3.2011 in allen Kommunalparlamenten eine Fraktion mindestens zwei Mandatsträger haben (§ 36a Abs. 1 Satz 4 HGO/§ 26a Abs. 1 Satz 4 HKO).
Wichtige Neuerungen für die Kommunalwahlen im März 2011 und die neue am 1. April 2011 beginnende Kommunalwahlperiode brachte schließlich das **Gesetz zur Änderung des Hessischen Kommunalwahlgesetzes und anderer Gesetze vom 24.3.2010** (GVBl. I S. 119): Die Briefwahl wurde vereinfacht, die Stimmzettel bei den Wahlen der kommunalen Parlamente können zusätzliche Bewerberangaben – wie z. B. Beruf und Geburtsjahr – enthalten und die Zusammenlegung von Direktwahlen und Bürgerentscheiden mit den allgemeinen Kommunalwahlen wurde erleichtert. Sehr überraschend kam die Entscheidung des Landtags, die bisherige Deckelung der Landkreise hinsichtlich der Zahl ihrer hauptamtlichen Beigeordneten ersatzlos aufzuheben. Denn zum einen sind die Wirtschaftskrise und die Finanznot der öffentlichen Hände allgegenwärtig und zum zweiten war dieser Punkt in der Koalitionsvereinbarung zwischen CDU und FDP vom Januar 2009 nicht enthalten. Die kreisangehörigen Gemeinden machten vergeblich geltend, dass letztendlich sie über die Kreisumlage die dadurch möglicherweise ausgelösten Kosten werden tragen müssen. Die Frist für die Aufstellung des ersten zusammengefassten Jahresabschlusses im Rahmen der doppischen Haushaltsführung wurde in § 112 Abs. 5 HGO (großzügig) auf den 31.12.2015 verschoben; die Kritik, insbesondere des Bundes der Steuerzahler, durch die Außerachtlassung der kommunalen Unternehmen verliere die kostenaufwendige Umstellung des Haushaltswesens für geraume Zeit ihren Sinn, nämlich die Herstellung von vollständiger Transparenz als Grundlage für eine effiziente Gesamtsteuerung, war vergeblich. In kleinen Gemeinden sind schließlich ab dem 1. April 2011

(wieder) Ein-Personen-Fraktionen zugelassen worden, dieses „Hessische Kuriosum", das in keinem anderen deutschen Bundesland, weder auf der kommunalen noch auf der staatlichen Ebene eine Entsprechung hat, hat also unerwartet eine Teil-Wiederauferstehung erfahren. Durch die Beseitigung der 5 %-Hürde 1999 ziehen ergo nicht nur bedeutend mehr Einzelmandatsträger als früher in die Kommunalparlamente ein, sondern diese erhalten auch in kleinen Gemeinden die gleichen Rechte wie große Fraktionen. Kritiker nennen das: „Fraktionsrechte haben, ohne sich der Fraktionsdisziplin unterordnen zu müssen". Der Hessische Landtag hält dagegen das Ideal „Alle gewählten Volksvertreter sollen die gleichen Rechte haben" mit der notwendigen Arbeits- und Handlungsfähigkeit des Parlaments in Gemeindevertretungen mit nicht mehr als 23 Gemeindevertretern für vereinbar, insbesondere weil eine Ausnahme gemacht wurde für das „schärfste" Recht der Fraktionen: Der Anspruch auf Einsetzung eines Akteneinsichtsausschusses bleibt den Ein-Personen-Fraktionen verwehrt.

V. Reform der Landesverfassung

Auch die **Fortentwicklung der Landesverfassung** steht im Brennpunkt des kommunalen Interesses. Die im Kapitel III dargestellte verfassungsrechtliche **Schuldenbremse** für den Landeshaushalt (Art. 141 und Art. 161 HVerf.) ist ein deutlicher Beleg dafür, wie wichtig die Ausgestaltung der Hessischen Verfassung für die Kommunen ist. Dass die Schuldenbremse für die Länder unmittelbar nach ihrem Inkrafttreten am 1. Januar 2020 (vgl. Art. 143 Abs. 1 Satz 3 GG; Art. 161 Satz 1 HVerf. i. V. m. § 4 LHO) durch die Corona-Pandemie im Haushaltsjahr 2020 schon wieder ausgehebelt wurde, noch dazu in drastischer Weise, ändert daran nichts. Denn die Ausnahmeregelung wegen einer Naturkatastrophe bzw. einer außergewöhnlichen Notsituation ist mit einer Tilgungsregelung zu versehen (Art. 109 Abs. 3 Satz 3 GG; Art. 141 Abs. 4 Satz 2 und 3 HVerf.) und daher wird der finanzpolitische Spielraum des Landes – vermutlich auch zu Lasten der Kommunen – in den nächsten Jahren, wenn nicht gar Jahrzehnten, empfindlich eingeengt sein. Drei weitere Beispiele seien hier genannt.

- Besonders interessant ist aus Sicht der hessischen Gemeinden und Landkreise die **verfassungsrechtliche Absicherung der kommu-**

nalen Beteiligung an der Landesgesetzgebung, nachdem zuletzt in Bayern durch die Volksabstimmung 2002 das Landesverfassungsrecht diesbezüglich fortentwickelt wurde. In Hessen gibt es zwar ein Beteiligungsgesetz, aber in mehr als der Hälfte der deutschen Flächenländer (Baden-Württemberg, Bayern, Brandenburg, Niedersachsen, Saarland, Sachsen und Thüringen), ist die Beteiligung der „kommunalen Ebene" an der Landesgesetzgebung in der jeweiligen Landesverfassung geregelt. Die Umsetzung des Beteiligungsgesetzes aus dem Jahr 2000 gerade durch den Hessischen Landtag selbst hat die Kommunen nicht immer zufrieden gestellt.
Ein Verstoß gegen das Beteiligungsgesetz bei einem Gesetzgebungsverfahren bleibt nach dem Grundsatz „Das jüngere Gesetz verdrängt das ältere" rechtlich ohne Folgen. Kritiker bezeichneten das Beteiligungsgesetz daher bereits bei seiner Entstehung als „stumpfes Schwert". Bei einer verfassungsrechtlichen Absicherung des Anhörungsanspruchs können die Kommunen dagegen bei einem Verstoß des Gesetzgebers gegen das Beteiligungsgebot die entsprechende Norm vor dem Verfassungsgericht anfechten und ihre Aufhebung erzwingen (vgl. Thür VerfGH, Urteil v. 12.10.2004, in DVBl. 2005 S. 443, 447 ff.). Aussichtslos dürfte dagegen mittlerweile die Durchsetzung der Forderung sein, **Bürgermeister und Landräte wieder als Abgeordnete im Landesparlament zuzulassen**. Der Verweis auf die entsprechende Praxis in Baden-Württemberg taugt nicht mehr: Nach der dortigen Parlamentsreform im Jahr 2007 dürfen seit der Landtagswahl im Jahr 2016 kommunale Wahlbeamte nicht länger gleichzeitig Landtagsabgeordnete sein. In Hessen hat sich schon die vom Landtag eingesetzte Enquete-Kommission „Künftige Aufgaben des Hessischen Landtags an der Wende zum 21. Jahrhundert" in ihrem Abschlussbericht vom 2.5.2002 diesbezüglich ablehnend geäußert (LT-Drs. 15/4000 S. 92/93).

– Die **kommunale Verfassungsbeschwerde gegen Landesgesetze** ist in Hessen ebenfalls nicht in der Verfassung verankert, sondern lediglich einfachgesetzlich in § 46 StGHG abgesichert worden. Der Staatsgerichtshof hat dies mit Urteil vom 4.5.2004 (in HSGZ 2004 S. 266, 267 = StAnz. S. 2097, 2104) als ausreichend erachtet, nachdem er die Frage lange ausdrücklich offen gelassen hatte (Urteil v. 20.10.1999, in StAnz. S. 3414, 3417). Schon deshalb empfiehlt sich

die endgültige Klärung der Zulässigkeit dieses Rechtsinstituts durch Aufnahme in die Landesverfassung. Auch im Bundesrecht wurde die Kommunalverfassungsbeschwerde zunächst 1951 mit § 91 BVerfGG einfachgesetzlich eingeführt und ist erst seit 1969 durch Art. 93 Abs. 1b GG verfassungsrechtlich garantiert.
- Das **Konnexitätsprinzip** schließlich wurde durch die Volksabstimmung vom 22.9.2002 in Art. 137 Abs. 6 HVerf. aufgenommen. Dieser für das Verhältnis vom Land zu seinen Kommunen ganz wesentliche Grundsatz („Wer bestellt, bezahlt!") ist mittlerweile in allen deutschen Flächenländern Bestandteil des Verfassungsrechts. Zum Teil wird kritisch darauf hingewiesen, dass die hessische Regelung in Sachen Kommunalfreundlichkeit hinter anderen Ländern, insbesondere hinter der 2003 eingeführten Regelung des Bundeslands Bayern, zurückbleibe und daher der Optimierung bedürfe (vgl. Henneke, „Hessen hinten", in Der Landkreis 2002 S. 378, 379, 381–383).

Der Hessische Landtag meinte es zu Beginn der 16. Wahlperiode offensichtlich ernst mit der Generalüberholung der antiquierten Hessischen Verfassung und beschloss am 8.7.2003, eine **Enquete-Kommission zur Reform der Landesverfassung** einzusetzen. Diese Enquete-Kommission hatte den Auftrag, die Hessische Verfassung auf Änderungs- und Ergänzungsbedarf zu überprüfen. Die kommunalen Spitzenverbände gehörten erstaunlicherweise nicht zu den Organisationen, die von der Enquete-Kommission in ihrer öffentlichen Anhörung am 7.7.2004 um Stellungnahme gebeten wurden oder die ihre Belange ungefragt „von außen" eingebracht haben. Die Landtagsfraktionen selbst waren mit Vorschlägen zur Weiterentwicklung des Art. 137 HVerf. sehr zurückhaltend (vgl. Kommissions-Bericht v. 8.4.2005 = LT-Drs. 16/3700, Anlagen 1, 3 und 5). Im Ergebnis wurde am 26.4.2005 im Hessischen Landtag das **Scheitern der Bemühungen zur Reform der Landesverfassung** festgestellt, obwohl sich CDU, FDP und Bündnis 90/DIE GRÜNEN in der Enquete-Kommission auf ein gemeinsames Paket von Vorschlägen einigen konnten. Die Reform der Landesverfassung müsse aber von allen politischen Kräften im Landtag, also auch von der SPD, mitgetragen werden – eine Ansicht, die in Bayern, dem anderen Bundesland in Deutschland, in welchem letztlich das Volk über Verfassungsänderungen entscheidet, der Landtag diesbezüglich also nur Vorschläge unterbreitet, ganz und gar nicht geteilt wird.

Nachdem auf Bundesebene als Folge der Bundestagswahl vom September 2005 und der daraus hervorgegangenen „Großen Koalition" zwischenzeitlich nicht nur das Reformprojekt „Föderalismusreform I" im Jahr 2006, sondern auch die „Föderalismusreform II" im Jahr 2009 erfolgreich abgeschlossen werden konnten, bestand die Hoffnung, dass **auch in Hessen in der 18. Legislaturperiode (2009–2014) noch einmal Bewegung in die Reform der Landesverfassung** kommen könnte und dadurch das Signal für die Reformfähigkeit des Staatswesens verstärkt würde. In der schwarz/gelben Koalitionsvereinbarung vom Januar 2009 wurden „die demokratischen Parteien im Landtag ausdrücklich erneut eingeladen, die notwendigen Änderungen für eine moderne Verfassung des 21. Jahrhunderts auf den Weg zu bringen". Das Projekt ist jedoch nicht ernsthaft angegangen worden, nachdem die SPD keine Veranlassung dafür erkennen konnte.
Auch die schwarz/grüne Koalition schrieb sich in ihrer Koalitionsvereinbarung vom 23. Dezember 2013 für die **19. Legislaturperiode (2014–2019)** die Modernisierung der Landesverfassung auf die Fahne. Das Ehrenamt soll als Staatsziel verankert, das Mindestwählbarkeitsalter für ein Mandat im Hessischen Landtag an die Volljährigkeitsgrenze angeglichen, die Todesstrafe abgeschafft und das Volksbegehren erleichtert werden. Diese Maßnahmen sind in der Tat überfällig. Die Vollendung des 18. Lebensjahres reicht z. B. aus, um in den Bundestag oder in ein Kommunalparlament einzuziehen. Auch gereicht es dem Bundesland Hessen nicht zur Ehre, dass der Landtag – anders als in Bayern – bislang nicht den Weg für die Abschaffung des Artikels über die Todesstrafe (Art. 21 S. 2 HVerf.) frei gemacht hat. Das Unterschriftenquorum von 20 % der stimmberechtigten Bevölkerung in Art. 124 Abs. 1 HVerf. für ein Volksbegehren ist bundesweit einmalig hoch und in der Geschichte des Landes noch nie überwunden worden, sodass das Mitwirkungsinstitut des „Volksentscheids" in Hessen graue Theorie geblieben ist.
Mit ihrem Antrag vom 10. November 2015 (LT-Drs. 19/2566) hoben die Koalitionsfraktionen zusammen mit der SPD und der FDP eine Enquete-Kommission **„Verfassungskonvent"** aus der Taufe, welche die Hessische Verfassung in ihrer Gesamtheit überarbeiten und Vorschläge für ihre zukunftsfähige Gestaltung unterbreiten sollte. Die vom Konvent schließlich vorgelegten 15 Vorschläge wurden vom Landtag akzep-

tiert und waren Gegenstand der Volksabstimmungen am 28. Oktober 2018, zeitgleich mit der Landtagswahl.
Endlich haben also auch in Hessen die Landtagsabgeordneten die Kraft gefunden, die **Landesverfassung „durch Reform zu bewahren“**. Die Vorschläge der kommunalen Spitzenverbände, insbesondere zur Überarbeitung des in Art. 137 Abs. 6 HVerf. niedergelegten Konnexitätsprinzips, wurden allerdings vom Verfassungskonvent nicht übernommen. Trösten kann allenfalls, dass mit dem Vorschlag Nr. 14 (Stärkung der Volksgesetzgebung) nun auch in Hessen ein direktdemokratisches Instrument – nicht nur auf dem Papier – zur Verfügung steht, um das Landesrecht zu verändern. Wie das Volksbegehren das Kommunalrecht und die Kommunalpolitik umgestalten kann, ließ sich im Jahr 2018 musterhaft im Nachbarland Bayern bei der Abschaffung des gemeindlichen Straßenbeitrags beobachten, denn die vom Bayerischen Landtag zur Vermeidung eines Volksentscheids verabschiedete Reform schlug Wellen bis nach Hessen.
Bei der Abstimmung am 28. Oktober 2018 hat das Volk alle 15 Vorschläge mit deutlicher Mehrheit angenommen. Die Verfassungsänderungen sind am 22. Dezember 2018 in Kraft getreten (GVBl. S. 738 ff.). Soweit sie einen kommunalen Bezug aufweisen, sind sie in den Fußnotenkatalog dieser Textausgabe aufgenommen worden.

Wiesbaden, im Dezember 2020

Ulrich Dreßler*
Ulrike Adrian

* Nähere Informationen zum Autor und seinen sonstigen Veröffentlichungen im Internet unter „www.uli-dressler.de“.

Inhaltsverzeichnis

Abkürzungsverzeichnis

a. A.	anderer Ansicht
ABl. EG	Amtsblatt der Europäischen Gemeinschaften
Abs.	Absatz
a. F.	alte Fassung
ÄndG	Änderungsgesetz
Art.	Artikel
BeamtStG	Beamtenstatusgesetz
BeteiligungsG	Gesetz über die Sicherung der kommunalen Selbstverwaltung bei der Gesetzgebung in Hessen (Beteiligungsgesetz)
BGB	Bürgerliches Gesetzbuch
BGBl.	Bundesgesetzblatt
BT-Drs.	Drucksache des Bundestags
BVerfGG	Gesetz über das Bundesverfassungsgericht
bzw.	beziehungsweise
DAVO	Kommunale Dienstaufsichtsverordnung
EEWärmeG	Gesetz zur Förderung erneuerbarer Energien im Wärmebereich (Erneuerbare-Energien-Wärmegesetz)
EigBGes	Eigenbetriebsgesetz
f., ff.	folgende
FAG	Finanzausgleichsgesetz
G	Gesetz
GemHVO	Gemeindehaushaltsverordnung
GemKVO	Gemeindekassenverordnung
GewStG	Gewerbesteuergesetz
GG	Grundgesetz
GrStG	Grundsteuergesetz
GVBl.	Gesetz- und Verordnungsblatt für das Land Hessen
HBG	Hessisches Beamtengesetz
HBeamtVG	Hessisches Beamtenversorgungsgesetz
HBesG	Hessisches Besoldungsgesetz
HBKG	Hessisches Gesetz über den Brandschutz, die Allgemeine Hilfe und den Katastrophenschutz
HDG	Hessisches Disziplinargesetz

Abkürzungsverzeichnis

Hess.	Hessisch
HessAGVwGO	Hessisches Gesetz zur Ausführung der Verwaltungsgerichtsordnung
HDG	Hessisches Disziplinargesetz
HGlG	Hessisches Gleichberechtigungsgesetz
HGO	Hessische Gemeindeordnung
HGrG	Haushaltsgrundsätzegesetz
HKO	Hessische Landkreisordnung
HMdF	Hessisches Ministerium der Finanzen
HMdI	Hessisches Ministerium des Innern
HMdJ	Hessisches Ministerium der Justiz
HSGZ	Hessische Städte- und Gemeinde-Zeitung (Verbandszeitschrift des Hessischen Städte- und Gemeindebunds)
HSOG	Hessisches Gesetz über die öffentliche Sicherheit und Ordnung
HSOG-DVO	Durchführungsverordnung zum HSOG
HV, HVerf.	Hessische Verfassung
HVwKostG	Hessisches Verwaltungskostengesetz
HVwVG	Hessisches Verwaltungsvollstreckungsgesetz
HVwVfG	Hessisches Verwaltungsverfahrensgesetz
i. d. F.	in der Fassung
KAG	Gesetz über kommunale Abgaben
KGG	Gesetz über kommunale Gemeinschaftsarbeit
KIPG	Gesetz zur Stärkung der Investitionstätigkeit von Kommunen und Krankenhausträgern durch ein Kommunalinvestitionsprogramm (Kommunalinvestitionsprogrammgesetz)
KomBesDAV	Verordnung über die Besoldung, Dienstaufwandsentschädigung und Reisekostenpauschale der hauptamtlichen kommunalen Wahlbeamtinnen und Wahlbeamten auf Zeit
Krankenhaus-BetriebsVO	Verordnung über den Betrieb kommunaler Krankenhäuser
KWG	Hessisches Kommunalwahlgesetz
KWO	Kommunalwahlordnung
LT-Drs.	Drucksache des (Hessischen) Landtags
n. F.	neue Fassung
NJW	Neue Juristische Wochenschrift

NVwZ	Neue Zeitschrift für Verwaltungsrecht
OWiG	Gesetz über Ordnungswidrigkeiten
RGBl.	Reichsgesetzblatt
s.	siehe
S.	Seite
SchuSV	Verordnung zur Durchführung des Schutzschirmgesetzes
SigG	Gesetz über Rahmenbedingungen für elektronische Signaturen (Signaturgesetz)
SparkassenG	Hessisches Sparkassengesetz
StAnz.	Staatsanzeiger für das Land Hessen
StGHG	Gesetz über den Staatsgerichtshof
StiftG	Hessisches Stiftungsgesetz
SZAG	Gesetz zur innerstaatlichen Aufteilung von Sanktionszahlungen zur Sicherstellung der Haushaltsdisziplin in der Europäischen Union (Sanktionszahlung-Aufteilungsgesetz)
u. a.	und andere
ÜPKKG	Gesetz zur Regelung der überörtlichen Prüfung kommunaler Körperschaften in Hessen
v.	vom/von
vgl.	vergleiche
VO	Verordnung
VwGO	Verwaltungsgerichtsordnung
z. B.	zum Beispiel

A Einführung

Das hessische Kommunalverfassungsrecht blickt in seinen Grundzügen auf eine fast siebzigjährige Bewährungszeit zurück. Aufbau und Grundsätze der Hessischen Gemeindeordnung und der Hessischen Landkreisordnung aus dem Jahre 1952 sind bis heute im Wesentlichen unverändert beibehalten worden. Nach der Entstehung des Landes Hessen beriet der Landtag lange über eine grundlegend neue Gemeindeordnung. Dieser maß man kaum geringere Bedeutung bei als der Staatsverfassung, denn mit ihr sollten die „Graswurzeln" der Demokratie dauerhaft angesät werden. Daher rührt der Begriff **„Kommunalverfassung"**. Nach intensiver Diskussion beschloss der Landtag in seiner zweiten Wahlperiode am 20.2.1952 die im Kern bis heute geltende Hessische Gemeindeordnung (HGO).

Das „Regierungssystem" der Gemeinden wird von den Ländern eigenständig festgelegt, denn der Bund hat für das Kommunalrecht keinerlei Gesetzgebungszuständigkeit. Daher gibt es in Deutschland auch keine einheitliche Bezeichnung für das Gemeindeparlament (überwiegend: „Gemeinderat", in Hessen „Gemeindevertretung"), ebenso wenig wie alle Länderparlamente als „Landtag" bezeichnet werden. Das besondere Merkmal der hessischen Kommunalverfassung besteht im Ländervergleich allerdings darin, dass an der Spitze der Verwaltung, die die laufenden Geschäfte zu erledigen und die Beschlüsse des „Kommunalparlaments" vorzubereiten hat, nicht der Bürgermeister bzw. Landrat allein, sondern ein Kollegium steht. Dieses Kollegialorgan heißt in Städten „Magistrat" (von daher rührt die Bezeichnung **„Magistratsverfassung"**), in den übrigen Gemeinden „Gemeindevorstand" und in den Landkreisen „Kreisausschuss".

Dabei lehnte sich der Hessische Landtag ganz bewusst an die lange Tradition der Magistratsverfassung im weitaus größten Teil des Landes Hessen an und wollte sich mit dem System der kollegialen Verwaltungsspitze ausdrücklich distanzieren von der allzu starken Stellung des Bürgermeisters in der zur Zeit des Dritten Reiches geltenden „Deutschen Gemeindeordnung" aus dem Jahr 1935. In der Regierungsvorlage vom 28.8.1950 hieß es: „So sehr der Entwurf bestrebt ist, fortschrittlichen Ideen Raum zu geben, so wenig wurde bei seiner Ausarbeitung die

Überlegung missachtet, dass eine organische Entwicklung des Gegenwärtigen aus dem Vergangenen – die Zeit des Nazireiches bleibt dabei außer Betracht – sich am ehesten in Einklang mit dem Empfinden des Volkes befindet und darum am meisten die Bürgschaft dafür ist, dass solche Gesetzgebung von Bestand ist und ein dauerhafter Segen von ihr ausgeht".

Vor ihrer größten Herausforderung stand die Magistratsverfassung in den neunziger Jahren des letzten Jahrhunderts. Alle Bundesländer haben in diesem Jahrzehnt ihre Gemeinde- und Landkreisordnungen zur Bekämpfung der „Politikverdrossenheit" (Wort des Jahres 1992) und in der Hoffnung auf eine Gesundung der Kommunalfinanzen nach dem Vorbild der als besonders bürgernah geltenden baden-württembergischen Kommunalverfassung reformiert (Demokratisierungsnovellen). Auch die Bürgerinnen und Bürger in Hessen können nunmehr bei der Wahl ihres für die wichtigen Entscheidungen zuständigen „Kommunalparlaments" (Gemeindevertretung, Kreistag) Persönlichkeiten durch Kumulieren und Panaschieren in besonderer Weise berücksichtigen, Sachthemen selbst entscheiden (durch Bürgerbegehren und Bürgerentscheid) und den Hauptverwaltungsbeamten (Bürgermeister/Landrat) unmittelbar wählen. Der „Siegeszug" der baden-württembergischen Kommunalverfassung führte allerdings in Hessen nicht zur Abschaffung des Magistrats, des kollegialen Verwaltungsorgans, zugunsten eines die Verwaltung monokratisch leitenden Bürgermeisters. Den Bürgermeistern und Landräten wurden im Zuge der Einführung der Direktwahl mehr Rechte zugestanden, die Magistratsverfassung wurde im Kern jedoch nicht angetastet.

– 1991 bei der Volksabstimmung zu Art. 138 HVerf. (Direktwahl von Bürgermeistern und Landräten) waren sich alle im Landtag vertretenen Parteien und auch die kommunalen Spitzenverbände darüber einig, dass die neu eingeführte Direktwahl der kommunalen Hauptverwaltungsbeamten nicht zum Anlass genommen werden sollte, das hessische Kommunalverfassungssystem im Kern zu verändern oder gar abzulösen. Im Gesetzentwurf der Fraktionen CDU und FDP vom 28.8.1990 für ein Gesetz zur Änderung des Art. 138 HVerf. (LT-Drs. 12/7217) hieß es ausdrücklich: „Die Rechtsstellung der Vertretungskörperschaften (Gemeindevertretung/Stadtverordnetenversammlung, Kreistag) sowie der Verwaltungsorgane (Gemeindevorstand/Magistrat, Kreisausschuss) und der Beigeordneten/Stadträte soll unberührt bleiben. Es ist nicht beabsichtigt, dass der Bürgermeister/Oberbürgermeister oder Landrat Mitglied oder gar stimmberechtigter Vorsitzender der Vertretungskörperschaft wird". Auch die „Führung der Dezernate durch die Beigeordneten in eigener Verantwortung" (§ 70 Abs. 2 HGO) sollte ausdrücklich nicht angetastet werden.

- Im Rahmen der Kommunalrechtsnovelle 1999 machten die damaligen Koalitionsfraktionen CDU und FDP bei einer öffentlichen Anhörung im Hessischen Landtag am 1.12.1999 deutlich, dass sie die beabsichtigten Maßnahmen zur Stärkung von Bürgermeistern und Landräten „nicht als Zwischenschritt, sondern als endgültige Lösung ansehen und ganz bewusst nicht den großen Schritt zum Süddeutschen Kommunalverfassungsmodell machen wollen". Dabei erhielten sie Unterstützung aus dem wissenschaftlichen Bereich, insbesondere von dem Privatdozenten Dr. Schmidt-De Caluwe von der Justus-Liebig-Universität Gießen: „Ich halte zumindest vom Grundansatz her den Gedanken durchaus für vertretbar, sich in Hessen auf die bewährte Magistratsverfassung zu verlassen, sie weiter zu tradieren und gemächlich, moderat die Stellung des direktgewählten Bürgermeisters/Landrats einzugliedern." Bevor Bürgermeister und Landräte noch mehr Machtmittel, insbesondere den Vorsitz in der Vertretungskörperschaft erhielten, müsste zunächst einmal geklärt werden, weshalb und in welchem Ausmaß sich die hessische Magistratsverfassung als uneffektiv erwiesen habe. Es sei überhaupt nicht einzusehen, dass sich der Landtag zwischen bestimmten historisch gewachsenen Kommunalverfassungstypen entscheiden müsse, um effektive Kommunalverwaltungen in Hessen sicherzustellen.
- Prof. Dr. Ulrich Battis von der Humboldt Universität zu Berlin hat im Jahr 2001 dem Land Hessen im Zusammenhang mit der (erfolgreichen) Bundesratsinitiative zur Verbesserung der Besoldung der hessischen Bürgermeister und Landräte in einem rechtswissenschaftlichen Gutachten bescheinigt, dass es bei der Modernisierung der Magistratsverfassung im letzten Jahrzehnt geschafft habe, das Bürgermeisteramt entsprechend der direktdemokratischen Legitimation und den Bedürfnissen der Verwaltungseffizienz als maßgebende kommunale Spitzenposition zu kennzeichnen und gleichzei-

> tig traditionelle Elemente seiner Kommunalverfassung festzuhalten. Dass Hessen nicht – wie so viele andere Bundesländer – durch die Übernahme des süddeutschen Bürgermeistertyps mit seiner Tradition gebrochen habe, obwohl der Bund diese Entwicklung durch die Ausgestaltung seiner Kommunalbesoldungsverordnung fördere – Bürgermeister mit Ratsvorsitz erhalten einen Bonus bei der höchstzulässigen Besoldungseinstufung –, entspreche in hohem Maß der föderalen Kompetenzordnung des Grundgesetzes. Der Hessische Städte- und Gemeindebund betonte in diesem Zusammenhang, dass die Kompetenzen der hessischen Bürgermeister seit Einführung der Direktwahl „beträchtlich" erweitert worden seien.

Im Ergebnis ist es in Hessen gelungen, in der Kommunalverfassung eine **überzeugende Machtbalance** zwischen dem Kollegialprinzip bei der Verwaltungsleitung und dem eigenständigen Vorsitzenden der Gemeindevertretung einerseits sowie einem starken (direkt gewählten) Bürgermeister andererseits zu finden. Dass Hessen trotz wechselnder Regierungsmehrheiten bei der Fortentwicklung der Kommunalverfassung seiner Linie treu geblieben ist, gereicht dem Landtag zum besonderen Verdienst. Man ist heute – gerade auch mit Blick auf Schleswig-Holstein, wo 1995 die Magistratsverfassung beseitigt, schon 2001 von der CDU-Landtagsfraktion ihre Wiederbelebung gefordert und schließlich 2009 die Direktwahl auf der Kreisebene wieder abgeschafft wurde – stolz darauf, nennenswerte Reibungsflächen zwischen den kommunalen Organen, zwischen den hauptamtlichen Amtsinhabern und den ehrenamtlichen Mandatsträgern, vermieden zu haben. Hessen nimmt heute mit der Magistratsverfassung entsprechend seiner geografischen Lage eine **vermittelnde Position** zwischen der besonderen Betonung des Bürgermeisters in Süddeutschland und der nach wie vor bestehenden Hervorhebung der Bürgervertretung und der Parteien (auch gegenüber den urgewählten Bürgermeister) in Norddeutschland ein. Einerseits sind die Machtbefugnisse der hessischen Bürgermeister nicht nahezu grenzenlos; der aus Baden-Württemberg bekannte Satz „Was der Bürgermeister nicht wünscht, erblickt nie das Licht einer Sitzung" gilt in Hessen nicht. Ein die Verwaltung allein leitender Bürgermeister, noch dazu kraft Amtes gleichzeitig Vorsitzender der Bürgervertretung und aller ihrer Ausschüsse, gewählt für acht und nicht nur für sechs Jahre und nach der Amtseinführung unter keinen Umständen von den

Bürgern wieder abwählbar: Diese Vorstellung findet bei keiner der im Hessischen Landtag vertretenen Fraktion Anklang.
Heute gilt die hessische Kommunalverfassung als **gleichermaßen demokratie- bzw. verwaltungsgeeignet, modern und ausgewogen**. Immer öfter ist in den letzten Jahren die Frage aufgeworfen worden, ob ihre wesentlichen Inhalte, insbesondere die demokratischen Mitwirkungsrechte der Bürger, auch auf die Landesverfassung übertragen werden sollten. Denn die Enquete-Kommission des Bundestags „Zukunft des bürgerschaftlichen Engagements" hat im Sommer 2002 klargestellt, dass zu einer Bürgergesellschaft, die mit den Leistungen und Gestaltungskompetenzen der Bürger rechnet, unabdingbar gehört, dass deren Rolle nicht nur mit Pflichten, sondern auch mit Rechten verbunden ist. Auch bei der Fortentwicklung des Rechts der kommunalen Finanzen stellt sich die Frage, ob und wie in wirtschaftlich schwierigen Zeiten der Common Sense der Bürger bei der Gestaltung des kommunalen Haushalts eingebunden werden soll und kann („Bürgerhaushalt").

I. Hessische Gemeindeordnung (HGO)

1. Allgemeines

a) Die Bezeichnung **Gemeinde** wird im hessischen Kommunalrecht als Oberbegriff verwendet. Städte sind Gemeinden, denen die Bezeichnung Stadt von alters her zusteht oder denen diese Bezeichnung von der Landesregierung verliehen worden ist (§ 13 Abs. 1 HGO)[1]. Die Verleihung der Bezeichnung Stadt bewirkt keine Änderung des kommunalverfassungsrechtlichen Status einer Gemeinde. Mit Ausnahme von fünf Großstädten mit mehr als 100 000 Einwohnern (Darmstadt, Frankfurt am Main, Kassel, Offenbach am Main und Wiesbaden), sog. kreisfreien Städten (vgl. § 4a Abs. 1), gehören alle sonstigen (417) Gemeinden einem Landkreis an. Besonders erwähnt werden die sog. Sonderstatus Städte, das sind kreisangehörige Gemeinden mit mehr als 50 000 Einwohnern, die aufgrund ihrer besonderen Verwaltungskraft zusätzliche Aufgaben wahrnehmen (§ 4 a Abs. 2). Wie (schon früher) in den kreisfreien Städten führt in diesen Gemeinden der Bürgermeis-

1 Die im Folgenden zitierten Paragraphen ohne Gesetzesbezeichnung sind solche der HGO.

ter die Amtsbezeichnung „Oberbürgermeister“ und der Erste Beigeordnete die Amtsbezeichnung „Bürgermeister“ (§ 45 Abs. 1).
b) Die Gemeinde ist eine **Gebietskörperschaft** (§ 1 Abs. 2), d. h. eine Körperschaft des öffentlichen Rechts, deren Herrschaftsgewalt sich auf ein bestimmtes Gebiet erstreckt. Ihr besonderes Kennzeichen ist die Allzuständigkeit (§ 2). Die erforderliche Handlungsfähigkeit wird ihr durch das Recht der Selbstverwaltung gewährleistet, das ihr die Befugnis einräumt, alle Angelegenheiten der örtlichen Gemeinschaft in eigener Verantwortung zu erledigen. Wesentliche Bestandteile des Selbstverwaltungsrechts sind neben der Gebietshoheit die Organisationshoheit, die Personalhoheit, die Planungshoheit und die Finanz- und Abgabenhoheit. Das Selbstverwaltungsrecht ist verfassungsrechtlich garantiert (Art. 28 Abs. 2 Grundgesetz, Art. 137 Hess. Verfassung)[2]. Das Selbstverwaltungsrecht gilt jedoch nicht unbeschränkt; es ist nur „im Rahmen der Gesetze“ gewährleistet. Der Staat wacht darüber, dass diese rechtlichen Bindungen beachtet werden. Nach Art. 137 Abs. 3 Hess. Verfassung (vgl. auch § 135 Satz 1 HGO) ist die Staatsaufsicht in Selbstverwaltungsangelegenheiten allerdings darauf beschränkt, dass die Gemeinden im Einklang mit den Gesetzen verwaltet werden (nur Rechtskontrolle, keine Zweckmäßigkeitsprüfung). Die staatlichen Behörden, welche diese Rechtskontrolle wahrnehmen (= Kommunalaufsichtsbehörden), und ihre Befugnisse sind im Siebenten Teil der Hessischen Gemeindeordnung (§§ 135–146) geregelt.

2. Verfassung, Organe

Als juristische Person handelt die Gemeinde durch ihre Organe. Seit der Auflösung zahlreicher kleiner Gemeinden im Zuge der kommunalen Gebietsreform Anfang der siebziger Jahre und der Anpassung des Kommunalrechts an die dadurch geschaffenen tatsächlichen Verhältnisse durch das Änderungsgesetz zur Hessischen Gemeindeordnung vom 30.8.1976 (GVBl. I S. 325) gilt für alle hessischen Gemeinden ein einheitliches Verfassungssystem, die sog. **unechte Magistratsverfassung**. Alle Gemeinden haben zwei gleichartige Organe: die Gemeindevertretung, in den Städten Stadtverordnetenversammlung genannt, und den Gemeindevorstand, in den Städten Magistrat genannt (§ 9). Die

2 Vgl. nachfolgend Teil B und Teil C.

Gemeindevertretung ist das oberste Organ der Gemeinde. Sie entscheidet über alle wichtigen Angelegenheiten und überwacht die gesamte Verwaltung (§ 9 Abs. 1, §§ 50, 51). Dem Gemeindevorstand obliegt die laufende Verwaltung (§ 9 Abs. 2, § 66). Die Beschlüsse der Gemeindevertretung sind nicht, wie bei der echten Magistratsverfassung (Zwei-Kammer-System), an die Zustimmung des Gemeindevorstands gebunden. Der Gemeindevorstand kann jedoch (nachrangig) Beschlüssen der Gemeindevertretung, die das Recht verletzen oder das Wohl der Gemeinde gefährden, mit aufschiebender Wirkung widersprechen (§ 63).

a) **Gemeindevertretung/Stadtverordnetenversammlung. aa**) Die Mitglieder der Gemeindevertretung, die Gemeindevertreter, führen in den Städten die Bezeichnung Stadtverordnete (§ 49 Satz 2). Sie werden von den wahlberechtigten Einwohnern der Gemeinde, den Bürgern, in allgemeiner, freier, gleicher, geheimer und unmittelbarer Wahl für die Dauer von fünf Jahren gewählt (§ 9 Abs. 1 Satz 1, § 29 Abs. 1, § 36 Satz 1, § 49); das Wahlverfahren bestimmt sich nach dem Hessischen Kommunalwahlgesetz (KWG). Bei der Kommunalwahl im März des Jahres 2001 konnten die Wähler erstmals nicht mehr nur der von ihnen jeweils favorisierten „starren Liste“ eine Stimme geben; vielmehr durften sie auch einem besonders geschätzten Kandidaten mehrere Stimmen geben (**kumulieren**) sowie Bewerber verschiedener Parteien wählen (**panaschieren**). Die Bürger erhalten so einen unmittelbaren Einfluss auf die konkrete personelle Zusammensetzung ihrer Volksvertretung. Die Zahl der Gemeindevertreter richtet sich grundsätzlich nach der Zahl der Einwohner der Gemeinde (§ 38); sie beträgt mindestens 11 (in Gemeinden bis zu 3 000 Einwohnern) und höchstens 105 (in Städten über 1 000 000 Einwohnern). Die Gemeindevertreter repräsentieren in ihrer Gesamtheit die Einwohnerschaft (**Grundsatz der repräsentativen Demokratie**). Die Mitwirkung der Bürger erschöpfte sich in der Vergangenheit im Wesentlichen in der Teilnahme an der Wahl der Mitglieder der Gemeindevertretung. Seit 1977 konnten die Bürger zwar unter gewissen Voraussetzungen die Behandlung bestimmter Gemeindeangelegenheiten in den zuständigen Organen erzwingen (§ 8b a. F.); sie konnten jedoch nicht eine bestimmte Entscheidung verlangen, d. h. die Entscheidungsfreiheit der gemeindlichen Organe blieb unberührt. Seit dem 1.4.1993 können die Bürger – unter bestimmten Voraussetzungen – anstelle der

Gemeindevertretung über wichtige Gemeindeangelegenheiten entscheiden (**Bürgerentscheid**, § 8b). Vom 1.4.1993 bis zum 31.12.2020 hat es 171 Bürgerentscheide gegeben, sehr oft mit dem Ziel, einen Beschluss der Gemeindevertretung/Stadtverordnetenversammlung aufzuheben.
Um ihre Aufgaben zum Wohle der Einwohner erfüllen zu können, bestimmt § 35 Abs. 1, dass die Gemeindevertreter ihre Tätigkeit nach ihrer freien, nur durch die Rücksicht auf das Gemeinwohl bestimmten Überzeugung ausüben und an Aufträge und Wünsche der Wähler nicht gebunden sind (**Grundsatz des freien Mandats**).
Die Mitglieder der Gemeindevertretung sind gleichberechtigt; jeder Gemeindevertreter hat bei der Beschlussfassung eine Stimme. Die Gemeindevertreter entscheiden, soweit gesetzlich nicht ausdrücklich etwas anderes bestimmt ist, mit der Mehrheit der abgegebenen gültigen Stimmen (§ 54). Sie können sich zu Fraktionen zusammenschließen; Rechte und Pflichten der Fraktionen bestimmen sich im Wesentlichen nach der Geschäftsordnung der Gemeindevertretung (§ 36a). Gemeindevertreter erhalten wie sonstige ehrenamtlich Tätige eine Entschädigung (Verdienstausfall- und Fahrkostenersatz, Aufwandsentschädigung, § 35 Abs. 2 i. V. m. § 27). Die allgemeinen Pflichten der sonstigen ehrenamtlich Tätigen (Verschwiegenheitspflicht, Treupflicht) gelten auch für die Gemeindevertreter (§ 35 Abs. 2).
bb) Die Gemeindevertreter wählen in der ersten (konstituierenden) Sitzung nach der Kommunalwahl für die Dauer der Wahlzeit aus ihrer Mitte einen **Vorsitzenden** und einen oder mehrere stellvertretende Vorsitzende (§ 57 Abs. 1 Satz 1). Der Vorsitzende führt in den Städten die Bezeichnung Stadtverordnetenvorsteher (§ 49 Satz 2). Er und seine Stellvertreter können von den Gemeindevertretern mit einer Mehrheit von mindestens zwei Dritteln ihrer gesetzlichen Zahl abberufen werden (§ 57 Abs. 2). Der Vorsitzende wahrt die Würde und die Rechte der Gemeindevertretung und repräsentiert sie in der Öffentlichkeit (§ 57 Abs. 3). Er setzt – im Benehmen mit dem Gemeindevorstand – die Tagesordnung der Sitzungen der Gemeindevertretung fest, lädt zu den Sitzungen ein und leitet sie; er führt die Beschlüsse der Gemeindevertretung, die ihre innere Ordnung betreffen, aus und vertritt die Gemeindevertretung in gerichtlichen Verfahren (§ 58). Auch ist er berechtigt, an allen Sitzungen der Ausschüsse der Gemeindevertretung mit beratender Stimme teilzunehmen (§ 62 Abs. 4 Satz 1).

cc) Die **Zuständigkeit** der Gemeindevertretung als oberstes Organ der Gemeinde ist nicht auf einen Katalog von Aufgaben, beispielsweise die in § 51 genannten „ausschließlichen Angelegenheiten", beschränkt, sondern erstreckt sich auf alle „wichtigen Angelegenheiten" (§ 9 Abs. 1 Satz 2, § 50 Abs. 1 Satz 1). Damit trägt die Gemeindevertretung die rechtliche und politische Verantwortung dafür, wie die Geschicke der Gemeinde gelenkt werden sollen. Die Abgrenzung, ob eine „wichtige Angelegenheit" oder eine zum Zuständigkeitsbereich des Gemeindevorstands gehörende Angelegenheit der laufenden Verwaltung vorliegt, kann im Einzelfall schwierig sein. Mit Rücksicht auf die unterschiedlichen Verhältnisse lässt sich auch keine für alle Gemeinden verbindliche Auslegung treffen. Einwohnerzahl und Finanzkraft einer Gemeinde sowie die Bedeutung einer Angelegenheit, wobei letzteres vom Standpunkt der Gemeinde aus zu beurteilen ist, sind wesentliche Abgrenzungskriterien. In § 51 ist eine Reihe wichtiger Angelegenheiten aufgeführt, die die Gemeindevertretung nicht auf andere Organe bzw. Hilfsorgane übertragen kann, beispielsweise die Wahl der Beigeordneten im Gemeindevorstand, die Änderung der Gemeindegrenzen, die Befugnis, Ortsrecht (Satzungen) zu erlassen, zu ändern und aufzuheben, der Erlass der Haushaltssatzung und die Festsetzung des Investitionsprogramms. Weitere wichtige Angelegenheiten sind in einzelnen Vorschriften enthalten, wie die Abberufung von hauptamtlichen Beigeordneten, die Einleitung der vorzeitigen Abwahl des Bürgermeisters (§ 76) bzw. das „Misstrauensvotum" gegenüber dem Bürgermeister (§ 76a) sowie die Einrichtung von Ortsbeiräten (§ 81). Soweit dies nicht ausdrücklich untersagt ist, kann die Gemeindevertretung die Beschlussfassung über bestimmte Angelegenheiten (Spezialdelegation) oder bestimmte Arten von Angelegenheiten (Gattungsdelegation) auf den Gemeindevorstand oder ein Hilfsorgan (Ausschuss, Ortsbeirat) mit der jederzeitigen uneingeschränkten Rückholmöglichkeit übertragen (§ 50 Abs. 1 und § 82 Abs. 4).

Neben der Entscheidung über wichtige Gemeindeangelegenheiten steht der Gemeindevertretung die **Überwachung der Gemeindeverwaltung**, der Geschäftsführung des Gemeindevorstands, insbesondere der Verwendung der Gemeindeeinnahmen, zu (§ 9 Abs. 1 Satz 2, § 50 Abs. 2). Zur Durchführung ihrer Kontrollbefugnisse räumt § 50 Abs. 2 der Gemeindevertretung ausdrücklich ein Akteneinsichtsrecht ein. Die-

ses Recht steht nur der Gemeindevertretung als Gesamtheit, nicht einzelnen Gemeindevertretern oder Fraktionen zu; allerdings muss sie die Einsetzung eines sog. Akteneinsichtsausschusses beschließen, wenn dies ein Viertel der Gemeindevertreter oder eine Fraktion der Gemeindevertretung verlangt (§ 50 Abs. 2 Satz 2). Die Gemeindevertretung kann darüber hinaus die Übersendung der Ergebnisniederschriften über die Sitzungen des Gemeindevorstands verlangen. Auch ist der Gemeindevorstand verpflichtet, in den Sitzungen der Gemeindevertretung Auskünfte zu den Beratungsgegenständen zu erteilen (§ 59).
dd) Zur Vorbereitung ihrer Beschlüsse kann die Gemeindevertretung aus ihrer Mitte **Ausschüsse** bilden. Die Zahl der Ausschüsse, ihr Aufgabengebiet und ihre Zusammensetzung werden von der Gemeindevertretung durch einfachen Beschluss, durch die Geschäftsordnung oder die Hauptsatzung bestimmt. Ein Finanzausschuss muss in jeder Gemeinde gebildet werden (§ 62 Abs. 1 Satz 2), ein Wahlvorbereitungsausschuss im Falle der Vorbereitung der Wahl eines hauptamtlichen Beigeordneten (§ 42 Abs. 2). Die Bestellung der Ausschussmitglieder erfolgt entweder durch Wahl (Verhältniswahl) oder Benennung nach dem Stärkeverhältnis der Fraktionen der Gemeindevertretung. Fraktionen, auf die kein Sitz entfallen ist, können einen Vertreter mit beratender Stimme entsenden (§ 62 Abs. 2 und 4 Satz 2). Die Ausschüsse wählen aus ihrer Mitte die Vorsitzenden (Mehrheitswahl) und deren Stellvertreter (§ 62 Abs. 3). Die Gemeindevertretung kann auch einem Ausschuss bestimmte Angelegenheiten oder Arten von Angelegenheiten zur endgültigen Beschlussfassung übertragen (§ 50 Abs. 1 Sätze 2 u. 3, § 62 Abs. 1 Satz 3).

b) **Gemeindevorstand/Magistrat. aa**) Auch der Gemeindevorstand ist ein **Kollegialorgan**. Es besteht aus dem Bürgermeister als Vorsitzenden, dem Ersten Beigeordneten und weiteren Beigeordneten. Bürgermeister sind grundsätzlich hauptamtlich tätig; in Gemeinden mit bis zu 5 000 Einwohnern kann die von der Gemeindevertretung zu erlassende Hauptsatzung (§ 6) jedoch bestimmen, dass die Stelle des Bürgermeisters ehrenamtlich zu verwalten ist (§ 44 Abs. 1). Diese Vorschrift hat nach Durchführung der kommunalen Gebietsreform nur noch eine geringe praktische Bedeutung. Die Beigeordneten sind grundsätzlich ehrenamtlich tätig. In jeder Gemeinde müssen mindestens zwei Beigeord-

nete, d. h. der Erste Beigeordnete und ein weiterer Beigeordneter, bestellt werden; im Übrigen bestimmt die Gemeindevertretung die Zahl der Beigeordneten in der Hauptsatzung. Das Gleiche gilt für die Festlegung der Zahl der hauptamtlichen Beigeordnetenstellen; das Gesetz schreibt jedoch vor, dass die Zahl der hauptamtlichen Beigeordnetenstellen die der ehrenamtlichen nicht übersteigen darf (§ 44 Abs. 2 Satz 4). In den Städten führen die Beigeordneten die Bezeichnung Stadtrat (§ 45 Abs. 2). Die Beigeordneten werden von der Gemeindevertretung gewählt (§ 39a Abs. 1). Die Befugnis, auch den Bürgermeister – in kreisfreien und Sonderstatus-Städten den Oberbürgermeister – zu wählen, ist entfallen; seit dem 1. April 1993 ist dies – wie die Wahl der Gemeindevertreter – eine unmittelbare Angelegenheit der Bürgerschaft (§ 39 Abs. 1). Bürgermeister und hauptamtliche Beigeordnete werden aus Gründen der Verwaltungskontinuität für eine Amtszeit von sechs Jahren gewählt (§ 39 Abs. 3 Satz 1, § 39a Abs. 2 Satz 1), ehrenamtliche Beigeordnete für die Wahlzeit der Gemeindevertretung (fünf Jahre, § 39a Abs. 2 Satz 2). Während hauptamtliche Beigeordnete jeweils in einem besonderen Wahlgang nach Stimmenmehrheit gewählt werden, werden die ehrenamtlichen Beigeordneten nach den Grundsätzen der Verhältniswahl gewählt (§ 55).
Zu ehrenamtlichen Mitgliedern des Gemeindevorstands können nur Bürger der Gemeinde, d. h. auch solche, die nicht der Gemeindevertretung angehören, gewählt werden. Während die Wahl des unmittelbar zu wählenden Bürgermeisters – wie die Wahl der Gemeindevertreter – von dem Wahlausschuss der Gemeinde vorbereitet wird (§ 42 Abs. 1), obliegt die Vorbereitung der Wahl der hauptamtlichen Beigeordneten einem Ausschuss der Gemeindevertretung (§ 42 Abs. 2). Nach dem Grundsatz der Unvereinbarkeit von Amt und Mandat können Mitglieder des Gemeindevorstands nicht gleichzeitig Gemeindevertreter sein (§ 65 Abs. 2). Die Mitglieder des Gemeindevorstands werden zu Beamten ernannt (§ 46). Die ehrenamtlichen Beigeordneten erhalten wie andere ehrenamtlich Tätige Entschädigung nach § 27 (Verdienstausfall- und Fahrkostenersatz sowie möglicherweise zusätzlich eine – erhöhte – Aufwandsentschädigung).
Um nachhaltige Störungen des für eine gedeihliche Zusammenarbeit zum Wohl der Gemeinde unerlässlichen Vertrauensverhältnisses der kommunalen Organe zu beheben, können Bürgermeister und haupt-

amtliche Beigeordnete vorzeitig abberufen werden. Zuständig für die Abberufung hauptamtlicher Beigeordneter ist die Gemeindevertretung; Voraussetzungen sind: ein Antrag von mindestens der Hälfte der gesetzlichen Zahl der Gemeindevertreter und eine zweimalige Beratung und Abstimmung jeweils mit Zweidrittelmehrheit (§ 76 Abs. 1). Daneben besteht in Gemeinden mit mehr als 50 000 Einwohnern für hauptamtliche Beigeordnete noch ein erleichtertes Abberufungsverfahren (§ 76 Abs. 2). Die Befugnis der Gemeindevertretung, auch den hauptamtlichen Bürgermeister – in Gemeinden mit mehr als 50 000 Einwohnern den Oberbürgermeister – abzuberufen, ist entfallen; seit dem 1. April 1993 kann ein unmittelbar gewählter Bürgermeister nur von der Bürgerschaft abgewählt werden, die Mitwirkung der Gemeindevertretung ist auf die Einleitung des Abwahlverfahrens beschränkt (§ 76 Abs. 4). Seit der Kommunalrechtsnovelle 2011 kann die Trennung auch umgekehrt vom Bürgermeister initiiert werden, ohne dass er seine beamtenrechtlichen Versorgungsansprüche verliert. Nach § 76a kann er der Gemeindevertretung die „Vertrauensfrage" stellen. Bestätigt sie dem Bürgermeister mit einer Mehrheit von mindestens zwei Dritteln der gesetzlichen Zahl ihrer Mitglieder, dass sie ihm für die weitere Amtsführung kein Vertrauen mehr entgegenbringt, wechselt er in den Ruhestand.

Die Mitglieder des Gemeindevorstands sind grundsätzlich gleichberechtigt, jedes Mitglied hat bei der Beschlussfassung eine Stimme (§§ 67, 68). Dies gilt auch für den Vorsitzenden des Gemeindevorstands, den Bürgermeister; jedoch gibt seine Stimme bei Stimmengleichheit den Ausschlag (§ 68 Abs. 2 Satz 3).

bb) Der **Bürgermeister** führt in kreisfreien und Sonderstatus-Städten die Amtsbezeichnung „Oberbürgermeister" (§ 45 Abs. 1). Er bereitet die Beschlüsse des Gemeindevorstands vor und führt sie aus, soweit nicht ein Beigeordneter mit der Ausführung beauftragt ist (§ 70 Abs. 1 Satz 1). Er lädt zu den Sitzungen des Gemeindevorstands ein und leitet sie (§§ 67 bis 69). Er kann bzw. muss unter bestimmten Voraussetzungen Beschlüssen des Gemeindevorstands widersprechen und hat ein vorrangiges Beanstandungsrecht gegen Beschlüsse der Gemeindevertretung (§ 74). In dringenden Fällen ist ihm das Eilentscheidungsrecht anstelle des Gemeindevorstands eingeräumt (§ 70 Abs. 3). Im Rechtsverkehr gibt er Erklärungen für die Gemeinde im Namen des Gemeindevorstands ab (§ 71 Abs. 1 Satz 2). Er leitet und beaufsichtigt den Geschäftsgang der gemeindlichen Verwaltung (§ 70 Abs. 1 Satz 2), verteilt die Arbeitsgebiete (Dezernate) unter die Mitglieder des Gemeindevorstands (§ 70 Abs. 1 Satz 3), ist Dienstvorgesetzter der Bediensteten der Gemeinde mit Ausnahme der Beigeordneten (§ 73 Abs. 2 Satz 1). Er führt den Vorsitz in den vom Gemeindevorstand gebildeten Kommissionen (§ 72 Abs. 3), kann dem Rechnungsprüfungsamt Prüfungsaufträge erteilen (§ 131 Abs. 2), nimmt bestimmte Aufgaben, an deren Durchführung das Land ein besonderes Interesse hat (Auftragsangelegenheiten), in alleiniger Verantwortung wahr (§ 4 Abs. 2) und ist als Gemeindewahlleiter insbesondere für die ordnungsmäßige Vorbereitung und die Durchführung der Wahl der Gemeindevertretung verantwortlich (§ 5 KWG). Außerdem nimmt er Repräsentationsaufgaben für die Gemeinde wahr.

Dem Bürgermeister ist darüber hinaus seit Einführung der Direktwahl das Recht eingeräumt, in den Sitzungen der Gemeindevertretung eine von der Auffassung des Gemeindevorstands abweichende Meinung zu vertreten (§ 59 Satz 4). Auch kann seine Geschäftsverteilungsbefugnis innerhalb des Gemeindevorstands (§ 70 Abs. 1 Satz 3) seit dem Jahr 2000 nicht mehr von der Gemeindevertretung beschränkt werden. Zudem hat der Bürgermeister auch ein sog. Initiativrecht – Anspruch auf Einberufung der Gemeindevertretung (§ 56 Abs. 1 Satz 2) – sowie ein Antragsrecht zur Gemeindevertretung (§ 58 Abs. 5 Satz 2). Sein bisher subsidiäres Kontrollrecht gegenüber Beschlüssen der Gemeindevertretung kann bzw. muss er nunmehr vorrangig vor dem Gemeindevorstand ausüben (§ 63). Auch bei der Vertretung der Gemeinde in Gesellschaften (§ 125) wurde seine Stellung gestärkt.

cc) Nicht nur der Bürgermeister, auch einige Beigeordnete haben eine – wenn auch weniger ausgeprägte – Sonderstellung. Dies gilt vor allem für den Ersten Beigeordneten und für den „Kämmerer“.

Der **Erste Beigeordnete** führt in kreisfreien und Sonderstatus-Städten die Amtsbezeichnung Bürgermeister (§ 45 Abs. 1). Er ist der allgemeine Vertreter des Bürgermeisters bzw. Oberbürgermeisters; die übrigen Beigeordneten sind zur allgemeinen Vertretung des Bürgermeisters nur berufen, wenn der Erste Beigeordnete verhindert ist (§ 47). Als allgemeiner Vertreter des Bürgermeisters nimmt er im Vertretungsfalle auch die dem Bürgermeister als Vorsitzendem des Gemeindevorstands obliegen-

den Aufgaben wahr und gibt anstelle des Bürgermeisters Erklärungen der Gemeinde ab (§ 71).
Der mit der Verwaltung des Finanzwesens betraute Beigeordnete, der als hauptamtlicher Beigeordneter in den Städten die Bezeichnung **„Stadtkämmerer"** führt (§ 45 Abs. 2 Satz 1), bereitet die Entwürfe der Haushaltssatzung und des Investitionsprogramms vor (§ 97 Abs. 1 Satz 2, § 101 Abs. 3 Satz 3) und ist berechtigt, der Gemeindevertretung abweichende Stellungnahmen zu dem vom Gemeindevorstand festgestellten Entwurf der Haushaltssatzung und aufgestellten Entwurf des Investitionsprogramms vorzulegen und seine abweichende Auffassung in der Beratung der Gemeindevertretung zu vertreten (§ 97 Abs. 1 Satz 3, Abs. 3 Satz 3, § 101 Abs. 3 Satz 4); er kann nach § 131 Abs. 2 dem Rechnungsprüfungsamt Prüfungsaufträge erteilen.
dd) Das Gesetz weist dem Gemeindevorstand die „Erledigung der laufenden Verwaltung" als nicht entziehbare Zuständigkeit zu (§ 9 Abs. 2 Satz 1, § 66). Der Begriff **„laufende Verwaltung"** ist gesetzlich nicht definiert. Nach der Rechtsprechung ist ein Geschäft der laufenden Verwaltung bei Angelegenheiten anzunehmen, die mehr oder weniger gleichförmig in regelmäßiger Wiederkehr vorkommen, sachlich und finanziell wenig erheblich sind sowie zur ungestörten und ununterbrochenen Fortführung der Gemeindeverwaltung notwendig sind. Der Gemeindevorstand besorgt die Verwaltung nach den von der Gemeindevertretung aufgestellten allgemeinen Grundsätzen (§ 51 Nr. 1) und Beschlüssen im Rahmen der von der Gemeindevertretung bereitgestellten Mittel (§ 66 Abs. 1 Satz 2). Als weitere Aufgaben, welche die Stellung des Gemeindevorstands als eigenständiges Organ unterstreichen, sind vornehmlich noch zu erwähnen die Vertretung der Gemeinde im Rechtsverkehr (§ 71), die Anstellung, Beförderung und Entlassung der Gemeindebediensteten (§ 73 Abs. 1 Satz 1) und die nachrangige Pflicht bzw. Möglichkeit, Beschlüssen der Gemeindevertretung, die das Recht verletzen oder das Wohl der Gemeinde gefährden, mit aufschiebender Wirkung zu widersprechen (§ 63 Abs. 4). Im Übrigen obliegt dem Gemeindevorstand die Vorbereitung und Ausführung der Beschlüsse der Gemeindevertretung (§ 66 Abs. 1 Satz 3 Nr. 2) und die Unterrichtung der Bürger über wichtige Fragen der Gemeindeverwaltung (§ 66 Abs. 2).

ee) Zur Erleichterung seiner Aufgaben kann der Gemeindevorstand **Kommissionen** bilden (§ 72 Abs. 1). Diese bestehen aus Mitgliedern des Gemeindevorstands und der Gemeindevertretung sowie – nach dem Ermessen des Gemeindevorstands – sachkundigen Einwohnern. Den Vorsitz führt der Bürgermeister oder ein von ihm bestimmter Beigeordneter (§ 72 Abs. 3). Den Kommissionen können dauernde Aufgaben (Verwaltung oder Beaufsichtigung einzelner Geschäftsbereiche) oder auch vorübergehende Aufträge übertragen werden.

c) **Ortsbeirat.** Zur Förderung der Selbstverwaltung können in den Gemeinden Ortsbeiräte gebildet werden (§ 81). Die Einrichtung von Ortsbeiräten, die Abgrenzung der Ortsbezirke und die Zahl der Mitglieder sind von der Gemeindevertretung in der Hauptsatzung (§ 6) zu regeln (§ 81 Abs. 1, § 82 Abs. 1). Das Gesetz schreibt eine Mindestzahl von drei und eine Höchstzahl von neun, in Ortsbezirken mit mehr als 8 000 Einwohnern von neunzehn Mitgliedern vor (§ 82 Abs. 1 Satz 3). Die Ortsbeiratsmitglieder werden – gleichzeitig mit den Gemeindevertretern für die Wahlzeit der Gemeindevertretung – von den wahlberechtigten Einwohnern des Ortsbezirks gewählt (§ 82 Abs. 1 Satz 1). Auch für sie gilt der Grundsatz des freien Mandats (§ 82 Abs. 2 i. V. m. § 35 Abs. 1). Sie wählen in ihrer ersten Sitzung einen Vorsitzenden (= Ortsvorsteher) und einen oder mehrere Stellvertreter; dem Vorsitzenden kann die Leitung einer Außenstelle der Gemeindeverwaltung im Ortsbezirk übertragen werden (§ 82 Abs. 5). Der Ortsbeirat ist zu allen wichtigen Angelegenheiten, die den Ortsbezirk betreffen, zu hören, insbesondere zum Entwurf des Haushaltsplans; er hat ein Vorschlagsrecht in allen ortsbezirksbezogenen Angelegenheiten (§ 82 Abs. 3). Die Gemeindevertretung kann ihm bestimmte Angelegenheiten oder bestimmte Arten von Angelegenheiten zur endgültigen Beschlussfassung übertragen (§ 82 Abs. 4).

d) **Ausländerbeirat.** Zur weiteren Verbesserung der politischen Integration der ausländischen Einwohner in Hessen wurden 1992 alle Gemeinden mit mehr als 1 000 gemeldeten ausländischen Einwohnern verpflichtet, einen Ausländerbeirat einrichten (§ 84). Der kommunale Ausländerbeirat besteht aus mindestens drei, höchstens 37 Mitgliedern

(§ 85). Sie werden von den wahlberechtigten ausländischen Einwohnern in allgemeiner, freier, gleicher, geheimer und unmittelbarer Wahl für fünf Jahre gewählt (§ 86 Abs. 1 und 2).
EU-Ausländer haben in Hessen – trotz Erhalt des vollen Kommunalwahlrechts im Rahmen der Novelle 1995 – das aktive und passive Wahlrecht zu den gemeindlichen Ausländerbeiräten behalten; § 86 Abs. 1 bis 3 HGO bezieht sich nämlich nach wie vor auf alle „ausländischen Einwohner“.
Im Zuge der Novelle 1995 wurde außerdem durch eine entsprechende Ergänzung des § 86 HGO um einen neuen Absatz (Abs. 4) geregelt, dass bei Ausländerbeiratswahlen zukünftig auch

- in Deutschland eingebürgerte (ehemalige) Ausländer und
- deutsch-ausländische Doppelstaater

wählbar sein sollen. Diese Änderung hängt inhaltlich nicht mit der Einführung des Kommunalwahlrechts für EU-Ausländer zusammen, sondern geht zurück auf die Koalitionsvereinbarung für die 14. Wahlperiode des Hessischen Landtags (1995 bis 1999) zwischen SPD und BÜNDNIS 90/DIE GRÜNEN.
Der kommunale Ausländerbeirat vertritt die Interessen der ausländischen Einwohner der Gemeinde; insbesondere hat er die Aufgabe, die Organe der Gemeinde in allen Angelegenheiten, die ausländische Einwohner betreffen, zu beraten (§ 88 Abs. 1 und 2). Die zur Erledigung seiner Aufgaben erforderlichen Mittel sind ihm von der Gemeinde zur Verfügung zu stellen (§ 88 Abs. 3). Zur Regelung seiner inneren Angelegenheiten kann sich der Ausländerbeirat selbst eine Geschäftsordnung geben (§ 87 Abs. 3).
Erstmals am 14. März 2021 werden die Ausländerbeiräte zusammen mit den Gemeindevertretungen und Ortsbeiräten gewählt. Die betroffenen 173 Gemeinden haben allerdings (erstmals) die Option, anstelle des Ausländerbeirats eine Integrations-Kommission einzurichten (§ 89). In Anbetracht der politischen Bedeutung der Integration nach den Flüchtlingswellen 2015 und 2016 hat der Gesetzgeber sowohl dem Ausländerbeirat wie auch die Integrations-Kommission das Recht eingeräumt, Anträge an die Gemeindevertretung zu richten.

II. Hessische Landkreisordnung (HKO)

1. Allgemeines

a) Im Zuge der kommunalen Gebietsreform in den siebziger Jahren wurde die Zahl der hessischen Landkreise von 39 auf 21 verringert. Die Landkreise gehören jeweils zu einem der drei Regierungsbezirke, in die das Land Hessen gegliedert ist. Die räumliche Abgrenzung stellt sich wie folgt dar:

Landkreise Bergstraße, Darmstadt-Dieburg, Groß-Gerau, Hochtaunuskreis, Main-Kinzig-Kreis, Main-Taunus-Kreis, Odenwaldkreis, Offenbach, Rheingau-Taunus-Kreis und Wetteraukreis:
im Regierungsbezirk Darmstadt

Landkreise Gießen, Lahn-Dill-Kreis, Limburg-Weilburg, Marburg-Biedenkopf und Vogelsbergkreis:
im Regierungsbezirk Gießen

Landkreise Fulda, Hersfeld-Rotenburg, Kassel, Schwalm-Eder-Kreis, Waldeck-Frankenberg und Werra-Meißner-Kreis:
im Regierungsbezirk Kassel

b) Die Landkreise sind Gebietskörperschaften und Gemeindeverbände (§ 1 Abs. 1 HKO)[3]; sie verwalten ihr Gebiet nach den Grundsätzen der gemeindlichen Selbstverwaltung (vgl. oben Teil A I 2). Auch das Selbstverwaltungsrecht der Landkreise ist verfassungsrechtlich garantiert (Art. 28 Abs. 2 Grundgesetz, Art. 137 Hess. Verfassung)[4]. Für die Aufsicht des Staates über die Landkreise gelten die Bestimmungen des Siebenten Teils der Hessischen Gemeindeordnung entsprechend; Aufsichtsbehörden sind die Regierungspräsidenten und der Minister des Innern (§ 54).

Das Gebiet des Landkreises bildet zugleich den Bezirk der unteren Behörde der Landesverwaltung (§ 1 Abs. 2). Der Landrat hat nicht nur kommunale Funktionen (vgl. unten II 2 a und b), er ist auch Leiter der nach ihm benannten unteren Behörde der Landesverwaltung und nimmt in dieser Eigenschaft die staatliche Aufsicht über kreisangehörige Gemeinden wahr (§ 55 HKO, § 136 Abs. 3 HGO).

---

3 Die im Folgenden zitierten Paragraphen ohne Gesetzesbezeichnung sind solche der HKO.

4 Vgl. nachfolgend Teil B und Teil C.

2. Verfassung, Organe

Als juristische Person handelt der Landkreis durch seine Organe. Alle Landkreise haben – entsprechend der unechten Magistratsverfassung auf der Gemeindeebene (vgl. Teil A II) – zwei Organe: den Kreistag und den Kreisausschuss (§ 8). Zahlreiche Vorschriften der Hessischen Landkreisordnung entsprechen demzufolge inhaltlich den Bestimmungen der Hessischen Gemeindeordnung oder enthalten Verweisungen auf dieses Gesetz. Der Kreistag ist das oberste Organ des Landkreises; er entscheidet über alle wichtigen Angelegenheiten und überwacht die gesamte Kreisverwaltung (§ 8 Satz 1, §§ 29, 30). Die laufende Verwaltung besorgt der Kreisausschuss (§ 8 Satz 2, § 41). Die Beschlüsse des Kreistags sind nicht an die Zustimmung des Kreisausschusses gebunden. Der Kreisausschuss hat jedoch gegenüber Beschlüssen des Kreistags, die das Recht verletzen oder das Wohl des Landkreises gefährden, ein (nachrangiges) Kontrollrecht (§ 34 Abs. 4).

a) **Kreistag. aa**) Die Mitglieder des Kreistags, die **Kreistagsabgeordneten**, werden von den wahlberechtigten Kreisangehörigen in allgemeiner, freier, gleicher, geheimer und unmittelbarer Wahl für die Dauer von fünf Jahren gewählt (§ 8 Satz 1, § 21 Abs. 2, § 26); das Wahlverfahren bestimmt sich nach dem Hessischen Kommunalwahlgesetz (KWG). Bei der Kommunalwahl im März des Jahres 2001 konnten die Wähler erstmals nicht mehr nur der von ihnen jeweils favorisierten „starren Liste" eine Stimme geben, vielmehr durften sie auch einem besonders geschätzten Kandidaten mehrere Stimmen geben (kumulieren) sowie Bewerber verschiedener Parteien wählen (panaschieren). Die wahlberechtigten Einwohner erhalten so einen unmittelbaren Einfluss auf die konkrete personelle Zusammensetzung ihrer Volksvertretung. Die Zahl der Kreistagsabgeordneten richtet sich grundsätzlich nach der Zahl der kreisangehörigen Einwohner (§ 25). Die Kreistagsabgeordneten repräsentieren in ihrer Gesamtheit die kreisangehörigen Einwohner (**Grundsatz der repräsentativen Demokratie**). Um ihre Aufgaben zum Wohle der Kreisangehörigen erfüllen zu können, bestimmt § 28 Abs. 1, dass die Kreistagsabgeordneten ihre Tätigkeit nach ihrer freien, nur durch die Rücksicht auf das Gemeinwohl bestimmten Überzeugung ausüben

und an Aufträge und Wünsche der Wähler nicht gebunden sind (**Grundsatz des freien Mandats**).
Die Mitglieder des Kreistags sind gleichberechtigt; jeder Kreistagsabgeordnete hat bei der Beschlussfassung eine Stimme. Die Kreistagsabgeordneten entscheiden, soweit gesetzlich nicht ausdrücklich etwas anderes bestimmt ist, mit der Mehrheit der abgegebenen Stimmen (§ 32 Satz 2 HKO i. V. m. § 54 HGO). Sie können sich zu Fraktionen zusammenschließen; Rechte und Pflichten der Fraktionen bestimmen sich im Wesentlichen nach der Geschäftsordnung des Kreistags (§ 26 a). Kreistagsabgeordnete erhalten wie sonstige ehrenamtlich Tätige eine Entschädigung (Verdienstausfall, Fahrkostenersatz, Aufwandsentschädigung, § 28 Abs. 2 i. V. m. § 18 HKO, § 27 HGO). Die allgemeinen Pflichten der sonstigen ehrenamtlich Tätigen (Verschwiegenheitspflicht, Treupflicht) gelten auch für die Kreistagsabgeordneten (§ 28 Abs. 2).
bb) Die Kreistagsabgeordneten wählen in der ersten (konstituierenden) Sitzung nach der Wahl für die Dauer der Wahlzeit aus ihrer Mitte einen **Vorsitzenden** und einen oder mehrere stellvertretende Vorsitzende (§ 31 Abs. 1 Satz 1); diese können vom Kreistag mit einer Mehrheit von mindestens zwei Dritteln der gesetzlichen Zahl der Kreistagsabgeordneten abberufen werden (§ 31 Abs. 2). Der Vorsitzende wahrt die Würde und die Rechte des Kreistags und repräsentiert die Vertretungskörperschaft in der Öffentlichkeit (§ 31 Abs. 3). Er setzt – im Benehmen mit dem Kreisausschuss – die Tagesordnung der Sitzungen des Kreistags fest, lädt zu den Sitzungen ein und leitet sie; er führt die Beschlüsse des Kreistags, die seine innere Ordnung betreffen, aus und vertritt den Kreistag in gerichtlichen Verfahren (§ 32 Satz 2 HKO i. V. m. § 58 Abs. 7 HGO). Auch ist er berechtigt, an den Sitzungen der Ausschüsse des Kreistags mit beratender Stimme teilzunehmen (§ 33 Abs. 2 HKO i. V. m. § 62 Abs. 4 Satz 1 HGO).
cc) Die **Zuständigkeit** des Kreistags als oberstes Organ des Landkreises ist nicht auf einen Katalog von Aufgaben, beispielsweise die in § 30 genannten „ausschließlichen Angelegenheiten", beschränkt, sondern erstreckt sich auf alle „wichtigen Angelegenheiten" (§ 8 Satz 1, § 29 Abs. 1). Damit trägt der Kreistag die rechtliche und politische Verantwortung dafür, wie die Geschicke des Landkreises gelenkt werden sollen. Die Abgrenzung, ob eine „wichtige Angelegenheit" oder eine zum Zuständigkeitsbereich des Kreisausschusses gehörende Angelegenheit

der laufenden Verwaltung vorliegt, kann im Einzelfall schwierig sein (vgl. dazu Teil A II 1 c). In § 30 ist eine Reihe wichtiger Angelegenheiten aufgeführt, die der Kreistag nicht auf andere Organe bzw. Hilfsorgane übertragen kann, beispielsweise die Wahl der Beigeordneten im Kreisausschuss, die Änderung der Kreisgrenzen, die Befugnis, Kreisrecht (Satzungen) zu erlassen, zu ändern und aufzuheben, der Erlass der Haushaltssatzung und die Festsetzung des Investitionsprogramms. Weitere wichtige Angelegenheiten sind in einzelnen Vorschriften enthalten, wie die Abberufung von hauptamtlichen Kreisbeigeordneten und die Einleitung der vorzeitigen Abwahl des Landrats (§ 49) bzw. das „Misstrauensvotum" gegenüber dem Landrat (§ 49a). Soweit dies nicht ausdrücklich untersagt ist, kann der Kreistag die Beschlussfassung über bestimmte Angelegenheiten oder bestimmte Arten von Angelegenheiten auf den Kreisausschuss oder einen Ausschuss mit der jederzeitigen uneingeschränkten Rückholmöglichkeit übertragen (§ 29 Abs. 1).
Neben der Entscheidung über wichtige Kreisangelegenheiten steht dem Kreistag die **Überwachung der Kreisverwaltung**, der Geschäftsführung des Kreisausschusses, insbesondere der Verwendung der Kreiseinnahmen, zu (§ 8 Satz 1, § 29 Abs. 2). Zur Durchführung seiner Kontrollbefugnisse räumt § 29 Abs. 2 dem Kreistag ausdrücklich ein Akteneinsichtsrecht ein. Dieses Recht steht nur dem Kreistag als Gesamtheit, nicht einzelnen Kreistagsabgeordneten oder Fraktionen zu; allerdings muss er die Einsetzung eines sog. Akteneinsichtsausschusses beschließen, wenn dies ein Viertel der Kreistagsabgeordneten oder eine Fraktion des Kreistags verlangt (§ 29 Abs. 2 Satz 2). Der Kreistag kann darüber hinaus die Übersendung von Ergebnisniederschriften über die Sitzungen des Kreisausschusses verlangen. Auch ist der Kreisausschuss verpflichtet, in den Sitzungen des Kreistags Auskünfte zu den Beratungsgegenständen zu erteilen (§ 32 Satz 2 HKO i. V. m. § 59 HGO).
dd) Zur Vorbereitung seiner Beschlüsse kann der Kreistag aus seiner Mitte **Ausschüsse** bilden (§ 33). Die Zahl der Ausschüsse, ihr Aufgabengebiet und ihre Zusammensetzung werden vom Kreistag durch einfachen Beschluss, durch die Geschäftsordnung oder die Hauptsatzung bestimmt. Wegen des Verfahrens im Übrigen wird auf Teil A II 1 d verwiesen (vgl. § 33 Abs. 2, zum Wahlvorbereitungsausschuss § 38 Abs. 2).

b) Kreisausschuss. aa) Auch der Kreisausschuss ist ein **Kollegialorgan.** Er besteht aus dem Landrat als Vorsitzendem, dem Ersten Kreisbeigeordneten und weiteren Kreisbeigeordneten (§ 36). Der Landrat ist hauptamtlich tätig, die Kreisbeigeordneten grundsätzlich ehrenamtlich. Die Hauptsatzung kann jedoch bestimmen, dass die Stellen von Kreisbeigeordneten hauptamtlich zu verwalten sind. Die Zahl der hauptamtlichen Kreisbeigeordneten darf allerdings die der ehrenamtlichen Kreisbeigeordneten nicht übersteigen. Die Kreisbeigeordneten werden vom Kreistag gewählt (§ 37a Abs. 1). Die Befugnis, auch den Landrat zu wählen, ist entfallen; seit dem 1. April 1993 ist dies – wie die Wahl der Kreistagsabgeordneten – eine Angelegenheit der wahlberechtigten Kreisangehörigen (§ 37 Abs. 1). Der Landrat und die hauptamtlichen Kreisbeigeordneten werden für eine Amtszeit von sechs Jahren gewählt (§ 37 Abs. 3, § 37a Abs. 2 Satz 1), die ehrenamtlichen Kreisbeigeordneten für die Wahlzeit des Kreistags (fünf Jahre, § 37a Abs. 2 Satz 2). Während die hauptamtlichen Kreisbeigeordneten jeweils in einem besonderen Wahlgang nach Stimmenmehrheit gewählt werden, werden die ehrenamtlichen Kreisbeigeordneten nach den Grundsätzen der Verhältniswahl gewählt (§ 37a Abs. 1 Satz 2 HKO i. V. m. § 55 HGO). Während die Wahl des unmittelbar zu wählenden Landrats – wie die Wahl der Kreistagsabgeordneten – von dem Wahlausschuss des Landkreises vorbereitet wird (§ 38 Abs. 1), obliegt die Vorbereitung der Wahl der hauptamtlichen Kreisbeigeordneten einem Ausschuss des Kreistags (§ 38 Abs. 2). Nach dem Grundsatz der Unvereinbarkeit von Amt und Mandat können Mitglieder des Kreisausschusses nicht gleichzeitig Kreistagsabgeordnete sein (§ 36 Abs. 2). Der Landrat und die hauptamtlichen Kreisbeigeordneten können vorzeitig abberufen werden. Zuständig für die Abberufung hauptamtlicher Kreisbeigeordneter ist der Kreistag; Voraussetzungen sind: ein Antrag von mindestens der Hälfte der gesetzlichen Zahl der Kreistagsabgeordneten und eine zweimalige Beratung und Abstimmung jeweils mit Zweidrittelmehrheit (§ 49 Abs. 1). Daneben besteht in den ersten sechs Monaten einer Kommunalwahlperiode noch ein erleichtertes Abberufungsverfahren (§ 49 Abs. 2). Die Befugnis des Kreistags, auch den Landrat abzuberufen, ist entfallen; seit dem 1. April 1993 kann ein unmittelbar gewählter Landrat nur von den wahlberechtigten Kreisangehörigen abgewählt werden, die Mitwirkung des Kreistags ist auf die Einleitung des Abwahlverfahrens beschränkt

(§ 49 Abs. 4). Seit der Kommunalrechtsnovelle 2011 kann die Trennung auch umgekehrt vom Landrat initiiert werden, ohne dass er seine beamtenrechtlichen Versorgungsansprüche verliert. Nach § 49a kann er dem Kreistag die „Vertrauensfrage" stellen. Bestätigt ihm der Kreistag mit einer Mehrheit von mindestens zwei Dritteln der gesetzlichen Zahl seiner Mitglieder, dass er ihm für die weitere Amtsführung kein Vertrauen mehr entgegenbringt, wechselt der Landrat in den Ruhestand.
Die Mitglieder des Kreisausschusses sind grundsätzlich gleichberechtigt, jedes Mitglied hat bei der Beschlussfassung eine Stimme (§ 42 HKO i. V. m. §§ 67, 68 HGO). Dies gilt auch für den Vorsitzenden des Kreisausschusses, den Landrat; jedoch gibt seine Stimme bei Stimmengleichheit den Ausschlag (§ 68 Abs. 2 Satz 3 HGO).
bb) Der **Landrat** bereitet die Beschlüsse des Kreisausschusses vor und führt sie aus, soweit nicht ein Kreisbeigeordneter mit der Ausführung beauftragt ist (§ 44 Abs. 1 Satz 1). Er lädt zu den Sitzungen des Kreisausschusses ein und leitet sie (§ 42 HKO i. V. m. §§ 67 bis 69 HGO). Er kann bzw. muss unter bestimmten Voraussetzungen Beschlüssen des Kreisausschusses widersprechen und hat ein vorrangiges Beanstandungsrecht gegen Beschlüsse des Kreistags (§ 47). In dringenden Fällen ist ihm das Eilentscheidungsrecht anstelle des Kreisausschusses eingeräumt (§ 44 Abs. 3). Im Rechtsverkehr gibt er Erklärungen für den Landkreis im Namen des Kreisausschusses ab (§ 45 Abs. 1 Satz 2). Er leitet und beaufsichtigt den Geschäftsgang der Kreisverwaltung (§ 44 Abs. 1 Satz 2), verteilt die Arbeitsgebiete (Dezernate) unter die Mitglieder des Kreisausschusses (§ 44 Abs. 1 Satz 3) und ist Dienstvorgesetzter der Bediensteten des Landkreises mit Ausnahme der Kreisbeigeordneten (§ 46 Abs. 2 Satz 1). Er führt den Vorsitz in den vom Kreisausschuss gebildeten Kommissionen (§ 43 Abs. 2 HKO i. V. m. § 72 Abs. 3 HGO). Bestimmte Aufgaben, an deren Durchführung das Land ein besonderes Interesse hat (Auftragsangelegenheiten), nimmt er in alleiniger Verantwortung wahr (§ 4 Abs. 2).
Dem Landrat ist seit Einführung der Direktwahl darüber hinaus das Recht eingeräumt, im Kreistag eine von der Auffassung des Kreisausschusses abweichende Meinung zu vertreten (§ 32 Satz 2 HKO i. V. m. § 59 Abs. 4 HGO). Auch kann seine Geschäftsverteilungsbefugnis innerhalb des Kreisausschusses (§ 44 Abs. 1 Satz 3) seit dem Jahr 2000 nicht mehr vom Kreistag beschränkt werden. Zudem hat der Landrat auch

ein sog. Initiativrecht – Anspruch auf Einberufung des Kreistags (§ 32 i. V. m. § 56 Abs. 1 Satz 2 HGO) – sowie ein Antragsrecht zur Gemeindevertretung (§ 32 i. V. m. § 58 Abs. 5 Satz 2 HGO). Sein bisher subsidiäres Kontrollrecht gegenüber Beschlüssen des Kreistags kann bzw. muss er nunmehr vorrangig vor dem Kreisausschuss ausüben (§ 34). Auch bei der Vertretung des Landkreises in Gesellschaften (§ 52 i. V. m. § 125 HGO) wurde seine Stellung gestärkt.
Neben seinen kommunalen Funktionen nimmt der Landrat als Behörde der Landesverwaltung staatliche Aufgaben, insbesondere die Aufsicht über kreisangehörige Gemeinden, wahr (§ 55). Das Gebiet des Landkreises bildet zugleich den Bezirk der unteren Behörde der Landesverwaltung (§ 1 Abs. 2).
cc) Wie auf der Gemeindeebene wird die Zahl der hauptamtlichen **Beigeordneten** für die Landkreise seit 2010 nicht (mehr) gesetzlich begrenzt (§ 36 Abs. 1).
dd) Das Gesetz weist dem Kreisausschuss die „Erledigung der laufenden Verwaltung" als nicht entziehbare Zuständigkeit zu (§ 8 Satz 2, § 41). Zum Begriff **„laufende Verwaltung"** vgl. oben Teil A II 2 d. Der Kreisausschuss besorgt die Verwaltung nach den vom Kreistag aufgestellten allgemeinen Grundsätzen und Beschlüssen im Rahmen der von diesem bereitgestellten Mittel (§ 30 Nr. 1, § 41 Satz 2). Als weitere Aufgaben, die die Stellung des Kreisausschusses als eigenständiges Organ unterstreichen, sind vornehmlich noch zu erwähnen die Vertretung des Landkreises im Rechtsverkehr (§ 45), die Anstellung, Beförderung und Entlassung der Kreisbediensteten (§ 46 Abs. 1 Satz 1) und die nachrangige Pflicht, Beschlüssen des Kreistags, die das Recht verletzen oder das Wohl des Landkreises gefährden, mit aufschiebender Wirkung zu widersprechen (§ 34 Abs. 4). Im Übrigen obliegt dem Kreisausschuss die Vorbereitung und Ausführung der Beschlüsse des Kreistags (§ 41 Satz 3 Nr. 2).
ee) Zur Erleichterung seiner Aufgaben kann der Kreisausschuss **Kommissionen** bilden (§ 43). Die Kommissionen bestehen aus Mitgliedern des Kreisausschusses und des Kreistags sowie – nach dem Ermessen des Kreisausschusses – sachkundigen Einwohnern. Den Vorsitz führt der Landrat oder ein von ihm bestimmter Kreisbeigeordneter. Den Kommissionen können dauernde Aufgaben (Verwaltung oder Beaufsichtigung einzelner Geschäftsbereiche) oder auch vorübergehende Aufträge übertragen werden.

B Grundgesetz für die Bundesrepublik Deutschland

vom 23. Mai 1949 (BGBl. S. 1), zuletzt geändert durch Gesetz vom 29. September 2020 (BGBl. I S. 12048) – Auszug

Art. 28

(1) Die verfassungsmäßige Ordnung in den Ländern muss den Grundsätzen des republikanischen, demokratischen und sozialen Rechtsstaates im Sinne dieses Grundgesetzes entsprechen. In den Ländern, Kreisen und Gemeinden muss das Volk eine Vertretung[1] haben, die aus allgemeinen, unmittelbaren, freien, gleichen und geheimen Wahlen hervorgegangen ist. Bei Wahlen in Kreisen und Gemeinden sind auch Personen, die die Staatsangehörigkeit eines Mitgliedsstaates der Europäischen Gemeinschaft besitzen, nach Maßgabe von Recht der Europäischen Gemeinschaft wahlberechtigt und wählbar[2]. In Gemeinden kann an die Stelle einer gewählten Körperschaft die Gemeindeversammlung treten.

(2) Den Gemeinden muss das Recht gewährleistet sein, alle Angelegenheiten der örtlichen Gemeinschaft im Rahmen der Gesetze in eigener Verantwortung zu regeln. Auch die Gemeindeverbände haben im Rahmen ihres gesetzlichen Aufgabenbereiches nach Maßgabe der Gesetze das Recht der Selbstverwaltung. Die Gewährleistung der Selbstverwaltung umfasst auch die Grundlagen der finanziellen Eigenverantwortung[3]; zu diesen Grundlagen gehört eine den Gemeinden mit Hebesatzrecht zustehende wirtschaftskraftbezogene Steuerquelle[4].

(3) Der Bund gewährleistet, dass die verfassungsmäßige Ordnung der Länder den Grundrechten und den Bestimmungen der Absätze 1 und 2 entspricht.

---

1 zum Begriff **„Vertretungskörperschaft“** vgl. § 2 Abs. 1 KWG oder auch § 71 SGB VIII.

2 Art. 28 Abs. 1 S. 3 GG eingefügt durch Gesetz vom 27.10.1994 (BGBl. I. S. 3146): Kommunalwahlrecht für **Unionsbürger.**

3 Art. 28 Abs. 2 S. 3 GG eingefügt durch Gesetz vom 21.12.1992 (BGBl. I S. 2086).

4 Art. 28 Abs. 2 S. 3 2. Halbsatz GG angefügt durch Gesetz vom 20.10.1997 (BGBl. I S. 2470).

Art. 109

(1) Bund und Länder sind in ihrer Haushaltswirtschaft selbständig und voneinander unabhängig.

(2) [5] Bund und Länder[6] erfüllen gemeinsam die Verpflichtungen der Bundesrepublik Deutschland aus Rechtsakten der Europäischen Gemeinschaft auf Grund des Artikels 104 des Vertrags zur Gründung der Europäischen Gemeinschaft zur Einhaltung der Haushaltsdisziplin und tragen in diesem Rahmen den Erfordernissen des gesamtwirtschaftlichen Gleichgewichts Rechnung.

(3) [7] Die Haushalte von Bund und Ländern sind grundsätzlich ohne Einnahmen aus Krediten auszugleichen[8]. Bund und Länder können Regelungen zur im Auf- und Abschwung symmetrischen Berücksichtigung der Auswirkungen einer von der Normallage abweichenden konjunkturellen Entwicklung sowie eine Ausnahmeregelung für Naturkatastrophen oder außergewöhnliche Notsituationen, die sich der Kontrolle des Staates entziehen und die staatliche Finanzlage erheblich beeinträchtigen, vorsehen. Für die Ausnahmeregelung ist eine entsprechende Tilgungsregelung vorzusehen. Die nähere Ausgestaltung regelt für den Haushalt des Bundes Artikel 115 mit der Maßgabe, dass Satz 1 entsprochen ist, wenn die Einnahmen aus Krediten 0,35 vom Hundert im Verhältnis zum nominalen Bruttoinlandsprodukt nicht überschreiten. Die nähere Ausgestaltung für die Haushalte der Länder regeln diese im Rahmen ihrer verfassungsrechtlichen Kompeten-

---

5 Art. 109 Abs. 2 neu gefasst durch Artikel 1 des Gesetzes vom 29. Juli 2009 (BGBl. I S. 2248): „Föderalismusreform II".

6 Die Länder sind in diesem Zusammenhang auch für die Haushaltsdefizite ihrer Kommunen verantwortlich (vgl. Art. 109 Abs. 5 und § 2 Abs. 2 S. 2 SZAG).

7 Art. 109 Abs. 3 eingefügt durch Artikel 1 des Gesetzes vom 29. Juli 2009 (BGBl. I S. 2248).

8 Die **grundgesetzliche Schuldenbremse** gilt unmittelbar sowohl für den Bund als auch für die Länder. Der Antrag des schleswig-holsteinischen Landtags, den Art. 109 Abs. 3 S. 1 GG wegen Aufhebung des Budgetrechts, der Verfassungsautonomie, ja schlicht der Eigenstaatlichkeit des Landes (Art. 20 Abs. 1 und 79 Abs. 3 GG), wieder zu Fall zu bringen, wurde vom BVerfG am 19. August 2011 (in NVwZ 2011 S. 1512) als unzulässig abgewiesen: im Bund-Länder-Streit gem. Art. 93 Abs. 1 Nr. 3 GG kann Antragsteller für ein Land nur die Landesregierung sein.
Die grundgesetzliche Schuldenbremse gilt nicht für die Kommunen (vgl. BT-Drs. 16/12410 S. 10).

zen[9] mit der Maßgabe, dass Satz 1 nur dann entsprochen ist, wenn keine Einnahmen aus Krediten zugelassen werden[10].

(4) Durch Bundesgesetz, das der Zustimmung des Bundesrates bedarf, können für Bund und Länder gemeinsam geltende Grundsätze für das Haushaltsrecht, für eine konjunkturgerechte Haushaltswirtschaft und für eine mehrjährige Finanzplanung aufgestellt werden[11].

(5) Sanktionsmaßnahmen der Europäischen Gemeinschaft im Zusammenhang mit den Bestimmungen in Artikel 104 des Vertrags zur Gründung der Europäischen Gemeinschaft zur Einhaltung der Haushaltsdisziplin tragen Bund und Länder im Verhältnis 65 zu 35. Die Ländergesamtheit trägt solidarisch 35 vom Hundert der auf die Länder entfallenden Lasten entsprechend ihrer Einwohnerzahl; 65 vom Hundert der auf die Länder entfallenden Lasten tragen die Länder entsprechend ihrem Verursachungsbeitrag. Das Nähere regelt ein Bundesgesetz, das der Zustimmung des Bundesrates bedarf[12].

Art. 115

(1) Die Aufnahme von Krediten sowie die Übernahme von Bürgschaften, Garantien oder sonstigen Gewährleistungen, die zu Ausgaben in künftigen Rechnungsjahren führen können, bedürfen einer der Höhe nach bestimmten oder bestimmbaren Ermächtigung durch Bundesgesetz.

(2) Einnahmen und Ausgaben sind grundsätzlich ohne Einnahmen aus Krediten auszugleichen. Diesem Grundsatz ist entsprochen, wenn die Einnahmen aus Krediten 0,35 vom Hundert im Verhältnis zum nominalen Bruttoinlandsprodukt nicht überschreiten. Zusätzlich sind bei einer von der Normallage abweichenden konjunkturellen Entwicklung die Auswirkungen

---

9 Vgl. Gesetz zur Änderung der Verfassung des Landes Hessen (Aufnahme einer Schuldenbremse in Verantwortung für kommende Generationen – Gesetz zur Schuldenbremse) vom 29. April 2011 (GVBl. I S. 182), mit dem Art. 141 HVerf. eine erstmals für das Haushaltsjahr 2020 anzuwendende Neufassung erhielt.. Das Haushaltsjahr ist identisch mit dem Kalenderjahr (vgl. § 4 LHO), die verfassungsrechtliche Schuldenbremse gilt daher seit dem 1. Januar 2020.

10 Für die Länder gilt die zwingende Vorgabe der **Null-Verschuldung**. Nur für den Bund ist eine strukturelle Neuverschuldung in Höhe von 0,35 % des Brutto-Inlandsprodukts zugelassen (Art. 109 Abs. 3 S. 4 GG).

11 Haushaltsgrundsätzegesetz (HGrG).

12 Sanktionszahlungs-Aufteilungsgesetz (SZAG) vom 5. September 2006 (BGBl. I S. 2098, 2104)

auf den Haushalt im Auf- und Abschwung symmetrisch zu berücksichtigen. Abweichungen der tatsächlichen Kreditaufnahme von der nach den Sätzen 1 bis 3 zulässigen Kreditobergrenze werden auf einem Kontrollkonto erfasst; Belastungen, die den Schwellenwert von 1,5 vom Hundert im Verhältnis zum nominalen Bruttoinlandsprodukt überschreiten, sind konjunkturgerecht zurückzuführen. Näheres, insbesondere die Bereinigung der Einnahmen und Ausgaben um finanzielle Transaktionen und das Verfahren zur Berechnung der Obergrenze der jährlichen Nettokreditaufnahme unter Berücksichtigung der konjunkturellen Entwicklung auf der Grundlage eines Konjunkturbereinigungsverfahrens sowie die Kontrolle und den Ausgleich von Abweichungen der tatsächlichen Kreditaufnahme von der Regelgrenze, regelt ein Bundesgesetz. Im Falle von Naturkatastrophen oder außergewöhnlichen Notsituationen, die sich der Kontrolle des Staates entziehen und die staatliche Finanzlage erheblich beeinträchtigen, können diese Kreditobergrenzen auf Grund eines Beschlusses der Mehrheit der Mitglieder des Bundestages überschritten werden[13]. Der Beschluss ist mit einem Tilgungsplan zu verbinden. Die Rückführung der nach Satz 6 aufgenommenen Kredite hat binnen eines angemessenen Zeitraumes zu erfolgen.

Art. 143d[14]

(1) Artikel 109 und 115 in der bis zum 31. Juli 2009 geltenden Fassung sind letztmals auf das Haushaltsjahr 2010 anzuwenden. Artikel 109 und 115 in der ab dem 1. August 2009 geltenden Fassung sind erstmals für das Haushaltsjahr 2011 anzuwenden; am 31. Dezember 2010 bestehende Kreditermächtigungen für bereits eingerichtete Sondervermögen bleiben unberührt. Die Länder dürfen im Zeitraum vom 1. Januar 2011 bis zum 31. Dezember 2019 nach Maßgabe der geltenden landesrechtlichen Regelungen[15] von den Vorgaben des Artikels 109 Absatz 3 abweichen. Die Haushalte der Länder sind so aufzustellen, dass im Haushaltsjahr 2020

---

13 Die erforderliche Mehrheit wurde im Fall der Corona-Krise 2020 mühelos am 25. März 2020 erreicht, obwohl von 709 Abgeordneten nur 527 anwesend waren. Denn 469 Abgeordnete stimmten in namentlicher Abstimmung auf Antrag der GroKo (BT-Drs. 19/18108) für die Einstufung der Pandemie als „außergewöhnliche Notsituation",

14 Art. 143d (ebenfalls) eingefügt durch Artikel 1 des Gesetzes vom 29. Juli 2009 (BGBl. I S. 2248)

15 vgl. Art. 141 HVerf. „Kreditbedarf".

die Vorgabe aus Artikel 109 Absatz 3 Satz 5 erfüllt wird[16]. Der Bund kann im Zeitraum vom 1. Januar 2011 bis zum 31. Dezember 2015 von der Vorgabe des Artikels 115 Absatz 2 Satz 2 abweichen. Mit dem Abbau des bestehenden Defizits soll im Haushaltsjahr 2011 begonnen werden. Die jährlichen Haushalte sind so aufzustellen, dass im Haushaltsjahr 2016 die Vorgabe aus Artikel 115 Absatz 2 Satz 2 erfüllt wird; das Nähere regelt ein Bundesgesetz.

(2) Als Hilfe zur Einhaltung der Vorgaben des Artikels 109 Absatz 3 ab dem 1. Januar 2020 können den Ländern Berlin, Bremen, Saarland, Sachsen-Anhalt und Schleswig-Holstein für den Zeitraum 2011 bis 2019 Konsolidierungshilfen aus dem Haushalt des Bundes in Höhe von insgesamt 800 Millionen Euro jährlich gewährt werden. Davon entfallen auf Bremen 300 Millionen Euro, auf das Saarland 260 Millionen Euro und auf Berlin, Sachsen-Anhalt und Schleswig-Holstein jeweils 80 Millionen Euro. Die Hilfen werden auf der Grundlage einer Verwaltungsvereinbarung nach Maßgabe eines Bundesgesetzes mit Zustimmung des Bundesrates geleistet. Die Gewährung der Hilfen setzt einen vollständigen Abbau der Finanzierungsdefizite bis zum Jahresende 2020 voraus. Das Nähere, insbesondere die jährlichen Abbauschritte der Finanzierungsdefizite, die Überwachung des Abbaus der Finanzierungsdefizite durch den Stabilitätsrat sowie die Kon-

---

16 Auch die finanzschwachen Länder werden wohl durch die Konsolidierungshilfen (vgl. Art. 143d Abs. 2 und 3 GG), die wirtschaftliche Entwicklung in der jüngeren Vergangenheit und vor allem durch die 2016 vereinbarte Neuordnung der Bund-Länder-Beziehungen wohl im Jahr 2020 in der Lage sein, ihre Ausgaben ohne die Aufnahme neuer Schulden zu decken. Dennoch wäre es vielleicht besser gewesen, Art. 29 GG im Sinne eines praktikablen **Länder-Neugliederungsverfahrens** zu ändern. Die ehemalige Ministerpräsidentin des Saarlandes, Annegret Kramp-Karrenbauer, hat jedenfalls bereits im Oktober 2014 öffentlich geäußert, dass Länderfusionen unumgänglich seien, wenn die armen Länder nicht auch eine Entlastung von ihren Altschulden erhalten sollten (vgl. Süddeutsche Zeitung vom 24. Oktober 2014 „Nur noch 6 oder 8 Bundesländer"). Zur Kritik an der o. a. Bund-Länder-Einigung vgl. von Altenbockum, „Zentralisierung", in FAZ v. 15.10.2016; Henneke, „Ich kann das Ergebnis nicht mittragen; schön ist anders" (zum Widerstand des Bundestagspräsidenten Lammert), in Der Landkreis 2017 S. 235; Fromme, „Ein schwarzer Tag für den Föderalismus", in der gemeindehaushalt 2016 S. 265; Wohltmann, „Balance zwischen Pragmatismus und Struktureller Wegentscheidung" (u. a. zur Haltung des Hessischen Ministerpräsidenten), in Der Landkreis 2017 S. 307; Sturm, „Der Föderalismus, nur noch ein Schatten", in FAZ v. 14.9.2017; Schrinner, „Bundesländer sitzen auf Milliardenschatz, verlieren aber an Bedeutung", in Handelsblatt v. 9.7.2018; von Altenbockum/Soldt, „Der letzte Föderalist – Warum Winfried Kretschmann das "süße Gift" des Bundes ablehnt, in FAZ v. 13.9.2018.

sequenzen im Falle der Nichteinhaltung der Abbauschritte, wird durch Bundesgesetz mit Zustimmung des Bundesrates und durch Verwaltungsvereinbarung geregelt. Die gleichzeitige Gewährung der Konsolidierungshilfen und Sanierungshilfen auf Grund einer extremen Haushaltsnotlage ist ausgeschlossen.

(3) Die sich aus der Gewährung der Konsolidierungshilfen ergebende Finanzierungslast wird hälftig von Bund und Ländern, von letzteren aus ihrem Umsatzsteueranteil, getragen. Das Nähere wird durch Bundesgesetz mit Zustimmung des Bundesrates geregelt.

C Verfassung des Landes Hessen

vom 1. Dezember 1946 (GVBl. S. 229), zuletzt geändert durch Gesetze vom 11. und 12. Dezember 2018 (GVBl. S. 738 ff.) – Auszug

Artikel 131

(1) Der Staatsgerichthof entscheidet über die Verfassungsmäßigkeit der Gesetze, die Verletzung der Grundrechte, bei Anfechtung des Ergebnisses einer Volksabstimmung, über Verfassungsstreitigkeiten sowie in den in der Verfassung und den Gesetzen vorgesehenen Fällen.

(2) Den Antrag kann stellen: eine Gruppe von Stimmberechtigten, die mindestens ein Hundertstel aller Stimmberechtigten des Volkes umfasst, der Landtag, ein Zehntel der gesetzlichen Zahl seiner Mitglieder, die Landesregierung sowie der Ministerpräsident.

(3) Das Gesetz bestimmt, in welchen Fällen und unter welchen Voraussetzungen jedermann[1] das Recht hat, den Staatsgerichtshof anzurufen.

Artikel 137

(1) Die Gemeinden sind in ihrem Gebiet unter eigener Verantwortung die ausschließlichen Träger der gesamten örtlichen öffentlichen Verwaltung. Sie können jede öffentliche Aufgabe übernehmen, soweit sie nicht durch ausdrückliche gesetzliche Vorschrift anderen Stellen im dringenden öffentlichen Interesse ausschließlich zugewiesen sind.

(2) Die Gemeindeverbände haben im Rahmen ihrer gesetzlichen Zuständigkeit die gleiche Stellung.

---

1 Nach § 46 des Gesetzes über den Staatsgerichtshof vom 30.11.1994 (GVBl. I S. 684) sind auch die Gemeinden und Gemeindeverbände klageberechtigt mit der Behauptung, Landesrecht verstoße gegen Art. 137 HVerf (**Kommunale Verfassungsbeschwerde**). Die Vorschriften über die Grundrechtsklage im StGHG wurden im Übrigen vom Landtag durch Änderungsgesetz vom 22.12.2000 (GVBl. I S. 585) – auf Grund eines interfraktionellen Gesetzentwurfs – erheblich modifiziert. Insbesondere darf der Staatsgerichtshof nach § 43a StGHG nunmehr auch die Annahme von Grundrechtsklagen unter bestimmten Voraussetzungen ablehnen. Zu erfolgreichen Kommunalverfassungsbeschwerden in der jüngeren Vergangenheit vgl. die nachfolgenden Fußnoten.

(3) Das Recht der Selbstverwaltung ihrer Angelegenheiten wird den Gemeinden und Gemeindeverbänden vom Staat gewährleistet. Die Aufsicht des Staates beschränkt sich darauf, dass ihre Verwaltung im Einklang mit den Gesetzen geführt wird[2].

(4) Den Gemeinden und Gemeindeverbänden oder ihren Vorständen können durch Gesetz oder Verordnung staatliche Aufgaben zur Erfüllung nach Anweisung übertragen werden.

(5) Der Staat hat den Gemeinden und Gemeindeverbänden die zur Durchführung ihrer eigenen und der übertragenen Aufgaben erforderlichen Geldmittel im Wege des Lasten- und Finanzausgleichs zu sichern. Er stellt ihnen für ihre freiwillige öffentliche Tätigkeit in eigener Verantwortung zu verwaltende Einnahmequellen zur Verfügung.

(6)[3] Werden die Gemeinden und Gemeindeverbände durch Landesgesetz oder Landesrechtsverordnung zur Erfüllung staatlicher Aufgaben verpflichtet, so sind Regelungen über die Kostenfolgen zu treffen. Führt die Übertragung neuer oder die Veränderung bestehender eigener oder übertragener Aufgaben zu einer Mehrbelastung oder Entlastung der Gemeinden oder Gemeindeverbände in ihrer Gesamtheit, ist ein entsprechender Ausgleich zu schaffen. Das Nähere regelt ein Gesetz[4].

---

2 Die Hessische Verfassung ist betont **selbstverwaltungsfreundlich**. Sie enthält eine ausdrückliche Selbstverwaltungsgarantie nicht nur für den kommunalen, sondern auch für den akademischen (Art. 60 Abs. 1) und den sozialversicherungsrechtlichen Bereich (Art. 35 Abs. 1).

3 Ursprünglich enthielt Art. 137 einen Abs. 6 mit dem Wortlaut: „Die Grundsätze des Landtagswahlrechts gelten auch für die Gemeinde- und Gemeindeverbandswahlen". Durch die Volksabstimmung v. 9.7.1950 wurde die Bindung des Landtagswahlrechts an das System der Verhältniswahl (Art. 75 Abs. 1 in seiner ursprünglichen Fassung) und die Bindung des **Kommunalwahlrechts** an das System des Landtagswahlrechts beseitigt. Dennoch blieb es bis zur Novelle 1999 für Kommunalwahlen bei der reinen Verhältniswahl (es sei denn, es wurde nur ein Wahlvorschlag zugelassen). Für die Landtagswahl entschied sich der Gesetzgeber dagegen schon früher (wie der Bund) für ein „Mischsystem"!

4 Mit Gesetzentwurf v. 23.4.1996 (LT-Drs. 14/1635) hatte die CDU-Fraktion im Hessischen Landtag noch zu Oppositionszeiten vorgeschlagen, Art. 137 zur Verankerung des **Konnexitätsprinzips** (von lat. „connexus" = Verknüpfung) um folgenden Abs. 6 zu ergänzen: „Den Gemeinden und Gemeindeverbänden kann durch Gesetz die Erledigung bestimmter öffentlicher Aufgaben übertragen werden. Dabei sind Bestimmungen über die Deckung der Kosten zu treffen. Führen diese Aufgaben zu einer Mehrbelastung der Gemeinden oder Gemeindeverbände, so ist ein entsprechender finanzieller Ausgleich zu schaffen". Der Gesetzentwurf wurde jedoch im

Artikel 138

Die Oberbürgermeister, Bürgermeister und Landräte als Leiter der Gemeinden oder Gemeindeverbände werden von den Bürgern in allgemeiner, unmittelbarer, freier, gleicher und geheimer Wahl gewählt[5].

Artikel 141[6]

(1) Der Haushalt ist ungeachtet der Einnahmen- und Ausgabenverantwortung des Landtags und der Landesregierung grundsätzlich ohne Kredite auszugleichen.

Dezember 1997 von der seinerzeitigen rot/grünen Mehrheit im Landtag abgelehnt. Zu der für Änderung der Hessischen Verfassung notwendigen Volksabstimmung (Art. 123 Abs. 2 HVerf) ist es daher erst im Jahr 2002 gekommen. Der neue Abs. 6 wurde auf Vorschlag der Fraktionen CDU und FDP (LT-Drs. 15/3553) durch das Gesetz zur Ergänzung der Verfassung des Landes Hessen (Aufnahme des Konnexitätsprinzips) vom 18. Oktober 2002 (GVBl. I S. 628) angefügt. Zuvor hatte der Europarat die Einhaltung des Art. 9 der Europäischen Charta der kommunalen Selbstverwaltung (Finanzmittel der kommunalen Gebietskörperschaften) in Deutschland überprüft, dabei Defizite festgestellt und mit Empfehlung vom 17.6.1999 (Nr. 64/1999) die Einführung des Konnexitätsprinzips in allen deutschen Bundesländern gefordert. Bei der neuen Vorschrift handelt es sich – entgegen der Befürchtung vieler Kritiker – durchaus nicht nur um „Soft-Law", sondern sie gibt den Kommunen ein wehrfähiges Abwehrinstrument, wie sich bei den Kommunalverfassungsbeschwerden gegen die Verordnung der Landesregierung über die Mindestvoraussetzungen in Tageseinrichtungen für Kinder vom 17. Dezember 2008 **(Mindestverordnung)** gezeigt hat (vgl. Urt. des StGH v. 6.6.2012, in HSGZ 2012 S. 313). Der Versuch der kommunalen Spitzenverbände, beim Verfassungskonvent 2017 eine kommunalfreundliche Überarbeitung des Art. 137 Abs. 6 HVerf. in die Vorschlagsliste einzubringen, blieb erfolglos. Die Volksabstimmung zur Reform der Hessischen Verfassung am 28.10.2018 beinhaltete daher den Art. 137 HVerf. nicht.

5 Art. 138 wurde neu gefasst durch Gesetz vom 20.3.1991 (GVBl. I S. 101). Die Vorschrift kam erstmals in der Kommunalwahlperiode 1993–1997 zur Anwendung (vgl. Art. 161 HVerf).

6 Art. 141 Hess. Verf. enthält die sog. **Schuldenbremse** und ist in seiner jetzigen seit dem 10. Mai 2011 geltenden Fassung gem. Art. 161 Satz 1 Hess. Verf. erstmals für das angelaufene Haushalts-/Kalenderjahr 2020 anzuwenden.
Die für die Änderung der Landesverfassung (wie in Bayern) gem. Art. 123 Abs. 2 HVerf. notwendige **Volksabstimmung** fand am 27. März 2011 zusammen mit den

(2) Art. 137 Abs. 5 bleibt unberührt[7].

(3) Bei einer von der Normallage abweichenden konjunkturellen Entwicklung kann von Abs. 1 abgewichen werden. In diesem Fall sind die Auswirkungen auf den Haushalt im Auf- und Abschwung symmetrisch zu berücksichtigen.

(4) Bei Naturkatastrophen oder außergewöhnlichen Notsituationen, die sich der Kontrolle des Staates entziehen und die staatliche Finanzlage erheblich beeinträchtigen, kann von Abs. 1 abgewichen werden[8]. Die Abwei-

---

Kommunalwahlen statt. Von den Abstimmenden stimmten 70 % mit „Ja"; es nahm allerdings auch nur knapp die Hälfte der Stimmberechtigten teil. Vgl. im Internet unter www.wahlen.hessen.de >Abstimmungen >Volksabstimmung.

7 Die landesverfassungsrechtliche Schuldenbremse gilt nicht für die Kommunen (vgl. Gesetzentwurf von CDU und FDP vom 30.8.2010 = LT-Drs. 18/2723). Der Haushaltsausgleich (ohne Schulden) ist für die Kommunen nach wie vor keine „Muss-Vorschrift", sondern lediglich ein „Soll-Befehl" (vgl. § 92 Abs. 4 HGO). Um Befürchtungen zu zerstreuen, das Land werde die Einhaltung des Kreditaufnahmeverbots unter Inkaufnahme einer zunehmenden Verschuldung der Kommunen durchsetzen, wurde durch den interfraktionellen Antrag von CDU, SPD, FDP und Grünen vom 2. Dezember 2010 (LT-Drs. 18/3441) in Art. 141 Abs. 2 HVerf. n. F. ausdrücklich bestimmt, dass der den Kommunen gem. Art. 137 Abs. 5 HVerf. zustehende **Anspruch auf eine angemessene Finanzausstattung** – insbesondere im Hinblick auf die ihnen zur Durchführung übertragenen Aufgaben – unangetastet bleibt. Seit dem 1.1.2019 gilt gem. § 92 Abs. 7 HGO ein kommunales **Überschuldungsverbot**.

8 Gleich im ersten Jahr der Anwendbarkeit des Art. 141 HVerf. stufte der Hess. Landtag am 24. März 2020 auf Antrag der Landesregierung (LT-Drs. 20/2582) die Corona-Krise als Naturkatastrophe ein. Die nach § 2 Satz 1 des Ausführungsgesetzes zu Art. 141 Hess. Verf. (Artikel 141-Gesetz) notwendige Mehrheit von zwei Dritteln der Landtags-Mitglieder wurde erreicht. Für die restliche Dauer des Kalenderjahres 2020 wurde dieses Mehrheitserfordernis zwar nicht nach dem Willen der Landesregierung gänzlich ausgesetzt (vgl. Gesetzentwurf vom 20. März 2020 = LT-Drs. 20/2584), aber nach dem Änderungsantrag der Landtagsfraktionen CDU, Grüne, SPD und FDP vom 23. März 2020 (LT-Drs. 20/2590) abgesenkt auf „zwei Drittel der abgegebenen Stimmen". Diese interfraktionelle Verbindung sorgte allerdings auch dafür, dass die zulässige Nettokreditaufnahme nicht nur wie von der Landesregierung vorgeschlagen (LT-Drs. 20/2582) um knapp 800 Mill. Euro, sondern um mehr als das Doppelte, nämlich um knapp 1.800 Mill. Euro im Nachtragshaushalt überzogen wurde (LT-Drs. 20/2592). Vier Tage später wählte Finanzminister Thomas Schäfer den Freitod. Er wurde offensichtlich – nach den Worten von Ministerpräsident Bouffier am Tag darauf – von den Sorgen um die Bewältigung der Corona-Krise, insbesondere hinsichtlich der Erwartungshaltung in der Bevölkerung zu finanziellen Hilfen, „erdrückt".

chung ist mit einer Tilgungsregelung zu verbinden. Die Kredite sind binnen eines angemessenen Zeitraums zurückzuführen.

(5) Das Nähere bestimmt das Gesetz.

Artikel 155

Es bleibt vorbehalten, durch ein Verfassungsgesetz nach Artikel 123 Abs. 2 in das Verfahren der Gesetzgebung ein weiteres aus demokratischen Wahlen hervorgehendes Organ[9] einzuschalten.

Artikel 161

Art. 141 in der ab dem 10. Mai 2011 geltenden Fassung ist erstmals für das Haushaltsjahr[10] 2020 anzuwenden. Bis dahin ist Artikel 141 in der bis zum 9. Mai 2011 geltenden Fassung anzuwenden. Der Abbau des bestehenden Defizits beginnt im Haushaltsjahr 2011. Die Haushalte sind so aufzustellen, dass im Haushaltsjahr 2020 die Vorgabe des Artikel 141 Abs. 1 in der ab dem 10. Mai 2011 geltenden Fassung erfüllt wird.

9 sog. **Zweite Kammer** oder Kommunalkammer.
10 Haushaltsjahr ist das Kalenderjahr (§ 4 LHO).

D Hessische Gemeindeordnung (HGO)

in der Fassung der Bekanntmachung[1] vom 7. März 2005 (GVBl. I S. 142), zuletzt geändert durch Gesetz vom 7. Mai 2020 (GVBl. S. 318)

Übersicht

---

1 Bei der letzten Neubekanntmachung der Hessischen Gemeindeordnung im Jahr 2005 wurde – damals ungewöhnlich – die Bezeichnung „der Bekanntmachung" gewählt (zum historischen Hintergrund vgl. HSGB-ED 2005 Nr. 5 S. 4 und Nr. 13 S. 14 sowie HStT-ND 2005 Nr. 6 S. 2). Zur Zulässigkeit dieser Fundstellenangabe bezog man sich auf das vom Bundesministerium der Justiz herausgegebene Handbuch der Rechtsförmlichkeit, 2. Auflage 1999, Rdnr. 166. Mittlerweile ist dieser Sprachgebrauch auch in Hessen allgemein üblich (vgl. GGO v. 13.6.2016, in StAnz. S. 639, 651). Nach dem Jahr 2005 wurde auf weitere Neubekanntmachungen verzichtet, da allen Anwendern nach einer HGO-Änderung mit dem Online-Rechtsinformationssystem „Hessenrecht" (www.rv.hessenrecht.hessen.de) zeitnah und kostenlos eine konsolidierte Fassung (u. a.) der HGO zur Verfügung steht; auch die Sammlung des bereinigten Landesrechts in Papierform (GVBl. II) wurde daher mittlerweile eingestellt.

Erster Teil: Grundlagen der Gemeindeverfassung

§ 1 Wesen und Rechtsstellung der Gemeinde

(1) Die Gemeinde ist die Grundlage des demokratischen Staates. Sie fördert das Wohl ihrer Einwohner in freier Selbstverwaltung[2] durch ihre von der Bürgerschaft gewählten Organe[3].

(2) Die Gemeinden sind Gebietskörperschaften.

§ 2 Wirkungskreis der Gemeinden

Die Gemeinden sind in ihrem Gebiet, soweit die Gesetze nicht ausdrücklich etwas anderes bestimmen, ausschließliche und eigenverantwortliche Träger der öffentlichen Verwaltung. Die vorhandenen Sonderverwaltungen sind möglichst auf die Gemeindeverwaltung zu überführen. Neue Sonderverwaltungen sollen grundsätzlich nicht errichtet werden.

§ 3 Neue Pflichten

Neue Pflichten können den Gemeinden nur durch Gesetz auferlegt werden; dieses hat gleichzeitig die Aufbringung der Mittel zu regeln[4]. Eingriffe in die Rechte der Gemeinden sind nur durch Gesetz zulässig. Verordnungen zur Durchführung solcher Gesetze bedürfen der Zustimmung des Ministers des Innern; dies gilt nicht für Verordnungen der Landesregierung.

§ 4 Weisungsaufgaben, Auftragsangelegenheiten

(1) Den Gemeinden können durch Gesetz Aufgaben zur Erfüllung nach Weisung übertragen werden; das Gesetz bestimmt die Voraussetzungen und den Umfang des Weisungsrechts und hat gleichzeitig die Aufbringung der Mittel zu regeln[5]. Die Weisungen sollen sich auf allgemeine Anordnungen beschränken und in der Regel nicht in die Einzelausführung eingreifen.

---

2 Art. 28 Abs. 2 Satz 1 GG, Art. 137 HVerf.

3 Art. 28 Abs. 1 GG, Art. 138 HVerf.

4 Art. 137 Abs. 5 und 6 HV; § 1 Abs. 1 FAG ; G zur Sicherstellung der Finanzausstattung von Gemeinden und Gemeindeverbänden.

5 Art. 137 Abs. 5 und 6 HV; § 1 Abs. 1 FAG; G zur Sicherstellung der Finanzausstattung von Gemeinden und Gemeindeverbänden.

Die Gemeinden sind verpflichtet, die zur Erfüllung der Aufgaben erforderlichen Kräfte und Einrichtungen zur Verfügung zu stellen.

(2) Die Bürgermeister und Oberbürgermeister[6] nehmen die Aufgaben der örtlichen Ordnungsbehörden[7] und Kreisordnungsbehörden[8] als Auftragsangelegenheit wahr. Ihnen können durch Gesetz weitere Aufgaben als Auftragsangelegenheit übertragen werden[9]; das Gesetz hat die Aufbringung der Mittel zu regeln. Die Gemeinden sind verpflichtet, die zur Erfüllung der Aufgaben erforderlichen Kräfte und Einrichtungen zur Verfügung zu stellen. Der Bürgermeister (Oberbürgermeister) nimmt die Aufgaben in alleiniger Verantwortung wahr[10]. Die Zuständigkeit der Gemeindevertretung und des Gemeindevorstands in haushalts- und personalrechtlichen Angelegenheiten und die Bestimmungen des § 71 über die Abgabe von Verpflichtungserklärungen bleiben unberührt.

(3) In Auftragsangelegenheiten können die Fachaufsichtsbehörden dem ihrer Aufsicht unterstellten Bürgermeister (Oberbürgermeister) Weisungen

---

6 Die Gemeinden haben jeweils zwei Verwaltungsbehörden: normalerweise – bei Selbstverwaltungs- und Weisungsaufgaben – ist der Gemeindevorstand (Magistrat) die Verwaltungsbehörde der Gemeinde (§ 66 Abs. 1). Die Behörde „Bürgermeister" ist (lediglich) für die Ausführung der (besonders staatsnahen) Auftragsangelegenheiten zuständig.

7 Vgl. § 85 HSOG; die Aufgaben der kommunalen Ordnungsbehörden ergeben sich insbes. aus § 1 HSOG-DVO (vgl. § 89 Abs. 1 HSOG). Im Einzelfall können Aufgabenzuweisungen auch unmittelbar in einem Fachgesetz enthalten sein, vgl. § 14 Abs. 1 HFeiertagsG; vgl. auch § 1 Abs. 1 des Gesetzes zum Vollzug von Aufgaben auf den Gebieten des Veterinärwesens und der Lebensmittelüberwachung und § 1 des Gesetzes zur Regelung der sachlichen Zuständigkeit zur Ausführung von Bundesrecht im Rahmen der zivilen Verteidigung; beide Gesetze wenden sich allerdings nur an die kreisfreien Städte (vgl. dazu die nachfolgende Fn.).

8 Die Oberbürgermeister haben (nur) in den kreisfreien Städten gleichzeitig die Funktion der örtlichen und der Kreisordnungsbehörde. Zu den **Kreisfreie Städten** (mit mehr als 100 000 Einwohnern) vgl. § 4a Abs. 1.

9 Vgl. § 25 HBKG zur unteren Katastrophenschutzbehörde (insbesondere in den kreisfreien Städten). Das besondere Vollstreckungsrecht der §§ 47 ff. HSOG gilt allerdings nur für ordnungsbehördliche Verwaltungsakte, vgl. § 47 Abs., 1 HSOG.

10 Die gemeindlichen Kollegialorgane (§ 9) haben keinen Mitwirkungsanspruch bei den Entscheidungen des Bürgermeisters im Rahmen von Auftragsangelegenheiten; Entsprechendes gilt für die Bürgerschaft (§ 1 Abs. 1) selbst (vgl. § 8b Abs. 2 Nr. 1). Der Bürgermeister unterliegt insofern auch nicht der Überwachungskompetenz der Gemeindevertretung (vgl. § 50 Abs. 2 S. 1), er ist allein der übergeordneten Fachaufsichtsbehörde verantwortlich.

auch im Einzelfall erteilen[11]. Wenn es den Umständen des Einzelfalls nach erforderlich ist, können die Aufsichtsbehörden die Befugnisse der ihrer Aufsicht unterstellten Behörde ausüben[12].

(4) Für die Bestimmung von hauptamtlichen Beigeordneten zu ständigen Vertretern des Bürgermeisters (Oberbürgermeisters) in anderen als ordnungsbehördlichen Auftragsangelegenheiten gilt § 85 Abs. 4 des Hessischen Gesetzes über die öffentliche Sicherheit und Ordnung entsprechend.

§ 4a Kreisfreie Städte und Sonderstatus-Städte

(1) Kreisfreie Städte erfüllen in ihrem Gebiet neben ihren Aufgaben als Gemeinden alle Aufgaben, die den Landkreisen obliegen. Die Städte Darmstadt, Frankfurt am Main, Kassel, Offenbach am Main und Wiesbaden sind kreisfrei. Weitere Städte mit mehr als 100 000 Einwohnern[13] können auf Antrag durch Gesetz zur kreisfreien Stadt erklärt werden.

(2) Sonderstatus-Städte erfüllen neben ihren Aufgaben als Gemeinden zusätzlich einzelne ihnen durch Gesetz oder Rechtsverordnung übertragene Aufgaben der Landkreise[14]. Bad Homburg v. d. Höhe, Fulda, Gießen, Hanau, Marburg, Rüsselsheim am Main und Wetzlar sind kreisangehörige Sonderstatus-Städte. Weitere Städte mit mehr als 50 000 Einwohnern können auf Antrag durch Beschluss der Landesregierung zur Sonderstatus-Stadt erklärt werden. Dem Antrag ist ein Vorschlag über die künftige Aufgaben- und Finanzverteilung zwischen der Stadt und dem Landkreis beizufügen. Der Beschluss wird im Staatsanzeiger für das Land Hessen veröffentlicht.

---

11 Vgl. § 87 Abs. 1 HSOG; § 59 Abs. 4 S. 1 HBKG; § 2 Abs. 2 des Gesetzes zum Vollzug von Aufgaben auf den Gebieten des Veterinärwesens und der Lebensmittelüberwachung.

12 **„Selbsteintrittsrecht“**; vgl. § 88 Abs. 1 HSOG; § 59 Abs. 4 S. 2 HBKG; § 2 Abs. 2 des Gesetzes zum Vollzug von Aufgaben auf den Gebieten des Veterinärwesens und der Lebensmittelüberwachung.

13 Zur Befreiung der Sonderstatus-Stadt Hanau von dieser Einwohnergrenze bei einem entsprechenden Antrag vgl. § 149 Abs. 1.

14 Vgl. Gesetz zur Übertragung von weiteren Aufgaben auf kreisangehörige Gemeinden mit mehr als 50 000 Einwohnern v. 10.7.1979 (GVBl. I S. 179): Aufgaben des Bau-, Schul- und Sozialwesens u. a.

§ 4b Gleichberechtigung von Frau und Mann

Die Verwirklichung des Verfassungsauftrages der Gleichberechtigung von Frau und Mann[15] ist auch eine Aufgabe der Gemeinden. Durch die Einrichtung von Frauenbüros oder vergleichbare Maßnahmen wird sichergestellt, dass die Verwirklichung dieses Auftrages auf der Gemeindeebene erfolgt. Dieser Aufgabenbereich ist von einer Frau wahrzunehmen und in der Regel einem hauptamtlichen Wahlbeamten zuzuordnen[16].

§ 4c Beteiligung von Kindern und Jugendlichen

Die Gemeinde soll bei Planungen und Vorhaben, die die Interessen von Kindern und Jugendlichen berühren, diese in angemessener Weise beteiligen. Hierzu soll die Gemeinde über die in diesem Gesetz vorgesehene Beteiligung der Einwohner hinaus geeignete Verfahren entwickeln und durchführen.

§ 5 Satzungen

(1) Die Gemeinden können die Angelegenheiten der örtlichen Gemeinschaft durch Satzung regeln, soweit gesetzlich nichts anderes bestimmt ist. Satzungen bedürfen der Genehmigung der Aufsichtsbehörde nur, soweit eine Genehmigung in den Gesetzen ausdrücklich vorgeschrieben ist.

(2) In den Satzungen können vorsätzliche und fahrlässige Zuwiderhandlungen gegen Gebote oder Verbote mit Geldbuße bedroht werden. Verwaltungsbehörde im Sinne des § 36 Abs. 1 Nr. 1 des Gesetzes über Ordnungswidrigkeiten ist der Gemeindevorstand.

---

15 Art. 3 Abs. 2 Satz 2 GG (v. 27.10.1994): „Der Staat fördert die tatsächliche Durchsetzung der **Gleichberechtigung von Frauen und Männern** und wirkt auf die Beseitigung bestehender Nachteile hin.“ So nun auch Art. 1 Abs. 2 Satz 2 Hess. Verf. v. 11.12.2018 (GVBl. S. 751).

16 Der Organisationsauftrag des § 4b zielt ab auf den Schutz und die Förderung der Einwohnerinnen (vgl. § 1 Abs. 1). Seit 1994 sind viele Gemeindeverwaltungen nach dem HGlG außerdem verpflichtet, speziell zum Wohl der weiblichen Beschäftigten **Frauenbeauftragte** zu bestellen. Die Zahl der betroffenen Gemeinden wurde allerdings durch Art. 2 des Gesetzes zur Beschleunigung von Entscheidungsprozessen innerhalb der öffentlichen Verwaltung v. 6.7.1999 (GVBl. S. 338) deutlich verringert.

(3) Satzungen sind auszufertigen[17] und öffentlich bekanntzumachen. Sie treten, wenn kein anderer Zeitpunkt bestimmt ist, mit dem Tage nach der Bekanntmachung in Kraft.

(4) Für die Rechtswirksamkeit der Satzungen ist eine Verletzung der Vorschriften der §§ 53, 56, 58, 82 Abs. 3 und des § 88 Abs. 2 unbeachtlich, wenn sie nicht innerhalb von sechs Monaten nach der öffentlichen Bekanntmachung der Satzung schriftlich unter Bezeichnung der Tatsachen, die eine solche Rechtsverletzung begründen können, gegenüber der Gemeinde geltend gemacht worden ist. § 25 Abs. 6, §§ 63, 74 und 138 bleiben unberührt.

§ 6 Hauptsatzung

(1) Jede Gemeinde hat eine Hauptsatzung zu erlassen. In der Hauptsatzung ist zu ordnen, was nach den Vorschriften dieses Gesetzes der Hauptsatzung vorbehalten ist; auch andere für die Verfassung der Gemeinde wesentliche Fragen können in der Hauptsatzung geregelt werden.

(2) Die Beschlussfassung über die Hauptsatzung und ihre Änderung bedarf der Mehrheit der gesetzlichen Zahl der Gemeindevertreter. Im letzten Jahr der Wahlzeit der Gemeindevertretung sollen keine wesentlichen Änderungen der Hauptsatzung vorgenommen werden.

§ 7 Öffentliche Bekanntmachungen

(1) Öffentliche Bekanntmachungen der Gemeinden erfolgen in einer örtlich verbreiteten, mindestens einmal wöchentlich erscheinenden Zeitung, in einem Amtsblatt oder im Internet.

(2) Der Minister des Innern bestimmt durch Rechtsverordnung[18] Näheres über Form und Verfahren der öffentlichen Bekanntmachungen. Er kann

---

17 Durch die Unterzeichnung der Originalurkunde mit dem Satzungstext bestätigt der Bürgermeister, dass die Gemeindevertretung an dem näher bezeichneten Tag eben diese Norm beschlossen hat, dass der Inhalt der Urkunde als Verkündungsgrundlage also mit dem Willen des Normgebers übereinstimmt (Authentizitätsnachweis). Die Notwendigkeit der **Normausfertigung** war vor der Kommunalrechtsnovelle 2011 in der HGO nicht ausdrücklich festgehalten, ergab sich aber unmittelbar aus dem Rechtsstaatsprinzip. Vgl. auch Art. 82 Abs. 1 GG und Art. 120 HVerf.

18 VO über öffentliche Bekanntmachungen der Gemeinden und Landkreise v. 12.10.1977 (GVBl. I S. 409), geändert durch Gesetz vom 16. Dezember 2011 (GVBl. I S. 786).

zulassen, dass in Gemeinden unter einer bestimmten Einwohnerzahl oder für bestimmte Bekanntmachungen andere als die in Abs. 1 bezeichneten Formen festgelegt werden. Er kann die Aufnahme nichtamtlicher Nachrichten und Anzeigen in Amtsblättern untersagen oder beschränken.

(3) Die Gemeinde regelt im Rahmen der Vorschriften der Abs. 1 und 2 die Form ihrer öffentlichen Bekanntmachungen in der Hauptsatzung.

§ 8 Einwohner und Bürger

(1) Einwohner ist, wer in der Gemeinde seinen Wohnsitz hat.

(2) Bürger der Gemeinde sind die wahlberechtigten Einwohner.

§ 8a Bürgerversammlung

(1) Zur Unterrichtung der Bürger über wichtige Angelegenheiten der Gemeinde soll mindestens einmal im Jahr eine Bürgerversammlung abgehalten werden. In größeren Gemeinden können Bürgerversammlungen auf Teile des Gemeindegebiets beschränkt werden.

(2) Die Bürgerversammlung wird von dem Vorsitzenden der Gemeindevertretung im Benehmen mit dem Gemeindevorstand einberufen. Die Einberufung erfolgt mindestens eine Woche vor dem festgesetzten Termin unter Angabe von Zeit, Ort und Gegenstand durch öffentliche Bekanntmachung. Zu den Bürgerversammlungen können auch nichtwahlberechtigte Einwohner zugelassen werden.

(3) Der Vorsitzende der Gemeindevertretung leitet die Bürgerversammlung. Er kann Sachverständige und Berater zuziehen. Der Gemeindevorstand nimmt an den Bürgerversammlungen teil; er muss jederzeit gehört werden.

§ 8b Bürgerentscheid

(1) Die Bürger einer Gemeinde können über eine wichtige Angelegenheit der Gemeinde einen Bürgerentscheid beantragen (Bürgerbegehren)[19]. Auch die Gemeindevertretung kann anstelle einer eigenen Entscheidung die Durchführung eines Bürgerentscheids beschließen; der Beschluss be-

---

19 Vgl. Hannappel/Dreßler, Leitfaden Bürgerbegehren, Vertreterbegehren und Bürgerentscheid im Lande Hessen – Ausgabe 2021 –.

darf der Mehrheit von mindestens zwei Dritteln der gesetzlichen Zahl der Mitglieder (Vertreterbegehren).

(2) Ein Bürgerentscheid findet nicht statt über

1. Weisungsaufgaben und Angelegenheiten, die kraft Gesetzes dem Gemeindevorstand oder dem Bürgermeister obliegen,
2. Fragen der inneren Organisation der Gemeindeverwaltung und die Frage, ob die Stelle des Bürgermeisters ehrenamtlich verwaltet werden soll,
3. die Rechtsverhältnisse der Gemeindevertreter, der Mitglieder des Gemeindevorstands und der sonstigen Gemeindebediensteten,
4. die Haushaltssatzung (einschließlich der Wirtschaftspläne der Eigenbetriebe), die Gemeindeabgaben (außer der Entscheidung über den Erhebungsmodus des gemeindlichen Straßenbeitrags nach § 11a Abs. 1 des Gesetzes über kommunale Abgaben) und die Tarife der Versorgungs- und Verkehrsbetriebe der Gemeinde,
5. die Feststellung des Jahresabschlusses (§ 112) der Gemeinde und der Jahresabschlüsse der Eigenbetriebe,

5a. Entscheidungen im Rahmen der Bauleitplanung[20] mit Ausnahme des Aufstellungsbeschlusses nach § 2 Abs. 1 des Baugesetzbuches,

6. Entscheidungen im Rechtsmittelverfahren sowie über
7. Anträge, die ein gesetzwidriges Ziel verfolgen.

(3) Das Bürgerbegehren ist schriftlich[21] bei dem Gemeindevorstand einzureichen[22]; richtet es sich gegen einen Beschluss der Gemeindevertretung, muss es innerhalb von acht Wochen nach Bekanntgabe des Beschlusses eingereicht sein. Es muss die zu entscheidende Frage, eine Begründung und einen nach den gesetzlichen Bestimmungen durchführbaren Vorschlag für die Deckung der Kosten der verlangten Maßnahme enthalten[23] sowie bis zu drei Vertrauenspersonen bezeichnen, die zur Entgegennahme von Mitteilungen und Entscheidungen der Gemeinde sowie zur Abgabe von Erklärungen

---

20 Vgl. § 1 BauGB; Bauleitpläne sind der Flächennutzungsplan (vorbereitender Bauleitplan) und der Bebauungsplan (verbindlicher Bauleitplan).

21 Die elektronische Sammlung und Weiterleitung von Unterschriften ist in Hessen nicht erlaubt, vgl. § 8b Abs. 3 Satz 4; vgl. auch zu Volksbegehren § 19 des Gesetzes über Volksbegehren und Volksentscheid i. V. m. § 52 Abs. 4 Landtagswahlgesetz.

22 Amtshandlungen im Rahmen eines Bürgerbegehrens und -entscheids sind kostenfrei (Sachliche Kostenfreiheit gem. § 7 Abs. 1 Nr. 13 HVwKostG).

23 Anders als in zahlreichen anderen Ländern und anders auch als beim Volksbegehren (vgl. § 2 Abs. 1 Nr. 1 des Gesetzes über Volksbegehren und Volksentscheid) ist der **Kostendeckungsvorschlag** beim Bürgerbegehren in Hessen verpflichtend vorgeschrieben.

gegenüber dem Gemeindevorstand ermächtigt sind. Das Bürgerbegehren muss in Gemeinden mit mehr als 100 000 Einwohnern von mindestens 3 Prozent, in Gemeinden mit mehr als 50 000 Einwohnern von mindestens 5 Prozent und in den sonstigen Gemeinden von mindestens 10 Prozent der bei der letzten Gemeindewahl amtlich ermittelten Zahl der wahlberechtigten Einwohner unterzeichnet sein[24]; die Wahlberechtigung der Unterzeichner muss im Zeitpunkt der Unterzeichnung gegeben sein. § 3a des Hessischen Verwaltungsverfahrensgesetzes findet keine Anwendung. Der Gemeindevorstand unterrichtet auf Wunsch vor der Sammlung der Unterschriften über die beim Bürgerbegehren einzuhaltenden gesetzlichen Bestimmungen.

(4) Ein Bürger- oder Vertreterbegehren darf nur Angelegenheiten zum Gegenstand haben, über die innerhalb der letzten drei Jahre nicht bereits ein Bürgerentscheid durchgeführt worden ist. Über die Zulässigkeit eines Bürgerbegehrens entscheidet die Gemeindevertretung[25]. Der Bürgerentscheid entfällt, wenn die Gemeindevertretung die Durchführung der mit dem Bürgerbegehren verlangten Maßnahmen beschließt. Die Gemeindevertretung kann mit Zustimmung der Vertrauenspersonen Unstimmigkeiten im Wortlaut der Fragestellung des Bürgerbegehrens bereinigen. Eine Beanstandung des Zulassungsbeschlusses nach § 138 ist nur innerhalb von sechs Wochen nach der Beschlussfassung zulässig.

(5) Wird ein Bürgerentscheid durchgeführt, muss den Bürgern die von den Gemeindeorganen vertretene Auffassung dargelegt werden.

(6) Bei einem Bürgerentscheid[26] ist die gestellte Frage in dem Sinne entschieden, in dem sie von der Mehrheit der gültigen Stimmen beantwortet wurde, sofern diese Mehrheit in Gemeinden mit mehr als 100 000 Einwoh-

---

24 Zur Aufbewahrung und Vernichtung (zu gegebener Zeit) der Unterschriften-Blätter entsprechend § 93 Abs. 1 KWO und § 94 Abs. 2 KWO vgl. Nr. 2 des HMdI-Erlasses v. 11.3.1996, in StAnz. S. 984. Beim Volksbegehren (auf Landesebene) gilt nach der Reform der Hess. Verf. im Jahr 2018 ein Unterschriften-Quorum von 5 % (Art. 124 Abs. 1 Satz 1).

25 Im Falle einer Unzulässigkeits-Erklärung findet ggfs. vor Erhebung der Verpflichtungsklage kein Widerspruchsverfahren statt (vgl. § 16a Abs. 1 Hess. AG-VwGO i. V. m. Nr. 3.2. der dazugehörigen Anlage). Die Verpflichtungsklage ist in Hessen nach einem Wechsel der Rechtsprechung die statthafte Klageart (vgl. Hess. VGH, B. v. 30.11.2015 in HSGZ 2016 S. 240). Die Gemeinde muss daher mit einer Untätigkeitsklage gem. § 75 VwGO rechnen, wenn innerhalb von drei Monaten nach Einreichung des Bürgerbegehrens über dessen Zulässigkeit nicht entschieden wird.

26 Eine **Übersicht über alle in Hessen seit Mai 1993 durchgeführten Bürgerentscheide** gibt es im Internet auf der Homepage des Hessischen Statistischen Landesamts (https://statistik.hessen.de/zahlen-fakten/wahlen/buergerentscheide)

nern mindestens 15 Prozent, in Gemeinden mit mehr als 50 000 Einwohnern mindestens 20 Prozent und in den übrigen Gemeinden mindestens 25 Prozent der Stimmberechtigten beträgt[27]. Bei Stimmengleichheit gilt die Frage als mit Nein beantwortet. Ist die nach Satz 1 erforderliche Mehrheit nicht erreicht worden, hat die Gemeindevertretung die Angelegenheit zu entscheiden. Finden an einem Tag mehrere Bürgerentscheide statt und werden die gleichzeitig zur Abstimmung gestellten Fragen jeweils von einer ausreichenden Mehrheit so beantwortet, dass die Bürgerentscheide inhaltlich nicht miteinander zu vereinbaren sind, dann gilt die Mehrheitsentscheidung, für welche die größere Zahl von gültigen Stimmen abgegeben wurde. Bei Stimmengleichheit entscheidet das Los, das der Gemeindewahlleiter in einer Sitzung des Wahlausschusses zieht.

(7) Der Bürgerentscheid, der die nach Abs. 6 erforderliche Mehrheit erhalten hat, hat die Wirkung eines endgültigen Beschlusses der Gemeindevertretung. Die Gemeindevertretung kann einen Bürgerentscheid frühestens nach drei Jahren abändern. Die §§ 63 und 138 finden keine Anwendung.

(8) Das Nähere regelt das Hessische Kommunalwahlgesetz[28].

§ 8c Beteiligung von Kindern, Jugendlichen, Beiräten, Kommissionen und Sachverständigen

(1) Kindern und Jugendlichen können in ihrer Funktion als Vertreter von Kinder- oder Jugendinitiativen in den Organen der Gemeinde und ihren Ausschüssen[29] sowie den Ortsbeiräten Anhörungs-, Vorschlags- und Re-

---

27 Das **Zustimmungsquorum von 25 %** der Stimmberechtigten in den 410 Gemeinden mit bis zu 50.000 Einwohnern ist im Ländervergleich (mittlerweile) ungewöhnlich hoch. Viele Bürgerinitiativen können beim Bürgerentscheid zwar die Mehrheit der Stimmberechtigten hinter sich bringen, jedoch nicht genug, um dieses Quorum zu überwinden (sog. unechtes Scheitern). Die GRÜNEN vermochten es in der Koalition mit der CDU (seit 2014) nicht, ihre Absenkungsforderung auf 20 % (vgl. Gesetzentwürfe v. 17.8.2000 = LT-Drs. 15/1472 und v. 2.8.2007 = LT-Drs. 16/7641) durchzusetzen. Diese Herabsetzungsforderung wird geteilt von der SPD (vgl. LT-Drs. 17/255 und 18/3006) und den LINKEN (vgl. LT-Drs. 18/3116). Der HSGB zeigte in dieser Frage bisher keinerlei Entgegenkommen (vgl. HSGZ 2019 S. 104).

28 Vgl. §§ 54–57 KWG und Hannappel/Meireis, Leitfaden Kommunalwahlen im Lande Hessen – Ausgabe 2021 –.

29 Zu dem schon bisher ausdrücklich geregelten Recht der Ausschüsse der Gemeindevertretung, Externe zu ihren Beratungen zuzuziehen, vgl. § 62 Abs. 6 HGO. Vgl. auch Art. 4 Abs. 2 Hess. Verf. 2018 zum Recht des Kindes auf Förderung (u. a.) zu einer gemeinschaftsfähigen Persönlichkeit.

demöglichkeiten eingeräumt werden. Entsprechendes gilt für Vertreter von Beiräten, Kommissionen und für Sachverständige. Die zuständigen Organe der Gemeinde können hierzu entsprechende Regelungen festlegen.

(2) Die Regelung des § 88 Abs. 2 bleibt unberührt.

§ 9 Organe

(1) Die von den Bürgern gewählte Gemeindevertretung ist das oberste Organ der Gemeinde. Sie trifft die wichtigen Entscheidungen und überwacht die gesamte Verwaltung[30]. Sie führt in Städten die Bezeichnung Stadtverordnetenversammlung[31].

(2) Die laufende Verwaltung besorgt der Gemeindevorstand[32]. Er ist kollegial zu gestalten und führt in Städten die Bezeichnung Magistrat[33].

§ 10 Vermögen und Einkünfte

Die Gemeinde hat ihr Vermögen und ihre Einkünfte so zu verwalten, dass die Gemeindefinanzen gesund bleiben. Auf die wirtschaftliche Leistungsfähigkeit der Abgabepflichtigen ist Rücksicht zu nehmen.

§ 11 Aufsicht

Die Aufsicht des Staates schützt die Gemeinden in ihren Rechten und sichert die Erfüllung ihrer Pflichten.[34]

§ 11a Funktionsbezeichnungen

Die Funktionsbezeichnungen dieses Gesetzes werden in weiblicher oder männlicher Form geführt.

---

30 Vgl. §§ 50, 51.
31 Vgl. § 49.
32 Vgl. § 66.
33 Vgl. § 65 und §§ 43–47.
34 Vgl. Art. 137 Abs. 3 HV: „Das Recht der Selbstverwaltung ihrer Angelegenheiten wird den Gemeinden und Gemeindeverbänden vom Staat gewährleistet. Die Aufsicht des Staates beschränkt sich darauf, dass ihre Verwaltung im Einklang mit den Gesetzen geführt wird."

Zweiter Teil: Name, Bezeichnungen und Hoheitszeichen

§ 12 Name

Die Gemeinden führen ihre bisherigen Namen. Die oberste Aufsichtsbehörde kann auf Antrag oder nach Anhörung der Gemeinde den Gemeindenamen ändern; sie bestimmt auch den Namen einer neu gebildeten Gemeinde. Sie entscheidet weiterhin über die Änderung der Schreibweise[35] und die Beifügung von Unterscheidungsmerkmalen[36]. Über die besondere Benennung von Gemeindeteilen entscheidet die Gemeinde.

§ 13 Bezeichnungen

(1) Die Bezeichnung Stadt führen die Gemeinden, denen diese Bezeichnung nach dem bisherigen Recht zusteht. Die Landesregierung kann die Bezeichnung Stadt an Gemeinden verleihen, die nach Einwohnerzahl, Siedlungsform und Wirtschaftsverhältnissen städtisches Gepräge tragen[37].

(2) Die Gemeinden können auch andere Bezeichnungen, die auf der geschichtlichen Vergangenheit, der Eigenart oder der Bedeutung der Ge-

---

35 Vgl. HMdI-Erlass v. 8.11.1976 (in StAnz. S. 2091) zur **amtlichen Schreibweise** von 29 Gemeinden (nach Abschluss der kommunalen Gebietsreform) mit Wirkung ab dem 1.1.1977

36 Zu den Gemeinden mit entsprechenden **Namenszusätzen „zur Unterscheidung“** vgl. HMdI-Erlass vom 26.1.1982 (StAnz. S. 271); später hinzugekommen sind noch Liederbach „am Taunus“ (StAnz. 1987 S. 2091), Langen „(Hessen)“ (StAnz. 1994 S. 3439), Weimar „(Lahn)“ (Stanz. 2002 S. 447), Rüsselsheim „am Main“ (StAnz. 2015 S. 831), Münster „(Hessen)“ (StAnz. 2017 S. 381) und Heuchelheim „a. d. Lahn“ (StAnz. S. 310); eine vollständige Liste dieser Gemeinden gibt es im Internet unter www.hmdi.hessen.de >Kommunales >Kommunen >Gemeinden/Landkreise.

37 191 der 422 Gemeinden sind **Städte**, darunter alle 59 Gemeinden mit mehr als 20 000 Einwohnern (Stand: 30.6.2020); eine Aufzählung der hessischen Städte gibt es im Internet unter www.hmdi.hessen.de >Kommunales >Kommunen >Gemeinden/Landkreise. Vgl. in diesem Zusammenhang auch Art. 26d Satz 2 Hess. Verf. 2018: „Der Staat wirkt auf die Gleichwertigkeit der Lebensverhältnisse im Stadt und Land hin.“

meinde beruhen, weiterführen. Der Minister des Innern kann nach Anhörung der Gemeinde derartige Bezeichnungen verleihen oder ändern[38].

§ 14 Wappen, Flaggen, Dienstsiegel

(1) Die Gemeinden führen ihre bisherigen Wappen und Flaggen. Sie sind berechtigt, diese zu ändern oder neue Wappen und Flaggen anzunehmen.

(2) Die Gemeinden führen Dienstsiegel[39]. Gemeinden, die zur Führung eines Wappens berechtigt sind, führen dieses in ihrem Dienstsiegel. Die übrigen Gemeinden führen in ihrem Dienstsiegel die Wappenfigur des Landes[40]. Das Nähere bestimmt der Minister des Innern.

Dritter Teil: **Gemeindegebiet**

§ 15 Gebietsbestand

(1) Das Gebiet der Gemeinde bilden die Grundstücke, die nach geltendem Recht zu ihr gehören (Gemarkung). Grenzstreitigkeiten entscheidet die Aufsichtsbehörde.

(2) Jedes Grundstück soll zu einer Gemeinde gehören. Aus besonderen Gründen kann der Minister des Innern jedoch zulassen, dass Grundstücke außerhalb einer Gemeinde verbleiben (gemeindefreie Grundstücke). Der

---

38 Eine Liste der hessischen Gemeinden mit **Zusatzbezeichnung** gibt es im Internet unter www.hmdi.hessen.de >Kommunales >Kommunen >Gemeinden/Landkreise. Die Zusatzbezeichnung darf auf der Ortstafel der Gemeinde aufgeführt werden (vgl. Art. 1 Nr. 98 – zu den Zeichen 310 und 311 Ortstafel – der Allgemeinen Verwaltungsvorschrift zur Straßenverkehrsordnung (VwV-StVO).

39 Die gemeindlichen Standesämter führen allerdings nach der Spezialbestimmung in § 1 Abs. 3 HAG-PStG nicht das **Dienstsiegel** der Gemeinde, sondern das (kleine) Landessiegel.

40 Vgl. dazu § 8 Abs. 2 der Verordnung über die Hoheitszeichen des Landes v. 11.9.2014 (GVBl. S. 212). Nach einer inoffiziellen Statistik des HMdI hat in Hessen nur die Gemeinde Weißenborn (Werra-Meißner-Kreis) kein eigenes **Wappen**.

Minister des Innern regelt die Verwaltung der gemeindefreien Grundstücke durch Verordnung.[41]

§ 16 Gebietsänderungen

(1) Aus Gründen des öffentlichen Wohls können Gemeindegrenzen geändert, Gemeinden aufgelöst oder neu gebildet werden. Die beteiligten Gemeinden und Landkreise sind vorher zu hören.

(2) Werden durch die Änderung von Gemeindegrenzen die Grenzen von Landkreisen berührt, so bewirkt die Änderung der Gemeindegrenzen auch die Änderung der Kreisgrenzen.

(3) Gemeindegrenzen können freiwillig durch Vereinbarung der beteiligten Gemeinden mit Genehmigung der zuständigen Aufsichtsbehörde geändert werden. Die Vereinbarung muss von den Gemeindevertretungen der beteiligten Gemeinden mit der Mehrheit der gesetzlichen Zahl der Gemeindevertreter beschlossen werden. Vor der Beschlussfassung sind die Bürger zu hören, die in dem unmittelbar betroffenen Gebiet wohnen; das gilt nicht in Fällen von geringer Bedeutung (§ 17 Abs. 2 Satz 3). Satz 2 und 3 gelten nicht, wenn über die Eingliederung einer Gemeinde in eine andere Gemeinde oder die Neubildung einer Gemeinde durch Vereinigung von Gemeinden[42] ein Bürgerentscheid (§ 8b) durchgeführt wird. Die Wahl des Bürgermeisters kann bis zu einem Jahr nach Freiwerden der Stelle aufgeschoben werden, wenn die Auflösung der Gemeinde bevorsteht.[43] Die von

---

41 Bisher nicht erlassen; vgl. allerdings die gem. § 153 Abs. 1 Buchst. c noch geltende VO über gemeindefreie Grundstücke und Gutsbezirke v. 15.11.1938 (RGBl. I S. 1631).

42 Zur finanziellen Förderung freiwilliger Zusammenschlüsse von Gemeinden (und Landkreisen) vgl. im Internet unter www.hmdi.hessen.de >Kommunales >Interkommunale Zusammenarbeit >Förderprogramm und insbesondere auch § 2 des Schutzschirmgesetzes. Zu einer ersten freiwilligen Gemeinde-Fusion ist es in Hessen zum 1.1.2018 gekommen: Die Stadt Beerfelden und die Gemeinden Hesseneck, Rothenberg und Sensbachtal haben sich zur neuen Stadt **„Oberzent"** zusammengeschlossen (vgl. StAnz. 2017 S. 1136 und 1139). Zum 1.1.2020 sind nun auch die Gemeinden Oberweser und Wahlsburg im Landkreis Kassel verschmolzen zu **„Wesertal"** (vgl. StAnz. 2019 S. 1108 und 1140). Hessen hat demzufolge nicht mehr 423, sondern nur noch 422 Gemeinden.

43 Der erste mutmaßliche Anwendungsfall dieser Vorschrift (vgl. Gesetzentwurf v. 13.7.2015 = LT-Drs. 19/2200 S. 17) betreffend die Gemeinde Steffenberg (Landkreis Marburg-Biedenkopf) scheiterte daran, dass die geplante Fusion mit der Nachbargemeinde Angelburg aufgrund des Bürgerentscheids am 12. Oktober 2015 nicht zustande kam.

der Gebietsänderung betroffenen hauptamtlichen Bürgermeister und Beigeordneten der bisherigen Gemeinden haben für den Rest ihrer Amtszeit Anspruch auf Verwendung als hauptamtliche Beigeordnete unter Beibehaltung ihrer bisherigen Besoldung in der aufnehmenden oder neu gebildeten Gemeinde.

(4) Gegen den Willen der beteiligten Gemeinden können Gemeindegrenzen nur durch Gesetz[44] geändert werden. Das Gleiche gilt für die Neubildung einer Gemeinde aus Teilen einer oder mehrerer Gemeinden.

§ 17 Rechtsfolgen, Auseinandersetzung

(1) In der Vereinbarung nach § 16 Abs. 3 ist insbesondere der Umfang der Grenzänderung zu regeln und sind Bestimmungen über den Tag der Rechtswirksamkeit und, soweit erforderlich, über das Ortsrecht, die Verwaltung, die Rechtsnachfolge, die Auseinandersetzung und den Wahltag einer Nachwahl nach § 32 Abs. 1 des Kommunalwahlgesetzes zu treffen (Grenzänderungsvertrag). Wird eine neue Gemeinde gebildet, muss die Vereinbarung auch Bestimmungen über die vorläufige Wahrnehmung der Aufgaben der Gemeindeorgane der neuen Gemeinde enthalten. Für die vorläufige Wahrnehmung der Aufgaben des Bürgermeisters in der neu gebildeten Gemeinde bestellt die obere Aufsichtsbehörde einen Beauftragten; § 141 gilt entsprechend. Auf die Bestellung kann verzichtet werden, wenn ein hauptamtlicher Beigeordneter nach § 16 Abs. 3 Satz 6 vorhanden ist. Wird eine Gemeinde in eine andere Gemeinde eingegliedert, muss die Vereinbarung auch Bestimmungen über die vorläufige Vertretung der Bevölkerung der eingegliederten Gemeinde durch die Gemeindevertreter der eingegliederten Gemeinde in der Gemeindevertretung der aufnehmenden Gemeinde bis zur nächsten regelmäßigen Wahl oder einer Nachwahl treffen. Der Gemeindevertretung der aufnehmenden Gemeinde muss mindestens ein Gemeindevertreter der eingegliederten Gemeinde angehören, im Übrigen sind bei der Bestimmung der Zahl der Gemeindevertreter der eingegliederten Gemeinde in der Gemeindevertretung der aufnehmenden Gemeinde die örtlichen Verhältnisse und der Bevölkerungsanteil zu berücksichtigen. Im Falle des Satz 3 muss die Vereinbarung ferner Bestimmungen über eine befristete Vertretung der eingegliederten Gemeinde bei Streitigkeiten über die Vereinbarung treffen.

---

44 Neugliederungsgesetze v. 1972 (GVBl. I S. 215, 217, 220, 222, 224, 225, 227, 230), 1973 (GVBl. I S. 353, 356, 359), 1974 (GVBl. I S. 101, 149, 154, 237, 309, 312, 314, 316, 318) u. 1979 (GVBl. I S. 179).

(2) Der Grenzänderungsvertrag bedarf der Genehmigung der oberen Aufsichtsbehörde. Die obere Aufsichtsbehörde hat den Grenzänderungsvertrag mit dem Genehmigungsvermerk im Staatsanzeiger für das Land Hessen öffentlich bekannt zu machen. In Fällen von geringer Bedeutung genehmigt die Aufsichtsbehörde die Vereinbarung über die Grenzänderung. Geringe Bedeutung hat eine Grenzänderung, wenn sie nicht mehr als drei Prozent des Gebiets der abgebenden Gemeinde und nicht mehr als insgesamt 200 Einwohner erfasst. Die beteiligten Gemeinden haben den Grenzänderungsvertrag mit dem Genehmigungsvermerk der Aufsichtsbehörde nach den für ihre Satzungen geltenden Vorschriften öffentlich bekannt zu machen.

(3) Enthält die Vereinbarung nach § 16 Abs. 3 keine erschöpfende Regelung oder kann wegen einzelner Bestimmungen die Genehmigung nicht erteilt werden, ersucht die zuständige Aufsichtsbehörde die Gemeinden, die Mängel binnen angemessener Frist zu beseitigen. Kommen die Gemeinden einem solchen Ersuchen nicht nach, trifft die zuständige Aufsichtsbehörde die im Interesse des öffentlichen Wohls erforderlichen Bestimmungen.

(4) Bei einer Änderung der Gemeindegrenzen durch Gesetz werden die Rechtsfolgen und die Auseinandersetzung im Gesetz oder durch Verordnung geregelt. Das Gesetz kann dies auch der Regelung durch Vereinbarung überlassen, die der Genehmigung der zuständigen Aufsichtsbehörde bedarf. Kommt diese Vereinbarung nicht zustande, gilt Abs. 3 entsprechend.

(5) Die Genehmigung des Grenzänderungsvertrags und die Entscheidung der Aufsichtsbehörde über die Auseinandersetzung begründen Rechte und Pflichten der Beteiligten. Sie bewirken den Übergang, die Beschränkung oder Aufhebung von dinglichen Rechten. Die Aufsichtsbehörde ersucht die zuständigen Behörden um die Berichtigung der öffentlichen Bücher.

(6) Rechtshandlungen, die aus Anlass der Änderung des Gemeindegebiets erforderlich werden, sind frei von öffentlichen Abgaben und Gebühren.

§ 18 *(aufgehoben)*

Vierter Teil: **Einwohner und Bürger**

§ 19 Öffentliche Einrichtungen, Anschluss- und Benutzungszwang

(1) Die Gemeinde hat die Aufgabe, in den Grenzen ihrer Leistungsfähigkeit[45] die für ihre Einwohner erforderlichen wirtschaftlichen, sozialen, sportlichen und kulturellen öffentlichen Einrichtungen bereitzustellen[46].

(2) Sie kann bei öffentlichem Bedürfnis durch Satzung für die Grundstücke ihres Gebiets den Anschluss an Wasserleitung, Kanalisation, Straßenreinigung, Fernheizung[47] und ähnliche der Volksgesundheit dienende Einrichtungen (Anschlusszwang) und die Benutzung dieser Einrichtungen und der Schlachthöfe (Benutzungszwang) vorschreiben. Die Satzung kann Ausnahmen vom Anschluss- und Benutzungszwang zulassen. Sie kann den

---

45 Zur „Leistungsfähigkeit“ der Gemeinde vgl. auch Fn. zu § 103 Abs. 2 HGO

46 Speziell dem Sport und der Kinderbetreuung wurde jeweils eine besondere Bedeutung für das Gemeinwesen schon bescheinigt in der Leitlinie des HMdI zur Handhabung der kommunalen Finanzaufsicht v. 6.5.2010 (in StAnz. S. 1470, 1471). In dem sog. Garantiezuschlag für freiwillige Aufgaben (§ 7 Abs. 4 des neuen Finanzausgleichsgesetzes vom 23.7.2015) sind die Aufwendungen im Bereich des Sports besonders berücksichtigt worden (vgl. Gesetzentwurf der Landesregierung vom 20.4.2015 in LT-Drs. 19/1853 S. 65/66). Auch der Bereich der Kultur ist wegen seiner identitätsstiftenden Bedeutung in diesen Aufgabenkreis einbezogen worden; der Garantiezuschlag wurde so gewählt, dass die Aufgabenwahrnehmung in diesen Bereichen auf dem bislang geleisteten Niveau sichergestellt ist (LT-Drs. 19/1853 S. 66). Zur Bedeutung der (freiwilligen) kommunalen Bibliotheken für die Kulturförderung vgl. Hess. Bibliotheksgesetz v. 20.9.2010 (in GVBl. 2010 S. 295). Im Übrigen hat die Landesregierung in ihrem Gesetzentwurf zur Neuregelung des FAG vom 20.4.2015 ausdrücklich festgehalten, dass § 19 Abs. 1 HGO den Gemeinden **keine Pflichtaufgaben im Rechtssinne** zuweist (LT-Drs. 19/1853 S. 43). Bei der vorschulischen Kinderbetreuung ist das Land zur finanziellen Entlassung von Familien und zur Sicherstellung einer durchweg guten pädagogischen Betreuung mittlerweile selbst – mit eigenen Mitteln – initiativ geworden (vgl. G zur Änderung des HKJHG v. 30.4.2018, in GVBl. S. 69). Durch die Volksabstimmung 2018 enthält die Hess. Verf. nunmehr eine Definition des Begriffs **„Staatsziel“** (Art. 26a). Neben die bisherigen Staatsziele „Denkmal- und Naturschutz“ (Art. 62), „Umweltschutz“ (jetzt Art. 26b) und „Sport“ (jetzt Art. 26g) sind nun auch insbesondere „Kultur“ (Art. 26e) sowie „Infrastruktur und Wohnraum“ (Art. 26d) getreten.

47 Den Anschluss- und Benutzungszwang hinsichtlich eines Netzes der öffentlichen Fernwärme dürfen die Gemeinden auch anordnen zum Zwecke des (globalen) Klima- und Ressourcenschutzes (§ 16 EEWärmeG). Die Verfassungsmäßigkeit dieser Norm wurde vom BVerwG mit Urt. v. 8.9.2016 (in NVwZ 2017 S. 61) bestätigt.

Zwang auf bestimmte Teile des Gemeindegebiets und auf bestimmte Gruppen von Grundstücken oder Personen beschränken.

§ 20 Teilnahme an öffentlichen Einrichtungen und Gemeindelasten

(1) Die Einwohner der Gemeinden sind im Rahmen der bestehenden Vorschriften berechtigt, die öffentlichen Einrichtungen der Gemeinde zu benutzen, und verpflichtet, die Gemeindelasten zu tragen[48].

(2) Grundbesitzer und Gewerbetreibende, die nicht in der Gemeinde wohnen, sind in gleicher Weise berechtigt, die öffentlichen Einrichtungen zu benutzen, die in der Gemeinde für Grundbesitzer und Gewerbetreibende bestehen, und verpflichtet, für ihren Grundbesitz oder Gewerbebetrieb im Gemeindegebiet zu den Gemeindelasten beizutragen.

(3) Diese Vorschriften gelten entsprechend für juristische Personen und für Personenvereinigungen.

§ 21 Ehrenamtliche Tätigkeit

(1) Eine ehrenamtliche Tätigkeit für die Gemeinde soll nur Bürgern übertragen werden, die sich in der Gemeinde allgemeinen Ansehens erfreuen und das Vertrauen ihrer Mitbürger genießen; die besonderen Voraussetzungen für ehrenamtliche Tätigkeiten im Sinne des § 61 Abs. 2 Satz 2 und § 72 Abs. 2 bleiben unberührt. Der Bürger ist verpflichtet, eine ehrenamtliche Tätigkeit für die Gemeinde zu übernehmen und auszuüben; dies gilt nicht für das Amt des Bürgermeisters und des Beigeordneten.

(2) Die Berufung zu ehrenamtlicher Tätigkeit obliegt dem Gemeindevorstand, sofern gesetzlich nichts anderes bestimmt ist. Bei Übernahme seiner Tätigkeit ist der ehrenamtlich Tätige zur gewissenhaften und unparteiischen Ausübung und zur Verschwiegenheit zu verpflichten; die Verpflichtung ist aktenkundig zu machen. Die Berufung kann, wenn sie nicht auf Zeit erfolgt ist, jederzeit zurückgenommen werden.

(3) Die beamtenrechtlichen Vorschriften über Ehrenbeamte bleiben unberührt[49].

---

48 KAG; Rösch, Hessisches Kommunalabgabengesetz, Kommentar, 3. Auflage, 1997; vgl. auch Fußnoten zu § 93.

49 § 5 HBG.

§ 22 Persönliche Dienste

Die Gemeinde ist berechtigt, zur Erfüllung dringlicher öffentlicher Aufgaben die Einwohner für eine beschränkte Zeit zu persönlichen Diensten und anderen Leistungen im Rahmen des Herkömmlichen heranzuziehen; hierbei sind die persönlichen Verhältnisse der Einwohner angemessen zu berücksichtigen. Zu Leistungen nach Satz 1, mit Ausnahme von persönlichen Diensten, können auch juristische Personen und Personenvereinigungen sowie solche Personen herangezogen werden, die nicht in der Gemeinde wohnen, jedoch in der Gemeinde Grundbesitz haben oder ein Gewerbe betreiben. Der Kreis der Verpflichteten sowie die Art und der Umfang der Leistungen sind durch Satzung festzulegen.

§ 23 Ablehnungsgründe

(1) Der Bürger kann die Übernahme einer ehrenamtlichen Tätigkeit ablehnen oder sein Ausscheiden verlangen, wenn ein wichtiger Grund vorliegt. Ob ein wichtiger Grund vorliegt, entscheidet die für die Berufung zuständige Stelle.

(2) Als wichtiger Grund im Sinne des Abs. 1 gilt insbesondere, wenn der Bürger

1. bereits mehrere ehrenamtliche Tätigkeiten für die Gemeinde ausübt,
2. mindestens acht Jahre als Mitglied der Gemeindevertretung angehört hat oder sonst ehrenamtlich für die Gemeinde tätig war,
3. ein geistliches Amt verwaltet,
4. ein öffentliches Amt verwaltet und die Einstellungsbehörde feststellt, dass die ehrenamtliche Tätigkeit mit seinen Dienstpflichten nicht vereinbar ist,
5. durch die persönliche Fürsorge für seine Familie fortwährend besonders belastet ist,
6. mindestens zwei Vormundschaften, Pflegschaften oder Betreuungen führt,
7. häufig oder lang dauernd von der Gemeinde beruflich abwesend ist,
8. anhaltend krank ist,
9. mindestens 60 Jahre alt ist.

§ 24 Verschwiegenheitspflicht

(1) Der ehrenamtlich Tätige hat, auch nach Beendigung seiner Tätigkeit, über die ihm dabei bekannt gewordenen Angelegenheiten Verschwiegen-

heit zu bewahren. Dies gilt nicht für Mitteilungen im dienstlichen Verkehr oder über Tatsachen, die offenkundig sind oder ihrer Bedeutung nach keiner Geheimhaltung bedürfen.

(2) Der ehrenamtlich Tätige darf ohne Genehmigung des Bürgermeisters über Angelegenheiten, über die er Verschwiegenheit zu wahren hat, weder vor Gericht noch außergerichtlich aussagen oder Erklärungen abgeben.

(3) Die Genehmigung, als Zeuge auszusagen, darf nur versagt werden, wenn die Aussage dem Wohle des Bundes, eines Landes, der Gemeinde oder eines anderen Trägers der öffentlichen Verwaltung Nachteile bereiten oder die Erfüllung öffentlicher Aufgaben ernstlich gefährden oder erheblich erschweren würde.

(4) Ist der ehrenamtlich Tätige Beteiligter in einem gerichtlichen Verfahren oder soll sein Vorbringen der Wahrnehmung seiner berechtigten Interessen dienen, so darf die Genehmigung auch dann, wenn die Voraussetzungen des Abs. 3 erfüllt sind, nur versagt werden, wenn ein zwingendes öffentliches Interesse dies erfordert. Wird sie versagt, so ist dem ehrenamtlich Tätigen der Schutz zu gewähren, den die öffentlichen Interessen zulassen.

§ 24a Ordnungswidrigkeiten

(1) Ordnungswidrig handelt, wer
1. ohne wichtigen Grund die Übernahme einer ehrenamtlichen Tätigkeit ablehnt oder ihre Ausübung verweigert,
2. die Pflichten des § 24 oder des § 26 verletzt.

(2) Die Ordnungswidrigkeit kann mit einer Geldbuße bis zu eintausend Euro geahndet werden.

(3) Verwaltungsbehörde im Sinne des § 36 Abs. 1 Nr. 1 des Gesetzes über Ordnungswidrigkeiten ist der Gemeindevorstand.[50]

§ 25 Widerstreit der Interessen

(1) Niemand darf in haupt- oder ehrenamtlicher Tätigkeit in einer Angelegenheit beratend oder entscheidend mitwirken, wenn er

---

50 Zur speziellen Verfolgungszuständigkeit der Aufsichtsbehörde bei Ordnungswidrigkeiten von Gemeindevertretern und Orts- sowie Ausländerbeiratsmitgliedern vgl. §§ 35 Abs. 2, 82 Abs. 2 und 86 Abs. 2

1. durch die Entscheidung in der Angelegenheit einen unmittelbaren Vorteil oder Nachteil erlangen kann,
2. Angehöriger einer Person ist, die zu dem in Nr. 1 bezeichneten Personenkreis gehört,
3. eine natürliche oder juristische Person nach Nr. 1 kraft Gesetzes oder in der betreffenden Angelegenheit kraft Vollmacht vertritt (Einzel- oder Gesamtvertretung),
4. bei einer natürlichen oder juristischen Person oder Vereinigung nach Nr. 1 gegen Entgelt beschäftigt ist, wenn Tatsachen die Annahme rechtfertigen, dass dadurch Befangenheit gegeben ist,
5. bei einer juristischen Person oder Vereinigung nach Nr. 1 als Mitglied des Vorstands, des Aufsichtsrats oder eines gleichartigen Organs tätig ist, es sei denn, dass er diesem Organ als Vertreter oder auf Vorschlag der Gemeinde angehört,
6. in anderer als öffentlicher Eigenschaft in der Angelegenheit tätig geworden ist.

Satz 1 gilt nicht, wenn jemand an der Entscheidung lediglich als Angehöriger einer Berufs- oder Bevölkerungsgruppe beteiligt ist, deren gemeinsame Interessen durch die Angelegenheit berührt werden.

(2) Abs. 1 gilt nicht für die Stimmabgabe bei Wahlen und Abberufungen.

(3) Ob ein Widerstreit der Interessen vorliegt, entscheidet das Organ oder Hilfsorgan, dem der Betroffene angehört oder für das er die Tätigkeit ausübt.

(4) Wer annehmen muss, weder beratend noch entscheidend mitwirken zu dürfen, hat dies vorher dem Vorsitzenden des Organs oder Hilfsorgans, dem er angehört oder für das er die Tätigkeit ausübt, mitzuteilen. Wer an der Beratung und Entscheidung nicht teilnehmen darf, muss den Beratungsraum verlassen; dies gilt auch für die Entscheidung nach Abs. 3.

(5) Angehörige im Sinne des Abs. 1 Satz 1 Nr. 2 sind:

1. der Verlobte,
2. der Ehegatte,

2a. der eingetragene Lebenspartner,

3. Verwandte und Verschwägerte gerader Linie[51],
4. Geschwister,
5. Kinder der Geschwister,
6. Ehegatten der Geschwister und Geschwister der Ehegatten,

6a. eingetragene Lebenspartner der Geschwister und Geschwister der eingetragenen Lebenspartner,

---

51 §§ 1589 f BGB.

7. Geschwister der Eltern,
8. Personen, die durch ein auf längere Dauer angelegtes Pflegeverhältnis mit häuslicher Gemeinschaft wie Eltern und Kind miteinander verbunden sind (Pflegeeltern und Pflegekinder).

Angehörige sind die in Satz 1 bezeichneten Personen auch dann, wenn
1. in den Fällen der Nr. 2, 3 und 6 die die Beziehung begründende Ehe nicht mehr besteht,

1a. in den Fällen der Nr. 2a, 3 und 6a die die Beziehung begründende eingetragene Lebenspartnerschaft nicht mehr besteht,

2. in den Fällen der Nr. 3 bis 7 die Verwandtschaft oder Schwägerschaft durch Annahme als Kind erloschen ist,
3. im Falle der Nr. 8 die häusliche Gemeinschaft nicht mehr besteht, sofern die Personen weiterhin wie Eltern und Kind miteinander verbunden sind.

(6) Beschlüsse, die unter Verletzung der Abs. 1 bis 4 gefasst worden sind, sind unwirksam. Sie gelten jedoch sechs Monate nach der Beschlussfassung oder, wenn eine öffentliche Bekanntmachung erforderlich ist, sechs Monate nach dieser als von Anfang an wirksam zustande gekommen, wenn nicht vorher der Gemeindevorstand oder der Bürgermeister widersprochen oder die Aufsichtsbehörde sie beanstandet hat; die Widerspruchsfristen der §§ 63 und 74 bleiben unberührt. Die Wirksamkeit tritt nicht gegenüber demjenigen ein, der vor Ablauf der Sechsmonatsfrist ein Rechtsmittel eingelegt oder ein gerichtliches Verfahren anhängig gemacht hat, wenn in dem Verfahren der Mangel festgestellt wird.

§ 26 Treupflicht

Ehrenbeamte haben eine besondere Treupflicht gegenüber der Gemeinde. Sie dürfen Ansprüche Dritter gegen die Gemeinde nicht geltend machen, es sei denn, dass sie als gesetzliche Vertreter handeln. Das gilt auch für andere ehrenamtlich tätige Bürger, wenn der Auftrag mit den Aufgaben ihrer ehrenamtlichen Tätigkeit im Zusammenhang steht. Ob die Voraussetzungen dieser Vorschrift vorliegen, entscheidet das Organ oder Hilfsorgan, dem der Betroffene angehört oder für das er die Tätigkeit ausübt.

§ 26a Anzeigepflicht

Die Mitglieder eines Organs der Gemeinde sind verpflichtet, die Mitgliedschaft oder eine entgeltliche oder ehrenamtliche Tätigkeit in einer Körperschaft, Anstalt, Stiftung, Gesellschaft, Genossenschaft oder in einem Verband einmal jährlich dem Vorsitzenden des Organs anzuzeigen, dem sie angehören. Der Vorsitzende leitet eine Zusammenstellung der Anzeigen dem Finanzausschuss zur Unterrichtung zu. Das Nähere des Verfahrens kann in der Geschäftsordnung geregelt werden.

§ 27 Entschädigung[52]

(1) Ehrenamtlich Tätige haben Anspruch auf Ersatz von Verdienstausfall. Durch Satzung ist ein Durchschnittssatz festzusetzen, der nur denjenigen zu gewähren ist, denen nachweisbar ein Verdienstausfall entstehen kann. Hausfrauen wird der Durchschnittssatz ohne diesen Nachweis gewährt. Die Gewährung des Durchschnittssatzes kann durch Satzung auf Zeiten beschränkt werden, in denen nach der allgemeinen Lebenserfahrung einer Erwerbstätigkeit nachgegangen wird. Anstelle des Durchschnittssatzes kann der tatsächlich entstandene und nachgewiesene Verdienstausfall verlangt werden; dies gilt auch für erforderliche Aufwendungen, die wegen Inanspruchnahme einer Ersatzkraft zur Betreuung von Kindern, Alten, Kranken und Behinderten entstehen. Selbstständig Tätige erhalten auf Antrag anstelle des Durchschnittssatzes eine Verdienstausfallpauschale je Stunde, die im Einzelfall auf der Grundlage des glaubhaft gemachten Einkommens festgesetzt wird. In der Satzung ist ein einheitlicher Höchstbetrag je Stunde festzulegen, der bei dem Ersatz des Verdienstausfalles nicht überschritten werden darf; es kann außerdem ein täglicher oder monatlicher Höchstbetrag festgelegt werden.

(2) Ehrenamtlich Tätige haben Anspruch auf Ersatz ihrer tatsächlich entstandenen und nachgewiesenen Fahrkosten.

(3) Ehrenamtlich Tätigen kann neben dem Ersatz des Verdienstausfalls und der Fahrkosten durch Satzung eine Aufwandsentschädigung gewährt werden. Die Aufwandsentschädigung kann ganz oder teilweise als Sitzungsgeld gezahlt werden. Dem Vorsitzenden der Gemeindevertretung, seinen Stellvertretern, den Ausschussvorsitzenden, Fraktionsvorsitzenden, ehrenamtlichen Beigeordneten und Ortsvorstehern kann eine höhere Aufwandsentschädigung gewährt werden. Der Minister des Innern kann durch Rechtsverordnung[53] Höchstsätze bestimmen, die nicht überschritten werden dürfen.

---

52 Zur steuerlichen Behandlung s. HMdF-Erlasse v. 13.1.2014 (in StAnz. S. 95) und 14.1.2014 (in StAnz. S. 96).

53 Bisher nicht erlassen.

(3a) Gewährt die Gemeinde ihren Gemeindevertretern die Aufwandsentschädigung maßgeblich in Form des Sitzungsgelds, kann den Gemeindevertretern auch ohne entsprechende Regelung in der Entschädigungssatzung zur Abgeltung ihrer außerhalb von Sitzungen erforderlichen Abstimmungen eine zusätzliche Entschädigung gewährt werden. Die Entscheidung über die Entschädigung sowie ihre Höhe kann auch der Ausschuss nach § 51a Abs. 1 treffen.[54]

(4) Die Vorschriften der Abs. 1, 2 und 3 Satz 1 und 2 sind auch auf Fraktionssitzungen anzuwenden. Fraktionssitzungen im Sinne des Satz 1 sind auch Sitzungen von Teilen einer Fraktion (Fraktionsvorstand, Fraktionsarbeitsgruppen). Die Zahl der ersatzpflichtigen Fraktionssitzungen pro Jahr ist durch Satzung zu begrenzen.

(5) Die Ansprüche auf die in Abs. 1 bis 3 genannten Bezüge sind nicht übertragbar. Auf die Aufwandsentschädigung kann weder ganz noch teilweise verzichtet werden.

§ 28 Ehrenbürgerrecht, Ehrenbezeichnung[55]

(1) Die Gemeinde kann Personen, die sich um sie besonders verdient gemacht haben, das Ehrenbürgerrecht verleihen.

(2) Die Gemeinde kann Bürgern, die als Gemeindevertreter, Ehrenbeamte, hauptamtliche Wahlbeamte oder als Mitglied eines Ortsbeirats insgesamt mindestens zwanzig Jahre ihr Mandat oder Amt ausgeübt haben, eine Ehrenbezeichnung verleihen. Entsprechendes gilt für die Mitgliedschaft von Einwohnern im Ausländerbeirat.

(3) Die Gemeinde kann das Ehrenbürgerrecht und die Ehrenbezeichnung wegen unwürdigen Verhaltens entziehen.

---

54 Der Abs. 3a des § 27 ist eine von vorneherein befristete Reaktion des Gesetzgebers auf die Corona-Krise und gilt nur bis zum Ende des ersten Jahres der 20. Kommunalwahlperiode am 31. März 2022.

55 Zu den Modalitäten der staatlichen Ehrung von Personen des öffentlichen Lebens, die durch ihre Tätigkeit im Bereich der kommunalen Selbstverwaltung außerordentliche und in der Regel überregionale Verdienste erworben haben, mit der **Freiherr-vom-Stein-Plakette** vgl. die Homepage des Hessischen Innenministeriums (https://innen.hessen.de/kommunales/kommunen/freiherr-vom-stein-ehrungen)

Fünfter Teil: **Verwaltung der Gemeinde**

Erster Abschnitt: **Allgemeine Vorschriften**

Erster Titel: Wahlrecht

§ 29 Wahlgrundsätze

(1) Die Bürger der Gemeinde nehmen durch die Wahl der Gemeindevertretung und des Bürgermeisters sowie durch Bürgerentscheide an der Verwaltung der Gemeinde teil.

(2) Für das Wahlverfahren gelten die Bestimmungen des Hessischen Kommunalwahlgesetzes[56].

§ 30 Aktives Wahlrecht

(1) Wahlberechtigt ist, wer am Wahltag

1. Deutscher im Sinne des Art. 116 Abs. 1 des Grundgesetzes oder Staatsangehöriger eines der übrigen Mitgliedstaaten der Europäischen Union mit Wohnsitz in der Bundesrepublik Deutschland (Unionsbürger)[57] ist,
2. das achtzehnte Lebensjahr vollendet hat und
3. seit mindestens sechs Wochen in der Gemeinde seinen Wohnsitz hat; Entsprechendes gilt für den Ortsbezirk (§ 81).

Bei Inhabern von Haupt- und Nebenwohnungen im Sinne des Melderechts gilt der Ort der Hauptwohnung als Wohnsitz.

(2) Hauptamtliche Bürgermeister, hauptamtliche Beigeordnete und Landräte sind ohne Rücksicht auf die Dauer des Wohnsitzes mit dem Amtsantritt in der Gemeinde wahlberechtigt.

---

56 KWG und KWO; Hannappel/Meireis, Leitfaden Kommunalwahlen im Lande Hessen – Ausgabe 2021 –. Bei den Kommunalwahlen im März 2021 wird das um Elemente der Personenwahl (**„Kumulieren und Panaschieren“**) ergänzte Verhältniswahlrecht (§ 1 Abs. 1 KWG) zum fünften Mal zur Anwendung kommen.

57 Seit dem 1.2.2020 umfasst die **Europäische Union**, außer der Bundesrepublik Deutschland, folgende 26 Mitgliedstaaten: Belgien, Bulgarien, Dänemark, Estland, Finnland, Frankreich, Griechenland, Irland, Italien, Kroatien, Lettland, Litauen, Luxemburg, Malta, Niederlande, Österreich, Polen, Portugal, Rumänien, Schweden, Slowakei, Slowenien, Spanien, Tschechien, Ungarn, Zypern. Das Vereinigte Königreich ist am 31.1.2020 aus der EU ausgeschieden („Brexit“). Hessen bekennt sich im Übrigen seit der Reform seiner Landesverfassung im Jahr 2018 ausdrücklich zu einem „geeinten Europa“ (Art. 64).

§ 31 Ausschluss vom Wahlrecht

Ausgeschlossen vom Wahlrecht ist, wer infolge Richterspruchs das Wahlrecht nicht besitzt.

§ 32 Passives Wahlrecht

(1) Wählbar als Gemeindevertreter sind die Wahlberechtigten, die am Wahltag das achtzehnte Lebensjahr vollendet und seit mindestens drei Monaten in der Gemeinde ihren Wohnsitz haben; Entsprechendes gilt für den Ortsbezirk (§ 81). § 30 Abs. 1 Satz 2 gilt für die Wählbarkeit entsprechend.

(2) Nicht wählbar ist, wer infolge Richterspruchs die Wählbarkeit oder die Fähigkeit zur Bekleidung öffentlicher Ämter nicht besitzt.

§ 33 Fortfall der Wählbarkeit

Fällt eine Voraussetzung der jederzeitigen Wählbarkeit fort, so endet nicht nur die Tätigkeit als Gemeindevertreter oder als Mitglied des Ortsbeirats, sondern auch die sonstige ehrenamtliche Tätigkeit für die Gemeinde zu dem in § 33 Abs. 3 Nr. 2 des Hessischen Kommunalwahlgesetzes bestimmten Zeitpunkt.

§ 34 *(weggefallen)*

Zweiter Titel: Gemeindevertreter

§ 35 Unabhängigkeit

(1) Die Gemeindevertreter üben ihre Tätigkeit nach ihrer freien, nur durch die Rücksicht auf das Gemeinwohl bestimmten Überzeugung aus und sind an Aufträge und Wünsche der Wähler nicht gebunden.

(2) Gemeindevertreter sind ehrenamtlich Tätige im Sinne der §§ 24 bis 26 und des § 27. Verwaltungsbehörde im Sinne des § 36 Abs. 1 Nr. 1 des Gesetzes über Ordnungswidrigkeiten ist die Aufsichtsbehörde.

§ 35a Sicherung der Mandatsausübung

(1) Niemand darf gehindert werden, sich um ein Mandat als Gemeindevertreter zu bewerben oder es auszuüben. Benachteiligungen am Arbeitsplatz im Zusammenhang mit der Bewerbung um ein Mandat oder der Ausübung eines Mandats sind unzulässig. Entgegenstehende Vereinbarungen sind nichtig. Die Bestimmungen der Abs. 2 bis 4 gelten nur für außerhalb des öffentlichen Dienstes beschäftigte Gemeindevertreter.

(2) Die Arbeitsverhältnisse von Gemeindevertretern können vom Arbeitgeber nur aus wichtigem Grund gekündigt werden; das gilt nicht für Kündigungen während der Probezeit. Der Kündigungsschutz beginnt mit der Aufstellung des Bewerbers durch das dafür zuständige Gremium. Er gilt ein Jahr nach Beendigung des Mandats fort. Gehörte der Gemeindevertreter weniger als ein Jahr der Gemeindevertretung an, besteht Kündigungsschutz für sechs Monate nach Beendigung des Mandats.

(3) Der Gemeindevertreter ist auf dem bisherigen Arbeitsplatz zu belassen. Die Umsetzung auf einen anderen gleichwertigen Arbeitsplatz oder an einen anderen Beschäftigungsort ist nur zulässig, wenn der Gemeindevertreter zustimmt oder dem Arbeitgeber eine Belassung auf dem bisherigen Arbeitsplatz oder an dem bisherigen Beschäftigungsort bei Abwägung aller Umstände nicht zugemutet werden kann. Die niedrigere Eingruppierung des Gemeindevertreters auf dem bisherigen oder zukünftigen Arbeitsplatz nach Satz 2 ist ausgeschlossen. Abs. 2 Satz 2 gilt entsprechend.

(4) Dem Gemeindevertreter ist die für die Mandatsausübung erforderliche Freistellung von der Arbeit zu gewähren. Dem Gemeindevertreter ist unabhängig von der Freistellung jährlich bis zu zwei Wochen Urlaub für die Teilnahme an Fortbildungsveranstaltungen im Zusammenhang mit dem Mandat zu gewähren[58]. Die Entschädigung des Verdienstausfalls richtet sich nach § 27.

---

58 Daneben gibt es nach dem HBildUrlG keinen Anspruch auf Bildungsurlaub zur Schulung (Qualifizierung und Fortbildung) für die Wahrnehmung eines Ehrenamts in der Kommunalpolitik (vgl. § 1 Abs. 5 HBildUrlG i. V. m. § 1 der entsprechenden Durchführungs-VO).

§ 36 Wahlzeit

Die Gemeindevertreter werden für fünf Jahre gewählt (Wahlzeit)[59]. Unberührt bleiben die besonderen Bestimmungen für Wiederholungs- und Nachwahlen[60]. Die Neuwahl muss vor Ablauf der Wahlzeit stattfinden.

§ 36a Fraktionen

(1) Gemeindevertreter können sich zu einer Fraktion zusammenschließen. Eine Fraktion kann Gemeindevertreter, die keiner Fraktion angehören, als Hospitanten aufnehmen. Das Nähere über die Bildung einer Fraktion, die Fraktionsstärke, ihre Rechte und Pflichten innerhalb der Gemeindevertretung sind in der Geschäftsordnung zu regeln. Eine Fraktion muss aus mindestens zwei, in Gemeinden mit mehr als 50 000 Einwohnern[61] aus drei Gemeindevertretern bestehen. Eine Fraktion kann Mitglieder des Gemeindevorstandes und sonstige Personen beratend zu ihren Sitzungen hinzuziehen. Sie unterliegen den Pflichten des § 24. Hierauf sind sie vom Fraktionsvorsitzenden hinzuweisen.

(2) Die Bildung einer Fraktion, ihre Bezeichnung, die Namen der Mitglieder und Hospitanten sowie des Vorsitzenden und seiner Stellvertreter sind dem Vorsitzenden der Gemeindevertretung und dem Gemeindevorstand mitzuteilen.

(3) Die Fraktionen wirken bei der Willensbildung und Entscheidungsfindung in der Gemeindevertretung mit; sie können insoweit ihre Auffassung öffentlich darstellen.

(4) Die Gemeinde kann den Fraktionen Mittel aus ihrem Haushalt zu den sächlichen und personellen Aufwendungen für die Geschäftsführung ge-

---

59 Die Verlängerung von 4 auf 5 Jahre galt erstmals für die Wahlperiode 1.4.2001–31.3.2006. Die Wahlzeit beginnt am 1. April; die Wahl findet an einem Sonntag im Vormonat März statt (vgl. § 2 KWG). Am 1.4.2021 beginnt die 10. Kommunalwahlperiode (zum Vergleich: der Hessische Landtag hat am 18.1.2019 bereits seine 20. Wahlperiode aufgenommen).

60 §§ 30, 32 KWG.

61 Da sich die Zahl der Gemeindevertreter (Stadtverordneten) allein nach der Einwohnerzahl der Gemeinde bemisst (vgl. § 38) kommt es auch bei der Fraktions-Mindeststärke allein auf die Einwohnerzahl der Gemeinde an. Der Status der Gemeinde nach § 4a spielt hier keine Rolle. Auch für eine Stadt mit mehr als 50 000 Einwohnern, die keine Sonderstatus-Stadt ist, gilt die erhöhte Fraktons-Mindeststärke.

währen[62]. Diese Mittel sind in einer besonderen Anlage zum Haushaltsplan darzustellen[63]. Über ihre Verwendung ist ein Nachweis in einfacher Form zu führen.

§ 36b Ein-Personen-Fraktion

(1) Entfällt in einer Gemeinde mit bis zu 23 Gemeindevertretern nach dem Wahlergebnis auf eine Partei oder Wählergruppe nur ein Sitz in der Gemeindevertretung, so hat der entsprechende Gemeindevertreter auch dann die Rechte und Pflichten einer Fraktion, wenn es nicht zu einem Zusammenschluss nach § 36a Abs. 1 kommt (Ein-Personen-Fraktion).

(2) Dies gilt mit der Maßgabe, dass die Ein-Personen-Fraktion nicht die Bildung eines Akteneinsichtsausschusses nach § 50 Abs. 2 Satz 2 verlangen kann.

(3) Im Fall der Übersendung von Ergebnisniederschriften der Sitzungen des Gemeindevorstands nach § 50 Abs. 2 Satz 4 tritt an die Stelle des Fraktionsvorsitzenden der Gemeindevertreter, der die Ein-Personen-Fraktion bildet.

§ 37 Hinderungsgründe[64]

Gemeindevertreter können nicht sein[65]:

---

62 Vgl. die vom Hessischen Innenministerium zusammengestellten Grundsätze für die Bereitstellung von Haushaltsmitteln für die Arbeit von Fraktionen der Kommunalen Vertretungsorgane v. 20.12.1993 (StAnz. 1994 S. 136) und die von der Arbeitsgemeinschaft der Rechnungsprüfungsämter regelmäßig aktualisierten „Empfehlungen über die bestimmungsgemäße Verwendung von Fraktionszuwendungen“ (zur Ausgabe 2018 vgl. INF-HStT 11-12/2017 S. 9).

63 Vgl. §§ 1 Abs. 4 Nr. 7, 20 Abs. 4, 21 Abs. 4, 60 Satz 1 Nr. 6 (mit Muster Nr. 6) GemHVO).

64 Die Vorschrift beruht auf Art. 137 Abs. 1 GG. Daraus folgt, dass das Land nur gewählten Beamten und Angestellten, nicht aber (Gemeinde-)Arbeitern, die gleichzeitige Wahrnehmung von Amt und Mandat gesetzlich verbieten kann **(Inkompatibilität)**.

65 Alle Bewerber zur Wahl der Gemeindevertretung sind verpflichtet, vor der Wahl eine Erklärung über das eventuelle Vorliegen von Hinderungsgründen in ihrer Person abzugeben, die dem Wahlvorschlag beizufügen ist (§ 23 Abs. 4 Nr. 1 KWO). Darin verpflichten sie sich im Fall ihres Einrückens in die Gemeindevertretung auch, eventuell nachträglich im Laufe der Wahlzeit eintretende Hinderungsgründe dem Wahlleiter mitzuteilen.

1. hauptamtliche Beamte und haupt- und nebenberufliche Arbeitnehmer ab der Entgeltgruppe 9b der Entgeltordnung zum Tarifvertrag für den öffentlichen Dienst im kommunalen Bereich[66]
   a) der Gemeinde,
   b) einer gemeinschaftlichen Verwaltungseinrichtung, an der die Gemeinde beteiligt ist,
   c) einer Körperschaft, Anstalt oder Stiftung des öffentlichen Rechts, an der die Gemeinde maßgeblich beteiligt ist,
   d) des Landes oder des Landkreises[67], die unmittelbar Aufgaben der Staatsaufsicht (Kommunal- und Fachaufsicht) über die Gemeinde wahrnehmen,
   e) des Landkreises, die mit Aufgaben der Rechnungsprüfung für die Gemeinde befasst sind,
2. leitende Arbeitnehmer einer Gesellschaft oder einer Stiftung des bürgerlichen Rechts, an der die Gemeinde maßgeblich beteiligt ist.

§ 38 Zahl der Gemeindevertreter[68]

(1) Die Zahl der Gemeindevertreter beträgt in Gemeinden

		bis zu	3 000	Einwohnern	15
von	3 001	bis zu	5 000	Einwohnern	23
von	5 001	bis zu	10 000	Einwohnern	31
von	10 001	bis zu	25 000	Einwohnern	37
von	25 001	bis zu	50 000	Einwohnern	45
von	50 001	bis zu	100 000	Einwohnern	59
von	100 001	bis zu	250 000	Einwohnern	71
von	250 001	bis zu	500 000	Einwohnern	81
von	500 001	bis zu	1 000 000	Einwohnern	93
		über	1 000 000	Einwohnern[69]	105.

(2) Durch die Hauptsatzung kann bis spätestens zwölf Monate vor Ablauf der Wahlzeit die Zahl der Gemeindevertreter auf die für die nächst niedrigere Größengruppe maßgebliche oder eine dazwischen liegende unge-

66 Höher als die Entgeltgruppe 9b sind die Entgeltgruppen 9c, 10 usw.

67 Bei der (unteren) Aufsichtsbehörde „Landrat als Behörde der Landesverwaltung" (§ 136 Abs. 3) sind ausschließlich Bedienstete des jeweiligen Landkreises beschäftigt, vgl. § 56 Abs. 1 HKO.

68 Vgl. auch §§ 34 Abs. 1 Satz 2, 35 Abs. 2 KWG.

69 Diese 1971 eingeführte Einwohnergrößenklasse wurde bisher von keiner Gemeinde erreicht.

rade Zahl festgelegt werden. In der niedrigsten Einwohnergrößenklasse kann die Zahl der Gemeindevertreter bis auf 11 abgesenkt werden. Die Änderung muss mit einer Mehrheit von mindestens zwei Dritteln der gesetzlichen Zahl der Gemeindevertreter beschlossen werden und gilt ab der nächsten Wahlzeit.

Dritter Titel: Bürgermeister, Beigeordnete, Gemeindebedienstete

§ 39 Wahl und Amtszeit des Bürgermeisters

(1a) Der Bürgermeister wird von den Bürgern der Gemeinde in allgemeiner, unmittelbarer, freier, gleicher und geheimer Wahl gewählt[70]. Die Wahl ist nach den Grundsätzen der Mehrheitswahl durchzuführen. Gewählt ist, wer mehr als die Hälfte der gültigen Stimmen erhalten hat.

(1b) Entfällt auf keinen Bewerber mehr als die Hälfte der gültigen Stimmen, findet frühestens am zweiten und spätestens am vierten Sonntag nach der Wahl eine Stichwahl unter den zwei Bewerbern statt, welche bei der ersten Wahl die höchsten Stimmenzahlen erhalten haben. Bei Verzicht eines dieser beiden Bewerber auf die Teilnahme an der Stichwahl findet die Stichwahl mit dem verbliebenen Bewerber statt. Bei der Stichwahl ist der Bewerber gewählt, der von den gültigen abgegebenen Stimmen die höchste Stimmenzahl erhält. Nimmt nur ein Bewerber an der Stichwahl teil, ist er gewählt, wenn er die Mehrheit der abgegebenen gültigen Stimmen erhalten hat.

(1c) Scheidet ein Bewerber nach Zulassung der Wahlvorschläge vor der Wahl durch Tod oder Verlust der Wählbarkeit aus, findet eine Nachwahl statt. Scheidet einer der beiden Bewerber für die Stichwahl durch Tod oder Verlust der Wählbarkeit aus, ist die Wahl zu wiederholen. Ist nur ein Bewerber zur Wahl zugelassen und lauten nicht mehr als die Hälfte der gültigen Stimmen auf „Ja“, ist das Wahlverfahren einschließlich der Wahlvorbereitung zu wiederholen; dies gilt auch, wenn beide Bewerber auf die Teilnahme an der Stichwahl verzichten oder im Falle des Abs. 1b Satz 4 der Bewerber nicht die Mehrheit der abgegebenen gültigen Stimmen erhalten hat.

---

70 Art. 138 HVerf; zum Verfahren s. §§ 41–53 KWG; vgl. Hannappel/Meireis, Leitfaden für die Vorbereitung und Durchführung der Direktwahlen im Lande Hessen – Ausgabe 2020 –.

(1d) Bei der Ermittlung der Bewerber für die Stichwahl und bei der Stichwahl entscheidet bei gleicher Zahl an gültigen Stimmen das vom Wahlleiter in der Sitzung des Wahlausschusses zu ziehende Los.

(2) Wählbar zum Bürgermeister sind Deutsche im Sinne des Art. 116 Abs. 1 des Grundgesetzes und Unionsbürger, die am Wahltag das 18. Lebensjahr vollendet haben. Für den Ausschluss von der Wählbarkeit gelten § 32 Abs. 2 und § 31 entsprechend.

(3) Die Amtszeit des Bürgermeisters beträgt sechs Jahre. Ehrenamtliche Bürgermeister scheiden vorzeitig aus, wenn sie zur Erfüllung ihrer Dienstpflichten dauernd unfähig werden; die Gemeindevertretung stellt das Ausscheiden fest. Für ehrenamtliche Bürgermeister gilt § 35a entsprechend.

§ 39a Wahl und Amtszeit der Beigeordneten

(1) Die Beigeordneten werden von der Gemeindevertretung gewählt. § 39 Abs. 2 gilt für die hauptamtlichen Beigeordneten entsprechend.

(2) Die Amtszeit der hauptamtlichen Beigeordneten beträgt sechs Jahre. Ehrenamtliche Beigeordnete werden für die Wahlzeit der Gemeindevertretung gewählt; die §§ 32, 33 und § 39 Abs. 3 Satz 2 und 3 gelten entsprechend.

(3) Eine Wiederwahl hauptamtlicher Beigeordneter ist frühestens sechs Monate vor Ablauf der Amtszeit zulässig; sie muss spätestens drei Monate vor Ablauf der Amtszeit vorgenommen sein. Der Beschluss über die Vornahme einer Wiederwahl ist in geheimer Abstimmung zu fassen. § 6 Abs. 3 des Hessischen Beamtengesetzes findet keine Anwendung.

§ 40 Rechtsverhältnisse des Bürgermeisters und der Beigeordneten[71]

(1) Der hauptamtliche Bürgermeister ist Wahlbeamter in einem Beamtenverhältnis auf Zeit (§ 6 des Hessischen Beamtengesetzes)

71 § 40 Abs. 2 bis 6 gelten nicht für hauptamtliche Bürgermeister und hauptamtliche Beigeordnete, die bis zum 29.2.2016 gewählt wurden. Der Vertrauensschutz für diese hauptamtlichen Wahlbeamten erstreckt sich nicht nur auf die laufende Amtszeit, sondern auch auf unmittelbare Anschlussamtszeiten in demselben Wahlamt. Zu Einzelheiten vgl. Art. 13 Abs. 3 und 4 des Änderungsgesetzes vom 28. März 2015 (GVBl. S. 158).

(2) Für den hauptamtlichen Bürgermeister gilt für den Eintritt in den Ruhestand keine Altersgrenze; § 6 Abs. 3 und 6 sowie die §§ 33 bis 35 des Hessischen Beamtengesetzes finden keine Anwendung. Der hauptamtliche Bürgermeister tritt mit Ablauf der Amtszeit in den Ruhestand, wenn er
1. als Beamter auf Zeit eine Amtszeit von acht Jahren erreicht und
2. das 55. Lebensjahr vollendet hat

und nicht erneut in dasselbe oder ein höherwertiges Amt berufen wird.

(3) Der hauptamtliche Bürgermeister wird auf seinen Antrag mit Ablauf der Amtszeit in den Ruhestand versetzt, wenn er
1. als Beamter auf Zeit eine Amtszeit von acht Jahren erreicht und
2. das 50. Lebensjahr vollendet hat.

Der Antrag muss vor Ablauf der Amtszeit gestellt werden. Für jeden Monat vor Vollendung des 55. Lebensjahres vermindert sich das Ruhegehalt dauerhaft um 0,3 Prozent (Versorgungsabschlag). Bei einer Amtszeit von 20 Jahren verringert sich der Versorgungsabschlag für jedes weitere volle Jahr um 10 Prozent. Dieser Versorgungsabschlag tritt an die Stelle desjenigen nach § 14 Abs. 3 des Hessischen Beamtenversorgungsgesetzes vom 27. Mai 2013 (GVBl. S. 218, 312), zuletzt geändert durch Gesetz vom 28. März 2015 (GVBl. S. 158).

(4) Tritt der hauptamtliche Bürgermeister nach Abs. 2 oder 3 nicht in den Ruhestand, ist er entlassen. In diesem Fall entsteht ein Anspruch auf Altersgeld nach Maßgabe der §§ 76 und 77 des Hessischen Beamtenversorgungsgesetzes[72]. § 77 Abs. 3, 6, 9 Nr. 3 und 4 sowie Abs. 10 Nr. 1 und 2 des Hessischen Beamtenversorgungsgesetzes findet keine Anwendung. Bei dem hauptamtlichen Bürgermeister, der als Beamter auf Zeit eine Amtszeit von acht Jahren erreicht hat,
1. tritt bei Anwendung des § 76 Abs. 2 Nr. 1 des Hessischen Beamtenversorgungsgesetzes die Vollendung des 55. Lebensjahres an die Stelle des Erreichens der Regelaltersgrenze nach § 33 Abs. 1 oder 3 des Hessischen Beamtengesetzes oder
2. endet das Ruhen des Anspruchs auf Zahlung des Altersgeldes nach Vollendung des 50. Lebensjahres auf Antrag.

Abs. 3 Satz 3 bis 5 gilt entsprechend.

---

72 Aufgrund der Regelungssystematik des § 40 HGO (Spezialregelung) gehört zu den nicht anwendbaren Vorschriften auch § 76 Abs. 1 Satz 3 HBeamtVG („Beamte auf Zeit erhalten ein Altersgeld nur, wenn sie am Ende ihrer Amtszeit in den Ruhestand getreten wären").

(5) In den Fällen des Abs. 4 Satz 1 hat der hauptamtliche Bürgermeister Anspruch auf einen monatlichen Zuschuss zu den Kranken- und Pflegeversicherungsbeiträgen. Der Zuschuss beträgt

1. die Hälfte des Krankenversicherungsbeitrages, höchstens jedoch die Hälfte des Betrages, der bei der Krankenkasse zu zahlen wäre, die bei Versicherungspflicht zuständig wäre, und
2. die Hälfte des aus eigenen Mitteln geleisteten Pflegeversicherungsbeitrages, höchstens jedoch die Hälfte des Höchstbeitrages der sozialen Pflegeversicherung.

Der Anspruch besteht auch während des Bezuges von Übergangsgeld. Der Anspruch besteht nur, wenn nach anderen Vorschriften kein Anspruch auf Zuschuss zu Kranken- und Pflegeversicherungsbeiträgen oder auf Beihilfe besteht.

(6) In den Fällen des Abs. 4 Satz 1 hat der hauptamtliche Bürgermeister Anspruch auf Übergangsgeld nach § 19 des Hessischen Beamtenversorgungsgesetzes.

(7) Abs. 1 bis 6 gelten entsprechend für den hauptamtlichen Beigeordneten.

(8) Der ehrenamtliche Bürgermeister ist Ehrenbeamter (§ 5 des Hessischen Beamtengesetzes). Satz 1 gilt entsprechend für den ehrenamtlichen Beigeordneten. Der ehrenamtliche Beigeordnete ist entlassen, wenn er seine Rechtsstellung als Vertreter verliert[73].

§ 40a Ruhen eines bisherigen Dienst- oder Arbeitsverhältnisses

(1) Wird ein Beamter auf Lebenszeit hauptamtlicher Bürgermeister oder hauptamtlicher Beigeordneter, so ruhen abweichend von § 22 Abs. 2 Satz 1 und Abs. 3 des Beamtenstatusgesetzes vom 17. Juni 2008 (BGBl. I S. 1010), geändert durch Gesetz vom 5. Februar 2009 (BGBl. I S. 160), vom Tag der Begründung des Wahlbeamtenverhältnisses an die Rechte und Pflichten aus dem bisherigen Dienstverhältnis mit Ausnahme der Pflicht zur Verschwiegenheit und des Verbots der Annahme von Belohnungen, Geschenken und sonstigen Vorteilen. Die Rechte und Pflichten ruhen

73 Der häufigste Fall des nachträglichen Sitzverlusts im ehrenamtlichen Gemeindevorstand ist der gegenüber dem Vorsitzenden der Gemeindevertretung als Wahlleiter erklärte Verzicht des Vertreters (§ 55 Abs. 4 Satz 1 HGO i. V. m. § 33 Abs. 1 Nr. 1 KWG).

längstens bis zum Erreichen der Altersgrenze nach § 33 des Hessischen Beamtengesetzes.

(2) Nach Beendigung des Wahlbeamtenverhältnisses ist dem Beamten auf Lebenszeit auf seinen Antrag dasselbe Amt derselben Laufbahn zu übertragen wie das Amt, das er im Beamtenverhältnis auf Lebenszeit zum Zeitpunkt der Begründung des Wahlbeamtenverhältnisses innehatte. § 28 Abs. 2 Satz 1 bis 3 des Hessischen Besoldungsgesetzes gilt entsprechend; die Dienstzeit im Wahlbeamtenverhältnis auf Zeit gilt als gleichwertige Zeit i. S. des § 29 Abs. 1 Satz 1 Nr. 1 des Hessischen Besoldungsgesetzes. Der Antrag ist spätestens drei Monate nach Beendigung des Wahlbeamtenverhältnisses zu stellen. Die Wiederverwendung hat spätestens sechs Monate nach Beendigung des Wahlbeamtenverhältnisses zu erfolgen.

(3) Wird der Antrag nach Abs. 2 nicht oder nicht fristgerecht gestellt, so ist der Beamte auf Lebenszeit entlassen.

(4) Für Richter auf Lebenszeit und Arbeitnehmer des öffentlichen Dienstes gelten die Abs. 1 bis 3 entsprechend.

§ 41 Weiterführung der Amtsgeschäfte

Um die geordnete Fortführung der Verwaltung zu sichern, können Bürgermeister und Beigeordnete nach Ablauf ihrer Amtszeit die Amtsgeschäfte weiterführen, bis ihre Nachfolger das Amt antreten, es sei denn, die Gemeindevertretung beschließt, dass sie die Amtsgeschäfte nicht weiterführen sollen; zu einer Weiterführung der Amtsgeschäfte bis zu drei Monaten sind sie verpflichtet, wenn die Weiterführung der Amtsgeschäfte für sie keine unbillige Härte bedeutet. Für die Dauer der Weiterführung der Amtsgeschäfte besteht das bisherige Amtsverhältnis weiter. Hauptamtlichen Bürgermeistern und hauptamtlichen Beigeordneten sind für die Zeit der Weiterführung der Amtsgeschäfte die bisherigen Bezüge, ehrenamtlichen die Aufwandsentschädigung weiterzugewähren.

§ 42 Wahlvorbereitung, Zeitpunkt der Wahl des Bürgermeisters und der hauptamtlichen Beigeordneten

(1) Die Wahl des Bürgermeisters wird durch den Wahlausschuss der Gemeinde (§ 5 Hessisches Kommunalwahlgesetz) vorbereitet.

(2) Die Wahl der hauptamtlichen Beigeordneten wird durch einen Ausschuss der Gemeindevertretung vorbereitet. Die Sitzungen dieses Ausschusses sind nicht öffentlich; der Vorsitzende der Gemeindevertretung und seine Stellvertreter, sofern sie nicht Ausschussmitglieder sind, sonstige Gemeindevertreter – mit Ausnahme der Minderheitenvertreter nach § 62 Abs. 4 Satz 2 – und die Beigeordneten sowie Gemeindebedienstete können nicht an den Ausschusssitzungen teilnehmen; über das Ergebnis der Sitzungen dürfen nur an Mitglieder der Gemeindevertretung und des Gemeindevorstands Auskünfte erteilt werden. Die Stellen der hauptamtlichen Beigeordneten sind öffentlich auszuschreiben. Der Ausschuss hat über das Ergebnis seiner Arbeit in einer öffentlichen Sitzung der Gemeindevertretung zu berichten. Satz 1 bis 4 gelten nicht für die Fälle der Wiederwahl.

(3) Die Wahl des Bürgermeisters ist frühestens sechs und spätestens drei Monate vor Freiwerden der Stelle, bei unvorhergesehenem Freiwerden der Stelle spätestens nach vier Monaten durchzuführen. Bei der Bestimmung des Wahltags nach § 42 KWG kann von dem jeweils geltenden Zeitrahmen bis zu drei Monate abgewichen werden, wenn dadurch die gemeinsame Durchführung der Wahl des Bürgermeisters mit einer anderen Wahl oder Abstimmung ermöglicht wird[74].

(4) Die Wahl der hauptamtlichen Beigeordneten ist frühestens sechs Monate vor Ablauf der Amtszeit zulässig und soll spätestens drei Monate vor Ablauf der Amtszeit vorgenommen sein.

§ 43 Ausschließungsgründe

(1) Bürgermeister oder Beigeordneter kann nicht sein:

1. wer gegen Entgelt im Dienst der Gemeinde steht,
2. wer gegen Entgelt im Dienst einer Körperschaft, Anstalt, Stiftung oder Gesellschaft steht, an der die Gemeinde maßgeblich beteiligt ist,
3. wer als hauptamtlicher Beamter oder haupt- oder nebenberuflicher Arbeitnehmer des Landes oder des Landkreises[75] unmittelbar Aufgaben

74 Vgl. außerdem § 42 KWG zum Erfordernis der absoluten Mehrheit für den Terminierungsbeschluss der Gemeindevertretung im Falle der Verbindung mit einer staatlichen Wahl oder Abstimmung; zu Einzelheiten vgl. §§ 92 ff. KWO.

75 Bei der (unteren) Aufsichtsbehörde „Landrat als Behörde der Landesverwaltung" (§ 136 Abs. 3) sind ausschließlich Bedienstete des jeweiligen Landkreises beschäftigt, vgl. § 56 Abs. 1 HKO.

der Staatsaufsicht (Kommunal- und Fachaufsicht) über die Gemeinde wahrnimmt,

4. wer als hauptamtlicher Beamter oder haupt- oder nebenberuflicher Arbeitnehmer des Landkreises mit Aufgaben der Rechnungsprüfung für die Gemeinde befasst ist.

(2) Bürgermeister und Beigeordnete dürfen nicht miteinander bis zum zweiten Grade verwandt oder im ersten Grade verschwägert[76] oder durch Ehe oder durch eingetragene Lebenspartnerschaft verbunden sein. Entsteht ein solches Verhältnis nachträglich, hat einer der Beteiligten auszuscheiden; ist einer der Beteiligten Bürgermeister, scheidet der andere aus; ist einer der Beteiligten hauptamtlich, der andere ehrenamtlich tätig, scheidet letzterer aus. Im Übrigen entscheidet, wenn sich die Beteiligten nicht einigen können, das Los. Muss ein hauptamtlicher Beigeordneter ausscheiden, ist er in den einstweiligen Ruhestand zu versetzen.

§ 44 Hauptamtliche und ehrenamtliche Verwaltung

(1) Bürgermeister sind hauptamtlich tätig[77]. In Gemeinden mit nicht mehr als 5 000 Einwohnern kann die Hauptsatzung jedoch bestimmen, dass die Stelle des Bürgermeisters ehrenamtlich zu verwalten ist; die Änderung muss mit einer Mehrheit von mindestens zwei Dritteln der gesetzlichen Zahl der Gemeindevertreter beschlossen werden[78].

(2) Beigeordnete sind ehrenamtlich tätig[79]. In jeder Gemeinde sind mindestens zwei Beigeordnete zu bestellen. Die Hauptsatzung kann bestimmen, dass eine höhere Zahl an Beigeordneten zu wählen ist und welche Beigeordnetenstellen hauptamtlich[80] zu verwalten sind. Die Zahl der hauptamtlichen Beigeordneten darf die der ehrenamtlichen nicht übersteigen. Die Zahl der ehrenamtlichen Beigeordnetenstellen kann vor der Wahl der Beigeordneten innerhalb von sechs Monaten nach Beginn der Wahlzeit der Gemeindevertretung herabgesetzt werden.

---

76 §§ 1589 f. BGB.

77 Vgl. dazu die Verordnung über die Besoldung, Dienstaufwandsentschädigung und Reisekostenpauschale der hauptamtlichen kommunalen Wahlbeamtinnen und Wahlbeamten auf Zeit (KomBesDAV).

78 Bisher haben nur die Gemeinden Weißenborn (Werra-Meißner-Kreis) und Bromskirchen (Landkreis Waldeck-Frankenberg) einen **ehrenamtlichen Bürgermeister** (Stand: 31.12.2020).

79 Vgl. dazu § 27 Abs. 3 S. 3 und § 40 Abs. 8 S. 2.

80 Vgl. zur beamtenrechtlichen Stellung des hauptamtlichen Beigeordneten § 40 Abs. 7.

(3) Ehrenamtliche Bürgermeister haben Anspruch auf Aufwandsentschädigung und Ehrensold, ehemalige ehrenamtliche Kassenverwalter haben Anspruch auf Ehrensold. Die Landesregierung wird ermächtigt, das Nähere, insbesondere die Höhe des Anspruches, durch Rechtsverordnung zu regeln.[81]

§ 45 Amtsbezeichnung

(1) In kreisfreien und Sonderstatus-Städten führt der Bürgermeister die Amtsbezeichnung Oberbürgermeister, der Erste Beigeordnete die Amtsbezeichnung Bürgermeister. Wird der Sonderstatus aberkannt, führen Oberbürgermeister und Bürgermeister ihre Amtsbezeichnungen für die Dauer ihrer Amtszeit weiter, im Falle ihrer erneuten Berufung in dasselbe Amt vor oder unmittelbar nach Ablauf der Amtszeit auch für die Dauer dieser weiteren Amtszeiten.

(2) In Städten führen der mit der Verwaltung des Finanzwesens beauftragte hauptamtliche Beigeordnete die Bezeichnung Stadtkämmerer[82], die übrigen Beigeordneten die Bezeichnung Stadtrat. Der Bezeichnung Stadtrat kann ein das Arbeitsgebiet kennzeichnender Zusatz (Stadtschulrat, Stadtbaurat usw.) beigefügt werden.

(3) Im Übrigen kann die Amtsbezeichnung der Beigeordneten durch die Hauptsatzung geregelt werden.

§ 46 Einführung und Verpflichtung

(1) Der Bürgermeister und die Beigeordneten werden spätestens sechs Monate nach ihrer Wahl von dem Vorsitzenden der Gemeindevertretung in öffentlicher Sitzung in ihr Amt eingeführt und durch Handschlag auf die gewissenhafte Erfüllung ihrer Aufgaben verpflichtet.

(2) Die Amtszeit der Bürgermeister und Beigeordneten beginnt mit dem Tage der Aushändigung einer Urkunde[83] über die Berufung in ihr Amt oder mit dem in der Urkunde genannten späteren Zeitpunkt. Dem Bürgermeis-

---

81 Verordnung über die Aufwandsentschädigung und den Ehrensold der ehrenamtlichen Bürgermeisterinnen und ehrenamtlichen Bürgermeister v. 7.12.2016 (in GVBl. S. 242).

82 Zur Sonderstellung dieses Beigeordneten vgl. §§ 97 Abs. 1 Satz 3 und 101 Abs. 3 Satz 4.

83 § 8 BeamtStG; § 9 Abs. 4 HBG.

ter wird die Urkunde bei der Einführung von seinem Amtsvorgänger ausgehändigt, sofern sich jener noch im Amt befindet. Den Beigeordneten wird die Urkunde vom Bürgermeister überreicht.

(3) Für Beigeordnete, die durch Wiederwahl berufen werden, gilt nicht die Vorschrift des Abs. 1; ihre neue Amtszeit beginnt am Tag nach Ablauf der bisherigen Amtszeit.

§ 47 Vertretung des Bürgermeisters

Der Erste Beigeordnete ist der allgemeine Vertreter des Bürgermeisters; er soll als allgemeiner Vertreter nur tätig werden, wenn der Bürgermeister verhindert ist. Die übrigen Beigeordneten sind zur allgemeinen Vertretung des Bürgermeisters nur berufen, wenn der Erste Beigeordnete verhindert ist. Die Reihenfolge bestimmt der Gemeindevorstand.

§ 48 Rechtsverhältnisse der Gemeindebediensteten

Die Rechte und Pflichten der Gemeindebediensteten bestimmen sich, soweit dieses Gesetz nichts anderes besagt, nach den allgemeinen Vorschriften für den öffentlichen Dienst[84]. Die Besoldung der Gemeindebeamten soll derjenigen der vergleichbaren Staatsbeamten entsprechen; die nähere Regelung bleibt einem besonderen Gesetz vorbehalten.

Zweiter Abschnitt: **Gemeindevertretung, Gemeindevorstand**

Erster Titel: Gemeindevertretung

§ 49 Zusammensetzung und Bezeichnung

Die Gemeindevertretung besteht aus den Gemeindevertretern. In den Städten führen die Gemeindevertreter die Bezeichnung Stadtverordneter und der Vorsitzende der Gemeindevertretung die Bezeichnung Stadtverordnetenvorsteher.

---

84 BeamtStG, HBG, Tarifverträge (insbesondere TVöD) u. a.

§ 50 Aufgaben

(1) Die Gemeindevertretung beschließt über die Angelegenheiten der Gemeinde, soweit sich aus diesem Gesetz nichts anderes ergibt. Sie kann die Beschlussfassung über bestimmte Angelegenheiten oder bestimmte Arten von Angelegenheiten auf den Gemeindevorstand oder einen Ausschuss übertragen. Dies gilt jedoch nicht für die in § 51 aufgeführten Angelegenheiten. Die Übertragung bestimmter Arten von Angelegenheiten auf den Gemeindevorstand kann in der Hauptsatzung niedergelegt werden. Die Gemeindevertretung kann Angelegenheiten, deren Beschlussfassung sie auf andere Gemeindeorgane übertragen hat, jederzeit an sich ziehen. Ist die Übertragung in der Hauptsatzung niedergelegt, ist die Vorschrift des § 6 Abs. 2 zu beachten.

(2) Die Gemeindevertretung überwacht die gesamte Verwaltung der Gemeinde, mit Ausnahme der Erfüllung der Auftragsangelegenheiten im Sinne des § 4 Abs. 2, und die Geschäftsführung des Gemeindevorstands, insbesondere die Verwendung der Gemeindeeinnahmen. Sie kann zu diesem Zweck in bestimmten Angelegenheiten vom Gemeindevorstand in dessen Amtsräumen Einsicht in die Akten durch einen von ihr gebildeten oder bestimmten Ausschuss fordern; der Ausschuss ist zu bilden oder zu bestimmen, wenn es ein Viertel der Gemeindevertreter oder eine Fraktion verlangt[85]. Gemeindevertreter, die von der Beratung oder Entscheidung einer Angelegenheit ausgeschlossen sind (§ 25), haben kein Akteneinsichtsrecht. Die Überwachung erfolgt unbeschadet von Satz 2 durch Ausübung des Fragerechts zu den Tagesordnungspunkten in den Sitzungen der Gemeindevertretung, durch schriftliche oder elektronische[86] Anfragen und aufgrund eines Beschlusses der Gemeindevertretung durch Übersendung von Ergebnisniederschriften[87] der Sitzungen des Gemeindevorstands an den Vorsitzenden der Gemeindevertretung und die Vorsitzenden

85 Der 2018 mit dem neuen Hess. (Datenschutz- und) Informationsfreiheitsgesetz eingeführte Anspruch des Bürgers auf Informationszugang besteht gegenüber der Gemeinde nur, wenn sie den Viertel Teil dieses Gesetzes (**„Informationsfreiheit“**) durch Satzung für entsprechend anwendbar erklärt hat (§ 81 Abs. 1 Nr. 7 HDSIG).

86 Anfragen der Gemeindevertreter sind nunmehr also auch mit einfacher E-Mail (ohne elektronische Signatur) möglich.

87 Die Gemeinde kann die Ersetzung der Schriftform durch die elektronische Form zulassen, allerdings nur in Verbindung mit der qualifizierten elektronischen Signatur (§ 3a HVwVfG). Zum Begriff des „elektronischen Dokuments“ (auch einfache E-Mail ohne Signatur) und zu den verschiedenen Signaturformen vgl. § 2 SigG.

der Fraktionen. Der Gemeindevorstand ist verpflichtet, Anfragen der Gemeindevertreter und der Fraktionen zu beantworten[88].

(3) Der Gemeindevorstand hat die Gemeindevertretung über die wichtigen Verwaltungsangelegenheiten laufend zu unterrichten und ihr wichtige Anordnungen der Aufsichtsbehörde sowie alle Anordnungen, bei denen die Aufsichtsbehörde dies ausdrücklich bestimmt hat, mitzuteilen.

§ 51 Ausschließliche Zuständigkeiten

Die Entscheidung über folgende Angelegenheiten kann die Gemeindevertretung nicht übertragen:

1. die allgemeinen Grundsätze, nach denen die Verwaltung geführt werden soll,
2. die aufgrund der Gesetze von der Gemeindevertretung vorzunehmenden Wahlen,
3. die Verleihung und Aberkennung des Ehrenbürgerrechts und einer Ehrenbezeichnung,
4. die Änderung der Gemeindegrenzen,
5. die Aufstellung von allgemeinen Grundsätzen für die Einstellung, Beförderung, Entlassung und Besoldung der Beamten und der Arbeitnehmer der Gemeinde im Rahmen des allgemeinen Beamten- und Arbeitsrechts,
6. den Erlass, die Änderung und Aufhebung von Satzungen,
7. den Erlass der Haushaltssatzung und die Festsetzung des Investitionsprogramms,
8. die Zustimmung zu überplanmäßigen und außerplanmäßigen Aufwendungen und Auszahlungen nach näherer Maßgabe des § 100,
9. die Beratung des Jahresabschlusses (§ 112) und die Entlastung des Gemeindevorstands,
10. die Festsetzung öffentlicher Abgaben und privatrechtlicher Entgelte, die für größere Teile der Gemeindebevölkerung von Bedeutung sind,
11. die Errichtung, Erweiterung, Übernahme und Veräußerung von öffentlichen Einrichtungen und wirtschaftlichen Unternehmen sowie eine unmittelbare Beteiligung oder mittelbare Beteiligung von größerer Bedeutung an diesen,

---

88 Vgl. § 30 Abs. 4 Hessisches Datenschutz- und Informationsfreiheitsgesetzes (HDSIG) zu der Frage, inwieweit der Gemeindevorstand dabei personenbezogene Daten übermitteln darf. Vgl. in diesem Zusammenhang nunmehr auch Art. 12a Hess. Verf. 2018.

12. die Umwandlung der Rechtsform von Eigenbetrieben oder wirtschaftlichen Unternehmen, an denen die Gemeinde unmittelbar oder mittelbar mit größerer Bedeutung beteiligt ist,
13. die Errichtung, die Änderung des Zwecks und die Aufhebung einer Stiftung sowie die Entscheidung über den Verbleib des Stiftungsvermögens,
14. die Umwandlung von Gemeindegliedervermögen oder Gemeindegliederklassenvermögen in freies Gemeindevermögen sowie die Veränderung der Nutzungsrechte am Gemeindegliedervermögen oder Gemeindegliederklassenvermögen,
15. die Übernahme von Bürgschaften, den Abschluss von Gewährverträgen und die Bestellung anderer Sicherheiten für Dritte sowie solche Rechtsgeschäfte, die den vorgenannten wirtschaftlich gleichkommen,
16. die Zustimmung zur Bestellung des Leiters des Rechnungsprüfungsamts sowie die Erweiterung der Aufgaben des Rechnungsprüfungsamts über die in § 131 genannten hinaus,
17. die Genehmigung der Verträge von Mitgliedern des Gemeindevorstands oder von Gemeindevertretern mit der Gemeinde im Falle des § 77 Abs. 2,
18. die Führung eines Rechtsstreits von größerer Bedeutung und den Abschluss von Vergleichen, soweit es sich nicht um Geschäfte der laufenden Verwaltung handelt,
19. die Übernahme neuer Aufgaben, für die keine gesetzliche Verpflichtung besteht.

§ 51a Eilentscheidung an Stelle der Gemeindevertretung[89]

(1) In dringenden Angelegenheiten entscheidet, soweit die Gemeindevertretung für diese Zwecke keinen besonderen Ausschuss eingerichtet hat, der Finanzausschuss an Stelle der Gemeindevertretung, wenn die vorherige Entscheidung der Gemeindevertretung nicht eingeholt werden kann und Gründe des öffentlichen Wohls keinen Aufschub dulden. Der Finanzausschuss kann in diesem Fall in nichtöffentlicher Sitzung tagen. Die Entscheidung kann im Umlaufverfahren getroffen werden. Unterliegt die ersetzte Entscheidung einer besonderen Mehrheitsanforderung, so gilt diese auch für die Eilentscheidung des Finanzausschusses. Über die Gründe

89 § 51a ist eine von vorneherein befristete Reaktion des Gesetzgebers auf die Corona-Krise und gilt nur bis zum 30. September 2021.

für die Eilentscheidung und die Art der Erledigung ist der Vorsitzende der Gemeindevertretung unverzüglich schriftlich oder elektronisch zu unterrichten. Die Angelegenheit ist in die Tagesordnung der nächsten Sitzung der Gemeindevertretung aufzunehmen. Die Gemeindevertretung kann in ihrer nächsten Sitzung die Eilentscheidung wieder aufheben, soweit nicht durch ihre Ausführung bereits nicht mehr rückgängig zu machende Rechte Dritter entstanden sind.

(2) Abs. 1 gilt entsprechend für Angelegenheiten, über die ein Ortsbeirat endgültig entscheidet.

§ 52 Öffentlichkeit

(1) Die Gemeindevertretung fasst ihre Beschlüsse in öffentlichen Sitzungen. Sie kann für einzelne Angelegenheiten die Öffentlichkeit ausschließen. Anträge auf Ausschluss der Öffentlichkeit werden in nichtöffentlicher Sitzung begründet, beraten und entschieden; die Entscheidung kann in öffentlicher Sitzung getroffen werden, wenn keine besondere Begründung oder Beratung erforderlich ist. Der Vorsitzende kann im Einvernehmen mit dem Bürgermeister Gemeindebedienstete zu den nicht öffentlichen Sitzungen beiziehen.

(2) Beschlüsse, welche in nichtöffentlicher Sitzung gefasst worden sind, sollen, soweit dies angängig ist, nach Wiederherstellung der Öffentlichkeit bekannt gegeben werden.

(3) Die Hauptsatzung kann bestimmen, dass in öffentlichen Sitzungen Film- und Tonaufnahmen durch die Medien mit dem Ziel der Veröffentlichung zulässig sind.

§ 53 Beschlussfähigkeit

(1) Die Gemeindevertretung ist beschlussfähig, wenn mehr als die Hälfte der gesetzlichen Zahl der Gemeindevertreter anwesend ist. Der Vorsitzende stellt die Beschlussfähigkeit bei Beginn der Sitzung fest; die Beschlussfähigkeit gilt so lange als vorhanden, bis das Gegenteil auf Antrag festgestellt wird. Der Antragsteller zählt zu den anwesenden Gemeindevertretern.

(2) Ist eine Angelegenheit wegen Beschlussunfähigkeit der Gemeindevertretung zurückgestellt worden und tritt die Gemeindevertretung zur Verhandlung über denselben Gegenstand zum zweiten Mal zusammen, ist sie

ohne Rücksicht auf die Zahl der Erschienenen beschlussfähig. In der Ladung zur zweiten Sitzung muss auf diese Bestimmung ausdrücklich hingewiesen werden.

(3) Besteht bei mehr als der Hälfte der Gemeindevertreter ein gesetzlicher Grund, der ihrer Anwesenheit entgegensteht, so ist die Gemeindevertretung ohne Rücksicht auf die Zahl der anwesenden Gemeindevertreter beschlussfähig.

§ 54 Abstimmung

(1) Beschlüsse werden, soweit gesetzlich nichts anderes bestimmt ist, mit der Mehrheit der abgegebenen Stimmen gefasst. Bei Stimmengleichheit ist ein Antrag abgelehnt. Stimmenthaltungen und ungültige Stimmen zählen zur Berechnung der Mehrheit nicht mit.

(2) Die geheime Abstimmung ist unzulässig; § 39a Abs. 3 Satz 2 und § 55 Abs. 3 bleiben unberührt.

§ 55 Wahlen

(1) Sind mehrere gleichartige unbesoldete Stellen zu besetzen, wird in einem Wahlgang nach den Grundsätzen der Verhältniswahl, im Übrigen für jede zu besetzende Stelle in einem besonderen Wahlgang nach Stimmenmehrheit gewählt. Die Stellen von ehrenamtlichen Beigeordneten sind gleichartige Stellen im Sinne von Satz 1; wird die Stelle des Ersten Beigeordneten ehrenamtlich verwaltet, so ist Erster Beigeordneter der erste Bewerber desjenigen Wahlvorschlags, der die meisten Stimmen erhalten hat. Wird die Zahl mehrerer gleichartiger unbesoldeter Stellen während der Wahlzeit (§ 36) erhöht, so findet keine neue Wahl statt; die neuen Stellen werden auf der Grundlage einer Neuberechnung der Stellenverteilung unter Berücksichtigung der erhöhten Zahl der Stellen vergeben. Bei Stimmengleichheit entscheidet das vom Vorsitzenden zu ziehende Los.

(2) Haben sich alle Gemeindevertreter bei einer Wahl, die nach den Grundsätzen der Verhältniswahl vorzunehmen wäre, auf einen einheitlichen Wahlvorschlag geeinigt, ist der einstimmige Beschluss der Gemeindevertretung über die Annahme dieses Wahlvorschlags ausreichend; Stimmenthaltungen sind unerheblich. Ehrenamtlicher Erster Beigeordneter ist der erste Bewerber des Wahlvorschlags; bei einer Erhöhung der Zahl der Stellen im Laufe der Wahlzeit rückt der nächste noch nicht berufene Bewerber des Wahlvorschlags nach; im Übrigen gilt Abs. 4 entsprechend.

(3) Gewählt wird schriftlich und geheim aufgrund von Wahlvorschlägen aus der Mitte der Gemeindevertretung. Bei Wahlen, die nach Stimmenmehrheit vorzunehmen sind, kann, wenn niemand widerspricht, durch Zuruf oder Handaufheben abgestimmt werden; dies gilt nicht für die Wahl der hauptamtlichen Beigeordneten.

(4) Wird nach den Grundsätzen der Verhältniswahl gewählt, finden für das Wahlverfahren die Vorschriften des Hessischen Kommunalwahlgesetzes (KWG) entsprechend Anwendung mit der Maßgabe, dass § 22 Abs. 4 KWG keine Anwendung findet, wenn zwei Stellen zu besetzen sind. Im Falle des § 34 Abs. 1 KWG rückt der nächste noch nicht berufene Bewerber desselben Wahlvorschlags an die Stelle des ausgeschiedenen Vertreters, es sei denn, die noch wahlberechtigten Unterzeichner des Wahlvorschlags beschließen binnen vierzehn Tagen seit Ausscheiden des Vertreters mit einfacher Mehrheit eine andere Reihenfolge; das gilt auch im Falle des Abs. 1 Satz 3 entsprechend[90]. Die Aufgaben des Wahlleiters werden von dem Vorsitzenden der Gemeindevertretung wahrgenommen.

(5) Wird nach Stimmenmehrheit gewählt, so ist derjenige Bewerber gewählt, für den mehr als die Hälfte der gültigen Stimmen abgegeben ist; Nein-Stimmen gelten als gültige Stimmen, Stimmenthaltungen als ungültige Stimmen. Wird bei einer Wahl mit zwei oder mehr Bewerbern die nach Satz 1 erforderliche Mehrheit im ersten Wahlgang nicht erreicht, so findet ein weiterer Wahlgang statt. Entfallen im ersten Wahlgang auf mehr als zwei Bewerber Stimmen, so erfolgt dieser Wahlgang zwischen den zwei Bewerbern, die im ersten Wahlgang die meisten Stimmen erhalten haben; bei Stimmengleichheit entscheidet das vom Vorsitzenden zu ziehende Los darüber, wer in den weiteren Wahlgang gelangt. Erreicht auch in diesem Wahlgang kein Bewerber die nach Satz 1 erforderliche Mehrheit, so ist gewählt, wer in einem dritten Wahlgang die meisten Stimmen erhält; bei Stimmengleichheit entscheidet das Los. Bei Rücktritt eines Bewerbers in den weiteren Wahlgängen ist der gesamte Wahlvorgang als ergebnislos zu werten. Die Gemeindevertretung kann nach jedem Wahlgang darüber beschließen, ob das Wahlverfahren in einer weiteren Sitzung wiederholt werden soll.

---

90 Die Elemente, welche das bisherige Verhältniswahlrecht bei Kommunalwahlen zwecks einer verstärkten Bürgermitwirkung zu einer „mit einer Personenwahl verbundenen Verhältniswahl" umgestalten, gelten nicht für mittelbare Verhältniswahlen durch die Gemeindevertretung (vgl. § 55 Abs. 4 Satz 2 HGO: „... entsprechend ..."); in Nachrückerfällen ist daher nach wie vor – wenn innerhalb der 14-Tages-Frist keine Umstellung erfolgt – die Reihenfolge der Benennung im Wahlvorschlag maßgebend.

(6) Gegen die Gültigkeit von Wahlen, die von der Gemeindevertretung nach den vorstehenden Vorschriften durchgeführt werden, kann jeder Gemeindevertreter innerhalb eines Monats nach Bekanntgabe des Wahlergebnisses schriftlich oder zur Niederschrift Widerspruch bei dem Vorsitzenden der Gemeindevertretung erheben. Über den Widerspruch entscheidet die Gemeindevertretung. Für das weitere Verfahren gelten die Vorschriften der Verwaltungsgerichtsordnung mit der Maßgabe, dass die Klage gegen die Gemeindevertretung zu richten ist.

(7) § 3a des Hessischen Verwaltungsverfahrensgesetzes findet keine Anwendung[91].

§ 56 Einberufung

(1) Die Gemeindevertretung tritt zum ersten Mal binnen einem Monat nach Beginn der Wahlzeit, im Übrigen so oft zusammen, wie es die Geschäfte erfordern, jedoch mindestens sechsmal im Jahr. Sie muss unverzüglich einberufen werden, wenn es ein Viertel der Gemeindevertreter, der Gemeindevorstand oder der Bürgermeister unter Angabe der zur Verhandlung zu stellenden Gegenstände verlangt und die Verhandlungsgegenstände zur Zuständigkeit der Gemeindevertretung und der Gemeinde gehören; die Gemeindevertreter haben eigenhändig zu unterzeichnen.

(2) Die Ladung zur ersten Sitzung der Gemeindevertretung nach der Wahl erfolgt durch den Bürgermeister.

§ 57 Vorsitzender

(1) Die Gemeindevertretung wählt in der ersten Sitzung nach der Wahl aus ihrer Mitte einen Vorsitzenden und einen oder mehrere Vertreter. Die Zahl der Vertreter bestimmt die Hauptsatzung. Bis zur Wahl des Vorsitzenden führt das an Jahren älteste Mitglied der Gemeindevertretung den Vorsitz.

(2) Das Amt des Vorsitzenden endet, wenn es die Gemeindevertretung mit einer Mehrheit von mindestens zwei Dritteln der gesetzlichen Zahl der Gemeindevertreter beschließt. Das Gleiche gilt für seine Vertreter.

(3) Der Vorsitzende repräsentiert die Gemeindevertretung in der Öffentlichkeit. Er wahrt die Würde und die Rechte der Gemeindevertretung.

---

91 Vgl. auch § 67 Abs. 2 KWG zum Ausschluss der elektronischen Form bei den unmittelbaren Wahlen.

(4) Der Vorsitzende fördert die Arbeiten der Gemeindevertretung gerecht und unparteiisch. In diesem Rahmen kann er die Einwohner über das Wirken der Gemeindevertretung informieren.

(5) In der Erledigung seiner Aufgaben informiert und unterstützt ihn der Gemeindevorstand; erforderliche Mittel sind ihm zur Verfügung zu stellen[92].

§ 58 Aufgaben des Vorsitzenden

(1) Der Vorsitzende beruft die Gemeindevertreter zu den Sitzungen der Gemeindevertretung schriftlich oder elektronisch[93] unter Angabe der Gegenstände der Verhandlung. Zwischen dem Zugang der Ladung und dem Sitzungstag müssen mindestens drei Tage liegen. In eiligen Fällen kann der Vorsitzende die Ladungsfrist abkürzen, jedoch muss die Ladung spätestens am Tage vor der Sitzung zugehen. Hierauf muss in der Einberufung ausdrücklich hingewiesen werden. Im Falle des § 53 Abs. 2 muss die Ladungsfrist mindestens einen Tag betragen.

(2) Über Angelegenheiten, die nicht auf der Einladung zu der Sitzung verzeichnet sind, kann nur verhandelt und beschlossen werden, wenn zwei Drittel der gesetzlichen Zahl der Gemeindevertreter dem zustimmen.

(3) Bei Wahlen (§ 55), der Beschlussfassung über die Hauptsatzung und ihre Änderung (§ 6) müssen zwischen dem Zugang der Ladung und dem Sitzungstag stets mindestens drei Tage liegen.

(4) Der Vorsitzende leitet die Verhandlungen der Gemeindevertretung, er handhabt die Ordnung in den Sitzungen und übt das Hausrecht aus. Er führt die Beschlüsse der Gemeindevertretung aus, welche die innere Ordnung der Gemeindevertretung betreffen.

---

92 Vgl. § 13 GemHVO.

93 Die Einberufung ist also auch mit einfacher E-Mail zulässig, allerdings nur gegenüber Gemeindevertretern, die mit der elektronischen Kommunikation einverstanden sind (vgl. Fußnoten zu § 50 Abs. 2 Satz 4). Vgl. in diesem Zusammenhang auch Art. 12a S. 2 HVerf 2018: „Die Vertraulichkeit und Integrität informationstechnischer Systeme werden gewährleistet." Der Hessische Datenschutzbeauftragte hat in seinem 36. Tätigkeitsbericht v. 19.2.2008 Hinweise zur Einhaltung der (bußgeldbewehrten) Verschwiegenheitspflicht (§§ 24, 24a) gegeben, „wenn ehrenamtlich Tätige, z. B. Gemeindevertreter, Unterlagen elektronisch erhalten" (LT-Drs. 16/8377 S. 87).

(5) Die Tagesordnung und der Zeitpunkt der Sitzung werden von dem Vorsitzenden im Benehmen mit dem Gemeindevorstand festgesetzt. Unter den Voraussetzungen des § 56 Abs. 1 Satz 2 ist der Vorsitzende verpflichtet, die zur Verhandlung zu stellenden Gegenstände bei der Aufstellung der Tagesordnung zu berücksichtigen[94]. Im Übrigen hat der Vorsitzende die Anträge einzelner Gemeindevertreter und Fraktionen auf die Tagesordnung zu setzen, die bis zu einem bestimmten, in der Geschäftsordnung festzulegenden Zeitpunkt vor der Sitzung bei ihm eingehen.

(6) Zeit, Ort und Tagesordnung der Sitzungen der Gemeindevertretung sind vor der Sitzung öffentlich bekanntzumachen.

(7) Der Vorsitzende vertritt die Gemeindevertretung in den von ihr betriebenen oder gegen sie gerichteten Verfahren, wenn die Gemeindevertretung nicht aus ihrer Mitte einen oder mehrere Beauftragte bestellt.

§ 59 Teilnahme des Gemeindevorstands

Der Gemeindevorstand nimmt an den Sitzungen der Gemeindevertretung teil. Er muss jederzeit zu dem Gegenstand der Verhandlung gehört werden. Er ist verpflichtet, der Gemeindevertretung auf Anfordern Auskünfte zu den Beratungsgegenständen zu erteilen. Der Bürgermeister kann eine von der Auffassung des Gemeindevorstands abweichende Meinung vertreten.

§ 60 Aufrechterhaltung der Sitzungsordnung

(1) Die Gemeindevertretung regelt ihre inneren Angelegenheiten, wie die Aufrechterhaltung der Ordnung, die Form der Ladung, die Sitz- und Abstimmungsordnung, durch eine Geschäftsordnung[95]. Bei der Erstellung der Geschäftsordnung ist den Belangen der Vereinbarkeit von Familie und Mandatsausübung Rechnung zu tragen.[96] Die Geschäftsordnung kann für Zuwiderhandlungen gegen ihre Bestimmungen Geldbußen bis zum Be-

---

94 Seit der Ergänzung des § 56 Abs. 1 Satz 2 im Rahmen der Kommunalrechtsnovelle 1999 hat nunmehr auch der **Bürgermeister ein eigenes Antragsrecht**.

95 Adrian u. a., Handbuch Kommunalpolitik Hessen, 2006, und Adrian, Geschäftsordnungen für Gemeindevertretung, Ausschüsse und Ortsbeiräte in Hessen, 3. Auflage, 2004.

96 § 60 Abs. 1 Satz 2 tritt erst mit dem Beginn der 19. Kommunalwahlperiode am 1. April 2021 in Kraft

trage von fünfzig Euro, bei mehrmals wiederholten Zuwiderhandlungen, insbesondere bei wiederholtem ungerechtfertigtem Fernbleiben, den Ausschluss auf Zeit, längstens für drei Monate, vorsehen. Über diese Maßnahmen entscheidet die Gemeindevertretung.

(2) Bei ungebührlichem oder wiederholtem ordnungswidrigem Verhalten kann der Vorsitzende ein Mitglied der Gemeindevertretung für einen oder mehrere, höchstens drei Sitzungstage ausschließen. Gegen den Ausschluss kann die Entscheidung der Gemeindevertretung angerufen werden; diese ist spätestens in der nächsten Sitzung zu treffen. Weitere Maßnahmen aufgrund der Geschäftsordnung bleiben unberührt.

§ 61 Niederschrift[97]

(1) Über den wesentlichen Inhalt der Verhandlungen der Gemeindevertretung ist eine Niederschrift zu fertigen. Aus der Niederschrift muss ersichtlich sein, wer in der Sitzung anwesend war, welche Gegenstände verhandelt, welche Beschlüsse gefasst und welche Wahlen vollzogen worden sind. Die Abstimmungs- und Wahlergebnisse sind festzuhalten. Jedes Mitglied der Gemeindevertretung kann verlangen, dass seine Abstimmung in der Niederschrift festgehalten wird.

(2) Die Niederschrift ist von dem Vorsitzenden und dem Schriftführer zu unterzeichnen. Zu Schriftführern können Gemeindevertreter oder Gemeindebedienstete – und zwar auch solche, die ihren Wohnsitz nicht in der Gemeinde haben – oder Bürger gewählt werden.

(3) Eine Kopie der Niederschrift ist innerhalb eines in der Geschäftsordnung festzulegenden Zeitraumes an alle Gemeindevertreter schriftlich oder elektronisch zu übersenden. Über Einwendungen gegen die Niederschrift entscheidet die Gemeindevertretung.

§ 62 Ausschüsse

(1) Die Gemeindevertretung kann zur Vorbereitung ihrer Beschlüsse Ausschüsse aus ihrer Mitte bilden und Aufgaben, Mitgliederzahl und Besetzung der Ausschüsse bestimmen. Ein Finanzausschuss ist zu bilden. Die Gemeindevertretung kann unbeschadet des § 51 bestimmte Angelegenheiten oder bestimmte Arten von Angelegenheiten den Ausschüssen wi-

---

97 Vgl. Fußnoten zu § 50 Abs. 2 Satz 4.

derruflich zur endgültigen Beschlussfassung übertragen. Die Ausschüsse haben über ihre Tätigkeit in der Gemeindevertretung Bericht zu erstatten. Die Gemeindevertretung kann jederzeit Ausschüsse auflösen und neu bilden.

(2) Anstelle der Wahl der Ausschussmitglieder (§ 55) kann die Gemeindevertretung beschließen, dass sich alle oder einzelne Ausschüsse nach dem Stärkeverhältnis der Fraktionen zusammensetzen; § 22 Abs. 3 und 4 des Hessischen Kommunalwahlgesetzes gilt entsprechend. In diesem Fall werden die Ausschussmitglieder dem Vorsitzenden der Gemeindevertretung, nach der Konstituierung eines Ausschusses auch dessen Vorsitzenden, von den Fraktionen schriftlich[98] benannt; der Vorsitzende der Gemeindevertretung gibt der Gemeindevertretung die Zusammensetzung der Ausschüsse schriftlich bekannt. Die Mitglieder der Ausschüsse können sich im Einzelfall durch andere Gemeindevertreter vertreten lassen. Die von einer Fraktion benannten Ausschussmitglieder können von dieser abberufen werden; die Abberufung ist gegenüber dem Vorsitzenden der Gemeindevertretung und dem Vorsitzenden des Ausschusses schriftlich oder elektronisch[99] zu erklären. Nachträgliche Änderungen des Stärkeverhältnisses der Fraktionen, die sich auf die Zusammensetzung der Ausschüsse auswirken, sind zu berücksichtigen; Satz 2 gilt entsprechend.

(3) Die Ladung zur ersten Sitzung eines Ausschusses nach seiner Bildung erfolgt durch den Vorsitzenden der Gemeindevertretung. Die Ausschüsse wählen aus ihrer Mitte ihre Vorsitzenden und deren Stellvertreter.

(4) Der Vorsitzende der Gemeindevertretung und seine Stellvertreter sind berechtigt, an allen Ausschusssitzungen mit beratender Stimme teilzunehmen. Fraktionen, auf die bei der Besetzung eines Ausschusses kein Sitz entfallen ist, sind berechtigt, für diesen Ausschuss einen Gemeindevertreter mit beratender Stimme zu entsenden. Sonstige Gemeindevertreter können auch an nichtöffentlichen Sitzungen als Zuhörer teilnehmen.

(5) Für den Geschäftsgang eines Ausschusses gelten sinngemäß die Vorschriften der §§ 52 bis 55, § 57 Abs. 2, § 58 Abs. 1 bis 4, Abs. 5 Satz 1 mit der Maßgabe, dass das Benehmen auch mit dem Vorsitzenden der Gemeindevertretung herzustellen ist, Abs. 6 und der §§ 59 bis 61[100]. Im Übrigen bleiben das Verfahren und die innere Ordnung der Ausschüsse

98 Vgl. Fußnoten zu § 50 Abs. 2 Satz 4.

99 Die Abberufung kann also auch mit einfacher E-Mail erklärt werden (vgl. Fußnoten zu 58 Abs. 1 und § 50 Abs. 2 Satz 4).

100 Adrian u. a., Handbuch Kommunalpolitik Hessen, 2006.

der Regelung durch die Geschäftsordnung der Gemeindevertretung vorbehalten.

(6) Die Ausschüsse können Vertreter derjenigen Bevölkerungsgruppen, die von ihrer Entscheidung vorwiegend betroffen werden, und Sachverständige zu den Beratungen zuziehen.

§ 63 Widerspruch und Beanstandung

(1) Verletzt ein Beschluss der Gemeindevertretung das Recht, so hat ihm der Bürgermeister zu widersprechen. Der Bürgermeister kann widersprechen, wenn der Beschluss das Wohl der Gemeinde gefährdet. Der Widerspruch muss unverzüglich, spätestens jedoch innerhalb von zwei Wochen nach der Beschlussfassung gegenüber dem Vorsitzenden der Gemeindevertretung ausgesprochen werden. Der Widerspruch hat aufschiebende Wirkung. Über die strittige Angelegenheit ist in einer neuen Sitzung der Gemeindevertretung, die mindestens drei Tage nach der ersten liegen muss, nochmals zu beschließen.

(2) Verletzt auch der neue Beschluss das Recht, muss der Bürgermeister ihn unverzüglich, spätestens jedoch innerhalb einer Woche nach der Beschlussfassung gegenüber dem Vorsitzenden der Gemeindevertretung beanstanden. Die Beanstandung ist schriftlich[101] zu begründen. Sie hat aufschiebende Wirkung. Für das weitere Verfahren gelten die Vorschriften der Verwaltungsgerichtsordnung mit der Maßgabe, dass ein Vorverfahren nicht stattfindet. Im verwaltungsgerichtlichen Verfahren haben die Gemeindevertretung und der Bürgermeister die Stellung von Verfahrensbeteiligten. Die aufschiebende Wirkung der Beanstandung bleibt bestehen.

(3) Abs. 1 gilt entsprechend für den Beschluss eines Ausschusses im Falle des § 62 Abs. 1 Satz 3. In diesem Fall hat die Gemeindevertretung über den Widerspruch zu entscheiden.

(4) Unterlässt es der Bürgermeister, innerhalb der ihm eingeräumten Fristen einem Beschluss der Gemeindevertretung oder eines Ausschusses zu widersprechen oder einen Beschluss der Gemeindevertretung zu beanstanden, so gelten Abs. 1 bis 3 entsprechend für den Gemeindevorstand. Widerspruchs- und Beanstandungsfrist beginnen für den Gemeindevorstand mit Ablauf der entsprechenden Fristen für den Bürgermeister. Erhebt die Gemeindevertretung gegen die Beanstandung Klage, so ist an Stelle

---

101 Vgl. Fußnoten zu § 50 Abs. 2 Satz 4.

des Bürgermeisters der Gemeindevorstand am verwaltungsgerichtlichen Verfahren beteiligt.

§ 64 *(weggefallen)*

Zweiter Titel: Gemeindevorstand

§ 65 Zusammensetzung

(1) Der Gemeindevorstand besteht aus dem Bürgermeister als Vorsitzenden, dem Ersten Beigeordneten und weiteren Beigeordneten.

(2) Die Mitglieder des Gemeindevorstands dürfen nicht gleichzeitig Gemeindevertreter sein. Das gilt nicht für die Mitglieder des Gemeindevorstands, die gemäß § 41 die Amtsgeschäfte weiterführen.

§ 66 Aufgaben des Gemeindevorstands

(1) Der Gemeindevorstand ist die Verwaltungsbehörde der Gemeinde. Er besorgt nach den Beschlüssen der Gemeindevertretung im Rahmen der bereitgestellten Mittel die laufende Verwaltung der Gemeinde. Er hat insbesondere

1. die Gesetze und Verordnungen sowie die im Rahmen der Gesetze erlassenen Weisungen der Aufsichtsbehörde auszuführen,
2. die Beschlüsse der Gemeindevertretung vorzubereiten und auszuführen,
3. die ihm nach diesem Gesetz obliegenden und die ihm von der Gemeindevertretung allgemein oder im Einzelfall zugewiesenen Gemeindeangelegenheiten zu erledigen,
4. die öffentlichen Einrichtungen und wirtschaftlichen Betriebe der Gemeinde und das sonstige Gemeindevermögen zu verwalten,
5. die Gemeindeabgaben nach den Gesetzen und nach den Beschlüssen der Gemeindevertretung auf die Verpflichteten zu verteilen und ihre Beitreibung zu bewirken sowie die Einkünfte der Gemeinde einzuziehen,
6. den Haushaltsplan und das Investitionsprogramm aufzustellen, das Kassen- und Rechnungswesen zu überwachen,
7. die Gemeinde zu vertreten, den Schriftwechsel zu führen und die Gemeindeurkunden zu vollziehen.

(2) Der Gemeindevorstand hat die Bürger in geeigneter Weise, insbesondere durch öffentliche Rechenschaftsberichte, über wichtige Fragen der Gemeindeverwaltung zu unterrichten und das Interesse der Bürger an der Selbstverwaltung zu pflegen.

§ 67 Beschlussfassung

(1) Der Gemeindevorstand fasst seine Beschlüsse in Sitzungen, die in der Regel nicht öffentlich sind. Der Vorsitzende kann Gemeindebedienstete zu den Sitzungen beiziehen. In einfachen Angelegenheiten können die Beschlüsse im Umlaufverfahren gefasst werden, wenn niemand widerspricht.

(2) Geheime Abstimmung ist unzulässig; dies gilt auch für Wahlen, es sei denn, dass ein Drittel der Mitglieder des Gemeindevorstands eine geheime Abstimmung verlangt. Im Übrigen gilt für die vom Gemeindevorstand vorzunehmenden Wahlen § 55 sinngemäß.

§ 68 Beschlussfähigkeit

(1) Der Gemeindevorstand ist beschlussfähig, wenn mehr als die Hälfte der Mitglieder anwesend ist. Der Vorsitzende stellt die Beschlussfähigkeit bei Beginn der Sitzung fest; die Beschlussfähigkeit gilt so lange als vorhanden, bis das Gegenteil auf Antrag festgestellt wird. Der Antragsteller zählt zu den anwesenden Mitgliedern.

(2) Die Beschlüsse werden mit der Mehrheit der abgegebenen Stimmen gefasst. Der Vorsitzende nimmt an der Abstimmung teil. Bei Stimmengleichheit gibt seine Stimme den Ausschlag. § 54 Abs. 1 Satz 3 findet Anwendung.

(3) Besteht bei mehr als der Hälfte der Mitglieder des Gemeindevorstands ein gesetzlicher Grund, der ihrer Anwesenheit entgegensteht, so ist der Gemeindevorstand ohne Rücksicht auf die Zahl der anwesenden Mitglieder beschlussfähig.

§ 69 Einberufung

(1) Der Bürgermeister beruft, soweit nicht regelmäßige Sitzungstage festgesetzt sind, den Gemeindevorstand so oft, wie es die Geschäfte erfordern; in der Regel soll jede Woche eine Sitzung stattfinden. Er muss unverzüglich einberufen werden, wenn es ein Viertel der Mitglieder des Ge-

meindevorstands unter Angabe der zur Verhandlung zu stellenden Gegenstände verlangt und die Verhandlungsgegenstände zur Zuständigkeit des Gemeindevorstands gehören; die Mitglieder des Gemeindevorstands haben eigenhändig zu unterzeichnen.

(2) Die Bestimmungen des § 58 Abs. 1 und 2 und § 61 gelten sinngemäß für die Verhandlungen des Gemeindevorstands.

§ 70 Aufgaben des Bürgermeisters

(1) Der Bürgermeister bereitet die Beschlüsse des Gemeindevorstands vor und führt sie aus, soweit nicht Beigeordnete mit der Ausführung beauftragt sind. Er leitet und beaufsichtigt den Geschäftsgang der gesamten Verwaltung und sorgt für den geregelten Ablauf der Verwaltungsgeschäfte. Er verteilt die Geschäfte unter die Mitglieder des Gemeindevorstands[102].

(2) Soweit nicht aufgrund gesetzlicher Vorschrift oder Weisung des Bürgermeisters oder wegen der Bedeutung der Sache der Gemeindevorstand im Ganzen zur Entscheidung berufen ist, werden die laufenden Verwaltungsangelegenheiten von dem Bürgermeister und den zuständigen Beigeordneten selbständig erledigt.

(3) Der Bürgermeister kann in dringenden Fällen, wenn die vorherige Entscheidung des Gemeindevorstands nicht eingeholt werden kann, die erforderlichen Maßnahmen von sich aus anordnen. Er hat unverzüglich dem Gemeindevorstand hierüber zu berichten.

§ 71 Vertretung der Gemeinde

(1) Der Gemeindevorstand vertritt die Gemeinde. Erklärungen der Gemeinde werden in seinem Namen durch den Bürgermeister oder dessen allgemeinen Vertreter, innerhalb der einzelnen Arbeitsgebiete durch die dafür eingesetzten Beigeordneten abgegeben. Der Gemeindevorstand kann auch andere Gemeindebedienstete mit der Abgabe von Erklärungen beauftragen.

---

102 Die Geschäftsverteilungsbefugnis ermächtigt den Bürgermeister allerdings nicht, die ihm vom Gesetz in Person zugewiesenen Auftragsangelegenheiten auf Beigeordnete zu übertragen (vgl. dazu die Sonderregelung in § 4 Abs. 4 HGO).

(2) Erklärungen, durch die die Gemeinde verpflichtet werden soll, bedürfen der Schriftform oder müssen in elektronischer Form mit einer dauerhaft überprüfbaren[103] qualifizierten elektronischen Signatur versehen sein. Sie sind nur rechtsverbindlich, wenn sie vom Bürgermeister oder seinem allgemeinen Vertreter sowie von einem weiteren Mitglied des Gemeindevorstands unterzeichnet sind. Dies gilt nicht für Geschäfte der laufenden Verwaltung, die für die Gemeinde von nicht erheblicher Bedeutung sind, sowie für Erklärungen, die ein für das Geschäft oder für den Kreis von Geschäften ausdrücklich Beauftragter abgibt, wenn die Vollmacht in der Form nach Satz 1 und 2 erteilt ist.

(3) Bei der Vollziehung von Erklärungen sollen Mitglieder des Gemeindevorstands ihre Amtsbezeichnung, die übrigen mit der Abgabe von Erklärungen beauftragten Gemeindebediensteten einen das Auftragsverhältnis kennzeichnenden Zusatz beifügen.

§ 72 Kommissionen

(1) Der Gemeindevorstand kann zur dauernden Verwaltung oder Beaufsichtigung einzelner Geschäftsbereiche sowie zur Erledigung vorübergehender Aufträge Kommissionen bilden, die ihm unterstehen.

(2) Die Kommissionen bestehen aus dem Bürgermeister, weiteren Mitgliedern des Gemeindevorstands, Mitgliedern der Gemeindevertretung und, falls dies tunlich erscheint, aus sachkundigen Einwohnern. Die weiteren Mitglieder des Gemeindevorstands werden vom Gemeindevorstand, die Mitglieder der Gemeindevertretung und die sachkundigen Einwohner werden von der Gemeindevertretung gewählt, die sachkundigen Einwohner auf Vorschlag der am Geschäftsbereich der Kommission besonders interessierten Berufs- und anderen Vereinigungen oder sonstigen Einrichtungen; § 62 Abs. 2 gilt entsprechend.

(3) Den Vorsitz in den Kommissionen führt der Bürgermeister oder ein von ihm bestimmter Beigeordneter.

(4) Der Gemeindevorstand kann das Verfahren und den Geschäftsgang der Kommissionen näher regeln. Sind keine abweichenden Bestimmungen getroffen, so gelten die §§ 67 bis 69 entsprechend.

---

103 Zur dauerhaft überprüfbaren qualifizierten elektronischen Signatur, mit der die Beweiskraft über einen langen Zeitraum sichergestellt wird, vgl. §§ 2 Nr. 3, 15 SigG; vgl. auch § 37 Abs. 4 HVwVfG zu diesem besonderen Formerfordernis bei Verwaltungsakten.

§ 73 Personalangelegenheiten

(1) Der Gemeindevorstand stellt die Gemeindebediensteten ein, er befördert[104] und entlässt sie; er kann seine Befugnis auf andere Stellen übertragen. Der Stellenplan und die von der Gemeindevertretung gegebenen Richtlinien sind dabei einzuhalten; Abweichungen sind nur zulässig, soweit sie aufgrund des Besoldungs- oder Tarifrechts zwingend erforderlich sind. § 39 Abs. 1a, § 39a Abs. 1 und § 130 Abs. 3 bleiben unberührt.

(2) Der Bürgermeister ist Dienstvorgesetzter aller Beamten und der Arbeitnehmer der Gemeinde mit Ausnahme der Beigeordneten[105]. Durch Verordnung der Landesregierung wird bestimmt, wer die Obliegenheiten des Dienstvorgesetzten gegenüber dem Bürgermeister und den Beigeordneten wahrnimmt[106]. Die Verordnung bestimmt auch, wer oberste Dienstbehörde für die Gemeindebediensteten ist; § 86 Abs. 2 des Hessischen Disziplinargesetzes bleibt unberührt.

§ 74 Widerspruch und Anrufung der Gemeindevertretung

(1) Verletzt ein Beschluss des Gemeindevorstands das Recht, so hat ihm der Bürgermeister zu widersprechen. Der Bürgermeister kann widersprechen, wenn der Beschluss das Wohl der Gemeinde gefährdet. Der Widerspruch muss unverzüglich, spätestens jedoch innerhalb von zwei Wochen nach der Beschlussfassung ausgesprochen werden. Der Widerspruch hat aufschiebende Wirkung.

(2) Über die strittige Angelegenheit ist in der nächsten Sitzung des Gemeindevorstands nochmals zu beschließen. Findet die Angelegenheit auf diese Weise nicht ihre Erledigung, kann der Bürgermeister innerhalb einer Woche die Entscheidung der Gemeindevertretung beantragen.

---

104 Bei der Einstellung und Beförderung von Beamten ist § 27 Abs. 4 HBesG zu beachten.

105 Vgl. § 3 Abs. 5 Satz 1 HBG: „Die Dienstvorgesetzten- und Vorgesetzteneigenschaft richtet sich nach dem Aufbau der öffentlichen Verwaltung".

106 Kommunale Dienstaufsichtsverordnung (DAVO).

§ 75 Erzwingung eines Disziplinarverfahrens[107] durch die Gemeindevertretung

(1) Verletzt ein Bürgermeister oder Beigeordneter seine Amtspflicht gröblich, kann die Gemeindevertretung bei der Aufsichtsbehörde die Einleitung eines Disziplinarverfahrens beantragen. Der Beschluss bedarf der Mehrheit der gesetzlichen Zahl der Gemeindevertreter.

(2) Lehnt die Aufsichtsbehörde den Antrag ab, kann die Gemeindevertretung binnen einem Monat die Disziplinarkammer anrufen; der Beschluss bedarf der Mehrheit der gesetzlichen Zahl der Gemeindevertreter. Die Disziplinarkammer darf dem Antrag nur stattgeben, wenn das Disziplinarverfahren voraussichtlich zur Entfernung aus dem Dienst führen wird.

(3) Gibt die Disziplinarkammer dem Antrag statt, bewirkt ihre Entscheidung die Einleitung eines Disziplinarverfahrens. Sie entscheidet zugleich über die vorläufige Dienstenthebung und über die Einbehaltung von Dienstbezügen[108].

§ 76 Abberufung

(1) Hauptamtliche Beigeordnete können von der Gemeindevertretung vorzeitig abberufen werden. Der Antrag auf vorzeitige Abberufung kann nur von mindestens der Hälfte der gesetzlichen Zahl der Mitglieder der Gemeindevertretung gestellt werden. Der Beschluss bedarf einer Mehrheit von mindestens zwei Dritteln der gesetzlichen Zahl der Mitglieder der Gemeindevertretung. Über die Abberufung ist zweimal zu beraten und abzustimmen. Die zweite Beratung darf frühestens vier Wochen nach der ersten erfolgen. Eine Abkürzung der Ladungsfrist (§ 58 Abs. 1) ist nicht statthaft. § 63 findet keine Anwendung.

(2) In kreisfreien Städten und Sonderstatus-Städten können hauptamtliche Beigeordnete innerhalb von sechs Monaten nach Beginn der Wahlzeit der Gemeindevertretung mit der Mehrheit der gesetzlichen Zahl ihrer Mitglieder vorzeitig abberufen werden. Abs. 1 Satz 4 bis 7 findet Anwendung.

(3) Der Beigeordnete scheidet mit dem Ablauf des Tages, an dem die Abberufung zum zweiten Mal beschlossen wird, aus seinem Amt[109].

---

107 HDG.

108 Vgl. § 43 HDG

109 Vgl. § 4 Abs. 3 HBesG i. V. m. § 75 Satz 1 Nr. 11 HBeamtVG und § 17 Abs. 6 HBeamtVG zur finanziellen Absicherung des abgewählten Wahlbeamten bis zum eigentlichen/regulären Ende seiner (sechsjährigen) Amtszeit.

(4) Ein Bürgermeister kann von den Bürgern der Gemeinde vorzeitig abgewählt werden. Er ist abgewählt, wenn sich für die Abwahl eine Mehrheit der gültigen Stimmen ergibt, sofern diese Mehrheit mindestens dreißig Prozent der Wahlberechtigten beträgt. Zur Einleitung des Abwahlverfahrens bedarf es eines von mindestens der Hälfte der gesetzlichen Zahl der Mitglieder der Gemeindevertretung gestellten Antrages und eines mit einer Mehrheit von mindestens zwei Dritteln der gesetzlichen Zahl der Mitglieder der Gemeindevertretung zu fassenden Beschlusses; § 63 findet keine Anwendung. Für das weitere Verfahren gelten die Vorschriften der §§ 54 bis 57 des Hessischen Kommunalwahlgesetzes entsprechend. Der Bürgermeister scheidet mit dem Ablauf des Tages, an dem der Wahlausschuss die Abwahl feststellt, aus seinem Amt[110]. Ein Bürgermeister gilt als abgewählt, falls er binnen einer Woche nach dem Beschluss der Gemeindevertretung schriftlich auf eine Entscheidung der Bürger über seine Abwahl verzichtet; der Verzicht ist gegenüber dem Vorsitzenden der Gemeindevertretung zu erklären. Der Bürgermeister scheidet mit Ablauf des Tages, an dem er den Verzicht auf die Abwahl erklärt, aus seinem Amt.

§ 76a Ruhestand auf Antrag aus besonderen Gründen

Ein Bürgermeister kann die Versetzung in den Ruhestand mit der Begründung beantragen, dass ihm das für die weitere Amtsführung erforderliche Vertrauen nicht mehr entgegengebracht wird, wenn die Voraussetzungen nach § 40 Abs. 3 Satz 1 erfüllt sind. Der Antrag ist schriftlich bei dem Vorsitzenden der Gemeindevertretung zu stellen; er kann nur bis zur Beschlussfassung der Gemeindevertretung schriftlich zurückgenommen werden. Hat die Gemeindevertretung der Versetzung in den Ruhestand mit einer Mehrheit von zwei Dritteln der gesetzlichen Zahl ihrer Mitglieder zugestimmt, versetzt die oberste Dienstbehörde den Bürgermeister durch schriftliche Verfügung in den Ruhestand. Der Ruhestand beginnt nach Ablauf des Monats, in dem dem Bürgermeister die Verfügung zugestellt worden ist[111].

110 Vgl. die vorstehende Fußnote.

111 Eine Weitergewährung der Besoldung „zum Übergang" (für die nächsten drei Monate) gem. § 4 Abs. 3 HBesG kommt nicht in Betracht. Auch die spezielle Versorgung nach § 17 Abs. 6 HBeamtVG bis zum regulären Ende der Amtszeit wird nicht gewährt.

§ 77 Ansprüche gegen Mitglieder des Gemeindevorstands, Verträge mit ihnen und mit Gemeindevertretern

(1) Ansprüche der Gemeinde gegen Bürgermeister und Beigeordnete werden von der Gemeindevertretung geltend gemacht.

(2) Verträge der Gemeinde mit Mitgliedern des Gemeindevorstands und mit Gemeindevertretern bedürfen der Genehmigung der Gemeindevertretung, es sei denn, dass es sich um Verträge nach feststehendem Tarif oder um Geschäfte der laufenden Verwaltung handelt, die für die Gemeinde unerheblich sind.

Dritter Abschnitt:

§§ 78 bis 80 *(weggefallen)*

Vierter Abschnitt: **Maßnahmen zur Förderung der Selbstverwaltung**

Erster Titel: Ortsbeiräte

§ 81 Einrichtung und Aufhebung

(1) In den Gemeinden können durch Beschluss der Gemeindevertretung Ortsbezirke gebildet werden; bestehende örtliche Gemeinschaften sollen Berücksichtigung finden. Für jeden Ortsbezirk ist ein Ortsbeirat einzurichten. Die Abgrenzung der Ortsbezirke und die Einrichtung von Ortsbeiräten sind in der Hauptsatzung zu regeln; § 6 Abs. 2 Satz 2 findet keine Anwendung. Für die erstmalige Einrichtung eines Ortsbeirats aus Anlass einer Grenzänderung genügt eine entsprechende Vereinbarung im Grenzänderungsvertrag (§ 17). Ortsbezirksgrenzen können nur zum Ende der Wahlzeit geändert werden.

(2) Ein Ortsbezirk kann frühestens zum Ende der Wahlzeit aufgehoben werden. Der Beschluss bedarf der Mehrheit von mindestens zwei Dritteln der gesetzlichen Zahl der Gemeindevertreter.

(3) Das Recht, Außenstellen der Gemeindeverwaltung einzurichten, bleibt unberührt.

§ 82 Wahl und Aufgaben

(1) Die Mitglieder des Ortsbeirats werden von den Bürgern des Ortsbezirks gleichzeitig mit den Gemeindevertretern für die Wahlzeit der Gemeindevertretung gewählt. Die für die Wahl der Gemeindevertreter maßgeblichen Vorschriften[112] gelten sinngemäß mit der Maßgabe, dass die Wahlorgane für die Gemeindevertretung auch für die Wahl der Mitglieder des Ortsbeirats zuständig sind und über die Gültigkeit der Wahl die neu gewählte Gemeindevertretung entscheidet. Der Ortsbeirat besteht aus mindestens drei, höchstens neun Mitgliedern, in Ortsbezirken mit mehr als 8 000 Einwohnern aus höchstens neunzehn Mitgliedern; das Nähere wird durch die Hauptsatzung bestimmt; § 81 Abs. 1 Satz 4 gilt entsprechend. Die Vorschriften des § 37 und des § 65 Abs. 2 finden sinngemäß Anwendung. Werden keine Wahlvorschläge eingereicht oder zugelassen oder werden weniger Bewerber zur Wahl zugelassen, als Sitze zu verteilen sind, findet eine Wahl nicht statt; die Einrichtung des Ortsbeirats entfällt für die Dauer der nachfolgenden Wahlzeit. Entsprechendes gilt für die restliche Dauer der laufenden Wahlzeit, wenn der Ortsbeirat in Folge des Ausscheidens von Vertretern nur noch weniger als drei Mitglieder hat. Gemeindevertreter, die in dem Ortsbezirk wohnen, dem Ortsbeirat jedoch nicht als ordentliche Mitglieder angehören, können an seinen Sitzungen mit beratender Stimme teilnehmen.

(2) Die Mitglieder des Ortsbeirats sind ehrenamtlich Tätige im Sinne der §§ 24 bis 26 und des § 27; Verwaltungsbehörde im Sinne des § 36 Abs. 1 Nr. 1 des Gesetzes über Ordnungswidrigkeiten ist die Aufsichtsbehörde. § 35 Abs. 1 und § 35a gelten entsprechend.

(3) Der Ortsbeirat ist zu allen wichtigen Angelegenheiten, die den Ortsbezirk betreffen, zu hören, insbesondere zum Entwurf des Haushaltsplans. Er hat ein Vorschlagsrecht in allen Angelegenheiten, die den Ortsbezirk angehen. Er hat zu denjenigen Fragen Stellung zu nehmen, die ihm von der Gemeindevertretung oder vom Gemeindevorstand vorgelegt werden.

(4) Die Gemeindevertretung kann dem Ortsbeirat unbeschadet des § 51 und nach Maßgabe des § 62 Abs. 1 Satz 3 bestimmte Angelegenheiten oder bestimmte Arten von Angelegenheiten widerruflich zur endgültigen Entscheidung übertragen, wenn dadurch die Einheit der Verwaltung der Gemeinde nicht gefährdet wird. Dem Ortsbeirat sind die zur Erledigung seiner Aufgaben erforderlichen Mittel zur Verfügung zu stellen.

---

112 Hannappel/Meireis, Leitfaden Kommunalwahlen im Lande Hessen – Ausgabe 2021 –.

(5) Der Ortsbeirat wählt in seiner ersten Sitzung nach der Wahl aus seiner Mitte einen Vorsitzenden und einen oder mehrere Stellvertreter. Der Vorsitzende trägt die Bezeichnung Ortsvorsteher. Nach Ablauf der Wahlzeit führt der Ortsvorsteher seine Tätigkeit bis zur Neuwahl des Ortsvorstehers weiter. Dem Ortsvorsteher kann die Leitung der Außenstelle der Gemeindeverwaltung im Ortsbezirk übertragen werden; er ist dann als Ehrenbeamter zu berufen und führt das gemeindliche Dienstsiegel. Für die Aufhebung der Übertragung gilt § 86 des Hessischen Verwaltungsverfahrensgesetzes entsprechend.

(6) Für den Geschäftsgang des Ortsbeirats[113] gelten sinngemäß die Vorschriften der §§ 52 bis 55, des § 57 Abs. 2, des § 58 Abs. 1 bis 6, des § 61, des § 62 Abs. 5 Satz 2, Abs. 6 und des § 63 Abs. 3 und 4; die Vorschrift des § 56 gilt sinngemäß mit den Maßgaben, dass der neu gewählte Ortsbeirat zum ersten Mal binnen sechs Wochen nach Beginn der Wahlzeit zusammentritt und die Ladung durch den bisherigen Ortsvorsteher erfolgt sowie dass der Ortsbeirat mindestens viermal im Jahr zusammentritt. Für die erste Sitzung nach der Einrichtung eines Ortsbeirats gelten die Vorschriften des § 56 Abs. 2 und des § 57 Abs. 1 Satz 3 sinngemäß.

(7) Der Gemeindevorstand kann an den Sitzungen des Ortsbeirats teilnehmen, im Übrigen gilt § 59 Satz 2 und 3 sinngemäß.

§ 83 *(weggefallen)*

Zweiter Titel: Ausländerbeiräte

§ 84 Einrichtung

In Gemeinden mit mehr als 1 000 gemeldeten ausländischen Einwohnern ist ein Ausländerbeirat einzurichten; zu den ausländischen Einwohnern zählen auch Staatenlose. In anderen Gemeinden kann ein Ausländerbeirat eingerichtet werden; die Einrichtung ist in der Hauptsatzung zu regeln. Die Verpflichtung zur Einrichtung eines Ausländerbeirats entfällt, wenn eine Kommission zur Integration der ausländischen Einwohner (Integrations-Kommission) nach Maßgabe des § 89 gebildet wird.

---

113 Adrian u. a., Handbuch Kommunalpolitik Hessen, 2006.

§ 85 Zusammensetzung

Der Ausländerbeirat besteht aus mindestens drei, höchstens siebenunddreißig Mitgliedern. Die maßgebliche Zahl der Mitglieder wird in der Hauptsatzung bestimmt.

§ 86 Wahl und Rechtsstellung der Mitglieder

(1) Die Mitglieder des Ausländerbeirats werden von den ausländischen Einwohnern in allgemeiner, freier, gleicher, geheimer und unmittelbarer Wahl gleichzeitig mit den Gemeindevertretern für die Wahlzeit der Gemeindevertretung gewählt[114]. Das Nähere des Wahlverfahrens regelt das Hessische Kommunalwahlgesetz[115]. Werden keine Wahlvorschläge eingereicht oder zugelassen oder werden weniger Bewerber zur Wahl zugelassen, als Sitze zu verteilen sind, findet eine Wahl nicht statt; die Einrichtung des Ausländerbeirats entfällt für die Dauer der nachfolgenden Wahlzeit. Entsprechendes gilt für die restliche Dauer der laufenden Wahlzeit, wenn der Ausländerbeirat in Folge des Ausscheidens von Vertretern nur noch weniger als drei Mitglieder hat. Im Fall des Satz 3 ist die Gemeinde verpflichtet, für die Dauer der nachfolgenden Wahlzeit des Ausländerbeirats eine Integrations-Kommission zu bilden. Entsprechendes gilt im Fall des Satz 4 für die restliche Dauer der Wahlzeit des Ausländerbeirats.

(2) Wahlberechtigt sind die ausländischen Einwohner, die am Wahltag das achtzehnte Lebensjahr vollendet und seit mindestens sechs Wochen in der Gemeinde ihren Wohnsitz haben. Bei Inhabern von Haupt- und Nebenwohnungen im Sinne des Melderechts gilt der Ort der Hauptwohnung als Wohnsitz.

(3) Wählbar als Mitglied des Ausländerbeirats sind die wahlberechtigten ausländischen Einwohner, die am Wahltag das achtzehnte Lebensjahr vollendet und seit mindestens drei Monaten in der Gemeinde ihren Wohnsitz haben. Abs. 2 Satz 2 gilt für die Wählbarkeit entsprechend.

---

114 Die laufende Wahlperiode der gemeindlichen Ausländerbeiräte hat am 1.12.2015 begonnenn, wäre eigentlich zum dritten Mal über 5 Jahre gelaufen, wurde dann allerdings nachträglich bis zum 31. März 2021 verlängert (vgl. § 149 Abs. 6 HGO).

115 Vgl. §§ 58–64 KWG und Hannappel/Meireis, Leitfaden Kommunalwahlen im Lande Hessen – Ausgabe 2021 –.

(4) Wählbar als Mitglied des Ausländerbeirats sind unter den Voraussetzungen des Abs. 3 auch Deutsche im Sinne des Art. 116 Abs. 1 des Grundgesetzes,

1. die diese Rechtsstellung als ausländische Einwohner im Inland erworben haben oder
2. die zugleich eine ausländische Staatsangehörigkeit besitzen.

(5) § 31, § 32 Abs. 2, §§ 33, 37 und § 65 Abs. 2 gelten entsprechend.

(6) Die Mitglieder des Ausländerbeirats sind ehrenamtlich Tätige im Sinne der §§ 24 bis 26 und des § 27; Verwaltungsbehörde im Sinne des § 36 Abs. 1 Nr. 1 des Gesetzes über Ordnungswidrigkeiten ist die Aufsichtsbehörde. § 35 Abs. 1 und § 35a gelten entsprechend.

§ 87 Wahl des Vorsitzenden, Geschäftsgang

(1) Der Ausländerbeirat wählt in seiner ersten Sitzung nach der Wahl aus seiner Mitte einen Vorsitzenden und einen oder mehrere Stellvertreter. Nach Ablauf der Wahlzeit führt der bisherige Vorsitzende seine Tätigkeit bis zur Neuwahl des Vorsitzenden weiter.

(2) Der Ausländerbeirat tritt zum ersten Mal binnen sechs Wochen nach der Wahl zusammen; die Ladung erfolgt durch den bisherigen Vorsitzenden des Ausländerbeirats. Für die erste Sitzung nach der Einrichtung eines Ausländerbeirats gelten § 56 Abs. 2 und § 57 Abs. 1 Satz 3 entsprechend.

(3) Der Ausländerbeirat regelt seine inneren Angelegenheiten, insbesondere die Aufrechterhaltung der Ordnung, die Form der Ladung und die Sitz- und Abstimmungsordnung, durch eine Geschäftsordnung. Ist eine Geschäftsordnung nicht vorhanden oder enthält diese keine erschöpfenden Regelungen, gelten die für den Geschäftsgang der Gemeindevertretung maßgeblichen Vorschriften dieses Gesetzes und die Bestimmungen der Geschäftsordnung der Gemeindevertretung entsprechend.

§ 88 Aufgaben, Befugnisse

(1) Der Ausländerbeirat vertritt die Interessen der ausländischen Einwohner der Gemeinde. Er berät die Organe der Gemeinde in allen Angelegenheiten, die ausländische Einwohner betreffen.

(2) Der Gemeindevorstand hat den Ausländerbeirat rechtzeitig über alle Angelegenheiten zu unterrichten, deren Kenntnis zur Erledigung seiner Aufgaben erforderlich ist. Der Ausländerbeirat hat ein Vorschlagsrecht in

allen Angelegenheiten, die ausländische Einwohner betreffen. Der Ausländerbeirat ist in allen wichtigen Angelegenheiten, die ausländische Einwohner betreffen, zu hören. Gemeindevertretung und Gemeindevorstand können, Ausschüsse der Gemeindevertretung müssen in ihren Sitzungen den Ausländerbeirat zu den Tagesordnungspunkten hören, die Interessen der ausländischen Einwohner berühren. In allen wichtigen Angelegenheiten, die ausländische Einwohner betreffen, kann der Ausländerbeirat Anträge an die Gemeindevertretung richten; § 58 Abs. 5 Satz 3 gilt entsprechend.

(3) Dem Ausländerbeirat sind die zur Erledigung seiner Aufgaben erforderlichen Mittel zur Verfügung zu stellen.

§ 89 Integrations-Kommission

(1) Die Integrations-Kommission ist eine zur dauernden Verwaltung und Beaufsichtigung eines einzelnen Geschäftsbereichs eingesetzte Kommission im Sinne des § 72. Sie besteht mindestens zur Hälfte aus sachkundigen Einwohnern, die von der Gemeindevertretung auf Vorschlag der Interessenvertretungen der Migranten gewählt werden. Für den Fall, dass Wahlvorschläge nicht in ausreichender Zahl abgegeben werden, soll die Gemeindevertretung Vorschläge machen. Für die Wählbarkeit zu dieser Personengruppe gilt § 86 Abs. 3 und Abs. 4 entsprechend. Die Hälfte der Gewählten soll weiblichen Geschlechts sein. Außerdem soll bei der Wahl nach Möglichkeit die Pluralität der ausländischen Einwohner im Sinne von § 84 Satz 1 berücksichtigt werden.

(2) Den Vorsitz der Integrations-Kommission führt der Bürgermeister gemeinsam mit einem von der Personengruppe der sachkundigen Einwohner gewählten Co-Vorsitzenden.

(3) Die Integrations-Kommission berät die Organe der Gemeinde in allen Angelegenheiten, die ausländische Einwohner betreffen. § 88 Abs. 2 gilt entsprechend.

(4) Die Integrations-Kommission tritt mindestens viermal im Jahr zusammen und berichtet dem Gemeindevorstand und der Gemeindevertretung einmal im Jahr über den Stand der Integration der ausländischen Einwohner.

§§ 90 bis 91 *(weggefallen)*

Sechster Teil: **Gemeindewirtschaft**

Erster Abschnitt: **Haushaltswirtschaft**[116]

§ 92 Allgemeine Haushaltsgrundsätze

(1) Die Gemeinde hat ihre Haushaltswirtschaft so zu planen und zu führen, dass die stetige Erfüllung ihrer Aufgaben gesichert ist[117]. Dabei ist den Erfordernissen des gesamtwirtschaftlichen Gleichgewichts Rechnung zu tragen.

(2) Die Haushaltswirtschaft ist sparsam und wirtschaftlich[118] zu führen. Dabei hat die Gemeinde finanzielle Risiken zu minimieren. Spekulative Finanzgeschäfte sind verboten.

(3) Die Haushaltswirtschaft ist nach den Grundsätzen der doppelten Buchführung[119] zu führen.

---

116 Vgl. Amerkamp/Kröckel/Rauber, Gemeindehaushaltsrecht Hessen (Kommentar).

117 Vergleiche Art. 26c Hess. Verf., gültig seit dem 22.12.2018: „Die Gemeinden ... berücksichtigen bei ihrem Handeln das Prinzip der **Nachhaltigkeit**, um die **Interessen künftiger Generationen** zu wahren". Zu kommunalen **Geldanlagen und zur Einlagensicherung** vgl. HMdI-Hinweise v. 29.5.2018, in StAnz. S. 787.

118 Zur Gefährdung durch **Korruption** vgl. den HMdI-Erlass v. 15.5.2015 über Korruptionsvermeidung in hessischen Kommunalverwaltungen (StAnz. S. 630) und Verwaltungsvorschrift für Beschäftigte des Landes über die Annahme von Belohnungen, Geschenken und sonstigen Vorteilen v. 13.12.2017 (in StAnz. S. 1497) sowie Richtlinien zu Korruptionsprävention und Koorptionsbekämpfung in den öffentlichen Verwaltungen des Landes Hessen vom 18.11.2019 (in StAnz. S. 1357), beide den Gemeinden zur entsprechenden Anwendung empfohlen. Der Gemeinsame Runderlass zum öffentlichen Auftragswesen **(Vergabeerlass)** des Hessischen Wirtschaftsministeriums, des Innen- und des Finanzministeriums vom 2.12.2015 ist für die Gemeinden teilweise verbindlich, teilweise zur Anwendung empfohlen (vgl. StAnz. S. 1377, 1380). Die Grundsätze für **Sponsoring, Werbung, Spenden und mäzenatische Schenkungen** zur Finanzierung öffentlicher Aufgaben v. 8.12.2015 wurden den Gemeinden wiederum gem. Satz 2 der Einleitung zur Übernahme empfohlen (StAnz. 2016 S. 86).

119 Näheres in der GemHVO vom 2.4.2006 (in GVBl. I S. 235), zuletzt geändert durch Verordnung vom 7.12.2016 (in GVBl. S. 254). Vor ihrer Novellierung im Jahr 2011 wurde diese VO noch mit der Buchstabenabkürzung „GemHVO-Doppik" gekennzeichnet.
Die Städte Bad Hersfeld und Heringen (Werra), beide im Landkreis Hersfeld-Rotenburg, die ihre Haushaltswirtschaft am 24. Dezember 2011, also bei Inkrafttreten der Kommunalrechtsnovelle 2011, noch nach den Grundsätzen der

(4) Der Haushalt soll in jedem Jahr in Planung und Rechnung ausgeglichen sein.

(5) Der Haushalt ist in der Planung ausgeglichen, wenn
1. der Ergebnishaushalt unter Berücksichtigung der Summe der vorgetragenen Jahresfehlbeträge im ordentlichen Ergebnis ausgeglichen ist oder der Fehlbedarf im ordentlichen Ergebnis durch die Inanspruchnahme von Mitteln der Rücklagen ausgeglichen werden kann und
2. im Finanzhaushalt der Saldo des Zahlungsmittelflusses aus laufender Verwaltungstätigkeit mindestens so hoch ist, dass daraus die Auszahlungen zur ordentlichen Tilgung von Krediten sowie an das Sondervermögen „Hessenkasse" geleistet werden können, soweit die Auszahlungen zur ordentlichen Tilgung von Investitionskrediten nicht durch zweckgebundene Einzahlungen gedeckt sind.

(6) Der Haushalt ist in der Rechnung ausgeglichen, wenn
1. die Ergebnisrechnung unter Berücksichtigung der Summe der vorgetragenen Jahresfehlbeträge im ordentlichen Ergebnis ausgeglichen ist oder der Fehlbetrag im ordentlichen Ergebnis durch die Inanspruchnahme von Mitteln der Rücklagen ausgeglichen werden kann und
2. in der Finanzrechnung der Saldo des Zahlungsmittelflusses aus laufender Verwaltungstätigkeit mindestens so hoch ist, dass daraus die Auszahlungen zur ordentlichen Tilgung von Krediten sowie an das Sondervermögen „Hessenkasse" geleistet werden können, soweit die Auszahlungen zur ordentlichen Tilgung von Investitionskrediten nicht durch zweckgebundene Einzahlungen gedeckt sind.

(7) Die Gemeinde darf sich nicht überschulden.

Verwaltungsbuchführung führten, durften die Gemeindehaushaltsverordnung-Verwaltungsbuchführung 2009 vom 2. April 2006 (GVBl. I S. 179) in der bis zum 23.12.2011 geltenden Fassung weiter anwenden, längstens jedoch bis zum Haushaltsjahr 2014. Auch sie müssen ihre Haushaltswirtschaft daher nun nach den Grundsätzen der doppelten Buchführung führen und müssen außerdem ihre Jahresabschlüsse (§ 112a Abs. 2) zusammenfassen, und zwar spätestens diejenigen, die auf den 31. Dezember 2021 aufzustellen sind.

§ 92a Haushaltssicherungskonzept

(1) Die Gemeinde hat ein Haushaltssicherungskonzept[120] aufzustellen, wenn

1. sie die Vorgaben zum Ausgleich des Ergebnis- und des Finanzhaushaltes in der Planung trotz Ausnutzung aller Einsparmöglichkeiten bei den Aufwendungen und Auszahlungen sowie der Ausschöpfung aller Ertrags- und Einzahlungsmöglichkeiten nicht einhält oder
2. nach der Ergebnis- und Finanzplanung (§ 101) im Planungszeitraum Fehlbeträge oder ein negativer Zahlungsmittelbestand erwartet werden.

(2) Im Haushaltssicherungskonzept sind verbindliche Festlegungen über Konsolidierungsmaßnahmen zu treffen. Es ist der Zeitraum anzugeben, in dem der Haushaltsausgleich in der Planung schnellstmöglich wieder erreicht werden kann.

(3) Das Haushaltssicherungskonzept ist von der Gemeindevertretung jährlich im Rahmen der Haushaltssatzung zu beschließen. Es bedarf für jedes Haushaltsjahr der Genehmigung der Aufsichtsbehörde[121]. Die Genehmigung kann unter Bedingungen und mit Auflagen erteilt werden. Beträgt der Konsolidierungszeitraum mehr als zwei Jahre, hat die Aufsichtsbehörde vor der Genehmigung das Einvernehmen der oberen Aufsichtsbehörde einzuholen.

§ 93 Grundsätze der Erzielung von Erträgen und Einzahlungen

(1) Die Gemeinde erhebt Abgaben nach den gesetzlichen Vorschriften[122].

(2) Die Gemeinde hat die zur Erfüllung ihrer Aufgaben erforderlichen Erträge und Einzahlungen

1. soweit vertretbar[123] und geboten aus Entgelten für ihre Leistungen[124],

---

120 Zum elektronischen Haushaltssicherungskonzept 2021 vgl. www.innen.hessen.de >Kommunales >Kommunale Finanzen >Downloads

121 Zur Zuständigkeit des Regierungspräsidenten anstatt des Landrats als Behörde der Landesverwaltung bei den kreisangehörigen Schutzschirmgemeinden mit bis zu 50.000 Einwohnern vgl. Fn. zu § 136 Abs. 3.

122 Art. 137 Abs. 5 Satz 2 HV; KAG; Rösch, Hessisches Kommunalabgabengesetz, Kommentar, 3. Auflage, 1997.

123 Vgl. § 10 Satz 2 HGO.

124 Grundsatz der **speziellen Entgeltlichkeit** bzw. **Subsidiarität**. Vor Steuererhöhungen sind spezielle Entgelte (Gebühren und Beiträge) zu erheben.

2. im Übrigen[125] aus Steuern

zu beschaffen, soweit die sonstigen Erträge und Einzahlungen nicht ausreichen. Von der Verpflichtung, Entgelte vorrangig zu erheben, sind Straßenbeiträge nach den §§ 11 und 11a des Gesetzes über kommunale Abgaben in der Fassung der Bekanntmachung vom 24. März 2013 (GVBl. S. 134), zuletzt geändert durch Gesetz vom 28. Mai 2018 (GVBl. S. 247), ausgenommen. § 92 Abs. 4 bleibt unberührt.[126]

(3) Die Gemeinde darf Kredite nur aufnehmen, wenn eine andere Finanzierung nicht möglich ist oder wirtschaftlich unzweckmäßig wäre.

§ 94 Haushaltssatzung

(1) Die Gemeinde hat für jedes Haushaltsjahr eine Haushaltssatzung zu erlassen.

(2) Die Haushaltssatzung enthält die Festsetzung

1. des Haushaltsplans
   a) im Ergebnishaushalt unter Angabe des Gesamtbetrages der Erträge und Aufwendungen des Haushaltsjahres sowie des sich daraus ergebenden Saldos,
   b) im Finanzhaushalt unter Angabe des Gesamtbetrages der Einzahlungen und Auszahlungen aus laufender Verwaltungstätigkeit, aus der Investitionstätigkeit und aus der Finanzierungstätigkeit sowie des sich daraus ergebenden Saldos[127],

---

125 Ein etwaiger Verstoß gegen das haushaltsrechtliche Subsidiaritätsprinzip macht eine satzungsrechtliche Hebesatzfestsetzung zur Grund- bzw. zur Gewerbesteuer nicht unwirksam. Denn eine solche Rechtsfolge können die Länder nach der gegenwärtigen Fassung des § 26 GrStG bzw. des § 16 Abs. 5 GewStG nicht anordnen. Dementsprechend haben die Steuerpflichtigen aus § 93 Abs. 2 HGO keinen einklagbaren Anspruch gegen die Gemeinde auf Einhaltung des Subsidiaritätsgrundsatzes (vgl. Hess VGH, B. v. 5.8.2014 in DVBl. 2014 S. 1409).

126 Vgl. Aufsichtsrechtliche Hinweise des HMdI v. 22.6.2018 zum Gesetz zur Neuregelung der Straßenbeiträge (https://innen.hessen.de/kommunales/kommunale-finanzen/downloads) sowie HMdIuS-Antwort v. 12.1.2020 auf eine kleine Anfrage von SPD-Abgeordneten zum Thema **„Straßenbeiträge“** (= LT-Drs. 20/1722).

127 Beachte § 11 Abs. 2 KIPG vom 25.11.2015: „Die Kreditaufnahmen der Kommunen im Rahmen dieses Gesetzes gelten nach § 94 Abs. 2 Satz 1 Nr. 1 Buchst. b der Hessischen Gemeindeordnung in der Haushaltssatzung als festgesetzt und nach § 103 Abs. 2 Satz 1 der Hessischen Gemeindeordnung als genehmigt.“

c) des Gesamtbetrages der vorgesehenen Kreditaufnahmen für Investitionen und Investitionsförderungsmaßnahmen (Kreditermächtigung),
d) des Gesamtbetrages der vorgesehenen Ermächtigungen zum Eingehen von Verpflichtungen, die künftige Haushaltsjahre mit Auszahlungen für Investitionen und Investitionsförderungsmaßnahmen belasten (Verpflichtungsermächtigungen),

2. des Höchstbetrages der Liquiditätskredite,
3. der Steuersätze, die für jedes Haushaltsjahr festzusetzen sind,
4. zum Haushaltssicherungskonzept,
5. zum Stellenplan.

Sie kann weitere Vorschriften enthalten, die sich auf die Erträge, Einzahlungen, Aufwendungen und Auszahlungen sowie auf das Haushaltssicherungskonzept und den Stellenplan des Haushaltsjahres beziehen.

(3) Die Haushaltssatzung tritt mit Beginn des Haushaltsjahres in Kraft und gilt für das Haushaltsjahr. Sie kann Festsetzungen für zwei Haushaltsjahre, nach Jahren getrennt, enthalten.

(4) Haushaltsjahr ist das Kalenderjahr, soweit für einzelne Bereiche durch Gesetz oder Rechtsverordnung nichts anderes bestimmt ist.

§ 95 Haushaltsplan

(1) Der Haushaltsplan ist die Grundlage für die Haushaltswirtschaft der Gemeinde. Er ist nach Maßgabe dieses Gesetzes und der aufgrund dieses Gesetzes erlassenen Vorschriften für die Haushaltsführung verbindlich.

(2) Der Haushaltsplan enthält alle im Haushaltsjahr für die Erfüllung der Aufgaben der Gemeinde voraussichtlich

1. anfallenden Erträge und eingehenden Einzahlungen,
2. entstehenden Aufwendungen und zu leistenden Auszahlungen und
3. benötigten Verpflichtungsermächtigungen.

Die entsprechenden Vorschriften für die Sondervermögen der Gemeinde bleiben unberührt.

(3) Der Haushaltsplan ist in einen Ergebnishaushalt und in einen Finanzhaushalt zu gliedern. Der Stellenplan für die Beamten und Arbeitnehmer ist Teil des Haushaltsplans.

§ 96 Wirkungen des Haushaltsplans

(1) Der Haushaltsplan ermächtigt den Gemeindevorstand, Aufwendungen und Auszahlungen zu leisten und Verpflichtungen einzugehen.

(2) Durch den Haushaltsplan werden Ansprüche oder Verbindlichkeiten weder begründet noch aufgehoben.

§ 97 Erlass der Haushaltssatzung

(1) Der Gemeindevorstand stellt den Entwurf der Haushaltssatzung fest und legt ihn der Gemeindevertretung zur Beratung und Beschlussfassung vor. Ist ein Beigeordneter für die Verwaltung des Finanzwesens bestellt, so bereitet er den Entwurf vor. Er ist berechtigt, seine abweichende Stellungnahme zu dem Entwurf des Gemeindevorstands der Gemeindevertretung vorzulegen.

(2) Der Entwurf der Haushaltssatzung mit ihren Anlagen wird von der Gemeindevertretung in öffentlicher Sitzung beraten und beschlossen. Er soll vorher im Finanzausschuss der Gemeindevertretung eingehend behandelt werden. In der Beratung kann der mit der Verwaltung des Finanzwesens betraute Beigeordnete seine abweichende Auffassung vertreten.

(3) Die von der Gemeindevertretung beschlossene Haushaltssatzung ist mit ihren Anlagen der Aufsichtsbehörde vorzulegen. Die Vorlage soll spätestens einen Monat vor Beginn des Haushaltsjahres erfolgen.

(4) Im Anschluss an die öffentliche Bekanntmachung der Haushaltssatzung ist der Haushaltsplan an sieben Tagen öffentlich auszulegen; in der Bekanntmachung ist auf die Auslegung hinzuweisen. Enthält die Haushaltssatzung genehmigungsbedürftige Teile nach § 97a, so ist sie erst nach der Erteilung der Genehmigung bekannt zu machen. Sofern die Haushaltssatzung keine genehmigungsbedürftigen Teile enthält, darf sie erst öffentlich bekannt gemacht werden, wenn die Aufsichtsbehörde innerhalb eines Monats nach Vorlage keine Bedenken wegen Rechtsverletzung erhebt[128].

---

128 Vgl. auch § 112 Abs. 6 zur Zurückstellung der Bekanntmachung, wenn und solange noch kein Jahresabschluss aufgestellt (und die Gemeindevertretung darüber unterrichtet) wurde.

§ 97a Genehmigungsbedürftigkeit der Haushaltssatzung

Die Haushaltssatzung der Gemeinde bedarf der Genehmigung der Aufsichtsbehörde[129] für

1. eine Abweichung von den Vorgaben zum Haushaltsausgleich in der Planung (§ 92 Abs. 5),
2. das Haushaltssicherungskonzept (§ 92a),
3. den Gesamtbetrag der Verpflichtungsermächtigungen (§ 102),
4. die Kreditaufnahme für Investitionen und Investitionsförderungsmaßnahmen (§ 103) und
5. die Aufnahme von Liquiditätskrediten (§ 105).

§ 98 Nachtragssatzung

(1) Die Haushaltssatzung kann nur durch Nachtragssatzung geändert werden, die bis zum Ablauf des Haushaltsjahres zu beschließen ist.

(2) Die Gemeinde hat unverzüglich eine Nachtragssatzung zu erlassen, wenn

1. sich zeigt, dass im Ergebnishaushalt trotz Ausnutzung jeder Sparmöglichkeit ein erheblicher Fehlbetrag entstehen oder ein veranschlagter Fehlbedarf sich wesentlich erhöhen wird und der Haushaltsausgleich nur durch eine Änderung der Haushaltssatzung erreicht werden kann,
2. sich zeigt, dass im Finanzhaushalt ein erheblicher Fehlbetrag entstehen wird und der Haushaltsausgleich nur durch eine Änderung der Haushaltssatzung erreicht werden kann,

---

129 Zur Zuständigkeit des Regierungspräsidenten anstatt des Landrats als Behörde der Landesverwaltung bei den kreisangehörigen Schutzschirmgemeinden mit bis zu 50.000 Einwohnern vgl. Fn. zu § 136 Abs. 3. Die zuständige Aufsichtsbehörde muss ihrerseits in allen Fällen, in denen der Haushaltsausgleich nicht vorgesehen ist, vor der Erteilung der Haushaltsgenehmigungen (weiterhin) das Einvernehmen der nächsthöheren Aufsichtsbehörde einholen (vgl. Nr. II.3b. des HMdI-Erlasses v. 1.10.2020 zur Kommunalen Finanzplanung und Haushalts- und Wirtschaftsführung bis 2024 und zu den aufsichtsrechtlichen Vorgaben für die Haushaltsgenehmigung 2021, in StAnz. S. 1113, 1114). Zuvor drang die Überörtliche Rechnungsprüfung beim HRH auf die Beibehaltung dieser Genehmigungspraxis (vgl. Kommunalbericht 2019 S. 130, unter https://rechnungshof.hessen.de). Vgl. auch § 112 Abs. 6 zur Zurückstellung der Genehmigung bis zur Aufstellung des Jahresabschlusses und der entsprechenden Unterrichtung der Gemeindevertretung.

3. bisher nicht veranschlagte oder zusätzliche Aufwendungen und Auszahlungen bei einzelnen Ansätzen oder einzelnen vorgegebenen Finanzrahmen (Budget) in einem im Verhältnis zu den gesamten Aufwendungen und Auszahlungen erheblichen Umfang geleistet werden müssen,
4. Auszahlungen für bisher nicht veranschlagte Investitionen oder Investitionsförderungsmaßnahmen geleistet werden sollen[130],
5. Beamte oder Arbeitnehmer eingestellt, befördert oder in eine höhere Entgeltgruppe eingestuft werden sollen und der Stellenplan die hierzu notwendigen Stellen nicht enthält.

(3) Abs. 2 Nr. 2 bis 5 findet keine Anwendung auf
1. den Erwerb von beweglichen Sachen des Anlagevermögens und Baumaßnahmen, für die unerhebliche Auszahlungen zu leisten sind, sowie auf Instandsetzungen an Bauten und Anlagen, die unabweisbar sind,
2. die Umschuldung von Krediten,
3. Abweichungen vom Stellenplan und die Leistung höherer Personalaufwendungen und Auszahlungen, soweit sie aufgrund des Besoldungs- und Tarifrechts zwingend erforderlich sind,
4. nicht veranschlagte oder zusätzliche Aufwendungen, die bei der Aufstellung des Jahresabschlusses festgestellt werden und nicht zu Auszahlungen führen.

(4) Im Übrigen gilt § 97 entsprechend.

§ 99 Vorläufige Haushaltsführung

(1) Ist die Haushaltssatzung bei Beginn des Haushaltsjahres noch nicht bekannt gemacht, so darf die Gemeinde
1. nur die finanziellen Leistungen erbringen, zu denen sie rechtlich verpflichtet ist oder die für die Weiterführung notwendiger Aufgaben unaufschiebbar sind; sie darf insbesondere Bauten, Beschaffungen und sonstige Leistungen des Finanzhaushalts fortsetzen, für die im Haushaltsplan eines Vorjahres Beträge vorgesehen waren,

---

130 Beachte § 11 Abs. 3 KIPG vom 25.11.2015: „Abweichend von § 98 Abs. 2 Nr. 2 bis 4 der Hessischen Gemeindeordnung ist eine Nachtragssatzung nicht erforderlich. Die für die Durchführung der nach diesem Gesetz geförderten Maßnahmen erforderlichen Auszahlungsermächtigungen können außerplanmäßig nach § 100 der Hessischen Gemeindeordnung bereitgestellt werden. Die in diesen Vorschriften genannten Voraussetzungen gelten als erfüllt."

2. die Steuern, deren Sätze für jedes Haushaltsjahr festzusetzen sind, nach den Sätzen des Vorjahres erheben,
3. Kredite umschulden.

(2) Reichen die Finanzmittel für die Fortsetzung der Bauten, der Beschaffungen und der sonstigen Leistungen des Finanzhaushalts nach Abs. 1 Nr. 1 nicht aus, so darf die Gemeinde Kredite für Investitionen und Investitionsförderungsmaßnahmen bis zu einem Viertel der in der Haushaltssatzung des Vorjahres festgesetzten Kredite aufnehmen.

(3) Der Stellenplan des Vorjahres gilt weiter, bis die Haushaltssatzung für das neue Haushaltsjahr bekannt gemacht ist.

§ 100 Überplanmäßige und außerplanmäßige Aufwendungen und Auszahlungen

(1) Überplanmäßige und außerplanmäßige Aufwendungen und Auszahlungen sind nur zulässig, wenn sie unvorhergesehen und unabweisbar sind und die Deckung gewährleistet ist. Über die Leistung dieser Aufwendungen und Auszahlungen entscheidet der Gemeindevorstand, soweit die Gemeindevertretung keine andere Regelung trifft. Sind die Aufwendungen und Auszahlungen nach Umfang oder Bedeutung erheblich, bedürfen sie der vorherigen Zustimmung der Gemeindevertretung; im Übrigen ist der Gemeindevertretung davon alsbald Kenntnis zu geben.

(2) Für Investitionen und Investitionsförderungsmaßnahmen, die im folgenden Jahr fortgesetzt werden, sind überplanmäßige Auszahlungen auch dann zulässig, wenn ihre Deckung im laufenden Jahr nur durch Erlass einer Nachtragssatzung möglich wäre, die Deckung aber im folgenden Jahr gewährleistet ist. Abs. 1 Satz 2 und 3 gilt entsprechend.

(3) Abs. 1 und 2 gelten auch für Maßnahmen, durch die überplanmäßige oder außerplanmäßige Aufwendungen und Auszahlungen entstehen können.

(4) Nicht veranschlagte oder zusätzliche Aufwendungen, die erst bei der Aufstellung des Jahresabschlusses festgestellt werden können und nicht zu Auszahlungen führen, gelten nicht als überplanmäßige oder außerplanmäßige Aufwendungen.

(5) § 98 Abs. 2 bleibt unberührt.

§ 101 Ergebnis- und Finanzplanung

(1) Die Gemeinde hat ihrer Haushaltswirtschaft eine fünfjährige Ergebnis- und Finanzplanung zugrunde zu legen. Das erste Planungsjahr ist das laufende Haushaltsjahr.

(2) In der Ergebnis- und Finanzplanung sind Umfang und Zusammensetzung der voraussichtlichen Aufwendungen sowie der Auszahlungen für Investitionen und Investitionsförderungsmaßnahmen und die Deckungsmöglichkeiten darzustellen. Die für das Kommunalrecht zuständige Ministerin oder der hierfür zuständige Minister hat hierzu im Einvernehmen mit der Ministerin oder dem Minister der Finanzen rechtzeitig Orientierungsdaten bekannt zu geben[131].

(3) Als Grundlage für die Ergebnis- und Finanzplanung stellt der Gemeindevorstand den Entwurf eines Investitionsprogramms auf. Das Investitionsprogramm wird von der Gemeindevertretung beschlossen. Ist ein Beigeordneter für die Verwaltung des Finanzwesens bestellt, so bereitet er den Entwurf vor. Er ist berechtigt, seine abweichende Stellungnahme zu dem Entwurf des Gemeindevorstands der Gemeindevertretung vorzulegen.

(4) Die Ergebnis- und Finanzplanung ist der Gemeindevertretung spätestens mit dem Entwurf der Haushaltssatzung zur Unterrichtung vorzulegen.

(5) Die Ergebnis- und Finanzplanung und das Investitionsprogramm sind jährlich der Entwicklung anzupassen und fortzuführen.

(6) Die Gemeinde soll rechtzeitig geeignete Maßnahmen treffen, die nach der Ergebnis- und Finanzplanung erforderlich sind, um eine geordnete Haushaltsentwicklung unter Berücksichtigung ihrer voraussichtlichen Leistungsfähigkeit[132] in den einzelnen Planungsjahren zu sichern.

§ 102 Verpflichtungsermächtigungen

(1) Verpflichtungen zur Leistung von Auszahlungen in künftigen Jahren für Investitionen und Investitionsförderungsmaßnahmen dürfen unbeschadet des Abs. 5 nur eingegangen werden, wenn der Haushaltsplan hierzu ermächtigt.

---

131 Zu den **Orientierungsdaten für die Finanzplanung** bis 2024 vgl. HMdI-Erlass vom 1.10.2020, in StAnz. S. 1113.

132 Zum Begriff der „Leistungsfähigkeit“ vgl. Fn. zu § 103 Abs. 2.

(2) Verpflichtungsermächtigungen dürfen in der Regel nur zu Lasten der dem Haushaltsjahr folgenden drei Jahre veranschlagt werden, in Ausnahmefällen bis zum Abschluss einer Maßnahme; sie sind nur zulässig, wenn die Finanzierung der aus ihrer Inanspruchnahme entstehenden Auszahlungen in den künftigen Haushalten gesichert erscheint.

(3) Verpflichtungsermächtigungen gelten bis zum Ende des Haushaltsjahres und, wenn die Haushaltssatzung für das folgende Haushaltsjahr nicht rechtzeitig öffentlich bekannt gemacht wird, bis zur Bekanntmachung dieser Haushaltssatzung.

(4) Der Gesamtbetrag der Verpflichtungsermächtigungen bedarf im Rahmen der Haushaltssatzung der Genehmigung der Aufsichtsbehörde[133], wenn in den Jahren, zu deren Lasten sie veranschlagt sind, Kreditaufnahmen vorgesehen sind. § 103 Abs. 2 Satz 2 und 3 gilt entsprechend.

(5) Verpflichtungen im Sinne des Abs. 1 dürfen überplanmäßig oder außerplanmäßig eingegangen werden, wenn sie unvorhergesehen und unabweisbar sind und der in der Haushaltssatzung festgesetzte Gesamtbetrag der Verpflichtungsermächtigungen nicht überschritten wird. § 100 Abs. 1 Satz 2 und 3 gilt entsprechend.

§ 103 Kredite

(1) Kredite dürfen unbeschadet des § 93 Abs. 3 nur im Finanzhaushalt und nur für Investitionen, Investitionsförderungsmaßnahmen und zur Umschuldung aufgenommen werden[134]. Über die Aufnahme und die Kreditbedingungen entscheidet der Gemeindevorstand, soweit die Gemeindevertretung keine andere Regelung trifft; dabei kann sie abweichend von § 50 Abs. 1 Satz 2 die Entscheidung auf ein Mitglied des Gemeindevorstandes übertragen. Die Kreditaufnahme erfolgt grundsätzlich in Euro. In anderen Währungen ist die Kreditaufnahme nur in Verbindung mit einem Währungssicherungsgeschäft zulässig.

---

133 Zur Zuständigkeit des Regierungspräsidenten anstatt des Landrats als Behörde der Landesverwaltung bei den kreisangehörigen Schutzschirmgemeinden mit bis zu 50.000 Einwohnern vgl. Fn. zu § 136 Abs. 3.

134 Beachte § 11 Abs. 1 Satz KIPG vom 25.11.2015: „Abweichend von § 103 Abs. 1 Satz 1 der Hessischen Gemeindeordnung dürfen auch Erhaltungsmaßnahmen und Anschaffungen unabhängig von der Höhe der Kosten mit Darlehen aufgrund dieses Gesetzes finanziert und wie Investitionen im Finanzhaushalt gebucht werden."

(2) Der Gesamtbetrag der vorgesehenen Kreditaufnahmen für Investitionen und Investitionsförderungsmaßnahmen bedarf im Rahmen der Haushaltssatzung der Genehmigung der Aufsichtsbehörde[135] (Gesamtgenehmigung). Die Genehmigung soll nach den Grundsätzen einer geordneten Haushaltswirtschaft erteilt oder versagt werden; sie kann unter Bedingungen erteilt und mit Auflagen verbunden werden. Die Genehmigung ist in der Regel zu versagen, wenn festgestellt wird, dass die Kreditverpflichtungen nicht mit der dauernden Leistungsfähigkeit[136] der Gemeinde im Einklang stehen.

---

135 Zur Zuständigkeit des Regierungspräsidenten anstatt des Landrats als Behörde der Landesverwaltung bei den kreisangehörigen Schutzschirmgemeinden mit bis zu 50.000 Einwohnern vgl. Fn. zu § 136 Abs. 3. Im Übrigen muss die zuständige Aufsichtsbehörde in allen Fällen, in denen der Haushaltsausgleich nicht vorgesehen ist, vor der Genehmigung das Einvernehmen der nächsthöheren Aufsichtsbehörde einholen, vgl. Erlass des HMdI v. 1.10.2020 über die kommunale Haushalts- und Wirtschaftsführung bis 2024 und die aufsichtsrechtlichen Vorgaben für die Haushaltsgenehmigungsverfahren 2021 (in StAnz. S. 1113, 1114).
Beachte § 11 Abs. 2 KIPG vom 25.11.2015: „Die Kreditaufnahmen der Kommunen im Rahmen dieses Gesetzes gelten nach § 94 Abs. 2 Satz 1 Nr. 1 Buchst. b der Hessischen Gemeindeordnung in der Haushaltssatzung als festgesetzt und nach § 103 Abs. 2 Satz 1 der Hessischen Gemeindeordnung als genehmigt."

136 Zur Operationalisierung des Begriffs der „Leistungsfähigkeit" hat das Innenministerium 2015 in Zusammenarbeit mit anderen Akteuren das „kommunale Auswertungs-System Hessen" („kash") entwickelt (www.innen.hessen.de >Kommunales >Kommunale Finanzen >Downloads). Jede hessische Kommune erhält dadurch eine Indikation ihres Leistungsvermögens, die zudem durch die Verwendung der „Ampel-Farben" sehr einfach auch für Nicht-Haushälter zu verstehen ist. Durch die Karte „Finanzielle Leistungsfähigkeit" (letzter Stand: 2018) lässt sich zudem sehr schnell ein hessenweiter Überblick über den Stand der einzelnen Gemeinden „in Grün, Gelb und Rot" gewinnen. Das Innenministerium reagierte damit auf die Kritik des Präsidenten des Landesrechnungshofs (Überörtliche Prüfung gem. § 132 Abs. 1 HGO), der in seinen Bemerkungen 2015 u. a. die lange Bearbeitungsdauer der Genehmigungsverfahren bei den Finanz-Aufsichtsbehörden auf RP-Ebene kritisiert hatte (vgl. LT-Drs. 19/3328 S. 193, 194, 198 und 199). Zum kash („Kennzahlen zur Bestimmung der finanziellen Leistungsfähigkeit") vgl. auch den Aufsatz von Georg/Gnädinger/Hardt, in Verwaltung und Management 2018 S. 72. Das kash ist auch von Bedeutung für den mit der Novelle der GemHVO 2016 (in GVBl. S. 254) neu eingeführten **Finanzstatusbericht**, den die Gemeinde nunmehr ihrem Haushalt zur Ermittlung

(3) Die Kreditermächtigung gilt bis zum Ende des auf das Haushaltsjahr folgenden Jahres und, wenn die Haushaltssatzung für das übernächste Jahr nicht rechtzeitig bekannt gemacht wird, bis zur Bekanntmachung dieser Haushaltssatzung.

(4) Die Aufnahme der einzelnen Kredite, deren Gesamtbetrag nach Abs. 2 genehmigt worden ist, bedarf der Genehmigung der Aufsichtsbehörde[137] (Einzelgenehmigung),

1. wenn die Kreditaufnahmen nach § 19 des Gesetzes zur Förderung der Stabilität und des Wachstums der Wirtschaft vom 8. Juni 1967, zuletzt geändert durch Verordnung vom 31. August 2015 (BGBl. I S. 1474), beschränkt worden sind,
2. wenn sich die Aufsichtsbehörde dies im Einzelfall wegen der Gefährdung der dauernden Leistungsfähigkeit der Gemeinde in der Gesamtgenehmigung vorbehalten hat.

Im Fall der Nr. 1 kann die Genehmigung nur nach Maßgabe der Kreditbeschränkungen versagt werden.

(5) Die für das Kommunalrecht zuständige Ministerin oder der hierfür zuständige Minister kann im Einvernehmen mit der Ministerin oder dem Minister der Finanzen durch Rechtsverordnung bestimmen, dass die Aufnahme von Krediten von der Genehmigung (Einzelgenehmigung) der Aufsichtsbehörde abhängig gemacht wird mit der Maßgabe, dass die Genehmigung versagt werden kann, wenn die Kreditbedingungen die Entwicklung am Kreditmarkt ungünstig beeinflussen oder die Versorgung der Gemeinden mit Krediten zu wirtschaftlich vertretbaren Bedingungen stören könnten. Eine Rechtsverordnung nach Satz 1 ist unverzüglich nach ihrer Verkündung dem Landtag mitzuteilen. Sie ist aufzuheben, wenn es der Landtag verlangt.

(6) Die Aufnahme eines vom Land Hessen gewährten Kredits bedarf keiner Einzelgenehmigung, wenn an der Bewilligung die für das Kommunalrecht zuständige Ministerin oder der hierfür zuständige Minister beteiligt ist.

(7) Die Begründung einer Zahlungsverpflichtung, die wirtschaftlich einer Kreditverpflichtung gleichkommt, bedarf der Genehmigung der Aufsichts-

---

ihrer finanziellen Leistungsfähigkeit beifügen muss (zu dem entsprechenden Muster vgl. www.innen.hessen.de >Kommunales >Kommunale Finanzen >Downloads).

137 Zur Zuständigkeit des Regierungspräsidenten anstatt des Landrats als Behörde der Landesverwaltung bei den kreisangehörigen Schutzschirmgemeinden mit bis zu 50.000 Einwohnern vgl. Fn. zu § 136 Abs. 3.

behörde[138]. Abs. 2 Satz 2 und 3 und Abs. 6 gelten sinngemäß. Eine Genehmigung ist nicht erforderlich für die Begründung von Zahlungsverpflichtungen im Rahmen der laufenden Verwaltung.

(8) Die Gemeinde darf zur Sicherung des Kredits oder einer Zahlungsverpflichtung nach Abs. 7 keine Sicherheiten bestellen. Die Aufsichtsbehörde kann Ausnahmen zulassen, wenn die Bestellung von Sicherheiten der Verkehrsübung entspricht.

§ 104 Sicherheiten und Gewährleistung für Dritte

(1) Die Gemeinde darf keine Sicherheiten zugunsten Dritter bestellen. Die Aufsichtsbehörde kann Ausnahmen zulassen.

(2) Die Gemeinde darf Bürgschaften und Verpflichtungen aus Gewährverträgen nur im Rahmen der Erfüllung ihrer Aufgaben übernehmen. Die Rechtsgeschäfte bedürfen der Genehmigung der Aufsichtsbehörde, soweit sie nicht im Rahmen der laufenden Verwaltung abgeschlossen werden; § 103 Abs. 2 Satz 2 und 3 gilt entsprechend.

(3) Abs. 2 gilt sinngemäß für Rechtsgeschäfte, die den in Abs. 2 genannten Rechtsgeschäften wirtschaftlich gleichkommen, insbesondere für die Zustimmung zu Rechtsgeschäften Dritter, aus denen der Gemeinde in künftigen Haushaltsjahren Verpflichtungen zu finanziellen Leistungen erwachsen können.

(4) Für Rechtsgeschäfte der in Abs. 1 bis 3 beschriebenen Art, die von der Gemeinde zur Förderung des Städte- und Wohnungsbaus abgeschlossen werden oder die für den Haushalt der Gemeinde keine besondere Belastung bedeuten, ist keine Genehmigung erforderlich.

§ 105 Liquiditätskredite

(1) Zur rechtzeitigen Leistung ihrer Auszahlungen kann die Gemeinde Kredite zur Sicherung der Zahlungsfähigkeit (Liquiditätskredite) bis zu dem nach Maßgabe des Abs. 2 in der Haushaltssatzung festgesetzten und genehmigten Betrag aufnehmen, soweit keine anderen Mittel zur Verfügung stehen. Diese Ermächtigung gilt über das Haushaltsjahr hinaus bis zur Be-

---

138 Zur Zuständigkeit des Regierungspräsidenten anstatt des Landrats als Behörde der Landesverwaltung bei den kreisangehörigen Schutzschirmgemeinden mit bis zu 50.000 Einwohnern vgl. Fn. zu § 136 Abs. 3.

kanntmachung der neuen Haushaltssatzung. Liquiditätskredite sollen spätestens bis zum Ende des Haushaltsjahres zurückgeführt werden.

(2) Die Gemeinde hat den Höchstbetrag der Liquiditätskredite bedarfsgerecht aufgrund einer dokumentierten Liquiditätsplanung festzusetzen. Die Liquiditätsplanung[139] ist der Aufsichtsbehörde vorzulegen. Der Höchstbetrag der in der Haushaltssatzung festgesetzten Liquiditätskredite bedarf der Genehmigung der Aufsichtsbehörde[140]. Die Genehmigung kann unter Bedingungen erteilt und mit Auflagen verbunden werden.

(3) Über die Aufnahme und die Kreditbedingungen entscheidet der Bürgermeister oder der für die Verwaltung des Finanzwesens zuständige Beigeordnete. Die Kreditaufnahme erfolgt in Euro.

§ 106 Liquiditätssicherung, Rücklagen, Rückstellungen

(1) Die Gemeinde hat ihre stetige Zahlungsfähigkeit sicherzustellen. Zur Sicherstellung der stetigen Zahlungsfähigkeit soll sich der geplante Bestand an flüssigen Mitteln ohne Liquiditätskreditmittel in der Regel auf mindestens 2 Prozent der Summe der Auszahlungen aus laufender Verwaltungstätigkeit nach dem Durchschnitt der drei dem Haushaltsjahr vorangehenden Jahre belaufen.

(2) Überschüsse der Ergebnisrechnung sind den Rücklagen zuzuführen, soweit nicht Fehlbeträge aus Vorjahren auszugleichen sind. Rücklagen können auch aus zweckgebundenen Erträgen sowie für sonstige Zwecke gebildet werden.

(3) Die Bildung von Rücklagen darf, soweit nicht etwas anderes bestimmt ist, nur unterbleiben, wenn anderenfalls der Ausgleich des Haushalts gefährdet wäre.

---

139 Zu dem dabei zu verwendenden Muster vgl. www.innen.hessen.de >Kommunales >Kommunale Finanzen >Downloads.

140 Zur Zuständigkeit des Regierungspräsidenten anstatt des Landrats als Behörde der Landesverwaltung bei den kreisangehörigen Schutzschirmgemeinden mit bis zu 50.000 Einwohnern vgl. Fn. zu § 136 Abs. 3. Die zuständige Aufsichtsbehörde muss ihrerseits in allen Fällen, in denen der Haushaltsausgleich nicht vorgesehen ist, vor der Erteilung der Haushaltsgenehmigungen das Einvernehmen der nächsthöheren Aufsichtsbehörde einholen (vgl. Nr. II.3b. des HMdI-Erlasses v. 1.10.2020 zur Kommunalen Finanzplanung und Haushalts- und Wirtschaftsführung bis 2024 und den aufsichtsrechtlichen Vorgaben für die Haushaltsgenehmigung 2021, in StAnz. S. 1113, 1114).

(4) Für ungewisse Verbindlichkeiten und für Aufwendungen, deren Höhe oder Zeitpunkt ihres Eintritts unbestimmt ist, hat die Gemeinde Rückstellungen in angemessener Höhe zu bilden.

§ 107 Haushaltswirtschaftliche Sperre

Wenn die Entwicklung der Erträge, der Einzahlungen, der Aufwendungen oder der Auszahlungen es erfordert, kann der Gemeindevorstand es von seiner Einwilligung abhängig machen, ob Verpflichtungen eingegangen oder Aufwendungen und Auszahlungen geleistet werden.

§ 108 Erwerb und Verwaltung von Vermögen, Wertansätze

(1) Die Gemeinde soll Vermögensgegenstände nur erwerben, soweit dies zur Erfüllung ihrer Aufgaben in absehbarer Zeit erforderlich ist.

(2) Die Vermögensgegenstände sind pfleglich und wirtschaftlich zu verwalten und ordnungsgemäß nachzuweisen. Bei Geldanlagen ist auf eine ausreichende Sicherheit zu achten; sie sollen einen angemessenen Ertrag bringen[141].

(3) Die Gemeinde hat eine Eröffnungsbilanz[142] aufzustellen, in der die Vermögensgegenstände und Schulden mit ihren Werten unter Beachtung der

---

141 Vgl. HMdI-Hinweise vom 29.5.2018 zu kommunalen **Geldanlagen** und zur Einlagensicherung (in StAnz. S. 787).

142 Nach der Kommunalrechtsnovelle 2005 haben sich 424 von (seinerzeit) 426 Gemeinden (und sämtliche 21 Landkreise) für die doppische Haushaltsführung entschieden (vgl. Fn. zu § 92 Abs. 3) und hätten dementsprechend zum 1.1.2009 erstmals eine **Eröffnungsbilanz** aufstellen müssen. Am 12.10.2012 hatten aber 196 der insgesamt 447 Kommunen diese Pflicht noch nicht erfüllt! (vgl. LT-Drs. 18/5909). Nach Auffassung des Innenministeriums v. 22.5.2012 haben vornehmlich die kleineren Gemeinden die Komplexität dieser Pflichtaufgabe im Hinblick auf die erforderlichen Personalressourcen unterschätzt (vgl. LT-Drs. 18/5144).
Auch das **Land Hessen** hat auf die „Doppik" umgestellt und im Herbst 2009 seine erste Eröffnungsbilanz mit einem Defizit von rund 58 Milliarden Euro (!) vorgelegt. Der seinerzeitige Ministerpräsident Koch stellte fest: „Das Bilanzergebnis wird den Laien überraschen, vereinzelt sogar schockieren. Ein privates Unternehmen wäre in einer entsprechenden Situation überschuldet" (vgl. innovative Verwaltung 2010 S. 12). Koch wies u. a. darauf hin, dass das Flächenland Hessen anders als die Kommunen über weniger Anlagevermögen verfüge.

Grundsätze ordnungsmäßiger Inventur vollständig aufzunehmen sind. Die Vermögensgegenstände sind mit den Anschaffungs- oder Herstellungskosten, vermindert um Abschreibungen, die Verbindlichkeiten zu ihrem Rückzahlungsbetrag und die Rückstellungen in Höhe des Betrages anzusetzen, der nach sachgerechter Beurteilung angemessen ist. Dies gilt auch für die Schlussbilanz, die zum 31. Dezember eines jeden Haushaltsjahres aufzustellen ist[143].

(4) In der Eröffnungsbilanz dürfen die Vermögensgegenstände und Schulden auch mit den Werten angesetzt werden, die vor dem 1. Januar 2005 sachgerecht ermittelt worden sind; etwaige Wertminderungen sind zu berücksichtigen.

(5) Ergibt sich bei der Aufstellung der Bilanz für ein späteres Haushaltsjahr, dass in der Eröffnungsbilanz Vermögensgegenstände oder Schulden nicht oder fehlerhaft angesetzt worden sind, so ist in der späteren Bilanz der Wertansatz zu berichtigen oder der unterlassene Ansatz nachzuholen; dies gilt auch, wenn die Vermögensgegenstände oder Schulden am Bilanzstichtag nicht mehr vorhanden sind, jedoch nur für die auf die Vermögensänderung folgende Bilanz. Eine Berichtigung kann letztmalig in der vierten der Eröffnungsbilanz folgenden Bilanz vorgenommen werden. Vorherige Bilanzen sind nicht zu berichtigen.

§ 109 Veräußerung von Vermögen

(1) Die Gemeinde darf Vermögensgegenstände, die sie zur Erfüllung ihrer Aufgaben in absehbarer Zeit nicht braucht, veräußern. Vermögensgegenstände dürfen in der Regel nur zu ihrem vollen Wert veräußert werden.

(2) Abs. 1 gilt sinngemäß für die Überlassung der Nutzung eines Vermögensgegenstandes.

(3) Ausnahmen von dem Gebot des vollen Wertersatzes nach Abs. 1 Satz 2 sind im öffentlichen Interesse zulässig. Bei Nutzungsüberlassungen nach Abs. 2 entscheidet der Gemeindevorstand; die Entscheidung ist der Gemeindevertretung mitzuteilen.

---

143 Vgl. § 49 GemHVO.

§ 110 Gemeindekasse[144]

(1) Die Gemeindekasse erledigt alle Kassengeschäfte der Gemeinde; § 117 bleibt unberührt. Die Buchführung kann von den Kassengeschäften abgetrennt werden.

(2) Die Gemeinde hat, wenn sie ihre Kassengeschäfte nicht durch eine Stelle außerhalb der Gemeindeverwaltung besorgen lässt, einen Kassenverwalter und einen Stellvertreter zu bestellen.

(3) Die anordnungsbefugten Personen sowie der Leiter und die Prüfer des Rechnungsprüfungsamts können nicht gleichzeitig die Aufgaben eines Kassenverwalters wahrnehmen.

(4) Der Kassenverwalter und sein Stellvertreter dürfen miteinander oder mit dem Bürgermeister, den Beigeordneten sowie dem Leiter und den Prüfern des Rechnungsprüfungsamts nicht bis zum dritten Grade verwandt oder bis zum zweiten Grade verschwägert[145] oder durch Ehe oder durch eingetragene Lebenspartnerschaft verbunden sein. § 43 Abs. 2 Satz 2 und 3 gilt sinngemäß.

(5) Der Kassenverwalter, sein Stellvertreter und die anderen in der Gemeindekasse beschäftigten Beamten und Arbeitnehmer sind nicht befugt, Zahlungen anzuordnen.

§ 111 Übertragung von Kassengeschäften, Automation

(1) Die Gemeinde kann die Kassengeschäfte ganz oder teilweise von einer Stelle außerhalb der Gemeindeverwaltung besorgen lassen, wenn die ordnungsgemäße Erledigung und die Prüfung nach den für die Gemeinde geltenden Vorschriften gewährleistet sind. § 4 des Hessischen Datenschutzgesetzes gilt entsprechend. Die Vorschriften des Gesetzes über kommunale Gemeinschaftsarbeit[146] vom 16. Dezember 1969 (GVBl. I S. 307), zuletzt geändert durch Gesetz vom 20. Dezember 2015 (GVBl. S. 618), in der jeweils geltenden Fassung bleiben unberührt.

---

144 GemKVO vom 27. Dezember 2011 (GVBl. I S. 830), geändert durch VO v. 7.12.2016 (GVBl. S. 254). Hinweise des HMdI v. 24.3.2016 zur GemKVO, in StAnz. S. 319.

145 §§ 1589 f. BGB.

146 KGG; Schön/Schneider, Gesetz über kommunale Gemeinschaftsarbeit, Kommentar, 1970.

(2) Werden die Kassengeschäfte ganz oder teilweise unter Einsatz automatischer Datenverarbeitungsanlagen erledigt, so ist den für die Prüfung zuständigen Stellen Gelegenheit zu geben, die Verfahren vor ihrer Anwendung zu prüfen[147].

§ 112 Jahresabschluss

(1) Die Gemeinde hat für den Schluss eines jeden Haushaltsjahres einen Jahresabschluss aufzustellen. Er ist nach den Grundsätzen ordnungsmäßiger Buchführung aufzustellen und muss klar und übersichtlich sein. Er hat sämtliche Vermögensgegenstände, Schulden, Rechnungsabgrenzungsposten, Erträge, Aufwendungen, Einzahlungen und Auszahlungen zu enthalten, soweit durch Gesetz oder aufgrund eines Gesetzes nichts anderes bestimmt ist. Der Jahresabschluss hat die tatsächliche Vermögens-, Finanz- und Ertragslage der Gemeinde darzustellen.

(2) Der Jahresabschluss besteht aus
1. der Vermögensrechnung (Bilanz)[148],
2. der Ergebnisrechnung[149] und
3. der Finanzrechnung[150].

(3) Der Jahresabschluss ist durch einen Rechenschaftsbericht zu erläutern.

(4) Dem Jahresabschluss sind als Anlagen beizufügen
1. ein Anhang, in dem die wesentlichen Posten des Jahresabschlusses zu erläutern sind, mit Übersichten über das Anlagevermögen, die Forderungen und die Verbindlichkeiten sowie
2. eine Übersicht über die in das folgende Jahr zu übertragenden Haushaltsermächtigungen.

(5) Der Gemeindevorstand soll den Jahresabschluss der Gemeinde innerhalb von vier Monaten aufstellen und die Gemeindevertretung sowie die

---

147 Vgl. HMdI-Erlass v. 4.5.2016 zur Verfahrensprüfung durch die kommunalen Rechnungsprüfungsämter bei Einsatz automatischer Datenverarbeitungsanlagen im Finanzwesen, in StAnz. S. 546.

148 Vgl. § 49 GemHVO und Muster 20.

149 Vgl. § 46 GemHVO und Muster 15.

150 Vgl. § 47 GemHVO und Muster 16 bzw. 17.

Aufsichtsbehörde unverzüglich über die wesentlichen Ergebnisse der Abschlüsse unterrichten[151].

(6) Die Aufsichtsbehörde hat die Genehmigung nach § 97a bis zur Unterrichtung der Gemeindevertretung über den aufgestellten Jahresabschluss nach Abs. 5 zurückzustellen. Enthält die Haushaltssatzung keine genehmigungsbedürftigen Teile nach § 97a, darf sie abweichend von § 97 Abs. 4 Satz 3 erst nach der Unterrichtung der Gemeindevertretung über den aufgestellten Jahresabschluss nach Abs. 5 bekannt gemacht werden.[152]

§ 112a Gesamtabschluss

(1) Der Jahresabschluss der Gemeinde ist zusammenzufassen mit den nach Handels-, Eigenbetriebs- oder kommunalem Haushaltsrecht aufzustellenden Jahresabschlüssen

1. der Sondervermögen, für die Sonderrechnungen geführt werden,
2. der Unternehmen und Einrichtungen mit eigener Rechtspersönlichkeit, ausgenommen Sparkassen und Sparkassenzweckverbände, an denen die Gemeinde beteiligt ist,

---

151 Das Innenministerium stellte am 22.8.2014 fest, dass (zum Stichtag 31.12.2013) 302 der (seinerzeit) insgesamt 426 Gemeinden mit dem **Jahresabschluss** 2010 und früher im Rückstand waren (LT-Drs. 19/623). Nachdem das Innenministerium am 22.5.2012 noch verlautbart hatte, die verspätete Aufstellung des Jahresabschlusses könne für einen gewissen Übergangszeitraum geduldet werden (LT-Drs. 18/5144), hat es mit Erlassen vom 3.3.2014 (Ergänzende Hinweise zur Anwendung der Leitlinie 2010) und v. 28.1.2015 (zur fristgerechten Einhaltung von Jahresabschlüssen) die nachgeordneten Aufsichtsbehörden zu einem strengeren Vorgehen angehalten (vgl. www.hmdi.hessen.de >Kommunales >Kommunale Finanzen >Downloads). Um die Rückstände bei der Erstellung (der Eröffnungsbilanz und) der Jahresabschlüsse zu bekämpfen, hat das Innenministerium außerdem mit Erlass v. 20.6.2013 ein Sonder-Förderprogramm mit einem Volumen von 8,8 Millionen Euro aufgelegt: antragsberechtigt sind die 211 Gemeinden mit bis zu 7.500 Einwohnern. 68 Eröffnungsbilanzen und 332 Jahreabschlüsse wurden gefördert, so das Innenministerium in seiner Antwort vom 20.11.2015 auf eine Kleine Anfrage (LT-Drs. 19/2440). Eine Übersicht über die von 2009 bis 2017 aufgestellten Jahresabschlüsse gibt es auf der Homepage des HMdI (>Kommunales >Kommunale Finanzen >Downloads). Zu den Folgen des nichtaufgestellten Jahresabschlusses vgl. nunmehr § 112 Abs. 6 HGO.

152 Zur weitreichenden Rechtsfolge der Zurückstellung (vorläufige Haushaltsführung gem. § 99) vgl. HMdIuS-Antwort v. 2.7.2020 (= LT-Drs. 20/2807 S. 1/2).

3. der Zweckverbände und Arbeitsgemeinschaften nach dem Gesetz über die kommunale Gemeinschaftsarbeit, bei denen die Gemeinde Mitglied ist,
4. der Wasser- und Bodenverbände nach dem Wasserverbandsgesetz vom 12. Februar 1991 (BGBl. I. S. 405), geändert durch Gesetz vom 15. Mai 2002 (BGBl. I S. 1578), bei denen die Gemeinde Mitglied ist,
5. der rechtlich selbstständigen örtlichen Stiftungen, die von der Gemeinde errichtet worden sind, von ihr verwaltet werden und in die sie Vermögen eingebracht hat,
6. der Aufgabenträger, deren finanzielle Grundlage wegen rechtlicher Verpflichtung wesentlich durch die Gemeinde gesichert wird.

(2) Die Gemeinde hat spätestens die zum 31. Dezember 2021 aufzustellenden Jahresabschlüsse zusammenzufassen. Dem zusammengefassten Jahresabschluss ist ein Anhang nach § 112 Abs. 4 Nr. 1 beizufügen. Die Jahresabschlüsse der in Abs. 1 genannten Aufgabenträger müssen nicht einbezogen werden, wenn sie für die Verpflichtung nach § 112 Abs. 1 Satz 4 von nachrangiger Bedeutung sind.

(3) Die Gemeinde hat bei den in Abs. 1 genannten Aufgabenträgern darauf hinzuwirken, dass ihr das Recht eingeräumt wird, von diesen alle Informationen und Unterlagen zu verlangen, die sie für die Zusammenfassung der Jahresabschlüsse für erforderlich hält.

(4) Die Jahresabschlüsse der Aufgabenträger nach Abs. 1, bei denen der Gemeinde die Mehrheit der Stimmrechte zusteht, sind entsprechend den §§ 300 bis 307 des Handelsgesetzbuches in der jeweils geltenden Fassung in die Zusammenfassung nach Abs. 2 mit der Maßgabe einzubeziehen, dass die jeweiligen Buchwerte in den Abschlüssen der Aufgabenträger mit denen des Abschlusses der Gemeinde zusammengefasst werden. Die Jahresabschlüsse der Aufgabenträger nach Abs. 1, bei denen der Gemeinde nicht die Mehrheit der Stimmrechte zusteht, sind entsprechend den §§ 311 und 312 des Handelsgesetzbuches in die Zusammenfassung nach Abs. 2 einzubeziehen. Ist die Gemeinde an Aufgabenträgern nach Abs. 1 Satz 1 Nr. 2 mittelbar beteiligt, gilt § 290 des Handelsgesetzbuches entsprechend.

(5) Der zusammengefasste Jahresabschluss ist um eine Kapitalflussrechnung zu ergänzen und durch einen Bericht zu erläutern (Gesamtabschluss). Dem Bericht sind Angaben zu den Jahresabschlüssen der Aufgabenträger nach Abs. 1, die nicht in die Zusammenfassung einbezogen sind, anzufügen.

(6) Der zusammengefasste Jahresabschluss und der Gesamtabschluss sind innerhalb von neun Monaten nach Ablauf des Haushaltsjahres aufzu-

stellen und die Gemeindevertretung sowie die Aufsichtsbehörde unverzüglich über die wesentlichen Ergebnisse der Abschlüsse zu unterrichten.

§ 112b Befreiung vom Gesamtabschluss

(1) Eine Gemeinde mit weniger als 20 000 Einwohnern ist von der Pflicht, einen Gesamtabschluss aufzustellen, befreit.

(2) Eine Gemeinde zwischen 20 000 und bis zu 50 000 Einwohnern ist von der Pflicht, einen Gesamtabschluss aufzustellen, befreit, wenn der auf die Gemeinde entfallende Anteil der Bilanzsumme der nach § 112a Abs. 4 Satz 1 voll zu konsolidierenden Aufgabenträger zusammen den Wert von 20 Prozent der in der Vermögensrechnung der Gemeinde ausgewiesenen Bilanzsumme sowohl für das Jahr der Aufstellung als auch für das Vorjahr nicht übersteigt.

(3) Der Verzicht auf die Aufstellung eines Gesamtabschlusses ist von der Gemeindevertretung zu beschließen.

(4) Macht eine Gemeinde von der Befreiung nach Abs. 1 oder 2 Gebrauch, bleibt die Pflicht zur Erstellung eines Beteiligungsberichts nach § 123a davon unberührt. Der Beteiligungsbericht muss in den Fällen des Satzes 1 zusätzlich Angaben über die Aufgabenträger in § 112a Abs. 1 Nr. 1 und 3 bis 6 enthalten.

§ 113 Vorlage an Gemeindevertretung

Nach Abschluss der Prüfung durch das Rechnungsprüfungsamt (§ 128) legt der Gemeindevorstand den Jahresabschluss, den zusammengefassten Jahresabschluss und den Gesamtabschluss mit dem Schlussbericht des Rechnungsprüfungsamts der Gemeindevertretung zur Beratung und Beschlussfassung vor.

§ 114 Entlastung

(1) Die Gemeindevertretung beschließt über den vom Rechnungsprüfungsamt geprüften[153] Jahresabschluss, zusammengefassten Jahresabschluss und Gesamtabschluss bis spätestens 31. Dezember des zweiten auf das Haushaltsjahr folgenden Jahres und entscheidet zugleich über die Entlas-

153 Zur Prüfungskompetenz des Rechnungsprüfungsamts vgl. § 128.

tung des Gemeindevorstands. Verweigert die Gemeindevertretung die Entlastung oder spricht sie die Entlastung mit Einschränkungen aus, so hat sie dafür die Gründe anzugeben.

(2) Der Beschluss über den Jahresabschluss, den zusammengefassten Jahresabschluss und den Gesamtabschluss sowie die Entlastung ist öffentlich bekannt zu machen. Im Anschluss an die Bekanntmachung ist der Jahresabschluss, der zusammengefasste Jahresabschluss und der Gesamtabschluss mit dem Rechenschaftsbericht an sieben Tagen öffentlich auszulegen; in der Bekanntmachung ist auf die Auslegung hinzuweisen. Der Beschluss nach Satz 1 ist mit dem Schlussbericht des Rechnungsprüfungsamts unverzüglich der Aufsichtsbehörde vorzulegen.

Zweiter Abschnitt: **Sondervermögen, Treuhandvermögen**

§ 115 Sondervermögen

(1) Sondervermögen der Gemeinde sind
1. das Gemeindegliedervermögen und das Gemeindegliederklassenvermögen (§ 119),
2. das Vermögen der rechtlich unselbständigen örtlichen Stiftungen,
3. wirtschaftliche Unternehmen ohne eigene Rechtspersönlichkeit[154] und öffentliche Einrichtungen, für die aufgrund gesetzlicher Vorschriften Sonderrechnungen geführt werden[155],
4. rechtlich unselbständige Versorgungs- und Versicherungseinrichtungen.

(2) Sondervermögen nach Abs. 1 Nr. 1 und 2 unterliegen den Vorschriften über die Haushaltswirtschaft. Sie sind im Haushalt der Gemeinde gesondert nachzuweisen[156].

(3) Auf Sondervermögen nach Abs. 1 Nr. 3 sind die Vorschriften der §§ 92, 93, 101 bis 105, 108 und 109 sinngemäß anzuwenden.

---

154 Vgl. § 1 EigBGes.

155 Vgl. Krankenhaus-Buchführungsverordnung (des Bundes); Pflege-Buchführungsverordnung (des Bundes); §§ 32 bis 37 der VO zur Durchführung des Hess. Rettungsdienstgesetzes vom 3.1.2011 (GVBl. I S. 13).

156 Vgl. HMdI-Erlass v. 23.2.2018 (in StAnz. S. 402) zur Finanzplanung kommunaler Eigenbetriebe, sonstiger kommunaler Sondervermögen und Treuhandvermögen mit Sonderrechnung.

(4) Für Sondervermögen nach Abs. 1 Nr. 4 sind besondere Haushaltspläne aufzustellen und Sonderrechnungen zu führen[157]. Die Vorschriften des Ersten Abschnitts sind mit der Maßgabe anzuwenden, dass an die Stelle der Haushaltssatzung der Beschluss über den Haushaltsplan tritt und von der öffentlichen Bekanntmachung und Auslegung nach § 97 Abs. 4 abgesehen werden kann. Anstelle eines Haushaltsplans können ein Wirtschaftsplan aufgestellt und die für die Wirtschaftsführung und das Rechnungswesen der Eigenbetriebe geltenden Vorschriften sinngemäß angewendet werden, soweit durch Gesetz oder aufgrund eines Gesetzes nichts anderes bestimmt ist; Abs. 3 gilt sinngemäß.

§ 116 Treuhandvermögen

(1) Für rechtlich selbständige örtliche Stiftungen sowie für Vermögen, die die Gemeinde nach besonderem Recht treuhänderisch zu verwalten hat, sind besondere Haushaltspläne aufzustellen und Sonderrechnungen zu führen[158]. § 115 Abs. 4 Satz 2 und 3 gilt sinngemäß.

(2) Geringfügiges Treuhandvermögen kann im Haushalt der Gemeinde gesondert nachgewiesen werden; es unterliegt den Vorschriften über die Haushaltswirtschaft.

(3) Mündelvermögen sind abweichend von Abs. 1 und 2 nur im Jahresabschluss nachzuweisen.

(4) Besondere gesetzliche Vorschriften oder Bestimmungen des Stifters bleiben unberührt.

§ 117 Sonderkassen

Für Sondervermögen und Treuhandvermögen, für die Sonderrechnungen geführt werden, sind Sonderkassen einzurichten. Sie sollen mit der Gemeindekasse verbunden werden. § 111 gilt sinngemäß.

---

157 Ein Muster für den Finanzplan hat der HMdI mit Erlass v. 23.2.2018 (in StAnz. S. 402) zur Finanzplanung kommunaler Eigenbetriebe, sonstiger kommunaler Sondervermögen und Treuhandvermögen mit Sonderrechnung vorgegeben.

158 Vgl. Fußnote zu § 115 Abs. 4.

§ 118 *(aufgehoben)*

§ 119 Gemeindegliedervermögen[159]

(1) Gemeindevermögen, dessen Ertrag nach bisherigem Recht nicht der Gemeinde, sondern sonstigen Berechtigten zusteht (Gemeindegliedervermögen, Gemeindegliederklassenvermögen), darf nicht in Privatvermögen der Nutzungsberechtigten umgewandelt werden.

(2) Gemeindevermögen darf nicht in Gemeindegliedervermögen oder Gemeindegliederklassenvermögen umgewandelt werden.

§ 120 Örtliche Stiftungen

(1) Örtliche Stiftungen verwaltet die Gemeinde nach den Vorschriften dieses Gesetzes, soweit nicht durch Gesetz oder Stiftungsurkunde anderes bestimmt ist[160]. Das Stiftungsvermögen ist von dem übrigen Vermögen getrennt zu halten und so anzulegen, dass es für seinen Verwendungszweck greifbar ist.

(2) Ist die Erfüllung des Stiftungszwecks unmöglich geworden oder gefährdet die Stiftung das Gemeinwohl, so sind die Vorschriften des § 87 des Bürgerlichen Gesetzbuches anzuwenden. Die Änderung des Stiftungszwecks, die Zusammenlegung und die Aufhebung von rechtlich unselbständigen Stiftungen stehen der Gemeinde zu.

(3) Gemeindevermögen darf nur im Rahmen der Aufgabenerfüllung der Gemeinde und nur dann in Stiftungsvermögen eingebracht werden, wenn der mit der Stiftung verfolgte Zweck auf andere Weise nicht erreicht werden kann.

---

159 G zur Bereinigung der Rechtsvorschriften über die Nutzungsrechte der Ortsbürger v. 19.10.1962 (GVBl. I S. 467).

160 Vgl. auch § 18 StiftG.

Dritter Abschnitt: **Wirtschaftliche Betätigung der Gemeinde**

§ 121 Wirtschaftliche Betätigung[161]

(1) Die Gemeinde darf sich wirtschaftlich betätigen, wenn
1. der öffentliche Zweck die Betätigung rechtfertigt,
2. die Betätigung nach Art und Umfang in einem angemessenen Verhältnis zur Leistungsfähigkeit[162] der Gemeinde und zum voraussichtlichen Bedarf steht und
3. der Zweck nicht ebenso gut und wirtschaftlich durch einen privaten Dritten erfüllt wird oder erfüllt werden kann.

Soweit Tätigkeiten vor dem 1. April 2004 ausgeübt wurden, sind sie ohne die in Satz 1 Nr. 3 genannten Einschränkungen zulässig.

(1a) Abweichend von Abs. 1 Satz 1 Nr. 3, Abs. 5 Nr. 1 und § 122 Abs. 1 Satz 1 Nr. 1 dürfen Gemeinden sich ausschließlich auf dem Gebiet der Erzeugung, Speicherung und Einspeisung und des Vertriebs von Strom, Wärme und Gas aus erneuerbaren Energien sowie der Verteilung von elektrischer und thermischer Energie bis zum Hausanschluss wirtschaftlich betätigen, wenn die Betätigung innerhalb des Gemeindegebietes oder im regionalen Umfeld in den Formen interkommunaler Zusammenarbeit erfolgt. Die wirtschaftliche Beteiligung der Einwohner soll ermöglicht werden. Die wirtschaftliche Betätigung nach dieser Vorschrift ist in besonderer Weise dem Grundsatz der Wirtschaftlichkeit zu unterwerfen. Die wirtschaftlichen Ergebnisse dieser Betätigung sind einmal jährlich der Gemeindevertretung vorzulegen.

(1b) Abs. 1 Nr. 3 und Abs. 1a dienen auch dem Schutz privater Dritter, soweit sie sich entsprechend wirtschaftlich betätigen oder betätigen wollen. Betätigungen nach § 121 Abs. 1 Satz 2 bleiben hiervon unberührt.

---

161 Zu den Pflichten der Gemeinde im Rahmen der laufenden Ausübung wirtschaftlicher Betätigung vgl. Nr. II des vom HMdI am 29.8.2013 erstellten und zum Stand 7.2.2017 modifizierten Aufsichtsrasters (www.hmdi.hessen.de >Kommunales >Kommunale Wirtschaft >Recht der wirtschaftlichen Betätigung); voraus gegangen waren kritische Bemerkungen des Landesrechnungshofs über die staatliche Aufsicht über die wirtschaftliche Betätigung der Kommunen als Teil der kommunalen Finanzaufsicht im Mai 2012 (LT-Drs. 18/5496 S. 19 und S. 237 ff.); die Landesregierung stellte in ihrer Stellungnahme vom 21.8.2012 fest, dass man zu den Kompetenzen und Möglichkeiten der Kommunalaufsicht eine andere Sichtweise habe, gleichwohl aber die Prüfungsmaßstäbe und -verfahren vereinheitlichen wolle (LT-Drs. 18/6026 S. 2).

162 Zum Begriff der „Leistungsfähigkeit" der Gemeinde vgl. Fn. zu § 103 Abs. 2 HGO.

(2) Als wirtschaftliche Betätigung gelten nicht Tätigkeiten
1. zu denen die Gemeinde gesetzlich verpflichtet ist,
2. auf den Gebieten des Bildungs-, Gesundheits- und Sozialwesens, der Kultur, des Sports, der Erholung, der Abfall- und Abwasserbeseitigung, der Breitbandversorgung sowie
3. zur Deckung des Eigenbedarfs.

Auch diese Unternehmen und Einrichtungen sind, soweit es mit ihrem öffentlichen Zweck vereinbar ist, nach wirtschaftlichen Gesichtspunkten zu verwalten und können entsprechend den Vorschriften über die Eigenbetriebe geführt werden.

(3) Die für das Kommunalrecht zuständige Ministerin oder der hierfür zuständige Minister kann durch Rechtsverordnung bestimmen, dass Unternehmen und Einrichtungen, die Tätigkeiten nach Abs. 2 wahrnehmen und die nach Art und Umfang eine selbständige Verwaltung und Wirtschaftsführung erfordern, ganz oder teilweise nach den für die Eigenbetriebe geltenden Vorschriften zu führen sind[163]; hierbei können auch Regelungen getroffen werden, die von einzelnen für die Eigenbetriebe geltenden Vorschriften abweichen.

(4) Ist eine Betätigung zulässig, sind verbundene Tätigkeiten, die üblicherweise im Wettbewerb zusammen mit der Haupttätigkeit erbracht werden, ebenfalls zulässig; mit der Ausführung dieser Tätigkeiten sollen private Dritte beauftragt werden, soweit das nicht unwirtschaftlich ist.

(5) Die Betätigung außerhalb des Gemeindegebietes ist zulässig, wenn
1. bei wirtschaftlicher Betätigung die Voraussetzungen des Abs. 1 vorliegen und
2. die berechtigten Interessen der betroffenen kommunalen Gebietskörperschaften gewahrt sind. Bei gesetzlich liberalisierten Tätigkeiten gelten nur die Interessen als berechtigt, die nach den maßgeblichen Vorschriften eine Einschränkung des Wettbewerbs zulassen.

(6) Vor der Entscheidung über die Errichtung, Übernahme oder wesentliche Erweiterung von wirtschaftlichen Unternehmen sowie über eine unmittelbare oder mittelbare Beteiligung ist die Gemeindevertretung auf der Grundlage einer Markterkundung umfassend über die Chancen und Risiken der beabsichtigten unternehmerischen Betätigung sowie über deren zu erwartende Auswirkungen auf das Handwerk und die mittelständische Wirtschaft zu unterrichten. Vor der Befassung in der Gemeindevertretung

---

163 Vgl. §§ 5 ff. (Hess.) Krankenhaus-Verordnung vom 11. Dezember 2012 (in GVBl. S. 615) zum Betrieb von Krankenhäusern kommunaler Träger ohne eigene Rechtspersönlichkeit.

ist den örtlichen Handwerkskammern, Industrie- und Handelskammern sowie Verbänden Gelegenheit zur Stellungnahme zu geben, soweit ihr Geschäftsbereich betroffen ist. Die Stellungnahmen sind der Gemeindevertretung zur Kenntnis zu geben.

(7) Die Gemeinden haben mindestens einmal in jeder Wahlzeit zu prüfen, inwieweit ihre wirtschaftliche Betätigung noch die Voraussetzungen des Abs. 1 erfüllt und inwieweit die Tätigkeiten privaten Dritten übertragen werden können.

(8) Wirtschaftliche Unternehmen der Gemeinde sind so zu führen, dass sie einen Überschuss für den Haushalt der Gemeinde abwerfen, soweit dies mit der Erfüllung des öffentlichen Zwecks in Einklang zu bringen ist[164]. Die Erträge jedes Unternehmens sollen mindestens so hoch sein, dass
1. alle Aufwendungen und kalkulatorischen Kosten gedeckt werden,
2. die Zuführungen zum Eigenkapital (Rücklagen) ermöglicht werden, die zur Erhaltung des Vermögens des Unternehmens sowie zu seiner technischen und wirtschaftlichen Fortentwicklung notwendig sind und
3. eine marktübliche Verzinsung des Eigenkapitals erzielt wird.

Lieferungen und Leistungen von anderen Unternehmen und Verwaltungszweigen der Gemeinde an das Unternehmen sowie Lieferungen und Leistungen des Unternehmens an andere Unternehmen und Verwaltungszweige der Gemeinde sind kostendeckend zu vergüten.

(9) Bankunternehmen darf die Gemeinde nicht errichten, übernehmen oder betreiben. Für das öffentliche Sparkassenwesen verbleibt es bei den besonderen Vorschriften[165].

---

164 Vgl. dazu auch die kritischen Bemerkungen des Landesrechnungshofs vom Mai 2012 zur staatlichen Aufsicht über die wirtschaftliche Betätigung der Kommunen (LT-Drs. 18/5496 S. 19 und S. 241); die Landesregierung stellte in ihrer Stellungnahme vom 21.8.2012 fest, dass man zu den Kompetenzen und Möglichkeiten der Kommunalaufsicht eine andere Sichtweise habe, gleichwohl aber die Prüfungsmaßstäbe und -verfahren vereinheitlichen wolle (LT Drs. 18/6026 S. 2). Zu dem am 29.8.2013 vom HMdI aufgestellten (und zum Stand 7.2.2017 der aktuellen Gesetzeslage angepassten) Aufsichtsraster zur wirtschaftlichen Betätigung der Kommunen vgl. www.hmdi.hessen.de >Kommunales >Kommunale Wirtschaft >Recht der wirtschaftlichen Betätigung.

165 SparkassenG, dort insbesondere § 2 Abs. 6 Satz 2: „Die Erzielung von Gewinn ist nicht Hauptzweck des Geschäftsbetriebs“ und § 16 Abs. 3 Satz 1 und Satz 2 zur eingeschränkten Abführungspflicht eines Jahresüberschusses an den oder die (kommunalen) Sparkassenträger.

§ 122 Beteiligung an Gesellschaften

(1) Eine Gemeinde darf eine Gesellschaft, die auf den Betrieb eines wirtschaftlichen Unternehmens gerichtet ist, nur gründen oder sich daran beteiligen, wenn

1. die Voraussetzungen des § 121 Abs. 1 vorliegen,
2. die Haftung und die Einzahlungsverpflichtung der Gemeinde auf einen ihrer Leistungsfähigkeit[166] angemessenen Betrag begrenzt ist,
3. die Gemeinde einen angemessenen Einfluss, insbesondere im Aufsichtsrat oder in einem entsprechenden Überwachungsorgan, erhält,
4. gewährleistet ist, dass der Jahresabschluss und der Lagebericht, soweit nicht weitergehende gesetzliche Vorschriften gelten oder andere gesetzliche Vorschriften entgegenstehen, entsprechend den für große Kapitalgesellschaften geltenden Vorschriften des Dritten Buches des Handelsgesetzbuches aufgestellt und geprüft werden.

Die Aufsichtsbehörde kann von den Vorschriften der Nr. 2 bis 4 in besonderen Fällen Ausnahmen zulassen.

(2) Abs. 1 gilt mit Ausnahme der Vorschriften der Nr. 1 auch für die Gründung einer Gesellschaft, die nicht auf den Betrieb eines wirtschaftlichen Unternehmens gerichtet ist, und für die Beteiligung an einer solchen Gesellschaft. Darüber hinaus ist die Gründung einer solchen Gesellschaft oder die Beteiligung an einer solchen Gesellschaft nur zulässig, wenn ein wichtiges Interesse der Gemeinde an der Gründung oder Beteiligung vorliegt.

(3) Eine Aktiengesellschaft soll die Gemeinde nur errichten, übernehmen, wesentlich erweitern oder sich daran beteiligen, wenn der öffentliche Zweck des Unternehmens nicht ebenso gut in einer anderen Rechtsform erfüllt werden kann.

(4) Ist die Gemeinde mit mehr als 50 Prozent an einer Gesellschaft unmittelbar beteiligt, so hat sie darauf hinzuwirken, dass

1. in sinngemäßer Anwendung der für die Eigenbetriebe geltenden Vorschriften[167]
   a) für jedes Wirtschaftsjahr ein Wirtschaftsplan aufgestellt wird,
   b) der Wirtschaftsführung eine fünfjährige Finanzplanung[168] zugrunde gelegt und der Gemeinde zur Kenntnis gebracht wird,

---

166 Zum Begriff der „Leistungsfähigkeit“ der Gemeinde vgl. Fn. zu § 103 Abs. 2 HGO.

167 § 115 Abs. 3 EigBGes, FormblattVO v. 9.6.1989 (GVBl. I S. 162).

168 Zu dem zu verwendenden Muster vgl. HMdI-Erlass v. 23.2.2018 über die Finanzplanung der kommunalen Eigenbetriebe u. ä. (in StAnz. S. 402).

2. nach den Wirtschaftsgrundsätzen (§ 121 Abs. 8) verfahren wird, wenn die Gesellschaft ein wirtschaftliches Unternehmen betreibt.

(5) Abs. 1 bis 3 gelten entsprechend, wenn eine Gesellschaft, an der Gemeinden oder Gemeindeverbände mit insgesamt mehr als 50 Prozent unmittelbar oder mittelbar beteiligt sind, sich an einer anderen Gesellschaft beteiligen will.

(6) Die Gemeinde kann einen Geschäftsanteil an einer eingetragenen Kreditgenossenschaft erwerben, wenn eine Nachschusspflicht ausgeschlossen oder die Haftsumme auf einen bestimmten Betrag beschränkt ist.

§ 123 Unterrichtungs- und Prüfungsrechte

(1) Ist die Gemeinde an einem Unternehmen in dem in § 53 des Haushaltsgrundsätzegesetzes[169] in der Fassung vom 19. August 1969 (BGBl. I S. 1273), zuletzt geändert durch Gesetz vom 15. Juli 2013 (BGBl. I S. 2398), bezeichneten Umfang beteiligt, so hat sie

1. die Rechte nach § 53 Abs. 1 des Haushaltsgrundsätzegesetzes auszuüben,
2. sicherzustellen, dass ihr und dem für sie zuständigen überörtlichen Prüfungsorgan die in § 54 des Haushaltsgrundsätzegesetzes vorgesehenen Befugnisse eingeräumt werden.

(2) Ist eine Beteiligung einer Gemeinde an einer Gesellschaft keine Mehrheitsbeteiligung im Sinne des § 53 des Haushaltsgrundsätzegesetzes, so soll die Gemeinde darauf hinwirken, dass ihr in der Satzung oder im Gesellschaftsvertrag die Befugnisse nach den §§ 53 und 54 des Haushaltsgrundsätzegesetzes eingeräumt werden. Bei mittelbaren Beteiligungen gilt dies nur, wenn die Beteiligung den vierten Teil der Anteile übersteigt und einer Gesellschaft zusteht, an der die Gemeinde allein oder zusammen mit anderen Gebietskörperschaften mit Mehrheit im Sinne des § 53 des Haushaltsgrundsätzegesetzes beteiligt ist.

§ 123a Beteiligungsbericht und Offenlegung

(1) Die Gemeinde hat zur Information der Gemeindevertretung und der Öffentlichkeit jährlich einen Bericht über die Unternehmen in einer Rechtsform des Privatrechts zu erstellen, an denen sie mit mindestens 20 Prozent

169 HGrG.

unmittelbar oder mittelbar beteiligt ist. Der Bericht ist innerhalb von 9 Monaten nach Ablauf des Haushaltsjahres aufzustellen.

(2) Der Beteiligungsbericht soll mindestens Angaben enthalten über
1. den Gegenstand des Unternehmens, die Beteiligungsverhältnisse, die Besetzung der Organe und die Beteiligungen des Unternehmens,
2. den Stand der Erfüllung des öffentlichen Zwecks durch das Unternehmen,
3. die Grundzüge des Geschäftsverlaufs, die Ertragslage des Unternehmens, die Kapitalzuführungen und -entnahmen durch die Gemeinde und die Auswirkungen auf die Haushaltswirtschaft, die Kreditaufnahmen, die von der Gemeinde gewährten Sicherheiten,
4. das Vorliegen der Voraussetzungen des § 121 Abs. 1 für das Unternehmen.

Ist eine Gemeinde in dem in § 53 des Haushaltsgrundsätzegesetzes bezeichneten Umfang an einem Unternehmen beteiligt, hat sie darauf hinzuwirken, dass die Mitglieder des Geschäftsführungsorgans, eines Aufsichtsrats oder einer ähnlichen Einrichtung jährlich der Gemeinde die ihnen jeweils im Geschäftsjahr gewährten Bezüge mitteilen und ihrer Veröffentlichung zustimmen. Diese Angaben sind in den Beteiligungsbericht aufzunehmen. Soweit die in Satz 2 genannten Personen ihr Einverständnis mit der Veröffentlichung ihrer Bezüge nicht erklären, sind die Gesamtbezüge so zu veröffentlichen, wie sie von der Gesellschaft nach den Vorschriften des Handelsgesetzbuchs in den Anhang zum Jahresabschluss aufgenommen werden.

(3) Der Beteiligungsbericht ist in der Gemeindevertretung in öffentlicher Sitzung zu erörtern. Die Gemeinde hat die Einwohner über das Vorliegen des Beteiligungsberichtes in geeigneter Form zu unterrichten. Die Einwohner sind berechtigt, den Beteiligungsbericht einzusehen.

§ 124 Veräußerung von wirtschaftlichen Unternehmen, Einrichtungen und Beteiligungen

(1) Die teilweise oder vollständige Veräußerung einer Beteiligung an einer Gesellschaft oder eines wirtschaftlichen Unternehmens sowie andere Rechtsgeschäfte, durch welche die Gemeinde ihren Einfluss verliert oder vermindert, sind nur zulässig, wenn dadurch die Erfüllung der Aufgaben der Gemeinde nicht beeinträchtigt wird. Das Gleiche gilt für Einrichtungen im Sinne des § 121 Abs. 2.

(2) Abs. 1 gilt entsprechend, wenn eine Gesellschaft, an der Gemeinden und Gemeindeverbände mit mehr als 50 Prozent unmittelbar oder mittel-

bar beteiligt sind, Veräußerungen sowie andere Rechtsgeschäfte im Sinne des Abs. 1 vornehmen will.

§ 125 Vertretung der Gemeinde in Gesellschaften

(1) Der Gemeindevorstand vertritt die Gemeinde in Gesellschaften, die der Gemeinde gehören (Eigengesellschaften) oder an denen die Gemeinde beteiligt ist. Der Bürgermeister vertritt den Gemeindevorstand kraft Amtes; er kann sich durch ein von ihm zu bestimmendes Mitglied des Gemeindevorstands vertreten lassen. Der Gemeindevorstand kann weitere Vertreter bestellen[170]. Alle Vertreter des Gemeindevorstands sind an die Weisungen des Gemeindevorstands gebunden, soweit nicht Vorschriften des Gesellschaftsrechts dem entgegenstehen[171]. Vorbehaltlich entgegenstehender zwingender Rechtsvorschriften haben sie den Gemeindevorstand über alle wichtigen Angelegenheiten möglichst frühzeitig zu unterrichten und ihm auf Verlangen Auskunft zu erteilen. Die vom Gemeindevorstand bestellten Vertreter haben ihr Amt auf Verlangen des Gemeindevorstands jederzeit niederzulegen. Sofern Beamte der Gemeinde von den Gesellschaften für ihre Tätigkeit eine finanzielle Gegenleistung erhalten, zählt diese zu den abführungspflichtigen Nebentätigkeitsvergütungen im Sinne von § 2 der Nebentätigkeitsverordnung in der Fassung vom 21. September 1976 (GVBl. I S. 403), zuletzt geändert durch Gesetz vom 25. November 1998 (GVBl. I S. 492).

(2) Abs. 1 gilt entsprechend, wenn der Gemeinde das Recht eingeräumt ist, in den Vorstand, den Aufsichtsrat oder ein gleichartiges Organ einer Gesellschaft Mitglieder zu entsenden; bei den Aufsichtsgremien soll der Gemeindevorstand darauf hinwirken, dass die Gemeinde möglichst paritä-

170 Zu § 125 Abs. 1 und Abs. 2 vgl. die Erläuterungen des HMdIuS (zu D2) in seinem Aufsichtsraster zur kommunalwirtschaftlichen Betätigung (Stand 7.2.2017) (www.hmdi.hessen.de >Kommunales >Kommunale Wirtschaft >Recht der wirtschaftlichen Betätigung); zur Vorgeschichte dieses Aufsichtsrasters vgl. Fn. zu § 121 HGO.

171 Bei entsprechender Wichtigkeit darf allerdings die Gemeindevertretung den Inhalt der Weisungen des Gemeindevorstands vorgeben (vgl. Hess. VGH B. v. 24.9.2008, in HSGZ 2008 S. 401). Zur Beschränkung des Weisungsrechts gegenüber Aktiengesellschaften und dort insbesondere gegenüber gemeindlichen Aufsichtsratsmitgliedern vgl. allerdings Hess. VGH B. v. 4.5.2009 (in LKRZ 2009 S. 300). Zum Ganzen vgl. auch die HMdI-Antwort v. 17.5.2010 auf eine Kleine Anfrage eines Landtagsabgeordneten (LT-Drs. 18/2186). In der Rechtsliteratur wird die Auslegung des § 125 Abs. 1 Satz 4 HGO durch den Hess. VGH kritisiert von Lange, in LKRZ 2009 S. 161, 162.

tisch durch Frauen und Männer vertreten wird[172]. Der Bürgermeister oder das von ihm bestimmte Mitglied des Gemeindevorstands führt in den Gesellschaftsorganen den Vorsitz, wenn die Gesellschaft der Gemeinde gehört oder die Gemeinde an ihr mehrheitlich beteiligt ist. Dies gilt nicht, wenn weitergehende gesetzliche Vorschriften gelten oder andere gesetzliche Vorschriften entgegenstehen. Die Mitgliedschaft gemeindlicher Vertreter endet mit ihrem Ausscheiden aus dem hauptamtlichen oder ehrenamtlichen Dienst der Gemeinde[173].

(3) Werden Vertreter der Gemeinde aus ihrer Tätigkeit bei einer Gesellschaft haftbar gemacht, so hat ihnen die Gemeinde den Schaden zu ersetzen, es sei denn, dass sie ihn vorsätzlich oder grob fahrlässig herbeigeführt haben. Auch in diesem Falle ist die Gemeinde schadensersatzpflichtig, wenn die Vertreter der Gemeinde nach Weisung gehandelt haben.

§ 126 Beteiligung an einer anderen privatrechtlichen Vereinigung

Die Vorschriften des § 122 Abs. 1 und 2 mit Ausnahme des Abs. 1 Satz 1 Nr. 4, der §§ 124 und 125 gelten auch für andere Vereinigungen in einer Rechtsform des privaten Rechts. Für die Mitgliedschaft in kommunalen Interessenverbänden[174] gelten nur die Vorschriften des § 125.

§ 126a Rechtsfähige Anstalten des öffentlichen Rechts

(1) Die Gemeinde kann Unternehmen und Einrichtungen in der Rechtsform einer Anstalt des öffentlichen Rechts errichten oder bestehende Regie- und Eigenbetriebe im Wege der Gesamtrechtsnachfolge in rechtsfähige

---

172 Diese spezielle Regelung für die Gemeinden geht dem HGlG vor. Die in § 13 HGlG vorgesehene Pflicht, Ausnahmen von der paritätischen Besetzung aktenkundig zu machen, gilt hier also nicht. (Nach alledem ist es unerheblich, ob § 13 HGlG bei privatrechtlichen Unternehmen nicht schon von der milderen Regelung in § 2 Abs. 3 HGLG verdrängt wird).

173 § 125 Abs. 2 Satz 4 HGO hat allerdings den Vorrang des bundesrechtlich geregelten Gesellschaftsrechts zu beachten. Die Vorschrift steht also unter gesellschaftsrechtlichem Vorbehalt und kann im Einzelfall insbesondere von § 103 Abs. 1 und 2 AktG verdrängt werden. I. d. F. liegt es an den Kommunen, die Aufnahme des Regelungsgehalts des § 125 Abs. 2 Satz 4 HGO in die Satzung der Gesellschaft durchzusetzen, vgl. die Antwort des Hess. Wirtschaftsministers vom 29.1.2013 auf eine entsprechende Kleine Anfrage (LT-Drs. 18/6836).

174 Vgl. § 147.

Anstalten des öffentlichen Rechts umwandeln. § 122 Abs. 1 Nr. 1 gilt entsprechend.

(2) Die Gemeinde regelt die Rechtsverhältnisse der Anstalt durch eine Satzung. Diese muss Bestimmungen über den Namen und die Aufgaben der Anstalt, die Zahl der Mitglieder des Vorstands und des Verwaltungsrates, die Höhe des Stammkapitals, die Wirtschaftsführung, die Vermögensverwaltung und die Rechnungslegung enthalten. Die Gemeinde hat die Satzung und deren Änderungen bekannt zu machen. § 127a gilt entsprechend.

(3) Die Gemeinde kann der Anstalt einzelne oder alle mit einem bestimmten Zweck zusammenhängende Aufgaben ganz oder teilweise übertragen. Sie kann zugunsten der Anstalt unter der Voraussetzung des § 19 Abs. 2 durch Satzung einen Anschluss- und Benutzungszwang vorschreiben und der Anstalt das Recht einräumen, an ihrer Stelle Satzungen für das übertragene Aufgabengebiet zu erlassen; § 5 gilt entsprechend. Die Anstalt kann sich nach Maßgabe der Satzung an anderen Unternehmen beteiligen, wenn der öffentliche Zweck der Anstalt dies rechtfertigt. Die §§ 123a und 125 gelten entsprechend.

(4) Die Gemeinde haftet für die Verbindlichkeiten der Anstalt unbeschränkt, soweit nicht Befriedigung aus deren Vermögen zu erlangen ist (Gewährträgerschaft). Rechtsgeschäfte im Sinne des § 104 dürfen von der Anstalt nicht getätigt werden.

(5) Die Anstalt wird von einem Vorstand in eigener Verantwortung geleitet, soweit nicht gesetzlich oder durch die Satzung der Gemeinde etwas anderes bestimmt ist. Der Vorstand vertritt die Anstalt nach außen.

(6) Die Geschäftsführung des Vorstands wird von einem Verwaltungsrat überwacht. Der Verwaltungsrat bestellt den Vorstand auf höchstens 5 Jahre; eine erneute Bestellung ist zulässig. Er entscheidet außerdem über:
1. den Erlass von Satzungen nach Abs. 3 Satz 2,
2. die Feststellung des Wirtschaftsplans und des Jahresabschlusses,
3. die Festsetzung allgemein geltender Tarife und Entgelte für die Leistungsnehmer,
4. die Ergebnisverwendung,
5. die Beteiligung oder die Erhöhung einer Beteiligung der Anstalt an anderen Unternehmen.

Der Verwaltungsrat berät und beschließt in öffentlicher Sitzung. Dem Verwaltungsrat obliegt außerdem die Entscheidung in den durch die Satzung der Gemeinde bestimmten Angelegenheiten der Anstalt. Entscheidungen nach Satz 3 Nr. 1 bedürfen der Zustimmung der Gemeindevertretung. Die Satzung im Sinne von Abs. 2 Satz 1 kann vorsehen, dass die Gemeindevertretung dem Verwaltungsrat in bestimmten Fällen Weisungen erteilen kann oder bei Entscheidungen von grundsätzlicher Bedeutung die Zustimmung der Gemeindevertretung erforderlich ist.

(7) Der Verwaltungsrat besteht aus dem vorsitzenden Mitglied und den übrigen Mitgliedern. Den Vorsitz führt der Bürgermeister. Soweit Beigeordnete mit eigenem Geschäftsbereich bestellt sind, führt derjenige Beigeordnete den Vorsitz, zu dessen Geschäftsbereich die der Anstalt übertragenen Aufgaben gehören. Sind die übertragenen Aufgaben mehreren Geschäftsbereichen zuzuordnen, so entscheidet der Bürgermeister über den Vorsitz. Die übrigen Mitglieder des Verwaltungsrats werden von der Gemeindevertretung für die Dauer von 5 Jahren gewählt. Die Amtszeit von Mitgliedern des Verwaltungsrats, die der Gemeindevertretung angehören, endet mit dem Ende der Wahlzeit oder dem vorzeitigen Ausscheiden aus der Gemeindevertretung. Die Mitglieder des Verwaltungsrats üben ihr Amt bis zum Amtsantritt der neuen Mitglieder weiter aus. Mitglieder des Verwaltungsrats können nicht sein:
1. Bedienstete der Anstalt,
2. Bedienstete der Aufsichtsbehörde, die unmittelbar mit Aufgaben der Aufsicht über die Anstalt befasst sind.

(8) Der Anstalt kann durch Satzung die Dienstherrnfähigkeit verliehen werden. Die Satzung bedarf insoweit der Genehmigung der obersten Aufsichtsbehörde. Wird die Anstalt aufgelöst, hat die Gemeinde die Beamten und die Versorgungsempfänger zu übernehmen.

(9) Für die Haushalts- und Wirtschaftsführung der Anstalt gelten die Bestimmungen des Sechsten Teils und die dazu ergangenen Durchführungsbestimmungen (§ 154 Abs. 3 und 4) entsprechend. Der Haushalt der Anstalt muss in jedem Jahr in Planung und Rechnung ausgeglichen sein. Kredite der Anstalt bedürfen entsprechend den §§ 103 und 105 der Genehmigung der Aufsichtsbehörde. Ist die Anstalt überwiegend wirtschaftlich tätig, so kann sie in ihrer Satzung bestimmen, für die Wirtschafts- und Haushaltsführung die Vorschriften über die Eigenbetriebe sinngemäß anzuwenden. Das für die Gemeinde zuständige Rechnungsprüfungsamt prüft den Jahresabschluss und den Lagebericht der Anstalt. Das Rechnungsprüfungsamt hat das Recht, sich zur Klärung von Fragen, die bei der Prüfung nach § 131 Abs. 1 auftreten, unmittelbar zu unterrichten und zu diesem Zweck den Betrieb, die Bücher und Schriften der Anstalt einzusehen.

(10) § 14 Abs. 2, § 25 sowie die Bestimmungen des Sechsten Teils über die Gemeindewirtschaft und die des Siebenten Teils über die staatliche Aufsicht sind auf die Anstalt sinngemäß anzuwenden.

(11) Die Anstalt ist zur Vollstreckung von Verwaltungsakten in demselben Umfang berechtigt wie die Gemeinde, wenn sie aufgrund einer Aufgabenübertragung nach Abs. 3 hoheitliche Befugnisse ausübt und bei der Aufgabenübertragung nichts Abweichendes geregelt wird.

(12) Abs. 1 bis 11 finden auf Anstalten des öffentlichen Rechts nach § 2c des Hessischen OFFENSIV-Gesetzes vom 20. Dezember 2004 (GVBl. I S. 488), zuletzt geändert durch Gesetz vom 23. Juli 2015 (GVBl. S. 318), keine Anwendung.

§ 127 Eigenbetriebe

(1) Die Wirtschaftsführung, Vermögensverwaltung und Rechnungslegung der wirtschaftlichen Unternehmen ohne Rechtspersönlichkeit (Eigenbetriebe) sind so einzurichten, dass sie eine vom übrigen Gemeindevermögen abgesonderte Betrachtung der Verwaltung und des Ergebnisses ermöglichen.

(2) In den Angelegenheiten des Eigenbetriebs ist der Betriebsleitung eine ausreichende Selbständigkeit der Entschließung einzuräumen.

(3) Die näheren Vorschriften über die Verfassung, Verwaltung und Wirtschaftsführung einschließlich des Rechnungswesens der Eigenbetriebe bleiben einem besonderen Gesetz vorbehalten[175].

§ 127a Anzeige

(1) Entscheidungen der Gemeinde über

1. die Errichtung, die Übernahme oder die wesentliche Erweiterung eines wirtschaftlichen Unternehmens,
2. die Gründung einer Gesellschaft, die erstmalige Beteiligung an einer Gesellschaft sowie die wesentliche Erhöhung einer Beteiligung an einer Gesellschaft,
3. den Erwerb eines Geschäftsanteils an einer eingetragenen Genossenschaft,
4. Rechtsgeschäfte im Sinne des § 124 Abs. 1

---

175 EigBGes, FormblattVO v. 9.6.1989 (GVBl. I S. 162).

sind der Aufsichtsbehörde unverzüglich, spätestens sechs Wochen vor Beginn des Vollzugs, schriftlich anzuzeigen. Aus der Anzeige muss zu ersehen sein, ob die gesetzlichen Voraussetzungen erfüllt sind[176].

(2) Abs. 1 gilt für Entscheidungen über mittelbare Beteiligungen im Sinne von § 122 Abs. 5 entsprechend.

§ 127b Verbot des Missbrauchs wirtschaftlicher Machtstellung

Bei Unternehmen, für die kein Wettbewerb gleichartiger Unternehmen besteht, dürfen der Anschluss und die Belieferung nicht davon abhängig gemacht werden, dass auch andere Leistungen oder Lieferungen abgenommen werden.

Vierter Abschnitt: **Prüfungswesen**

§ 128 Prüfung des Jahresabschlusses

(1) Das Rechnungsprüfungsamt prüft den Jahresabschluss, den zusammengefassten Jahresabschluss und den Gesamtabschluss[177] mit allen Unterlagen daraufhin, ob
1. der Haushaltsplan eingehalten ist,
2. die einzelnen Rechnungsbeträge sachlich und rechnerisch vorschriftsmäßig begründet und belegt sind,
3. bei den Erträgen, Einzahlungen, Aufwendungen und Auszahlungen sowie bei der Vermögens- und Schuldenverwaltung nach den geltenden Vorschriften verfahren worden ist,
4. die Anlagen zum Jahresabschluss vollständig und richtig sind,
5. die Jahresabschlüsse nach § 112 ein den tatsächlichen Verhältnissen entsprechendes Bild der Vermögens-, Finanz- und Ertragslage der Gemeinde darstellen,

---

176 Zu dieser Anzeigepflicht vgl. Nr. I des vom HMdI am 29.8.2013 erstellten und zum Stand 7.2.2017 modifizierten Aufsichtsrasters (www.hmdi.hessen.de >Kommunales >Kommunale Wirtschaft >Recht der wirtschaftlichen Betätigung); zur Vorgeschichte dieses Aufsichtsrasters vgl. Fn. zu § 121 HGO.

177 Zu all diesen Abschlussvarianten vgl. §§ 112–112b. Zum Prüfungsstau bei den Rechnungsprüfungsämtern – nach dem Abbau des Aufstellungsstaus bei den Gemeinden – vgl. HMdIuS-Antworten v. 11.5.2020 (= LT-Drs. 20/2603) und v. 2.7.2020 (= LT-Drs. 20/2807).

6. ob die Berichte nach § 112 eine zutreffende Vorstellung von der Lage der Gemeinde vermitteln.

(2) Das Rechnungsprüfungsamt fasst das Ergebnis seiner Prüfung in einem Schlussbericht zusammen.

§ 129 Rechnungsprüfungsamt

Kreisfreie Städte und Sonderstatus-Städte müssen ein Rechnungsprüfungsamt einrichten, andere Gemeinden können es einrichten. Die Vorschriften des Gesetzes über kommunale Gemeinschaftsarbeit in der jeweils geltenden Fassung bleiben unberührt. In Gemeinden, für die kein Rechnungsprüfungsamt besteht, werden dessen Aufgaben durch das Rechnungsprüfungsamt des Landkreises wahrgenommen. Zum Ausgleich der Kosten, die dem Landkreis durch diese Prüfungstätigkeit entstehen, können Prüfungsgebühren erhoben werden.

§ 130 Rechtsstellung des Rechnungsprüfungsamts

(1) Das Rechnungsprüfungsamt ist bei der Durchführung von Prüfungen unabhängig. Der Gemeindevorstand kann keine Weisungen erteilen, die den Umfang, die Art und Weise oder das Ergebnis der Prüfung betreffen. Im Übrigen bleiben die Befugnisse des Gemeindevorstands und des Bürgermeisters unberührt.

(2) Die Gemeindevertretung kann sich des Rechnungsprüfungsamts bedienen, bestimmte Prüfungsaufträge erteilen und unmittelbare Auskünfte verlangen.

(3) Zur Bestellung des Leiters des Rechnungsprüfungsamts ist die Zustimmung der Gemeindevertretung erforderlich. Das Gleiche gilt für die Abberufung und für das Verbot der Führung der Dienstgeschäfte nach § 49 Abs. 1 des Hessischen Beamtengesetzes. Der Leiter und die Prüfer des Rechnungsprüfungsamts dürfen eine andere Stellung in der Gemeinde nur innehaben, wenn dies mit ihren Prüfungsaufgaben vereinbar ist.

(4) Zum Leiter des Rechnungsprüfungsamts soll nur bestellt werden, wer eine gründliche Erfahrung im Kommunalwesen, insbesondere auf dem Gebiet des gemeindlichen Haushalts-, Kassen- und Rechnungswesens, besitzt. Der Leiter des Rechnungsprüfungsamts darf mit dem Vorsitzenden der Gemeindevertretung, dem Bürgermeister und den Beigeordneten weder bis zum dritten Grade verwandt noch bis zum zweiten Grade ver-

schwägert[178] oder durch Ehe oder durch eingetragene Lebenspartnerschaft verbunden sein. Im Übrigen gilt § 110 Abs. 3 Satz 2 und Abs. 4 entsprechend.

(5) Der Leiter und die Prüfer des Rechnungsprüfungsamts dürfen Zahlungen weder anordnen noch ausführen.

§ 131 Aufgaben des Rechnungsprüfungsamts

(1) Das Rechnungsprüfungsamt hat folgende Aufgaben:
1. die Prüfung des Jahresabschlusses (§ 128),
2. die laufende Prüfung der Kassenvorgänge und Belege zur Vorbereitung der Prüfung des Jahresabschlusses,
3. die dauernde Überwachung der Kassen der Gemeinde und der Eigenbetriebe einschließlich der Sonderkassen sowie die Vornahme der regelmäßigen und unvermuteten Kassenprüfungen mit der Maßgabe, dass mit den Kassenprüfungen der Zahlstellen mit geringem Umsatz auch andere dafür geeignete Stellen der Gemeindeverwaltung beauftragt werden dürfen,
4. im Rahmen der Erfüllung der Aufgaben der Nr. 1 bis 4 zu prüfen, ob zweckmäßig und wirtschaftlich verfahren wird; dabei hat es die Umsetzung der Feststellungen der überörtlichen Prüfung kommunaler Körperschaften nach § 6 Abs. 1 Satz 3 sowie der allgemeinen Feststellungen nach § 6 Abs. 3 Satz 1 des Gesetzes zur Regelung der überörtlichen Prüfung kommunaler Körperschaften in Hessen vom 22. Dezember 1993 (GVBl. I S. 708), zuletzt geändert durch Gesetz vom 7. Mai 2020 (GVBl. S. 318), zu berücksichtigen.

Satz 1 gilt entsprechend für Anstalten öffentlichen Rechts, die durch Gemeinden oder mit gemeindlicher Beteiligung errichtet worden sind, mit Ausnahme der Sparkassen.

(2) Der Gemeindevorstand, der Bürgermeister, der für die Verwaltung des Finanzwesens bestellte Beigeordnete und die Gemeindevertretung können dem Rechnungsprüfungsamt weitere Aufgaben übertragen, insbesondere
1. die Prüfung der Vorräte und Vermögensbestände,
2. die Prüfung von Anordnungen vor ihrer Zuleitung an die Kasse,
3. die Prüfung von Auftragsvergaben,
4. die Prüfung der Verwaltung auf Zweckmäßigkeit und Wirtschaftlichkeit,

---

178 §§ 1589 f. BGB.

5. die Prüfung der Wirtschaftsführung der Eigenbetriebe,
6. die Prüfung der Betätigung der Gemeinde bei Unternehmen in einer Rechtsform des privaten Rechts, an denen die Gemeinde beteiligt ist,
7. die Kassen-, Buch- und Betriebsprüfung, die sich die Gemeinde bei einer Beteiligung, bei der Hingabe eines Kredits oder sonst vorbehalten hat.

(3) Das Rechnungsprüfungsamt unterstützt die überörtliche Prüfung kommunaler Körperschaften insbesondere mit Daten und Informationen zur Vorbereitung von Empfehlungen allgemeiner Bedeutung im Sinne des § 6 Abs. 3 Satz 1 des Gesetzes zur Regelung der überörtlichen Prüfung kommunaler Körperschaften in Hessen.

§ 132 Überörtliche Prüfung, Prüfung der Wirtschaftsbetriebe

(1) Die überörtliche Prüfung des Haushalts-, Kassen-, Rechnungswesens und der Wirtschaftlichkeit der Verwaltung wird durch besonderes Gesetz geregelt[179].

(2) Die für die Prüfung der wirtschaftlichen Unternehmen der Gemeinden bestehenden besonderen gesetzlichen Vorschriften bleiben unberührt.

§ 133 Zulassung von Ausnahmen

Das für das Kommunalrecht zuständige Ministerium kann im Interesse der Weiterentwicklung des kommunalen Haushalts- und Rechnungswesens im Einzelfall von den Regelungen über die Haushaltssatzung, den Haushaltsplan, den Stellenplan, die Jahresrechnung, den Jahresabschluss, die örtliche Rechnungsprüfung, zum Gesamtdeckungsprinzip, zur Deckungsfähigkeit und zur Buchführung sowie zu anderen Regelungen, die hiermit im Zusammenhang stehen, Ausnahmen zulassen. Dies gilt auch für die nach § 154 erlassenen Regelungen. Die Ausnahmegenehmigung kann unter Bedingungen und Auflagen erteilt werden.

---

179 Gesetz zur Regelung der überörtlichen Prüfung kommunaler Körperschaften in Hessen (ÜPKKG).

Fünfter Abschnitt: **Gemeinsame Vorschriften**

§ 134 Unwirksame und nichtige Rechtsgeschäfte

(1) Rechtsgeschäfte, die ohne die aufgrund dieses Gesetzes erforderliche Genehmigung der Aufsichtsbehörde abgeschlossen werden, sind unwirksam.

(2) Rechtsgeschäfte, die gegen das Verbot des § 92 Abs. 2 Satz 3, des § 103 Abs. 1 Satz 4 und Abs. 8, des § 104 Abs. 1 oder des § 127b verstoßen, sind nichtig.

Siebenter Teil: **Aufsicht**

§ 135 Umfang der Aufsicht

Die Aufsicht des Staates über die Gemeinden soll sicherstellen, dass die Gemeinden im Einklang mit den Gesetzen verwaltet und dass die im Rahmen der Gesetze erteilten Weisungen (§ 4) befolgt werden. Die Aufsicht soll so gehandhabt werden, dass die Entschlusskraft und die Verantwortungsfreudigkeit der Gemeinden nicht beeinträchtigt werden[180].

§ 136 Aufsichtsbehörde

(1) Aufsichtsbehörde der Landeshauptstadt Wiesbaden und der Stadt Frankfurt am Main ist der Minister des Innern.

(2) Aufsichtsbehörde der sonstigen kreisfreien Städte und Sonderstatus-Städte ist der Regierungspräsident, obere Aufsichtsbehörde der Minister des Innern. Der Minister des Innern kann seine Befugnisse als obere Aufsichtsbehörde auf nachgeordnete Behörden übertragen.

(3) Aufsichtsbehörde der übrigen Gemeinden ist der Landrat als Behörde der Landesverwaltung[181], obere Aufsichtsbehörde der Regierungspräsident.

---

180 Vgl. § 11.

181 Zum Landrat als Behörde der Landesverwaltung vgl. §§ 1 Abs. 2, 55 ff. HKO. Der Landrat als Behörde der Landesverwaltung soll bei der Aufsicht über die kreisangehörigen Gemeinden vor wichtigen Entscheidungen den Kreisausschuss hören (§ 55 Abs. 4 HKO).

---

§ 4 S. 1 des Hess. Kommunalen Schutzschirmgesetzes v. 14.5.2012 (GVBl. S. 128) normiert allerdings ausdrücklich eine Abweichung von § 136 Abs. 3 HGO. Danach wurde für die Finanzaufsicht, insbesondere für die in § 97a HGO genannten aufsichtsbehördlichen Genehmigungen, in den kreisangehörigen Gemeinden mit bis zu 50.000 Einwohnern, die als besonders finanzschwach und konsolidierungsbedürftig eine finanzielle Hilfe des Landes zwecks Rückkehr zu einem dauerhaft ausgeglichenen Haushalt in Anspruch genommen haben (**Schutzschirmgemeinden**), unmittelbar der Regierungspräsident zuständig. Die Rückkehr unter die ganzheitliche Aufsichtszuständigkeit der Landräte hängt in der Sache von einem nachhaltigen Zurückfinden zu einem ausgeglichenen Haushalt (§ 4 S. 2 SchSG) und in der Form von einer entsprechenden Bekanntmachung im StAnz. ab (§ 4 S. 3 SchSG). Für die folgenden 55 Schutzschirmgemeinden ist die Kommunalaufsicht zum Stand 31.12.2020 noch geteilt, m. a. W. sie sind noch von der Hochzonung der (präventiven) Finanzaufsicht gem. § 4 Abs. 3 S. 3 SchuSG betroffen:

im Bereich des Regierungspräsidiums Darmstadt:
1. Hirschhorn (Neckar) (LK Bergstraße) gem. StAnz. 2013 S. 470
2. Lautertal (Odenwald) (LK Bergstraße) gem. StAnz. 2013 S. 470
3. Nauheim (LK Groß-Gerau) gem. StAnz. 2013 S. 436
4. Steinbach (Taunus) (Hochtaunuskreis) gem. StAnz. 2013 S. 436
5. Bad Orb (Main-Kinzig-Kreis) gem. StAnz. 2013 S. 470
6. Brachttal (Main-Kinzig-Kreis) gem. StAnz. 2013 S. 436
7. Langenselbold (Main-Kinzig-Kreis) gem. StAnz. 2013 S. 436
8. Erbach (Odenwaldkreis) gem. StAnz. 2013 S. 470
9. Dietzenbach (LK Offenbach) gem. StAnz. 2013 S. 546
10. Egelsbach (LK Offenbach) gem. StAnz. 2013 S. 436
11. Bad Schwalbach (Rheingau-Taunus-Kreis) gem. StAnz. 2013 S. 470
12. Eltville am Rhein (Rheingau-Taunus-Kreis) gem. StAnz. 2013 S. 254
13. Kiedrich (Rheingau-Taunus-Kreis) gem. StAnz. 2013 S. 254
14. Lorch (Rheingau-Taunus-Kreis) gem. StAnz. 2013 S. 254
15. Oestrich-Winkel (Rheingau-Taunus-Kreis) gem. StAnz. 2013 S. 296
16. Rüdesheim am Rhein (Rheingau-Taunus-Kreis) gem. StAnz. 2013 S. 436
17. Schlangenbad (Rheingau-Taunus-Kreis) gem. StAnz. 2013 S. 470
18. Gedern (Wetteraukreis) gem. StAnz. 2013 S. 436
19. Glauburg (Wetteraukreis) gem. StAnz. 2013 S. 470
20. Karben (Wetteraukreis) gem. StAnz. 2013 S. 254

im Bereich des Regierungspräsidiums Gießen:
21. Allendorf (Lumda) (LK Gießen) gem. StAnz. 2013 S. 254
22. Hungen (LK Gießen) gem. StAnz.2013 S. 254
23. Laubach (LK Gießen) gem. StAnz. 2013 S. 436
24. Staufenberg (LK Gießen) gem. StAnz. 2013 S. 296

25. Sinn (Lahn-Dill-Kreis) gem. StAnz. 2013 S. 436
26. Löhnberg (LK Limburg-Weilburg) gem. StAnz. 2013 S. 436
27. Merenberg (LK Limburg-Weilburg) gem. StAnz. 2013 S. 436
28. Alsfeld (Vogelsbergkreis) gem. StAnz. 2013 S. 254
29. Antrifttal (Vogelsbergkreis) gem. StAnz. 2013 S. 470
30. Lauterbach (Hessen) (Vogelsbergkreis) gem. StAnz. 2013 S. 254

im Bereich des Regierungspräsidiums Kassel:
31. Cornberg (LK Hersfeld-Rotenburg) gem. StAnz. 2013 S. 436
32. Hohenroda (LK Hersfeld-Rotenburg) gem. StAnz. 2013 S. 436
33. Kirchheim (LK Hersfeld-Rotenburg) gem. StAnz. 2013 S. 370
34. Nentershausen (LK Hersfeld-Rotenburg) gem. StAnz. 2013 S. 436
35. Ronshausen (LK Hersfeld-Rotenburg) gem. StAnz. 2013 S. 436
36. Bad Karlshafen (LK Kassel) gem. StAnz. 2013 S. 436
37. Bad Emstal (LK Kassel) gem. StAnz. 2013 S. 436
38. Fuldatal (LK Kassel) gem. StAnz. 2013 S. 436
39. Helsa (LK Kassel) gem. StAnz. 2013 S. 436
40. Trendelburg (LK Kassel) gem. StAnz. 2013 S. 296
41. Borken (Hessen) (Schwalm-Eder-Kreis) gem. StAnz. 2013 S. 254
42. Frielendorf (Schwalm-Eder-Kreis) gem. StAnz. 2013 S. 17
43. Neuental (Schwalm-Eder-Kreis) gem. StAnz. 2013 S. 470
44. Frankenau (LK Waldeck-Frankenberg) gem. StAnz. 2013 S. 296
45. Hatzfeld (Eder) (LK Waldeck-Frankenberg) gem. StAnz. 2013 S. 296
46. Volksmarsen (LK Waldeck-Frankenberg) gem. StAnz. 2013 S. 254
47. Willingen (Upland) (LK Waldeck-Frankenberg) gem. StAnz. 2013 S. 254
48. Bad Sooden-Allendorf (Werra-Meißner-Kreis) gem. StAnz. 2013 S. 254
49. Berkatal (Werra-Meißner-Kreis) gem. StAnz. 2013 S. 370
50. Herleshausen (Werra-Meißner-Kreis) gem. StAnz. 2013 S. 254
51. Hessisch Lichtenau (Werra-Meißner-Kreis) gem. StAnz. 2013 S. 470
52. Meinhard (Werra-Meißner-Kreis) gem. StAnz. 2013 S. 370
53. Ringgau (Werra-Meißner-Kreis) gem. StAnz. 2013 S. 470
54. Waldkappel (Werra-Meißner-Kreis) gem. StAnz. 2013 S. 436
55. Weißenborn (Werra-Meißner-Kreis) gem. StAnz. 2013 S. 254

Die Schutzschirmgemeinden dürfen nicht gleichgesetzt werden mit den „finanzschwachen" Gemeinden i. S. v. § 6 Abs. 1 des (Bundes-)Gesetzes zur Förderung von Investitionen finanzschwacher Kommunen ... vom 24.6.2015 (BGBl. I S. 974). Der Kreis der solchermaßen unterstützungswürdigen Gemeinden ist bedeutend größer: Gleich 244 Gemeinden in Hessen sind als finanzschwach i. S. dieses Bundeszuschussprogramms angesehen worden (vgl. KIPG vom 25.11.2015): Ihnen falle die Finanzierung von Investitionen häufig nicht leicht, wodurch eine Verfestigung von regionalen Disparitäten zu befürchten sei (vgl. LT-Drs. 19/2417 und 19/2569). Der

(4) Oberste Aufsichtsbehörde ist der Minister des Innern[182].

(5) Ist in einer vom Landrat als Behörde der Landesverwaltung als Aufsichtsbehörde zu entscheidenden Angelegenheit der Landkreis zugleich als Gemeindeverband beteiligt, entscheidet die obere Aufsichtsbehörde.

Begriff der „finanzschwachen Gemeinden (und Gemeindeverbände)" wurde zeitweise sogar im Grundgesetz erwähnt (**Art. 104c GG** v. 13.7.2017, in BGBl. I S. 2347, bis zur Neufassung durch das Änderungsgesetz v. 28.3.2019, in BGBl. S. 404). Der Bund hat auf dieser Grundlage dem KInvG einen zweiten Teil über die finanzielle Förderung von finanzschwachen „Schulträger-Kommunen" angefügt (Kommunalinvestitionsprogramm II). Gem. § 10 KInvFG stellt der Bund dem Land Hessen Hilfsmittel für 25 Kommunen mit Schulträgereigenschaft (überwiegend Landkreise, aber auch Gemeinden, vgl. GVBl. 2017 S. 290, 293 und LT-Drs. 19/4828 S. 8) zur Verfügung. Das Land Hessen gewährt aus eigenen Mitteln den nicht-finanzschwachen Schulträger-Kommunen eine Hilfe zu Investitionen im Bereich der Bildungsinfrastruktur (GVBl. 2017 S. 290).
Auch eine Gleichsetzung mit den **Hessenkasse-Gemeinden** ist zu vermeiden. Mit dem gleichnamigen Programm zur Übernahme der kommunalen Kassenkredite aus dem Jahr 2018 (GVBl. S. 59) hilft das Land 165 Gemeinden (und 13 Landkreisen) bei der Lösung ihrer Altschulden-Problematik (>Finanzen >Hessenkasse). Eine Verwechslung mit den 242 **finanz- oder strukturschwachen** Gemeinden, die an diesem Entschuldungsprogramm nicht partizipieren, weil sie ihre stetige Zahlungsfähigkeit ohne die Inanspruchnahme von Kassenkrediten gewährleistet haben und gewährleisten, gleichzeitig aber am mit der Hessenkasse verbundenen Investitionsförderungs-Programm teilnehmen können, ist ebenfalls auszuschließen. Im Ergebnis sind nur 14 Gemeinden, die besonders reich und dauerhaft **abundant** sind, also über viele Jahre hinweg überdurchschnittliche Einnahmen erzielt haben (Dieburg, Bad Homburg v. d. H., Königstein im Taunus, Kronberg im Taunus, Oberursel (Taunus), Biebergemünd, Bad Soden am Taunus, Eschborn, Schwalbach am Taunus, Sulzbach (Taunus), Walluf, Dietzhölztal, Stadtallendorf und Allendorf (Eder), von jeglicher Unterstützung im Rahmen der Hessenkasse ausgeschlossen; die Städte Wiesbaden und Frankfurt am Main haben als Schulträger profitiert.

182 Das Innenministerium berät allerdings seit Mitte des Jahres 2015 unmittelbar auch kreisangehörige Gemeinden – auf Wunsch – im Bereich der Haushaltspolitik, insbesondere zu Wegen (zurück) zum ausgeglichenen Haushalt. Eine „**Beratungsstelle für Nicht-Schutzschirmkommunen im Bereich der Haushaltspolitik** und Kompetenzzentrum für interkommunale Zusammenarbeit" wurde eingerichtet (www.bnsk-hessen.de). Die Stabstelle ist direkt dem Staatssekretär unterstellt und damit organisatorisch von der Finanzaufsicht getrennt (vgl. Pressemeldungen des HMdI vom 2.6.2015: „Neue Stabsstelle berät Städte und Gemeinden bei Fragen zum kommunalen Finanzhaushalt", vom 21.9.2017 „Für eine generationengerechte Haushaltspolitik" und vom 17.9.2018: „Land hilft

Sind an Angelegenheiten, die nach diesem Gesetz der Genehmigung oder der Entscheidung der Aufsichtsbehörde bedürfen, Gemeinden mehrerer Landkreise oder Regierungsbezirke beteiligt, ist die gemeinsame nächst höhere Aufsichtsbehörde oder die von dieser bestimmte Aufsichtsbehörde zuständig.

§ 137 Unterrichtung

Die Aufsichtsbehörde kann sich jederzeit über die Angelegenheiten der Gemeinde unterrichten; sie kann an Ort und Stelle prüfen und besichtigen, Berichte anfordern sowie Akten und sonstige Unterlagen einsehen. Sie kann an den Sitzungen der Gemeindevertretung, ihrer Ausschüsse, des Gemeindevorstands und des Ortsbeirats teilnehmen; sie kann auch verlangen, dass diese Organe und Hilfsorgane zur Behandlung einer bestimmten Angelegenheit einberufen werden.

§ 138 Beanstandung

Die Aufsichtsbehörde kann Beschlüsse und Anordnungen der Gemeindevertretung, ihrer Ausschüsse, des Gemeindevorstands und des Ortsbeirats, die das Recht verletzen, innerhalb von sechs Monaten nach der Beschlussfassung aufheben und verlangen, dass Maßnahmen, die aufgrund derartiger Beschlüsse getroffen worden sind, rückgängig gemacht werden.

§ 139 Anweisungen

Erfüllt die Gemeinde die ihr gesetzlich obliegenden Pflichten oder Aufgaben nicht, so kann die Aufsichtsbehörde die Gemeinde anweisen, innerhalb einer bestimmten Frist das Erforderliche zu veranlassen.

---

den Kommunen aktiv bei der Zukunftsgestaltung – zum 100. NSK-Beratungsgespräch"). Operativ wird die Beratung von dem Landesbeauftragten für Wirtschaftlichkeit in der Verwaltung durchgeführt (vgl. HMdF-Erlass v. 11.12.2015, in StAnz 2016 S. 149). Zum bisherigen Verlauf und Erfolg dieser Beratungstätigkeit vgl. Wallmann, in der gemeindehaushalt 2016 S. 221; Koch, in HSGZ 2017 S. 302, Spandau/Gnädinger, in HSGZ 2018 S. 247 sowie in innovative Verwaltung 2019 S. 42 sowie Heck, in HSGZ 2020 S. 109 und KOPO 2020 Heft 6 S. 39.

§ 140 Ersatzvornahme

Kommt die Gemeinde einer Anweisung der Aufsichtsbehörde nicht innerhalb der ihr gesetzten Frist nach, kann die Aufsichtsbehörde anstelle der Gemeinde das Erforderliche anordnen und auf deren Kosten selbst durchführen oder durch einen Dritten durchführen lassen.

§ 141 Bestellung eines Beauftragten

Wenn und solange der ordnungsmäßige Gang der Verwaltung der Gemeinde es erfordert und die Befugnisse der Aufsichtsbehörde nach den §§ 137 bis 140 nicht ausreichen, kann die obere Aufsichtsbehörde Beauftragte bestellen, die alle oder einzelne Aufgaben der Gemeinde auf ihre Kosten wahrnehmen. Der Beauftragte steht in einem öffentlich-rechtlichen Amtsverhältnis, auf das die Vorschriften für Beamte auf Widerruf entsprechend anzuwenden sind. Der Minister des Innern kann für bestimmte Fälle oder für bestimmte Arten von Fällen die Befugnisse der oberen Aufsichtsbehörde auf die Aufsichtsbehörde übertragen.

§ 141a Auflösung der Gemeindevertretung

(1) Die Aufsichtsbehörde hat eine Gemeindevertretung aufzulösen, wenn diese dauernd beschlussunfähig ist.

(2) Die obere Aufsichtsbehörde kann eine Gemeindevertretung auflösen, wenn eine ordnungsmäßige Erledigung der Aufgaben der Gemeinde auf andere Weise nicht gesichert werden kann.

§ 141b Selbsteintritt der höheren Aufsichtsbehörde

Kommt die Aufsichtsbehörde einer Anweisung der höheren Aufsichtsbehörde nicht innerhalb einer bestimmten Frist nach, kann die höhere Aufsichtsbehörde anstelle der Aufsichtsbehörde die Befugnisse nach den §§ 137 bis 140 ausüben.

§ 142 Rechtsmittel

Gegen Anordnungen der Aufsichtsbehörde ist die Anfechtungsklage nach Maßgabe der Verwaltungsgerichtsordnung gegeben[183].

§ 143 Genehmigung

(1) Die Genehmigung der Aufsichtsbehörde ist schriftlich zu erteilen; die elektronische Form ist ausgeschlossen. Satzungen, Beschlüsse und sonstige Maßnahmen der Gemeinden, die der Genehmigung der Aufsichtsbehörde bedürfen, werden – unbeschadet weiterer Wirksamkeitsvoraussetzungen – erst mit der Erteilung der Genehmigung wirksam. Die Genehmigung gilt als erteilt, wenn die Aufsichtsbehörde nicht innerhalb von drei Monaten nach Eingang des Antrags die Genehmigung ablehnt, die Genehmigung nach § 112 Abs. 10 zurückstellt oder dem Antragsteller schriftlich mitteilt, welche Gründe einer abschließenden Entscheidung über den Genehmigungsantrag entgegenstehen.

(2) Die Landesregierung kann durch Verordnung Satzungen, Beschlüsse und sonstige Maßnahmen der Gemeinden, die der Genehmigung der Aufsichtsbehörde bedürfen, von der Genehmigung allgemein oder unter bestimmten Voraussetzungen freistellen und dafür die vorherige Anzeige an die Aufsichtsbehörde vorschreiben.

---

183 Will sich eine kreisangehörige Gemeinde gegen eine Anordnung des Landrats als Behörde der Landesverwaltung (Aufsichtsbehörde nach § 136 Abs. 3 HGO, § 55 Abs. 2 HKO) gerichtlich zur Wehr setzen, muss sie vorher ein **Widerspruchsverfahren** durchlaufen: dieses hat die Besonderheit, dass der Devolutiveffekt ausgeschlossen ist, die Ausgangsbehörde also auch den Widerspruchsbescheid erlässt (§ 73 Abs. 1 S. 3 VwGO i. V. m. § 16a Abs. 4 HessAGVwGO); eine Anhörung vor dem beim Landrat als Behörde der Landesverwaltung gebildeten Widerspruchsausschuss findet allerdings nicht statt (§ 7 Abs. 5 HessAGVwGO).
Sonderstatusstädte müssen gegen Anordnungen des Regierungspräsidiums (Aufsichtsbehörde nach § 136 Abs. 2 HGO) vor Klageerhebung kein Widerspruchsverfahren (mehr) durchlaufen (§ 68 Abs. 1 S. 2 1. Alt. VwGO i. V. m. § 16a Abs. 2 HessAGVwGO).
Den Städten Wiesbaden und Frankfurt am Main stand gegen Anordnungen des HMdI (Aufsichtsbehörde nach § 136 Abs. 1 HGO) schon immer auch ohne landesrechtliche Ausnahmevorschrift gem. § 68 Abs. 1 S. 2 2. Alt. Nr. 1 VwGO unmittelbar der Klageweg zum Verwaltungsgericht offen.

§ 144 *(weggefallen)*

§ 145 Schutzvorschrift

Andere Behörden und Stellen als die Aufsichtsbehörden (§ 136) können sich im Benehmen mit der Aufsichtsbehörde über Angelegenheiten der Gemeinde unterrichten, an Ort und Stelle prüfen und besichtigen sowie Berichte anfordern, soweit ihnen nach besonderer gesetzlicher Vorschrift ein solches Recht zusteht. Im Übrigen sind sie zu Eingriffen in die Gemeindeverwaltung nach den §§ 137 bis 141a nicht befugt.

§ 146 Insolvenz

Ein Insolvenzverfahren über das Vermögen der Gemeinde ist unzulässig[184].

Achter Teil

§ 146a *(aufgehoben)*

Neunter Teil: **Vereinigungen der Gemeinden und Gemeindeverbände**

§ 147 Verbindung der Kommunen zum Land

(1) Der Landtag und die Landesregierung wahren Verbindung mit den Vereinigungen, welche die Gemeinden und Gemeindeverbände zur Förderung ihrer Interessen bilden (Kommunale Spitzenverbände)[185]. Die Kommunalen Spitzenverbände beraten den Landtag und die Landesregierung in al-

---

184 Vgl. § 26 Abs. 1 HVwVG i. V. m. § 1 Abs. 1 HVwVG; vgl. jedoch § 26 Abs. 2 HVwVG zur Insolvenzfähigkeit von Sparkassen (§ 121 Abs. 9 HGO).

185 Hessischer Städte- und Gemeindebund, Mühlheim a. M.; Hessischer Städtetag, Wiesbaden; Hessischer Landkreistag, Wiesbaden; zur Mitgliedschaft in diesen Interessenverbänden vgl. § 126 Satz 2.

len Angelegenheiten, die die Belange der Gemeinden und Gemeindeverbände betreffen. Sie haben in solchen Angelegenheiten gegenüber der Landesregierung ein Vorschlagsrecht.

(2) Bei der Vorbereitung von Rechtsvorschriften des Landes, durch die die Belange der Gemeinden und Gemeindeverbände berührt werden, sind diese durch ihre Spitzenverbände nach Maßgabe des Gesetzes über die Sicherung der kommunalen Selbstverwaltung bei der Gesetzgebung[186] in Hessen zu beteiligen.

Zehnter Teil: **Übergangs- und Schlussvorschriften**

§ 148 Maßgebliche Einwohnerzahl

(1) In den Fällen des § 38 Abs. 1 und § 84 Satz 1 ist maßgebend die Einwohnerzahl, die für den letzten Termin vor der Bestimmung des Wahltages, im Übrigen die Einwohnerzahl, die für den letzten Termin vor Beginn des jeweiligen Haushaltsjahres vom Hessischen Statistischen Landesamt festgestellt und veröffentlicht worden ist.

(2) Ist für die Zuständigkeit einer Gemeinde eine Mindesteinwohnerzahl maßgebend, bleibt die Zuständigkeit auch bei einem Rückgang der Einwohnerzahl erhalten; sie erlischt, wenn die Mindesteinwohnerzahl um mehr als zehn Prozent unterschritten wird.

§ 149 Übergangsvorschriften

(1) Die in § 4a Abs. 1 Satz 2 genannte Einwohnergrenze gilt nicht für die Stadt Hanau.

(2) Für Direktwahlen und Bürgerentscheide, deren Wahl- oder Abstimmungstag vor dem 16. Mai 2020 bestimmt und öffentlich bekannt gemacht worden ist, gilt § 30 Abs. 1 Satz 1 Nr. 3 in der bis zum 15. Mai 2020 geltenden Fassung fort.

(3) § 36a Abs. 1 Satz 4 in der bis zum 15. Mai 2020 geltenden Fassung gilt für die am 6. März 2016 gewählten Gemeindevertretungen bis zum Ende ihrer Wahlzeit am 31. März 2021 fort.

---

186 BeteiligungsG.

(4) § 37 in der bis zum 15. Mai geltenden Fassung gilt für die am 29. November 2015 gewählten Ausländerbeiräte sowie für die am 6. März 2016 gewählten Gemeindevertretungen und Ortsbeiräte bis zum Ende ihrer Wahlzeit am 31. März 2021 fort.

(5) Die Möglichkeit nach § 84 Satz 3, die Verpflichtung zur Einrichtung eines Ausländerbeirats durch die Bildung einer Integrations-Kommission abzulösen, besteht erstmals für die am 1. April 2021 beginnende Wahlzeit der Ausländerbeiräte. Macht eine Gemeinde von dieser Befugnis Gebrauch, so ist abweichend von § 6 Abs. 2 Satz 2 die Streichung der Bestimmungen über den Ausländerbeirat in der Hauptsatzung auch nach dem 31. März 2020 zulässig.

(6) Abweichend von § 86 Abs. 1 Satz 1 in der bis zum 15. Mai 2020 geltenden Fassung endet die Wahlzeit der am 29. November 2015 gewählten Ausländerbeiräte erst mit Ablauf des 31. März 2021.

(7) Die Verpflichtungen nach § 86 Abs. 1 Satz 5 und 6, eine Integrations-Kommission einzusetzen, wenn die Ausländerbeiratswahl mangels Wahlvorschlägen oder Bewerbern ausfällt oder der Ausländerbeirat im Laufe seiner Wahlzeit weniger als drei Mitglieder hat, gelten erstmals für die am 1. April 2021 beginnende Wahlzeit der Ausländerbeiräte.

§§ 150 bis 152 *(weggefallen)*

§ 153 Weitergeltung bisheriger Vorschriften

(1) Bis zum Erlass neuer Vorschriften bleiben in Kraft:
a) und b) (gegenstandslos)
c) die Verordnung über gemeindefreie Grundstücke und Gutsbezirke vom 15. November 1938 (RGBl. I S. 1631),
d) und e) (gegenstandslos)

(2) bis (7) (gegenstandslos).

§ 154 Überleitungs- und Durchführungsbestimmungen

(1) Die Landesregierung kann Überleitungsvorschriften erlassen.

(2) Der Minister des Innern erlässt die Durchführungsvorschriften zu diesem Gesetz.

(3) Der Minister des Innern kann im Einvernehmen mit dem Minister der Finanzen durch Rechtsverordnung[187] regeln:

1. Inhalt und Gestaltung des Haushaltsplans, der mittelfristigen Ergebnis- und Finanzplanung und des Investitionsprogramms sowie die Haushaltsführung, die Haushaltsüberwachung und die Haushaltssicherung; dabei kann bestimmt werden, dass Einzahlungen und Auszahlungen, deren Kosten ein Dritter trägt oder die von einer zentralen Stelle angenommen oder ausgezahlt werden, nicht im Haushalt der Gemeinde abzuwickeln sind und dass für Sanierungs-, Entwicklungs- und Umlegungsmaßnahmen Sonderrechnungen zu führen sind,
2. die Veranschlagung von Erträgen, Aufwendungen, Einzahlungen, Auszahlungen und Verpflichtungsermächtigungen für einen vom Haushaltsjahr abweichenden Wirtschaftszeitraum,
3. die Bildung einer Liquiditätsreserve sowie die Bildung, vorübergehende Inanspruchnahme und Verwendung von Rücklagen und Rückstellungen,
4. die Erfassung, den Nachweis, die Bewertung, die Fortschreibung und die Abschreibung der Vermögensgegenstände und der Schulden,
5. die Geldanlagen und ihre Sicherung,
6. die Ausschreibung von Lieferungen und Leistungen sowie die Vergabe von Aufträgen,
7. die Stundung und Niederschlagung sowie den Erlass von Ansprüchen und die Behandlung von Kleinbeträgen,
8. Inhalt und Gestaltung des Jahresabschlusses, des konsolidierten Jahresabschlusses und des Gesamtabschlusses sowie den Ausgleich von Fehlbeträgen,
9. die Aufgaben und Organisation der Gemeindekasse und der Sonderkassen, deren Beaufsichtigung und Prüfung sowie die Abwicklung des Zahlungsverkehrs und die Buchführung,
10. die Anwendung der Vorschriften für das Haushalts- und Rechnungswesen nach den Grundsätzen der doppelten Buchführung,
11. die Besetzung von Stellen mit Beamten und Arbeitnehmern.

(4) Die Ermächtigung nach Abs. 3 schließt die Befugnis ein, zur Vergleichbarkeit der Haushalte Muster für verbindlich zu erklären, insbesondere für

1. die Haushaltssatzung und ihre Bekanntmachung,
2. die Gliederung und Gruppierung des Haushaltsplans und des Finanzplans,

187 GemHVO; GemKVO; InvestitionszuwendungsVO v. 8.3.2007 (GVBl. I S. 241).

3. die Beschreibung und Gliederung der Produktbereiche und Produktgruppen,
4. die Form des Haushaltsplans und seiner Anlagen, des Finanzplans und des Investitionsprogramms,
5. die Gliederung, Gruppierung und Form der Vermögensnachweise,
6. die Zahlungsanordnungen, die Buchführung, den Kontenrahmen, den Jahresabschluss, den konsolidierten Jahresabschluss sowie den Gesamtabschluss und deren Anlagen,
7. die Kosten- und Leistungsrechnung.

§ 155[188] In-Kraft-Treten

(1) Dieses Gesetz tritt unbeschadet der Vorschriften in Abs. 2 bis 5 am 5. Mai 1952 in Kraft. Gleichzeitig treten alle Bestimmungen des bisherigen Rechts außer Kraft, die den Vorschriften dieses Gesetzes entgegenstehen. Insbesondere treten außer Kraft:
a) bis d) (gegenstandslos)

(2) Die Vorschriften der §§ 29 bis 38 treten am Tage nach der Verkündung in Kraft.

(3) bis (5) (gegenstandslos)

§ 156 *(aufgehoben)*[189]

188 Die Vorschrift betrifft das Inkrafttreten des Gesetzes in seiner ursprünglichen Fassung vom 25.2.1952.

189 Die Vorschrift betraf die) mit der Kommunalrechtsnovelle 1999 eingeführte Befristung der HGO (zunächst zum 31.12.2005). Dieses „Verfallsdatum" wurde durch die Kommunalrechtsnovelle 2005 zunächst verlängert (zum 31.12.2011) und mit der Kommunalrechtsnovelle 2011 wieder aufgehoben.

E Hessische Landkreisordnung (HKO)

in der Fassung der Bekanntmachung[1] vom 7. März 2005 (GVBl. I S. 183), zuletzt geändert durch Gesetz vom 4. September 2020 (GVBl. S. 573)

Übersicht

1 Zu dieser Angabe der letzten amtlichen Veröffentlichung des vollständigen Gesetzestextes vgl. die entsprechende Anmerkung zur HGO.

Erster Teil: **Selbstverwaltung des Landkreises**

Erster Abschnitt: **Grundlagen der Kreisverfassung**

§ 1 Rechtsstellung der Landkreise

(1) Die Landkreise sind Gebietskörperschaften und Gemeindeverbände. Sie verwalten ihr Gebiet nach den Grundsätzen der gemeindlichen Selbstverwaltung[2].

(2) Das Gebiet des Landkreises bildet zugleich den Bezirk der unteren Behörde der Landesverwaltung[3].

§ 2 Wirkungsbereich

(1) Die Landkreise nehmen in ihrem Gebiet, soweit die Gesetze nichts anderes bestimmen, diejenigen öffentlichen Aufgaben wahr, die über die Leistungsfähigkeit der kreisangehörigen Gemeinden hinausgehen. Sie fördern die kreisangehörigen Gemeinden in der Erfüllung ihrer Aufgaben, ergänzen durch ihr Wirken die Selbstverwaltung der Gemeinden und tragen zu einem gerechten Ausgleich der unterschiedlichen Belastung der Gemeinden bei. Sie sollen sich auf diejenigen Aufgaben beschränken, die der einheitlichen Versorgung und Betreuung der Bevölkerung des ganzen Landkreises oder eines größeren Teils des Landkreises dienen.

(2) Die vorhandenen Sonderverwaltungen sind möglichst aufzulösen; sie sind, wenn sie nicht auf die Gemeindeverwaltung überführt werden, auf die Kreisverwaltungen zu überführen. Neue Sonderverwaltungen sollen grundsätzlich nicht errichtet werden.

§ 3 Neue Pflichten

Neue Pflichten können den Landkreisen nur durch Gesetz auferlegt werden; dieses hat gleichzeitig die Aufbringung der Mittel zu regeln[4]. Eingriffe in die Rechte der Landkreise sind nur durch Gesetz zulässig. Verordnungen zur Durchführung solcher Gesetze bedürfen der Zustimmung des Ministers des Innern; dies gilt nicht für Verordnungen der Landesregierung.

---

2 Art. 28 Abs. 2 Satz 2 GG, Art. 134 Abs. 2 Hess. Verf.

3 „Landrat als Behörde der Landesverwaltung“, vgl. §§ 55 ff.

4 Vgl. Fußnote zu § 3 HGO.

§ 4 Weisungsaufgaben, Auftragsangelegenheiten

(1) Den Landkreisen können durch Gesetz Aufgaben zur Erfüllung nach Weisung übertragen werden; das Gesetz bestimmt die Voraussetzungen und den Umfang des Weisungsrechts und hat gleichzeitig die Aufbringung der Mittel zu regeln[5]. Die Weisungen sollen sich auf allgemeine Anordnungen beschränken und in der Regel nicht in die Einzelausführung eingreifen. Die Landkreise sind verpflichtet, die zur Erfüllung der Aufgaben erforderlichen Kräfte und Einrichtungen zur Verfügung zu stellen.

(2) Der Landrat[6] nimmt die Aufgaben als Kreisordnungsbehörde[7] als Auftragsangelegenheit wahr. Ihm können durch Gesetz weitere Aufgaben als Auftragsangelegenheit übertragen werden[8]; das Gesetz hat die Aufbringung der Mittel zu regeln. Die Landkreise sind verpflichtet, die zur Erfüllung der Aufgaben erforderlichen Kräfte und Einrichtungen zur Verfügung zu stellen. Der Landrat nimmt die Aufgaben in alleiniger Verantwortung wahr[9]. Die Zuständigkeit des Kreistages und des Kreisausschusses in haushalts-

---

5 Vgl. Fußnote zu § 4 Abs. 1 HGO.

6 Die Landkreise haben jeweils zwei Verwaltungsbehörden: normalerweise – bei Selbstverwaltungs- und Weisungsaufgaben – ist der Kreisausschuss die Verwaltungsbehörde des Landkreises (§ 41 Abs. 1). Die Behörde „Landrat" ist (lediglich) für die Ausführung der (besonders staatsnahen) Auftragsangelegenheiten zuständig.

7 Die Aufgaben, für deren Wahrnehmung die (Kreis-) Ordnungsbehörden sachlich zuständig sind, ergeben sich insbesondere aus § 1 HSOG-DVO i. V. m. § 89 Abs. 1 HSOG. Instanziell sind grundsätzlich die örtlichen Ordnungsbehörden zuständig (§ 89 Abs. 2 HSOG), jedoch sind abweichend von diesem Grundsatz in vielen Spezial-Verordnungen die Kreisordnungsbehörden mit der Aufgabenwahrnehmung betraut worden (vgl. z. B. § 1 der Verordnung über die Zuständigkeit der Ausländerbehörden v. 4.6.2018). Teilweise findet sich auch unmittelbar in einem Gesetz eine Aufgabenzuweisung an die Kreisordnungsbehörde, vgl. § 1 des Gesetzes zum Vollzug von Aufgaben auf den Gebieten des Veterinärwesens, der Lebensmittelüberwachung und der Ernährungssicherstellung und –vorsorge (VLEVollzG).

8 Vgl. § 25 HBKG zum Landrat als untere Katastrophenschutzbehörde; vgl. weiterhin § 1 des Gesetzes zum Vollzug von Aufgaben in den Bereichen der Landwirtschaft, der Landschaftspflege, der Dorf- und Regionalentwicklung und des ländlichen Tourismus, soweit es sich um Förderungsangelegenheiten handelt; siehe dort auch zur Zuständigkeit von 16 Landräten („Schwerpunkt-Landräten") über das Gebiet des jeweiligen Landkreises (§ 13 HKO) hinaus.

9 Die Kollegialorgane des Landkreises (§ 8) haben weder einen Mitwirkungsanspruch bei den Entscheidungen des Landrats im Rahmen von Auftragsangelegenheiten noch eine Überwachungsbefugnis (vgl. § 29 Abs. 2 S. 1).

und personalrechtlichen Angelegenheiten und die Bestimmungen des § 45 über die Abgabe von Verpflichtungserklärungen bleiben unberührt.

(3) In Auftragsangelegenheiten können die Fachaufsichtsbehörden dem ihrer Aufsicht unterstellten Landrat Weisungen auch im Einzelfall erteilen[10]. Wenn es den Umständen des Einzelfalls nach erforderlich ist, können die Aufsichtsbehörden die Befugnisse der ihrer Aufsicht unterstellten Behörde ausüben[11].

(4) Für die Bestimmung von hauptamtlichen Kreisbeigeordneten zu ständigen Vertretern der Landräte in anderen als ordnungsbehördlichen Auftragsangelegenheiten gilt § 85 Abs. 4 des Hessischen Gesetzes über die öffentliche Sicherheit und Ordnung entsprechend.

§ 4a Gleichberechtigung von Frau und Mann[12]

Die Verwirklichung des Verfassungsauftrages der Gleichberechtigung von Frau und Mann ist auch eine Aufgabe der Landkreise. Durch die Einrichtung von Frauenbüros oder vergleichbare Maßnahmen wird sichergestellt, dass die Verwirklichung dieses Auftrages auf der Kreisebene erfolgt. Dieser Aufgabenbereich ist von einer Frau wahrzunehmen und in der Regel einem hauptamtlichen Wahlbeamten zuzuordnen.

§ 4b Ausländerbeirat

(1) Der Landkreis kann einen Ausländerbeirat einrichten; die Einrichtung ist in der Hauptsatzung zu regeln.

(2) Die Zahl der Beiratsmitglieder, die Wahlzeit, das Wahlverfahren und die Anforderungen an die Mitgliedschaft im Beirat sind in der Hauptsatzung zu bestimmen.

(3) Für das Verfahren und die Rechtsstellung des Ausländerbeirats gelten die Vorschriften der §§ 87 und 88 der Hessischen Gemeindeordnung entsprechend.

(4) Die Mitglieder des Ausländerbeirats sind ehrenamtlich Tätige im Sinne des § 18 Abs. 1 Satz 1 mit der Maßgabe, dass die §§ 24 bis 26 und § 27 der Hessischen Gemeindeordnung entsprechend gelten.

---

10 Vgl. Fußnote zu § 4 Abs. 3 HGO.
11 Vgl. Fußnote zu § 4 Abs. 3 HGO.
12 Vgl. Fußnoten zu § 4b HGO.

§ 4c Beteiligung von Kindern und Jugendlichen

Der Landkreis soll bei Planungen und Vorhaben, die die Interessen von Kindern und Jugendlichen berühren, diese in angemessener Weise beteiligen. Hierzu soll der Landkreis über die in diesem Gesetz vorgesehene Beteiligung der Kreisangehörigen hinaus geeignete Verfahren entwickeln und durchführen.

§ 5 Satzungen

(1) Die Landkreise können ihre Angelegenheiten durch Satzung regeln, soweit gesetzlich nichts anderes bestimmt ist. Satzungen bedürfen der Genehmigung der Aufsichtsbehörde nur, soweit eine Genehmigung in den Gesetzen ausdrücklich vorgeschrieben ist.

(2) In den Satzungen können vorsätzliche und fahrlässige Zuwiderhandlungen gegen Gebote oder Verbote mit Geldbuße bedroht werden. Verwaltungsbehörde im Sinne des § 36 Abs. 1 Nr. 1 des Gesetzes über Ordnungswidrigkeiten ist der Kreisausschuss.

(3) Satzungen sind auszufertigen[13] und öffentlich bekannt zu machen. Sie treten, wenn kein anderer Zeitpunkt bestimmt ist, mit dem Tage nach der Bekanntmachung in Kraft.

(4) Für die Rechtswirksamkeit der Satzungen ist eine Verletzung der nach § 32 Satz 2 entsprechend geltenden Vorschriften der §§ 53, 56 und 58 der Hessischen Gemeindeordnung unbeachtlich, wenn sie nicht innerhalb von sechs Monaten nach der öffentlichen Bekanntmachung der Satzung schriftlich unter Bezeichnung der Tatsachen, die eine solche Rechtsverletzung der Satzung begründen können, gegenüber dem Kreisausschuss geltend gemacht worden ist. Die §§ 34 und 47 und die nach § 18 Abs. 1 Satz 1 und § 54 Abs. 1 entsprechend geltenden Vorschriften des § 25 Abs. 6 und des § 138 der Hessischen Gemeindeordnung bleiben unberührt.

§ 5a Hauptsatzung

(1) Jeder Landkreis hat eine Hauptsatzung zu erlassen. In der Hauptsatzung ist zu ordnen, was nach den Vorschriften dieses Gesetzes der Haupt-

13 Vgl. Fußnote zu § 5 HGO.

satzung vorbehalten ist; auch andere für die Verfassung des Landkreises wesentliche Fragen können in der Hauptsatzung geregelt werden.

(2) Die Beschlussfassung über die Hauptsatzung und ihre Änderung bedarf der Mehrheit der gesetzlichen Zahl der Kreistagsabgeordneten. Im letzten Jahr der Wahlzeit des Kreistags sollen keine wesentlichen Änderungen der Hauptsatzung vorgenommen werden.

§ 6 Öffentliche Bekanntmachungen

(1) Öffentliche Bekanntmachungen der Landkreise erfolgen in einer im Kreisgebiet verbreiteten, mindestens einmal wöchentlich erscheinenden Zeitung, in einem Amtsblatt oder im Internet.

(2) Der Minister des Innern bestimmt durch Rechtsverordnung[14] Näheres über Form und Verfahren der öffentlichen Bekanntmachungen. Er kann zulassen, dass für bestimmte Bekanntmachungen andere als die in Abs. 1 bezeichneten Formen festgelegt werden. Er kann die Aufnahme nichtamtlicher Nachrichten und Anzeigen in Amtsblättern untersagen oder beschränken.

(3) Der Landkreis regelt im Rahmen der Vorschriften der Abs. 1 und 2 die Form seiner öffentlichen Bekanntmachungen in der Hauptsatzung.

§ 7 Kreisangehörige

Kreisangehöriger ist, wer im Kreisgebiet seinen Wohnsitz hat.

§ 8 Organe

Der von den wahlberechtigten Kreisangehörigen gewählte Kreistag ist das oberste Organ des Landkreises; er trifft die wichtigen Entscheidungen und überwacht die gesamte Verwaltung. Die laufende Verwaltung besorgt der Kreisausschuss.

---

14 Vgl. Fußnote zu § 7 HGO.

§ 8a Beteiligung von Kindern, Jugendlichen, Beiräten, Kommissionen und Sachverständigen

Kindern und Jugendlichen können in ihrer Funktion als Vertreter von Kinder- oder Jugendinitiativen in den Organen des Landkreises und seinen Ausschüssen Anhörungs-, Vorschlags- und Redemöglichkeiten eingeräumt werden. Entsprechendes gilt für Vertreter von Beiräten, Kommissionen und für Sachverständige. Die zuständigen Organe des Landkreises können hierzu entsprechende Regelungen festlegen.

§ 9 Vermögen und Einkünfte

Der Landkreis hat sein Vermögen und seine Einkünfte so zu verwalten, dass die Kreisfinanzen gesund bleiben. Auf die wirtschaftliche Leistungsfähigkeit der Kreisangehörigen und Gemeinden ist Rücksicht zu nehmen.

§ 10 Aufsicht[15]

Die Aufsicht des Staates schützt die Landkreise in ihren Rechten und sichert die Erfüllung ihrer Pflichten.

§ 10a Funktionsbezeichnungen

Die Funktionsbezeichnungen dieses Gesetzes werden in weiblicher oder männlicher Form geführt.

Zweiter Abschnitt: **Name, Sitz und Hoheitszeichen**

§ 11 Name, Sitz

(1) Die Landkreise führen ihre bisherigen Namen. Die oberste Aufsichtsbehörde kann auf Antrag oder nach Anhörung des Landkreises den Namen ändern.

---

15 Art. 137 Abs. 3 HV; vgl. Fußnote zu § 11 HGO.

(2) Der Kreistag bestimmt mit einer Mehrheit von zwei Dritteln der gesetzlichen Zahl seiner Mitglieder den Sitz der Kreisverwaltung. Der Beschluss bedarf der Genehmigung der oberen Aufsichtsbehörde.

§ 12 Wappen, Flaggen, Dienstsiegel

(1) Die Landkreise führen ihre bisherigen Wappen und Flaggen. Sie sind berechtigt, diese zu ändern oder neue Wappen und Flaggen anzunehmen.

(2) Die Landkreise führen Dienstsiegel. Landkreise, die zur Führung eines Wappens berechtigt sind, führen dieses in ihrem Dienstsiegel. Die übrigen Landkreise führen in ihrem Dienstsiegel die Wappenfigur des Landes. Das Nähere bestimmt der Minister des Innern.

Dritter Abschnitt: **Kreisgebiet**

§ 13 Gebietsbestand

Das Kreisgebiet besteht aus den Gemeinden und aus den gemeindefreien Grundstücken, die nach geltendem Recht zum Landkreis gehören.

§ 14 Grenzänderung[16]

(1) Aus Gründen des öffentlichen Wohls können die Grenzen der Landkreise geändert werden. Die beteiligten Landkreise und Gemeinden sind vorher zu hören.

(2) Die Auflösung und Neubildung eines Landkreises sowie die Änderung der Grenzen eines Landkreises infolge Eingliederung oder Ausgliederung von Gemeinden bedürfen eines Gesetzes.

(3) Werden durch die Änderung von Gemeindegrenzen die Grenzen von Landkreisen berührt, so bewirkt die Änderung der Gemeindegrenzen auch die Änderung der Kreisgrenzen. Bei der Neubildung einer Gemeinde durch Vereinbarung mit Genehmigung der zuständigen Aufsichtsbehörde, durch die das Gebiet von Landkreisen betroffen wird, bestimmt die zuständige Aufsichtsbehörde, zu welchem Landkreis die neugebildete Gemeinde gehört.

---

16 Vgl. Fußnote zu § 16 HGO.

§ 15 Auseinandersetzung und Übergangsregelung

(1) In den Fällen des § 14 Abs. 2 werden die Rechtsfolgen und die Auseinandersetzung im Gesetz oder durch Verordnung geregelt. Das Gesetz kann dies auch der Regelung durch Vereinbarung (Grenzänderungsvertrag) der beteiligten Landkreise überlassen, die der Genehmigung der Aufsichtsbehörde bedarf.

(2) Kommt ein Grenzänderungsvertrag zwischen den beteiligten Landkreisen nicht zustande oder wird der Grenzänderungsvertrag von der Aufsichtsbehörde nicht genehmigt, so regelt diese das Erforderliche. Das Gleiche gilt, soweit der Grenzänderungsvertrag keine erschöpfende Regelung enthält.

(3) Im Fall des § 14 Abs. 3 Satz 2 und bei sonstigen Änderungen von Gemeindegrenzen durch Vereinbarung, durch die das Gebiet von Landkreisen betroffen wird, regeln die beteiligten Landkreise, soweit erforderlich, die Rechtsfolgen der Änderung ihrer Grenzen und die Auseinandersetzung durch Vereinbarung, die der Genehmigung der Aufsichtsbehörde bedarf. Abs. 2 gilt entsprechend.

(4) Die Genehmigung des Grenzänderungsvertrags und die Entscheidung der Aufsichtsbehörde über die Auseinandersetzung begründen Rechte und Pflichten der Beteiligten. Sie bewirken den Übergang, die Beschränkung oder Aufhebung von dinglichen Rechten. Die Aufsichtsbehörde ersucht die zuständigen Behörden um die Berichtigung der öffentlichen Bücher.

(5) Rechtshandlungen, die aus Anlass der Änderung des Kreisgebiets erforderlich werden, sind frei von öffentlichen Abgaben und Gebühren.

Vierter Abschnitt: **Landkreis und Kreisangehörige**

§ 16 Öffentliche Einrichtungen

Der Landkreis hat die Aufgabe, im Rahmen seines Wirkungsbereichs und in den Grenzen seiner Leistungsfähigkeit die für die Kreisangehörigen erforderlichen wirtschaftlichen, sozialen, sportlichen und kulturellen öffentlichen Einrichtungen bereitzustellen.

§ 17 Teilnahme an öffentlichen Einrichtungen und Kreislasten[17]

(1) Die Kreisangehörigen sind im Rahmen der bestehenden Vorschriften berechtigt, die öffentlichen Einrichtungen des Landkreises zu benutzen, und verpflichtet, zu den Lasten des Landkreises beizutragen.

(2) Grundbesitzer und Gewerbetreibende, die nicht im Landkreis wohnen, sind in gleicher Weise berechtigt, die öffentlichen Einrichtungen zu benutzen, die im Landkreis für Grundbesitzer und Gewerbetreibende bestehen, und verpflichtet, für ihren Grundbesitz oder Gewerbebetrieb im Kreisgebiet zu den Kreislasten beizutragen.

(3) Diese Vorschriften gelten entsprechend für juristische Personen und für Personenvereinigungen.

§ 18 Ehrenamtliche Tätigkeit[18]

(1) Für die ehrenamtliche Tätigkeit gelten die Bestimmungen der §§ 21, 23 bis 27 der Hessischen Gemeindeordnung entsprechend. § 25 und § 26a der Hessischen Gemeindeordnung gelten entsprechend auch für die hauptamtliche Tätigkeit.

(2) Bei der entsprechenden Anwendung des § 24a der Hessischen Gemeindeordnung ist der Kreisausschuss zuständige Verwaltungsbehörde im Sinne des § 36 Abs. 1 Nr. 1 des Gesetzes über Ordnungswidrigkeiten.

Fünfter Abschnitt: **Landkreis und Gemeinden**

§ 19 Übernahme von Aufgaben durch den Landkreis

(1) Der Landkreis kann Einrichtungen kreisangehöriger Gemeinden oder Zweckverbände in seine Zuständigkeit übernehmen, wenn dies für eine wirtschaftlich zweckmäßige Durchführung seiner Aufgaben erforderlich ist.

(2) Zur Übernahme ist ein Beschluss des Kreistags erforderlich. Der Beschluss bedarf der Zustimmung von mehr als der Hälfte der gesetzlichen Zahl der Kreistagsabgeordneten.

---

17 Vgl. Fußnote zu § 20 HGO.

18 Vgl. Fußnoten zu §§ 21, 25 und 27 HGO.

(3) Die Bedingungen der Übernahme können von den Beteiligten durch Vertrag festgesetzt werden. Kommt ein Vertrag nicht zustande, so werden sie von der Aufsichtsbehörde des Landkreises bestimmt.

(4) Hat der Landkreis im Rahmen seines Wirkungsbereichs für einen bestimmten Zweck ausreichend Einrichtungen geschaffen oder von einer kreisangehörigen Gemeinde oder einem Zweckverband übernommen, so kann er beschließen, dass diese Aufgabe für den ganzen Landkreis oder einen Teil des Landkreises zu seiner ausschließlichen Zuständigkeit gehören soll. Für den Beschluss gelten die Bestimmungen in Abs. 2 entsprechend.

§ 20 Zusammenarbeit

Der Landkreis hat mit den kreisangehörigen Gemeinden in Angelegenheiten des Landkreises zusammenzuarbeiten. Der Kreistag und der Kreisausschuss haben den Gemeindevorständen von kreisangehörigen Gemeinden, die durch Maßnahmen des Landkreises besonders betroffen werden, vor der Entscheidung Gelegenheit zur Äußerung zu geben.

Sechster Abschnitt: **Verwaltung des Landkreises**

Erster Titel: Kreistag

§ 21 Zusammensetzung

(1) Der Kreistag besteht aus den in allgemeiner, freier, gleicher, geheimer und unmittelbarer Wahl gewählten Kreistagsabgeordneten[19].

(2) Für das Wahlverfahren gelten die Bestimmungen des Hessischen Kommunalwahlgesetzes[20].

§ 22 Aktives Wahlrecht

(1) Wahlberechtigt ist, wer am Wahltag

1. Deutscher im Sinne des Art. 116 Abs. 1 des Grundgesetzes oder Staatsangehöriger eines der übrigen Mitgliedstaaten der Europäischen

---

19 Vgl. Art. 28 Abs. 1 Satz 2 GG.

20 Vgl. Fußnote zu § 29 HGO.

Union mit Wohnsitz in der Bundesrepublik Deutschland (Unionsbürger)[21] ist,
2. das achtzehnte Lebensjahr vollendet hat und
3. seit mindestens sechs Wochen im Landkreis seinen Wohnsitz hat.

Bei Inhabern von Haupt- und Nebenwohnungen im Sinne des Melderechts gilt der Ort der Hauptwohnung als Wohnsitz.

(2) Landräte, hauptamtliche Bürgermeister und hauptamtliche Beigeordnete sind ohne Rücksicht auf die Dauer des Wohnsitzes mit dem Amtsantritt wahlberechtigt.

(3) Ausgeschlossen vom Wahlrecht ist, wer infolge Richterspruchs das Wahlrecht nicht besitzt.

§ 23 Passives Wahlrecht

(1) Wählbar als Kreistagsabgeordneter sind die Wahlberechtigten, die am Wahltag das achtzehnte Lebensjahr vollendet und seit mindestens drei Monaten im Landkreis ihren Wohnsitz haben. § 22 Abs. 1 Satz 2 gilt für die Wählbarkeit entsprechend.

(2) Nicht wählbar ist, wer infolge Richterspruchs die Wählbarkeit oder die Fähigkeit zur Bekleidung öffentlicher Ämter nicht besitzt.

§ 24 *(weggefallen)*

§ 25 Zahl der Kreistagsabgeordneten[22]

(1) Die Zahl der Kreistagsabgeordneten beträgt in Landkreisen

bis zu	100 000 Einwohnern	51
von	100 001 bis zu 150 000 Einwohnern	61
von	150 001 bis zu 200 000 Einwohnern	71
von	200 001 bis zu 300 000 Einwohnern	81
von	300 001 bis zu 400 000 Einwohnern	87
über	400 000 Einwohnern[23]	93.

(2) Durch die Hauptsatzung kann bis spätestens zwölf Monate vor Ablauf

21 Vgl. Fußnote 2 zu § 30 HGO.

22 Vgl. Fußnote zu § 38 HGO.

23 Der Main-Kinzig-Kreis hat als erster und bisher einziger Landkreis diese Einordnungsklasse erreicht (Stand: 30.6.2018).

der Wahlzeit die Zahl der Kreistagsabgeordneten auf die für die nächst niedrigere Größengruppe maßgebliche oder eine dazwischen liegende ungerade Zahl festgelegt werden. In der niedrigsten Einwohnergrößenklasse kann die Zahl der Kreistagsabgeordneten bis auf 41 abgesenkt werden. Die Änderung muss mit einer Mehrheit von mindestens zwei Dritteln der gesetzlichen Zahl der Kreistagsabgeordneten beschlossen werden und gilt ab der nächsten Wahlzeit.

§ 26 Wahlzeit[24]

Die Kreistagsabgeordneten werden für fünf Jahre gewählt (Wahlzeit). Unberührt bleiben die besonderen Bestimmungen für Wiederholungs- und Nachwahlen. Die Neuwahl muss vor Ablauf der Wahlzeit stattfinden.

§ 26a Fraktionen[25]

(1) Kreistagsabgeordnete können sich zu einer Fraktion zusammenschließen. Eine Fraktion kann Kreistagsabgeordnete, die keiner Fraktion angehören, als Hospitanten aufnehmen. Das Nähere über die Bildung einer Fraktion, die Fraktionsstärke, ihre Rechte und Pflichten innerhalb des Kreistags sind in der Geschäftsordnung zu regeln. Eine Fraktion muss aus mindestens drei Kreistagsabgeordneten bestehen. Eine Fraktion kann Mitglieder des Kreisausschusses und sonstige Personen beratend zu ihren Sitzungen hinzuziehen. Sie unterliegen den Pflichten des § 24 der Hessischen Gemeindeordnung. Hierauf sind sie vom Fraktionsvorsitzenden hinzuweisen.

(2) Die Bildung einer Fraktion, ihre Bezeichnung, die Namen der Mitglieder und Hospitanten sowie des Vorsitzenden und seiner Stellvertreter sind dem Vorsitzenden des Kreistags und dem Kreisausschuss mitzuteilen.

(3) Die Fraktionen wirken bei der Willensbildung und Entscheidungsfindung im Kreistag mit; sie können insoweit ihre Auffassung öffentlich darstellen.

(4) Der Landkreis kann den Fraktionen Mittel aus seinem Haushalt zu den sächlichen und personellen Aufwendungen für die Geschäftsführung gewähren. Diese Mittel sind in einer besonderen Anlage zum Haushaltsplan

---

24 Vgl. Fußnoten zu § 36 HGO.
25 Vgl. Fußnoten zu § 36a HGO.

darzustellen. Über ihre Verwendung ist ein Nachweis in einfacher Form zu führen.

§ 27 Hinderungsgründe

Kreistagsabgeordnete können nicht sein:
1. hauptamtliche Beamte und haupt- und nebenberufliche Arbeitnehmer ab der Entgeltgruppe 9b der Entgeltordnung zum Tarifvertrag für den öffentlichen Dienst im kommunalen Bereich
   a) des Landkreises,
   b) einer Körperschaft, Anstalt oder Stiftung des öffentlichen Rechts, an der der Landkreis maßgeblich beteiligt ist,
   c) des Landes, die unmittelbar Aufgaben der Staatsaufsicht (Kommunal- und Fachaufsicht) über den Landkreis wahrnehmen,
2. leitende Arbeitnehmer einer Gesellschaft oder einer Stiftung des bürgerlichen Rechts, an der der Landkreis maßgeblich beteiligt ist.

§ 28 Unabhängigkeit

(1) Die Kreistagsabgeordneten üben ihre Tätigkeit nach ihrer freien, nur durch Rücksicht auf das Gemeinwohl bestimmten Überzeugung aus und sind an Aufträge und Wünsche der Wähler nicht gebunden.

(2) Kreistagsabgeordnete sind ehrenamtlich Tätige im Sinne des § 18 Abs. 1 Satz 1 mit der Maßgabe, dass die §§ 24 bis 27 der Hessischen Gemeindeordnung entsprechend gelten. Verwaltungsbehörde im Sinne des § 36 Abs. 1 Nr. 1 des Gesetzes über Ordnungswidrigkeiten ist die Aufsichtsbehörde.

§ 28a Sicherung der Mandatsausübung

(1) Niemand darf gehindert werden, sich um ein Mandat als Kreistagsabgeordneter zu bewerben oder es auszuüben. Benachteiligungen am Arbeitsplatz im Zusammenhang mit der Bewerbung um ein Mandat oder der Ausübung eines Mandats sind unzulässig. Entgegenstehende Vereinbarungen sind nichtig. Die Bestimmungen der Abs. 2 bis 4 gelten nur für außerhalb des öffentlichen Dienstes beschäftigte Kreistagsabgeordnete.

(2) Die Arbeitsverhältnisse von Kreistagsabgeordneten können vom Arbeitgeber nur aus wichtigem Grund gekündigt werden; das gilt nicht für Kündi-

gungen während der Probezeit. Der Kündigungsschutz beginnt mit der Aufstellung des Bewerbers durch das dafür zuständige Gremium. Er gilt ein Jahr nach Beendigung des Mandats fort. Gehörte der Kreistagsabgeordnete weniger als ein Jahr dem Kreistag an, besteht Kündigungsschutz für sechs Monate nach Beendigung des Mandats.

(3) Der Kreistagsabgeordnete ist auf dem bisherigen Arbeitsplatz zu belassen. Die Umsetzung auf einen anderen gleichwertigen Arbeitsplatz oder an einen anderen Beschäftigungsort ist nur zulässig, wenn der Kreistagsabgeordnete zustimmt oder dem Arbeitgeber eine Belassung auf dem bisherigen Arbeitsplatz oder an dem bisherigen Beschäftigungsort bei Abwägung aller Umstände nicht zugemutet werden kann. Die niedrigere Eingruppierung des Kreistagsabgeordneten auf dem bisherigen oder zukünftigen Arbeitsplatz nach Satz 2 ist ausgeschlossen. Abs. 2 Satz 2 gilt entsprechend.

(4) Dem Kreistagsabgeordneten ist die für die Mandatsausübung erforderliche Freistellung von der Arbeit zu gewähren. Dem Kreistagsabgeordneten ist unabhängig von der Freistellung jährlich bis zu zwei Wochen Urlaub für die Teilnahme an Fortbildungsveranstaltungen im Zusammenhang mit dem Mandat zu gewähren. Die Entschädigung des Verdienstausfalls richtet sich nach § 18 Abs. 1 Satz 1.

§ 29 Aufgaben des Kreistags

(1) Der Kreistag beschließt über die Angelegenheiten des Landkreises, soweit sich aus diesem Gesetz nichts anderes ergibt. Er kann die Beschlussfassung über bestimmte Angelegenheiten oder bestimmte Arten von Angelegenheiten auf den Kreisausschuss oder einen Ausschuss (§ 33) übertragen. Dies gilt jedoch nicht für die in § 30 aufgeführten Angelegenheiten. Der Kreistag kann Angelegenheiten, deren Beschlussfassung er auf andere Kreisorgane übertragen hat, jederzeit an sich ziehen.

(2) Der Kreistag überwacht die gesamte Verwaltung des Landkreises, mit Ausnahme der Erfüllung der Auftragsangelegenheiten im Sinne des § 4 Abs. 2, und die Geschäftsführung des Kreisausschusses, insbesondere die Verwendung der Kreiseinnahmen. Er kann zu diesem Zweck in bestimmten Angelegenheiten vom Kreisausschuss in dessen Amtsräumen Einsicht in die Akten durch einen von ihm gebildeten oder bestimmten Ausschuss fordern; der Ausschuss ist zu bilden oder zu bestimmen, wenn es ein Viertel der Kreistagabgeordneten oder eine Fraktion verlangt. Kreistagsabgeordnete, die von der Beratung oder Entscheidung einer Angele-

genheit ausgeschlossen sind (§ 18 Abs. 1), haben kein Akteneinsichtsrecht. Die Überwachung erfolgt unbeschadet von Satz 2 durch die Ausübung des Fragerechts zu den Tagesordnungspunkten in den Sitzungen des Kreistags, durch schriftliche oder elektronische[26] Anfragen und aufgrund eines Beschlusses des Kreistags durch Übersendung von Ergebnisniederschriften[27] der Sitzungen des Kreisausschusses an den Vorsitzenden des Kreistags und die Vorsitzenden der Fraktionen. Der Kreisausschuss ist verpflichtet, Anfragen der Kreistagsabgeordneten und der Fraktionen zu beantworten[28].

(3) Der Kreisausschuss hat den Kreistag über die wichtigen Verwaltungsangelegenheiten laufend zu unterrichten und ihm wichtige Anordnungen der Aufsichtsbehörde sowie alle Anordnungen, bei denen die Aufsichtsbehörde dies ausdrücklich bestimmt hat, mitzuteilen.

§ 30 Ausschließliche Zuständigkeiten

Die Entscheidung über folgende Angelegenheiten kann der Kreistag nicht übertragen:

1. die allgemeinen Grundsätze, nach denen die Verwaltung geführt werden soll,
2. die aufgrund der Gesetze von dem Kreistag vorzunehmenden Wahlen,
3. die Änderung der Kreisgrenzen,
4. die Aufstellung von allgemeinen Grundsätzen für die Einstellung, Beförderung, Entlassung und Besoldung der Beamten und der Arbeitnehmer des Landkreises im Rahmen des allgemeinen Beamten- und Arbeitsrechts,
5. den Erlass, die Änderung und Aufhebung von Satzungen,
6. die Festsetzung des Investitionsprogramms und den Erlass der Haushaltssatzung,
7. die Zustimmung zu überplanmäßigen und außerplanmäßigen Aufwendungen und Auszahlungen nach näherer Maßgabe des § 100 der Hessischen Gemeindeordnung,
8. die Beratung des Jahresabschlusses (§ 112 der Hessischen Gemeindeordnung) und die Entlastung des Kreisausschusses,
9. die Festsetzung öffentlicher Abgaben und privatrechtlicher Entgelte, die für größere Teile der Kreisbevölkerung von Bedeutung sind,

---

26 Vgl. Fußnote zu § 50 Abs. 2 Satz 4 HGO.
27 Vgl. Fußnote zu § 50 Abs. 2 Satz 4 HGO.
28 Vgl. Fußnote zu § 50 Abs. 2 Satz 5 HGO.

10. die Errichtung, Erweiterung, Übernahme und Veräußerung von öffentlichen Einrichtungen und wirtschaftlichen Unternehmen sowie eine unmittelbare Beteiligung oder mittelbare Beteiligung von größerer Bedeutung an diesen,
11. die Umwandlung der Rechtsform von Eigenbetrieben oder wirtschaftlichen Unternehmen, an denen der Landkreis unmittelbar oder mittelbar mit größerer Bedeutung beteiligt ist,
12. die Errichtung, die Änderung des Zwecks und die Aufhebung einer Stiftung sowie die Entscheidung über den Verbleib des Stiftungsvermögens,
13. die Übernahme von Bürgschaften, den Abschluss von Gewährverträgen und die Bestellung anderer Sicherheiten für Dritte sowie solche Rechtsgeschäfte, die den vorgenannten wirtschaftlich gleichkommen,
14. die Zustimmung zur Bestellung des Leiters des Rechnungsprüfungsamts sowie die Erweiterung der Aufgaben des Rechnungsprüfungsamts über die in § 131 der Hessischen Gemeindeordnung genannten hinaus,
15. die Genehmigung der Verträge von Mitgliedern des Kreisausschusses und von Kreistagsabgeordneten mit dem Landkreis im Falle des § 50 Abs. 2,
16. die Führung eines Rechtsstreits von größerer Bedeutung und den Abschluss von Vergleichen, soweit es sich nicht um Geschäfte der laufenden Verwaltung handelt,
17. die Übernahme neuer Aufgaben, für die keine gesetzliche Verpflichtung besteht, insbesondere im Falle des § 19.

§ 30a Eilentscheidung an Stelle des Kreistags[29]

In dringenden Angelegenheiten entscheidet, soweit der Kreistag für diese Zwecke keinen besonderen Ausschuss eingerichtet hat, der Finanzausschuss an Stelle des Kreistags, wenn die vorherige Entscheidung des Kreistages nicht eingeholt werden kann und Gründe des öffentlichen Wohls keinen Aufschub dulden. Der Finanzausschuss kann in diesem Fall in nichtöffentlicher Sitzung tagen. Die Entscheidung kann im Umlaufverfahren getroffen werden. Unterliegt die ersetzte Entscheidung einer besonderen Mehrheitsanforderung, so gilt diese auch für die Eilentscheidung des Finanzausschusses. Über die Gründe für die Eilentscheidung und die Art der Erledigung ist der Vorsitzende des Kreistags unverzüglich schrift-

---

29 Vgl. Fn. zu § 51a HGO.

lich oder elektronisch zu unterrichten. Die Angelegenheit ist in die Tagesordnung der nächsten Sitzung des Kreistags aufzunehmen. Der Kreistag kann in seiner nächsten Sitzung die Eilentscheidung wieder aufheben, soweit nicht durch ihre Ausführung bereits nicht mehr rückgängig zu machende Rechte Dritter entstanden sind.

§ 31 Vorsitzender

(1) Der Kreistag wählt in der ersten Sitzung nach der Wahl aus seiner Mitte einen Vorsitzenden und einen oder mehrere Vertreter. Die Zahl der Vertreter bestimmt die Hauptsatzung. Bis zur Wahl des Vorsitzenden führt das an Jahren älteste Mitglied des Kreistags den Vorsitz.

(2) Das Amt des Vorsitzenden endet, wenn es der Kreistag mit einer Mehrheit von mindestens zwei Dritteln der gesetzlichen Zahl der Kreistagsabgeordneten beschließt. Das Gleiche gilt für seine Vertreter.

(3) Der Vorsitzende repräsentiert den Kreistag in der Öffentlichkeit. Er wahrt die Würde und die Rechte des Kreistags.

(4) Der Vorsitzende fördert die Arbeiten des Kreistags gerecht und unparteiisch. In diesem Rahmen kann er die Kreisangehörigen über das Wirken des Kreistags informieren.

(5) In der Erledigung seiner Aufgaben unterstützt ihn der Kreisausschuss; erforderliche Mittel sind dem Vorsitzenden des Kreistags zur Verfügung zu stellen.

§ 32 Einberufung, Verfahren

Der Kreistag tritt zum ersten Mal binnen zwei Monaten nach Beginn der Wahlzeit, im Übrigen so oft zusammen, wie es die Geschäfte erfordern, jedoch mindestens viermal im Jahr. Im Übrigen gelten für sein Verfahren die Vorschriften der §§ 52 bis 55, § 56 Abs. 1 Satz 2 und Abs. 2, §§ 58 bis 61 der Hessischen Gemeindeordnung entsprechend. Die Ladungsfrist beträgt jedoch zwei Wochen; der Vorsitzende kann sie in eiligen Fällen bis auf drei Tage abkürzen.

§ 33 Ausschüsse

(1) Der Kreistag kann zur Vorbereitung seiner Beschlüsse Ausschüsse aus seiner Mitte bilden und Aufgaben, Mitgliederzahl und Besetzung der Aus-

schüsse bestimmen. Ein Finanzausschuss ist zu bilden. Der Kreistag kann unbeschadet des § 30 bestimmte Angelegenheiten oder bestimmte Arten von Angelegenheiten den Ausschüssen widerruflich zur endgültigen Beschlussfassung übertragen. Die Ausschüsse haben über ihre Tätigkeit im Kreistag Bericht zu erstatten. Der Kreistag kann jederzeit Ausschüsse auflösen und neu bilden.

(2) Die Vorschriften des § 62 Abs. 2 bis 6 der Hessischen Gemeindeordnung gelten entsprechend.

§ 34 Widerspruch und Beanstandung

(1) Verletzt ein Beschluss des Kreistags das Recht, so hat ihm der Landrat zu widersprechen. Der Landrat kann widersprechen, wenn der Beschluss das Wohl des Landkreises gefährdet. Der Widerspruch muss unverzüglich, spätestens jedoch innerhalb von zwei Wochen nach Beschlussfassung gegenüber dem Vorsitzenden des Kreistags ausgesprochen werden. Der Widerspruch hat aufschiebende Wirkung; über die strittige Angelegenheit ist in einer neuen Sitzung des Kreistags, die mindestens drei Tage nach der ersten liegen muss, nochmals zu beschließen.

(2) Verletzt auch der neue Beschluss das Recht, muss der Landrat ihn unverzüglich, spätestens jedoch innerhalb einer Woche nach Beschlussfassung gegenüber dem Vorsitzenden des Kreistags beanstanden. Die Beanstandung ist schriftlich[30] zu begründen. Sie hat aufschiebende Wirkung. Für das weitere Verfahren gelten die Vorschriften der Verwaltungsgerichtsordnung mit der Maßgabe, dass ein Vorverfahren nicht stattfindet. Im verwaltungsgerichtlichen Verfahren haben der Kreistag und der Landrat die Stellung von Verfahrensbeteiligten. Die aufschiebende Wirkung der Beanstandung bleibt bestehen.

(3) Abs. 1 gilt entsprechend für den Beschluss eines Ausschusses im Falle des § 33 Abs. 1 Satz 3. In diesem Fall hat der Kreistag über den Widerspruch zu entscheiden.

(4) Unterlässt es der Landrat, innerhalb der ihm eingeräumten Frist einem Beschluss des Kreistags oder eines Ausschusses zu widersprechen oder einen Beschluss des Kreistags zu beanstanden, so gelten Abs. 1 bis 3 entsprechend für den Kreisausschuss. Widerspruchs- und Beanstandungsfrist beginnen für den Kreisausschuss mit Ablauf der entsprechenden Frist für den Landrat. Erhebt der Kreistag gegen die Beanstandung

---

30 Vgl. Fußnote zu § 63 Abs. 2 HGO.

Klage, so ist an Stelle des Landrats der Kreisausschuss am verwaltungsgerichtlichen Verfahren beteiligt.

§ 35 *(weggefallen)*

Zweiter Titel: Kreisausschuss

§ 36 Zusammensetzung

(1) Der Kreisausschuss besteht aus dem Landrat als Vorsitzenden, dem Ersten und weiteren ehrenamtlichen Kreisbeigeordneten. Die Hauptsatzung kann jedoch bestimmen, dass die Stellen von Kreisbeigeordneten hauptamtlich zu verwalten sind[31]. Die Zahl der hauptamtlichen Beigeordneten darf die der ehrenamtlichen nicht übersteigen. Die Zahl der ehrenamtlichen Kreisbeigeordnetenstellen kann vor der Wahl der Beigeordneten innerhalb von sechs Monaten nach Beginn der Wahlzeit des Kreistags herabgesetzt werden.

(2) Die Mitglieder des Kreisausschusses dürfen nicht gleichzeitig Kreistagsabgeordnete sein; das gilt nicht für Mitglieder des Kreisausschusses, die gemäß § 37a Abs. 3 die Amtsgeschäfte weiterführen.

§ 37 Wahl und Amtszeit des Landrats

(1a) Der Landrat wird von den wahlberechtigten Kreisangehörigen in allgemeiner, unmittelbarer, freier, gleicher und geheimer Wahl gewählt[32]. Die Wahl ist nach den Grundsätzen der Mehrheitswahl durchzuführen. Gewählt ist, wer mehr als die Hälfte der gültigen Stimmen erhalten hat.

(1b) Entfällt auf keinen Bewerber mehr als die Hälfte der gültigen Stimmen, findet frühestens am zweiten und spätestens am vierten Sonntag nach der Wahl eine Stichwahl unter den zwei Bewerbern statt, welche bei der ersten Wahl die höchsten Stimmenzahlen erhalten haben. Bei Verzicht eines dieser beiden Bewerber auf die Teilnahme an der Stichwahl findet die Stichwahl mit dem verbliebenen Bewerber statt. Bei der Stichwahl ist der Bewerber gewählt, der von den gültig abgegebenen Stimmen die höchste Stimmenzahl erhält. Nimmt nur ein Bewerber an der Stichwahl teil, ist er

---

31 Zur Besoldung der hauptamtlichen Kreisbeigeordneten vgl. § 3 Abs. 2 KomBesDAV.

32 Vgl. Fußnote zu § 39 HGO.

gewählt, wenn er die Mehrheit der abgegebenen gültigen Stimmen erhalten hat.

(1c) Scheidet ein Bewerber nach Zulassung der Wahlvorschläge vor der Wahl durch Tod oder Verlust der Wählbarkeit aus, findet eine Nachwahl statt. Scheidet einer der beiden Bewerber für die Stichwahl durch Tod oder Verlust der Wählbarkeit aus, ist die Wahl zu wiederholen. Ist nur ein Bewerber zur Wahl zugelassen und lauten nicht mehr als die Hälfte der gültigen Stimmen auf „Ja", ist das Wahlverfahren einschließlich der Wahlvorbereitung zu wiederholen; dies gilt auch, wenn beide Bewerber auf die Teilnahme an der Stichwahl verzichten oder im Falle des Abs. 1b Satz 4 der Bewerber nicht die Mehrheit der abgegebenen gültigen Stimmen erhalten hat.

(1d) Bei der Ermittlung der Bewerber für die Stichwahl und bei der Stichwahl entscheidet bei gleicher Zahl an gültigen Stimmen das vom Wahlleiter in der Sitzung des Wahlausschusses zu ziehende Los.

(2) Wählbar zum Landrat sind Deutsche im Sinne des Art. 116 Abs. 1 des Grundgesetzes und Unionsbürger, die am Wahltag das 18. Lebensjahr vollendet haben. Für den Ausschluss von der Wählbarkeit gelten § 22 Abs. 3 und § 23 Abs. 2 entsprechend.

(3) Die Amtszeit des Landrats beträgt sechs Jahre.

(4) Die Bestimmungen der Hessischen Gemeindeordnung über die Weiterführung der Amtsgeschäfte nach Ablauf der Amtszeit (§ 41) gelten entsprechend.

§ 37a Wahl und Amtszeit der Kreisbeigeordneten

(1) Die Kreisbeigeordneten werden vom Kreistag gewählt. Für die Wahl gilt § 55 der Hessischen Gemeindeordnung entsprechend. Für die hauptamtlichen Kreisbeigeordneten gilt § 37 Abs. 2 entsprechend.

(2) Die Amtszeit der hauptamtlichen Kreisbeigeordneten beträgt sechs Jahre. Ehrenamtliche Kreisbeigeordnete werden für die Dauer der Wahlzeit des Kreistags gewählt. Sie scheiden vorzeitig aus, wenn sie zur Erfüllung ihrer Dienstpflichten dauernd unfähig werden; der Kreistag stellt das Ausscheiden fest. Für ehrenamtliche Kreisbeigeordnete gilt § 28a entsprechend.

(3) Die Bestimmungen der Hessischen Gemeindeordnung über die Wiederwahl (§ 39a Abs. 3) und die Weiterführung der Amtsgeschäfte nach Ablauf der Amtszeit (§ 41) gelten entsprechend.

§ 37b Rechtsverhältnisse des Landrats und des Beigeordneten[33]

Für die Rechtsverhältnisse des Landrats und des Beigeordneten gelten die §§ 40 und 40a der Hessischen Gemeindeordnung entsprechend.

§ 38 Wahlvorbereitung, Zeitpunkt der Wahl des Landrats und der hauptamtlichen Kreisbeigeordneten

(1) Die Wahl des Landrats wird durch den Wahlausschuss des Landkreises (§ 5 Hessisches Kommunalwahlgesetz) vorbereitet.

(2) Die Wahl der hauptamtlichen Kreisbeigeordneten wird durch einen Ausschuss des Kreistags vorbereitet. Die Sitzungen dieses Ausschusses sind nicht öffentlich; der Vorsitzende des Kreistags und seine Stellvertreter, sofern sie nicht Ausschussmitglieder sind, sonstige Kreistagsabgeordnete – mit Ausnahme der Minderheitenvertreter im Sinne des § 62 Abs. 4 Satz 2 der Hessischen Gemeindeordnung – und die Kreisbeigeordneten sowie Kreisbedienstete können nicht an den Ausschusssitzungen teilnehmen; über das Ergebnis der Sitzungen dürfen nur an Mitglieder des Kreistags und des Kreisausschusses Auskünfte erteilt werden. Die Stellen der hauptamtlichen Kreisbeigeordneten sind öffentlich auszuschreiben. Der Ausschuss hat die Bewerbungen zu sichten und über das Ergebnis seiner Arbeit in einer öffentlichen Sitzung des Kreistags zu berichten. Zum hauptamtlichen Kreisbeigeordneten kann nur gewählt werden, wer sich auf die Ausschreibung hin beworben hat. Satz 1 bis 5 gelten nicht für die Fälle der Wiederwahl.

(3) Die Wahl des Landrats ist frühestens sechs und spätestens drei Monate vor Freiwerden der Stelle, bei unvorhergesehenem Freiwerden der Stelle spätestens nach vier Monaten durchzuführen. Bei der Bestimmung des Wahltags nach § 42 KWG kann von dem jeweils geltenden Zeitrahmen um bis zu drei Monate abgewichen werden, wenn dadurch die gemeinsame Durchführung der Wahl des Landrats mit einer anderen Wahl oder Abstimmung ermöglicht wird[34].

(4) Die Wahl der hauptamtlichen Beigeordneten ist frühestens sechs Monate vor Ablauf der Amtszeit zulässig und soll spätestens drei Monate vor Ablauf der Amtszeit vorgenommen sein.

---

33 Vgl. Fußnote zu § 40 HGO.

34 Vgl. Fußnote zu § 42 HGO.

§ 39 Voraussetzungen der Wählbarkeit, Ausschließungsgründe

(1) Für die Wählbarkeit als ehrenamtlicher Kreisbeigeordneter oder zu einem anderen Ehrenamt gilt die Vorschrift des § 23 entsprechend.

(2) Landrat oder Kreisbeigeordneter kann nicht sein:
1. wer gegen Entgelt im Dienst des Landkreises steht,
2. wer gegen Entgelt im Dienst einer Körperschaft, Anstalt, Stiftung oder Gesellschaft steht, an der der Landkreis maßgeblich beteiligt ist,
3. wer als hauptamtlicher Beamter oder als haupt- oder nebenberuflicher Arbeitnehmer des Landes unmittelbar Aufgaben der Staatsaufsicht (Kommunal- und Fachaufsicht) über den Landkreis wahrnimmt,
4. wer Bürgermeister oder Beigeordneter einer Gemeinde des Landkreises ist.

(3) Die Vorschrift des § 43 Abs. 2 der Hessischen Gemeindeordnung gilt entsprechend.

§ 40 Einführung und Verpflichtung der Mitglieder des Kreisausschusses

(1) Der Landrat und die Kreisbeigeordneten werden spätestens sechs Monate nach ihrer Wahl von dem Vorsitzenden des Kreistags in öffentlicher Sitzung in ihr Amt eingeführt und durch Handschlag auf die gewissenhafte Erfüllung ihrer Aufgaben verpflichtet.

(2) Die Vorschriften des § 46 Abs. 2 und 3 der Hessischen Gemeindeordnung gelten entsprechend.

§ 41 Aufgaben des Kreisausschusses

Der Kreisausschuss ist die Verwaltungsbehörde des Landkreises. Er besorgt nach den Beschlüssen des Kreistags im Rahmen der bereitgestellten Mittel die laufende Verwaltung des Landkreises. Er hat insbesondere
1. die Gesetze und Verordnungen sowie die im Rahmen der Gesetze erlassenen Weisungen der Aufsichtsbehörde auszuführen,
2. die Beschlüsse des Kreistags vorzubereiten und auszuführen,
3. die ihm nach diesem Gesetz obliegenden und die ihm vom Kreistag allgemein oder im Einzelfall zugewiesenen Kreisangelegenheiten zu erledigen,
4. die öffentlichen Einrichtungen und wirtschaftlichen Betriebe des Landkreises und das sonstige Kreisvermögen zu verwalten,

5. die Kreisabgaben nach den Gesetzen und nach den Beschlüssen des Kreistags auf die Verpflichteten zu verteilen und ihre Beitreibung zu bewirken sowie die Einkünfte des Landkreises einzuziehen,
6. den Haushaltsplan und das Investitionsprogramm aufzustellen, das Kassen- und Rechnungswesen zu überwachen,
7. den Landkreis zu vertreten, den Schriftwechsel zu führen und die Kreisurkunden zu vollziehen.

§ 42 Verfahren des Kreisausschusses

Für das Verfahren des Kreisausschusses gelten die Bestimmungen der §§ 67 bis 69 der Hessischen Gemeindeordnung entsprechend.

§ 43 Kommissionen

(1) Der Kreisausschuss kann zur dauernden Verwaltung oder Beaufsichtigung einzelner Geschäftsbereiche sowie zur Erledigung vorübergehender Aufträge Kommissionen bilden, die ihm unterstehen.

(2) Die Vorschriften des § 72 Abs. 2 bis 4 der Hessischen Gemeindeordnung gelten entsprechend.

§ 44 Aufgaben und Vertretung des Landrats

(1) Der Landrat bereitet die Beschlüsse des Kreisausschusses vor und führt sie aus, soweit nicht Kreisbeigeordnete mit der Ausführung beauftragt sind. Er leitet und beaufsichtigt den Geschäftsgang der gesamten Verwaltung und sorgt für den geregelten Ablauf der Verwaltungsgeschäfte. Er verteilt die Geschäfte unter die Mitglieder des Kreisausschusses[35].

(2) Soweit nicht aufgrund gesetzlicher Vorschrift oder Weisung des Landrats oder wegen der Bedeutung der Sache der Kreisausschuss im Ganzen zur Entscheidung berufen ist, werden die laufenden Verwaltungsangelegenheiten von dem Landrat und den zuständigen Kreisbeigeordneten erledigt.

(3) Der Landrat kann in dringenden Fällen, wenn die vorherige Entscheidung des Kreisausschusses nicht eingeholt werden kann, die erforderli-

---

35 Vgl. Fußnote zu § 70 HGO.

chen Maßnahmen von sich aus anordnen. Er hat unverzüglich dem Kreisausschuss hierüber zu berichten.

(4) Der Erste Kreisbeigeordnete ist der allgemeine Vertreter des Landrats; er soll als allgemeiner Vertreter nur tätig werden, wenn der Landrat verhindert ist. Die übrigen Kreisbeigeordneten sind zur allgemeinen Vertretung des Landrats nur berufen, wenn der Erste Kreisbeigeordnete verhindert ist. Die Reihenfolge bestimmt der Kreisausschuss. Bei längerer Verhinderung des Landrats kann mit Zustimmung des Kreistags von der Aufsichtsbehörde ein besonderer Vertreter für den Landrat bestellt werden.

§ 45 Vertretung des Landkreises

(1) Der Kreisausschuss vertritt den Landkreis. Erklärungen des Landkreises werden in seinem Namen durch den Landrat oder dessen allgemeinen Vertreter, innerhalb der einzelnen Arbeitsgebiete durch die dafür eingesetzten Kreisbeigeordneten abgegeben. Der Kreisausschuss kann auch andere Kreisbedienstete mit der Abgabe von Erklärungen beauftragen.

(2) Erklärungen, durch die der Landkreis verpflichtet werden soll, bedürfen der Schriftform oder müssen in elektronischer Form mit einer dauerhaft überprüfbaren[36] qualifizierten elektronischen Signatur versehen sein. Sie sind nur rechtsverbindlich, wenn sie vom Landrat oder seinem allgemeinen Vertreter sowie von einem weiteren Mitglied des Kreisausschusses unterzeichnet sind. Dies gilt nicht für Geschäfte der laufenden Verwaltung, die für den Landkreis von nicht erheblicher Bedeutung sind, sowie für Erklärungen, die ein für das Geschäft oder für den Kreis von Geschäften ausdrücklich Beauftragter abgibt, wenn die Vollmacht in der Form nach Satz 1 und 2 erteilt ist.

(3) Bei der Vollziehung von Erklärungen sollen Mitglieder des Kreisausschusses ihre Amtsbezeichnung, die übrigen mit der Abgabe von Erklärungen beauftragten Kreisbediensteten einen das Auftragsverhältnis kennzeichnenden Zusatz beifügen.

§ 46 Personalangelegenheiten[37]

(1) Der Kreisausschuss stellt die Kreisbediensteten an, er befördert und entlässt sie; er kann seine Befugnis auf andere Stellen übertragen. Der

---

36 Vgl. Fußnote zu § 71 Abs. 2 HGO.
37 Vgl. Fußnote zu § 73 HGO.

Stellenplan und die von dem Kreistag gegebenen Richtlinien sind dabei einzuhalten; Abweichungen sind nur zulässig, soweit sie aufgrund des Besoldungs- oder Tarifrechts zwingend erforderlich sind.

(2) Der Landrat ist Dienstvorgesetzter aller Beamten und der Arbeitnehmer des Landkreises mit Ausnahme der Kreisbeigeordneten. Durch Verordnung der Landesregierung wird bestimmt, wer die Obliegenheiten des Dienstvorgesetzten gegenüber dem Landrat und den Kreisbeigeordneten wahrnimmt. Die Verordnung bestimmt auch, wer oberste Dienstbehörde für die Kreisbediensteten ist; § 86 Abs. 2 des Hessischen Disziplinargesetzes bleibt unberührt.

§ 47 Widerspruch und Anrufung des Kreistags

(1) Verletzt ein Beschluss des Kreisausschusses das Recht, so hat ihm der Landrat zu widersprechen. Der Landrat kann widersprechen, wenn der Beschluss das Wohl des Landkreises gefährdet. Der Widerspruch muss unverzüglich, spätestens jedoch innerhalb von zwei Wochen nach Beschlussfassung ausgesprochen werden. Der Widerspruch hat aufschiebende Wirkung.

(2) Über die strittige Angelegenheit ist in der nächsten Sitzung des Kreisausschusses nochmals zu beschließen. Findet die Angelegenheit auf diese Weise nicht ihre Erledigung, kann der Landrat innerhalb einer Woche die Entscheidung des Kreistags beantragen.

§ 48[38] Erzwingung eines Disziplinarverfahrens durch den Kreistag

(1) Verletzt ein Landrat oder Kreisbeigeordneter seine Amtspflicht gröblich, so kann der Kreistag bei der Aufsichtsbehörde die Einleitung eines Disziplinarverfahrens beantragen. Der Beschluss bedarf der Mehrheit der gesetzlichen Zahl der Kreistagsabgeordneten.

(2) Lehnt die Aufsichtsbehörde den Antrag ab, so kann der Kreistag binnen einem Monat die Disziplinarkammer anrufen; der Beschluss bedarf der Mehrheit der gesetzlichen Zahl der Kreistagsabgeordneten. Die Disziplinarkammer darf dem Antrag nur stattgeben, wenn das Disziplinarverfahren voraussichtlich zur Entfernung aus dem Dienst führen wird.

---

38 Vgl. Fußnote zu § 75 HGO.

(3) Gibt die Disziplinarkammer dem Antrag statt, so bewirkt ihre Entscheidung die Einleitung eines Disziplinarverfahrens. Sie entscheidet zugleich über die vorläufige Dienstenthebung und über die Einbehaltung von Dienstbezügen.

§ 49 Abberufung

(1) Hauptamtliche Kreisbeigeordnete können vom Kreistag vorzeitig abberufen werden. Der Antrag auf vorzeitige Abberufung kann nur von mindestens der Hälfte der gesetzlichen Zahl der Kreistagsabgeordneten gestellt werden. Der Beschluss bedarf einer Mehrheit von mindestens zwei Dritteln der gesetzlichen Zahl der Kreistagsabgeordneten. Über die Abberufung ist zweimal zu beraten und abzustimmen. Die zweite Beratung darf frühestens vier Wochen nach der ersten erfolgen. Eine Abkürzung der Ladungsfrist ist nicht statthaft. § 34 findet keine Anwendung.

(2) Hauptamtliche Kreisbeigeordnete können innerhalb von sechs Monaten nach Beginn der Wahlzeit des Kreistags mit der Mehrheit der gesetzlichen Zahl seiner Mitglieder vorzeitig abberufen werden. Abs. 1 Satz 4 bis 7 findet Anwendung.

(3) Der Kreisbeigeordnete scheidet mit dem Ablauf des Tages, an dem die Abberufung zum zweiten Mal beschlossen wird, aus seinem Amt[39].

(4) Ein Landrat kann von den wahlberechtigten Kreisangehörigen abgewählt werden. Er ist abgewählt, wenn sich für die Abwahl eine Mehrheit der gültigen Stimmen ergibt, sofern diese Mehrheit mindestens dreißig Prozent der Wahlberechtigten beträgt. Zur Einleitung des Abwahlverfahrens bedarf es eines von mindestens der Hälfte der gesetzlichen Zahl der Mitglieder des Kreistags gestellten Antrages und eines mit einer Mehrheit von mindestens zwei Dritteln der gesetzlichen Zahl der Mitglieder des Kreistags zu fassenden Beschlusses; § 34 findet keine Anwendung. Für das weitere Verfahren gelten die Vorschriften der §§ 54 bis 57 des Hessischen Kommunalwahlgesetzes entsprechend. Der Landrat scheidet mit dem Ablauf des Tages, an dem der Wahlausschuss die Abwahl feststellt, aus seinem Amt. Ein Landrat gilt als abgewählt, falls er binnen einer Woche nach dem Beschluss des Kreistags schriftlich auf eine Entscheidung der wahlberechtigten Kreisangehörigen über seine Abwahl verzichtet; der Verzicht ist gegenüber dem Vorsitzenden des Kreistags zu erklären. Der

39 Vgl. Fußnote zu § 76 HGO.

Landrat scheidet mit dem Ablauf des Tages, an dem er den Verzicht auf die Abwahl erklärt, aus seinem Amt.

§ 49a Ruhestand auf Antrag aus besonderen Gründen

Ein Landrat kann die Versetzung in den Ruhestand mit der Begründung beantragen, dass ihm das für die weitere Amtsführung erforderliche Vertrauen nicht mehr entgegengebracht wird, wenn die Voraussetzungen nach § 40 Abs. 3 Satz 1 der Hessischen Gemeindeordnung erfüllt sind. Der Antrag ist schriftlich bei dem Vorsitzenden des Kreistages zu stellen; er kann nur bis zur Beschlussfassung des Kreistages schriftlich zurückgenommen werden. Hat der Kreistag der Versetzung in den Ruhestand mit einer Mehrheit von zwei Dritteln der gesetzlichen Zahl seiner Mitglieder zugestimmt, versetzt die oberste Dienstbehörde den Landrat durch schriftliche Verfügung in den Ruhestand. Der Ruhestand beginnt nach Ablauf des Monats, in dem dem Landrat die Verfügung zugestellt worden ist.[40]

§ 50 Ansprüche gegen Mitglieder des Kreisausschusses, Verträge mit ihnen und den Kreistagsabgeordneten

(1) Ansprüche des Landkreises gegen Landräte und Kreisbeigeordnete werden vom Kreistag geltend gemacht.

(2) Verträge des Landkreises mit Mitgliedern des Kreisausschusses und mit Kreistagsabgeordneten bedürfen der Genehmigung des Kreistags, es sei denn, dass es sich um Verträge nach feststehendem Tarif oder um Geschäfte der laufenden Verwaltung handelt, die für den Landkreis unerheblich sind.

Dritter Titel: Kreisbedienstete

§ 51 Rechtsverhältnisse der Kreisbediensteten[41]

Die Rechte und Pflichten des Landrats und der anderen Bediensteten des Landkreises bestimmen sich, soweit dieses Gesetz nichts anderes besagt, nach den allgemeinen Vorschriften für den öffentlichen Dienst. Die Besol-

40 Vgl. Fußnote zu § 76a HGO.
41 Vgl. Fußnote zu § 48 HGO.

dung der Kreisbeamten soll derjenigen der vergleichbaren Staatsbeamten entsprechen; die nähere Regelung bleibt einem besonderen Gesetz vorbehalten.

Siebenter Abschnitt: **Kreiswirtschaft**

§ 52 Wirtschaftsführung

(1) Für die Wirtschaftsführung des Landkreises gelten die Bestimmungen des Sechsten Teils der Hessischen Gemeindeordnung und der dazu erlassenen Übergangs- und Durchführungsbestimmungen mit Ausnahme des § 93 Abs. 2 Nr. 2 und der §§ 119 und 129 der Hessischen Gemeindeordnung entsprechend[42]. Der Minister des Innern und der Minister der Finanzen können durch Verordnung Erleichterungen von diesen Bestimmungen für die Landkreise zulassen.

(2) Jeder Landkreis hat ein Rechnungsprüfungsamt einzurichten.

§ 53 Abgaben und Kreisumlage

(1) Der Landkreis kann Abgaben von den Kreisangehörigen nur erheben, soweit dies gesetzlich vorgesehen ist[43].

(2) Der Landkreis erhebt von den kreisangehörigen Gemeinden eine Umlage nach Maßgabe des § 50 des Hessischen Finanzausgleichsgesetzes vom 23. Juli 2015 (GVBl. S. 298), zuletzt geändert durch Gesetz vom 4. September 2020 (GVBl. S. 573); von den gemeindefreien Grundstücken kann er eine Umlage erheben (Kreisumlage)[44]. Die Kreisumlage ist in der Haushaltssatzung für jedes Haushaltsjahr neu festzusetzen.

---

42 Vgl. Fußnoten zum Sechsten Teil der HGO (§§ 92–134).

43 Vgl. Fußnoten zu § 93 HGO.

44 In seiner (zwischenzeitlich außer Kraft getretenenen) Leitlinie zur Handhabung der kommunalen Finanzaufsicht v. 6.5.2010 (in StAnz. S. 1470) hatte das Innenministerium eine **Obergrenze für die Durchsetzung der Kreisumlage** durch die Regierungspräsidien festgesetzt (Gesamthebesatz inkl. Schulumlage von 58 %). Wegen des subsidiären Charakters der Kreisumlage geht sogar der Deutsche Landkreistag davon aus, dass die 50 %-Obergrenze (ohne Schulumlage) nicht überschritten werden darf (vgl. Henneke, in DVBl. 2013 S. 713). Der HSGB sieht es erwartungsgemäß nicht anders (vgl. Rauber, in HSGZ 2013 S. 273, 283, 286).

Achter Abschnitt: **Aufsicht**

§ 54 Aufsicht[45]

(1) Für die Aufsicht des Staates über die Landkreise gelten die Bestimmungen des Siebenten Teils der Hessischen Gemeindeordnung entsprechend.

(2) Aufsichtsbehörde der Landkreise ist der Regierungspräsident, obere Aufsichtsbehörde der Minister des Innern. Der Minister des Innern kann seine Befugnisse als obere Aufsichtsbehörde auf den Regierungspräsidenten übertragen. Die der obersten Aufsichtsbehörde in den Gesetzen übertragenen Befugnisse nimmt der Minister des Innern wahr.

Zweiter Teil: **Landesverwaltung im Landkreis**

§ 55 Aufgaben und Stellung des Landrats als Behörde der Landesverwaltung

(1) Der Landrat hat als Behörde der Landesverwaltung darauf hinzuwirken, dass die im Landkreis tätigen Verwaltungsbehörden in einer dem Gemeinwohl dienlichen Weise zusammenarbeiten. Die anderen Behörden im Landkreis sollen mit ihm Fühlung halten[46].

(2) Der Landrat nimmt als Behörde der Landesverwaltung nach Maßgabe des § 136 Abs. 3 der Hessischen Gemeindeordnung die Aufsicht (Kommu-

---

45 Vgl. Fußnoten zu §§ 135–146 HGO.

46 Zum Zuständigkeitsbezirk des Landrats als Behörde der Landesverwaltung vgl. § 1 Abs. 2.

nal- und Fachaufsicht) über die kreisangehörigen Gemeinden wahr[47], soweit gesetzlich nichts anderes bestimmt ist[48].

---

47 Da der Landrat als Behörde der Landesverwaltung nach der Kommunalisierung 2005 nur noch im Aufgabenbereich des HMdI tätig ist, gibt es keine „allgemeine" untere Behörde der Landesverwaltung mehr (in § 1 Abs. 2 HKO ist dieses Wort daher gestrichen worden). Nur noch das Regierungspräsidium ist „Bündelungsbehörde" und wird daher auch ausdrücklich als Behörde der allgemeinen (!) Landesverwaltung bezeichnet (vgl. § 1 des Gesetzes über die Regierungspräsidien und die Regierungsbezirke des Landes Hessen vom 16. September 2011). Die früher übliche Bezeichnung des Regierungspräsidiums als Behörde der allgemeinen Landesverwaltung in der Mittel(!)stufe (§ 1 Abs. 1 MittelstufenG a. F.) hat der Gesetzgeber konsequenterweise – in Ermangelung einer unteren Stufe – aufgegeben.
Auch als Kommunalaufsichtsbehörde soll der Landrat als Behörde der Landesverwaltung nach der Intention des Gesetzgebers offenbar nur noch in geringstmöglichem Umgang, sprich als allgemeine (!) Rechtsaufsichtsbehörde (§ 54 Abs. 2 HKO) tätig sein; als besondere Rechtsaufsichtsbehörde (Sonderaufsichtsbehörde) in pflichtigen Selbstverwaltungsangelegenheiten der kreisangehörigen Gemeinden ist er im Rahmen der Straßenaufsicht (vgl. § 50 Abs. 1 Nr. 2 HStrG) und der Brandschutzaufsicht (vgl. § 58 Abs. 1 HBKG) daher abgelöst worden (vgl. Änderungsgesetze v. 29.3.2007, in GVBl. I S. 250 und v. 18.11.2009, in GVBl. I S. 423).
Im Hinblick darauf, dass der Landrat als Behörde der Landesverwaltung in der ihm verbliebenen Funktion keine Verordnungen (mehr) erlässt, ist § 2 Abs. 2 VerkündG durch ÄnderungsG vom 16.10.2006 (GVBl. I S. 510) aufgehoben worden.
Der Anhörungsausschuss in Widerspruchsverfahren auf der Kreisebene ist dagegen beim Landrat als Behörde der Landesverwaltung zu bilden (vgl. § 7 Abs. 2 Nr. 2 HessAGVwGO).
Auf der Kreisebene darf nur der Landrat als Behörde der Landesverwaltung das Landessiegel führen (vgl. HMdI-Erlass v. 23.11.2014 zur Hoheitszeichen-Verordnung, in StAnz. S. 1063).

48 Durch § 4 Abs. 3 S. 1 SchuSG 2012 sind die finanzaufsichtlichen Kompetenzen des Landrats als Behörde der Landesverwaltung über ursprünglich 80 kreisangehörige Schutzschirmgemeinden mit bis zu 50.000 Einwohnern weitgehend auf den Regierungspräsidenten „hochgezont" worden (vgl. Fn. zu § 136 Abs. 3 HGO). 19 der 21 Landräte sind danach in ihren kommunalaufsichtlichen Kompetenzen beschnitten worden; lediglich die Landkreise Fulda und Darmstadt-Dieburg wurden von dem SchuSG nicht tangiert. Von diesen 19 Landräten stehen 14 wiederum einem Landkreis vor, der selbst „konsolidierungsbedürftig" war oder (noch) ist (vgl. Anlage zum SchuSG); nicht zu den Schutzschirmkreisen zählten von Anfang an die folgenden 5 Landkreise: Main-Taunus-Kreis, Hochtaunuskreis, Schwalm-Eder-Kreis, Waldeck-Frankenberg und Hersfeld-Rotenburg. Zu den Konsolidierungsmaßnahmen, die das Land von den 14 Landkreisen, die die staatliche Entschuldungshilfe in Anspruch genommen haben, erwartet, vgl. § 5 Abs. 3 SchuSV.

(3) Der Landrat hat als Behörde der Landesverwaltung bei der Wahrnehmung seiner Aufgaben die Grundsätze und Richtlinien der Landesregierung zu beachten. Er hat über alle Vorgänge zu berichten, die für die Landesregierung von Bedeutung sind. Zu diesem Zwecke kann er sich bei den anderen Verwaltungsbehörden in geeigneter Weise unterrichten; diese sind, soweit nicht gesetzliche Vorschriften entgegenstehen, zur Auskunft verpflichtet.

(4) Der Landrat soll als Behörde der Landesverwaltung den Kreisausschuss in Angelegenheiten von besonderer Bedeutung unterrichten und ihn vor wichtigen Entscheidungen bei der Aufsicht über die kreisangehörigen Gemeinden hören.

(5) Der Landrat hat die Bürgermeister der kreisangehörigen Gemeinden zu Dienstversammlungen zusammenzurufen. Die Bürgermeister haben an diesen Versammlungen teilzunehmen.

(6) Der Landrat untersteht als Behörde der Landesverwaltung dem Regierungspräsidenten. Er wird im Falle der Verhinderung von dem Ersten Kreisbeigeordneten vertreten. Der Regierungspräsident kann, wenn dies aus besonderem Grund erforderlich ist, eine andere Regelung treffen. Der Landrat kann mit Zustimmung des Regierungspräsidenten einen hauptamtlichen Kreisbeigeordneten für bestimmte Aufgaben zu seinem ständigen Vertreter bestellen. In diesen Angelegenheiten wird er auch bei Anwesenheit des Landrats an dessen Stelle tätig, soweit sich der Landrat nicht vorbehält, selbst tätig zu werden. Der hauptamtliche Kreisbeigeordnete ist ihm für die ordnungsgemäße Wahrnehmung der Aufgaben verantwortlich.

§ 56 Hilfskräfte, Bereitstellung von Einrichtungen

(1) Die Landkreise stellen für die Wahrnehmung der Aufgaben, die dem Landrat als Behörde der Landesverwaltung obliegen, die Bediensteten und Einrichtungen zur Verfügung, die zur Aufgabenerfüllung erforderlich sind.

(2) Der Landkreis wird durch das Land von der Haftung gegenüber Dritten aufgrund von Amtspflichtverletzungen der dem Landrat als Behörde der Landesverwaltung nach Abs. 1 zur Verfügung gestellten Bediensteten freigestellt, soweit er nicht auf andere Weise Schadensersatz erlangen kann.

§ 57 Kostenerstattung

Für die Amtstätigkeit, die der Landrat als Behörde der Landesverwaltung ausübt, wird eine Entschädigung an den Landkreis nicht gewährt.

Dritter Teil: Übergangs- und Schlussvorschriften

§ 58 Maßgebliche Einwohnerzahl

In den Fällen des § 25 ist maßgebend die Einwohnerzahl, die für den letzten Termin vor der Bestimmung des Wahltages, im Übrigen die Einwohnerzahl, die für den letzten Termin vor Beginn des jeweiligen Haushaltsjahres vom Hessischen Statistischen Landesamt festgestellt und veröffentlicht worden ist.

§ 59 Übergang von Aufgaben, Wahrnehmung der Weisungsaufgaben

(1) Die Aufgaben der Landesverwaltung, die bisher vom Landrat unmittelbar oder vom Landkreis als übertragene Aufgaben wahrgenommen wurden, werden den kreisangehörigen Gemeinden mit 7 500 und mehr Einwohnern für ihr Gebiet als Weisungsaufgaben übertragen. Die Landesregierung kann bestimmte Aufgaben durch Verordnung hiervon ausschließen[49].

(2) Kreisangehörigen Gemeinden mit weniger als 7 500 Einwohnern können, wenn sie die hierzu erforderliche Verwaltungskraft besitzen, von der oberen Aufsichtsbehörde bestimmte oder bestimmte Gruppen der in Abs. 1 bezeichneten Aufgaben zur Wahrnehmung als Weisungsaufgaben für ihr Gebiet übertragen werden. Die Landesregierung bestimmt durch Verordnung, welche Aufgaben hierzu geeignet sind, und regelt das Verfahren[50].

---

49 Die VO über die Übertragung der Aufgaben der Landesverwaltung von der Kreisstufe auf Gemeinden v. 1.4.1953 (GVBl. S. 45) wurde aufgehoben durch Gesetz vom 17.10.2005 (in GVBl. I S. 674, 687).

50 Die VO über die Verteilung der Aufgaben der Landesverwaltung auf der Kreisstufe v. 24.3.1953 (GVBl. S. 39) wurde aufgehoben durch Gesetz vom 17.10.2005 (in GVBl. I S. 674, 687).

(3) Im Übrigen werden die in Abs. 1 bezeichneten Aufgaben der Landesverwaltung als Weisungsaufgaben vom Landkreis wahrgenommen. Dies gilt nicht für die in § 55 Abs. 1 und 2 bezeichneten Aufgaben sowie für diejenigen Aufgaben, welche die Landesregierung durch Verordnung dem Landrat als Behörde der Landesverwaltung zuweist.

(4) Bis zum Erlass neuer Vorschriften sind die den Landkreisen zur Erfüllung nach Weisung übertragenen Angelegenheiten wie bisher durchzuführen.

§§ 60, 61 *(weggefallen)*

§ 62 Gebühren

Die Verwaltungsgebühren, die durch Amtshandlungen von Organen des Landkreises anfallen, fließen dem Landkreis zu. Ausgenommen sind diejenigen Gebühren, die durch gesetzliche Vorschriften einem bestimmten Zweck gewidmet sind.

§§ 63, 64 *(gegenstandslos)*

§ 65 Übertragung von Zuständigkeiten

Die Landesregierung kann, wenn dies zur Herstellung einer lebensnahen Verwaltung zweckdienlich erscheint, durch Verordnungen Aufgaben der höheren Verwaltungsbehörde auf die Landkreise übertragen.

§ 66 Überleitungs- und Durchführungsvorschriften

(1) Die Landesregierung kann Überleitungsvorschriften erlassen.

(2) Der Minister des Innern erlässt die Durchführungsvorschriften zu diesem Gesetz; soweit es sich um Vorschriften handelt, die die Wirtschaft der Landkreise betreffen, gemeinsam mit dem Minister der Finanzen.

(3) Für Direktwahlen, deren Wahltag vor dem 16. Mai 2020 bestimmt und öffentlich bekannt gemacht worden ist, gilt § 22 Abs. 1 Satz 1 Nr. 3 in der bis zum 15. Mai 2020 geltenden Fassung fort.

(4) § 26a Abs. 1 Satz 4 in der bis zum 15. Mai 2020 geltenden Fassung gilt für die am 6. März 2016 gewählten Kreistage bis zum Ende ihrer Wahlzeit am 31. März 2021 fort.

(5) § 27 in der bis zum 15. Mai 2020 geltenden Fassung gilt für die am 6. März 2016 gewählten Kreistage bis zum Ende der Wahlzeit am 31. März 2021 fort.

§ 67 In-Kraft-Treten[51]

(1) Dieses Gesetz tritt unbeschadet der Vorschriften in Abs. 2 bis 4 am 5. Mai 1952 in Kraft. Gleichzeitig treten alle Bestimmungen des bisherigen Rechts außer Kraft, die den Vorschriften dieses Gesetzes entgegenstehen. Insbesondere treten außer Kraft:
a) bis d) (gegenstandslos)

(2) Die Vorschriften des § 55 Abs. 2, § 59 Abs. 1 bis 3 und § 62 treten, wenn nicht die Landesregierung durch Verordnung einen früheren Termin bestimmt, am 1. April 1953 in Kraft. Bis dahin verbleibt es bei den bisherigen Bestimmungen.

(3) Die Vorschriften der §§ 21 bis 28 treten am Tage nach der Verkündung in Kraft.

(4) (gegenstandslos)

§ 68 *(aufgehoben)*[52]

---

51 Die Vorschrift betrifft das Inkrafttreten des Gesetzes in der ursprünglichen Fassung vom 25. Februar 1952.

52 Vgl. Fußnote zu § 156 HGO.

F Hessisches Kommunalwahlgesetz (KWG)

in der Fassung der Bekanntmachung vom 7. März 2005[1] (GVBl. S. 197), zuletzt geändert durch Gesetz vom 11. Dezember 2020 (GVBl. S. 915)[2]

Übersicht

---

1 Mit dem Gesetz zur Änderung der Hessischen Gemeindeordnung und anderer Gesetze v. 31.1.2005 (GVBl. I S. 54) wurde der Innenminister ermächtigt, das KWG in der sich aus diesem Gesetz ergebenden Fassung mit neuem Datum bekannt zu machen. Der Innenminister unterzeichnete am 7.3.2005 die Bekanntmachung der Neufassung; im Hinblick auf das spätere Inkrafttreten der geänderten Vorschriften wurde dabei allerdings die Überschrift „KWG in der Fassung vom 1. April 2005" gewählt (GVBl. I S. 197). Da aber schon am 30.3.2005 erneut eine Änderung des KWG in Kraft getreten ist, empfiehlt es sich zur Vermeidung von Missverständnissen, beim Zitieren der Neufassung zukünftig auf das Datum der Bekanntmachung abzustellen (zur Zulässigkeit dieser Fundstellenangabe vgl. das vom Bundesministerium der Justiz herausgegebene Handbuch der Rechtsförmlichkeit, 2. Auflage 1999, Rn. 166).

2 Gesetz zur Änderung des Hessischen Kommunalwahlgesetzes und anderer Vorschriften aus Anlass der Corona-Pandemie vom 11.12.2020.

Erster Abschnitt: **Allgemeine Vorschriften**

§ 1 Wahlgrundsätze[3]

(1) In Gemeinden, in denen nach der Hessischen Gemeindeordnung Gemeindevertretungen sowie in Ortsbezirken, in denen Ortsbeiräte zu wählen sind, werden die Gemeindevertreter und Ortsbeiratsmitglieder, in den Landkreisen die Kreistagsabgeordneten von den Wahlberechtigten in freier, allgemeiner, geheimer, gleicher und unmittelbarer Wahl nach den Grundsätzen einer mit einer Personenwahl verbundenen Verhältniswahl gewählt.[4]

(2) Wird nur ein Wahlvorschlag zugelassen, so wird die Wahl nach den Grundsätzen der Mehrheitswahl durchgeführt.

(3) Das Wahlrecht und die Wählbarkeit sowie die Zahl der zu wählenden Gemeindevertreter, Ortsbeiratsmitglieder und Kreistagsabgeordneten (Vertreter) bestimmen sich nach den Vorschriften der Hessischen Gemeindeordnung und der Hessischen Landkreisordnung.[5]

(4) Jeder Wähler hat so viele Stimmen, wie Vertreter zu wählen sind, die er auf die Bewerber eines Wahlvorschlages oder unterschiedlicher Wahlvorschläge verteilen kann;[6] treten weniger Bewerber zur Wahl an, als Sitze zu verteilen sind, verringert sich die Anzahl der Stimmen entsprechend. Dabei kann er Bewerbern jeweils bis zu drei Stimmen geben.[7]

§ 2 Wahlzeit

(1) Die Wahlzeit der Gemeindevertretungen und Kreistage (Vertretungskörperschaften) beginnt jeweils am 1. April.

---

3 Die Wahlgrundsätze finden für die Wahlen der Gemeindevertretungen/Kreistage (§ 29 HGO, § 21 HKO) und Ortsbeiräte (§ 82 HGO) Anwendung. Für die Wahl der Bürgermeister/Landräte (§ 39 HGO, § 37 HKO) und der Ausländerbeiräte (§ 84 HGO) gelten darüber hinaus Sondervorschriften (§§ 41–53 KWG, §§ 58–64 KWG); *Hannappel/Meiris*, Leitfaden für die Vorbereitung und Durchführung der Kommunalwahlen im Lande Hessen – Ausgabe 2016.

4 Das personalisierte Verhältniswahlverfahren „Kumulieren und Panaschieren" wurde durch das Gesetz zur Stärkung der Bürgerbeteiligung und kommunalen Selbstverwaltung vom 23.12.1999 (GVBl. 2000 I S. 2) eingeführt.

5 Vgl. §§ 30–33, 38, 82 HGO, §§ 22–25 HKO.

6 Sog. „Panaschieren" von Stimmen.

7 Sog. „Kumulieren" von Stimmen.

(2) Die Wahl findet an einem Sonntag im Monat März statt. Der Wahltag wird von der Landesregierung durch Verordnung bestimmt.

(3) Wahlen und Abstimmungen nach diesem Gesetz können gleichzeitig miteinander wie auch mit Europa-, Bundestags- und Landtagswahlen sowie mit Volksabstimmungen und Volksentscheiden durchgeführt werden.[8]

Zweiter Abschnitt: **Wahlkreise, Wahlbezirke, Wahlorgane**

§ 3 Wahlkreise und Wahlbezirke

(1) Bei der Wahl der Gemeindevertretung bildet die Gemeinde den Wahlkreis. Bei der Wahl des Ortsbeirats bildet der Ortsbezirk den Wahlkreis. Bei der Wahl des Kreistags bildet der Landkreis den Wahlkreis.

(2) Der Gemeindevorstand teilt das Gemeindegebiet für die Stimmabgabe in Wahlbezirke und Briefwahlbezirke ein. Soweit dies nicht erforderlich ist, bildet die Gemeinde den Wahlbezirk.

(3) Sind Ortsbeiräte zu wählen, muss jeder Ortsbezirk einen oder mehrere Wahlbezirke bilden.

§ 4 Wahlorgane

(1) Wahlorgane sind
1. der Wahlleiter und der Wahlausschuss für den Wahlkreis, unbeschadet der Vorschrift des § 82 Abs. 1 Satz 2 der Hessischen Gemeindeordnung,
2. Wahlvorsteher und Wahlvorstände für die Wahlbezirke und die Briefwahl.

(2) Niemand darf in mehr als einem Wahlorgan Mitglied sein. Mitglied oder stellvertretendes Mitglied im Wahlausschuss dürfen nicht sein
1. eine Vertrauensperson oder eine stellvertretende Vertrauensperson und
2. Bewerber ab dem Zeitpunkt der Erteilung ihrer Zustimmung nach § 11 Abs. 2 Satz 3.

---

8 Vgl. § 42 Abs. 3 HGO, § 38 Abs. 3 HKO, § 42 KWG.

(3) Bei Kreiswahlen nehmen der Gemeindewahlleiter und der Gemeindewahlausschuss die ihnen durch dieses Gesetz und die Kommunalwahlordnung zugewiesenen Aufgaben mit wahr.

§ 5 Wahlleiter, Wahlausschuss

(1) Wahlleiter ist in Gemeinden der Bürgermeister, in Landkreisen der Landrat; stellvertretender Wahlleiter ist sein Vertreter im Amt.[9] Der Gemeindevorstand oder der Kreisausschuss können einen besonderen Wahlleiter und einen besonderen stellvertretenden Wahlleiter bestellen; die Bestellung gilt bis zu ihrem Widerruf.

(2) Der Wahlleiter ist für die ordnungsgemäße Vorbereitung und Durchführung der Wahl verantwortlich. Er führt die Geschäfte des Wahlausschusses.

(3) Der Wahlausschuss besteht aus dem Wahlleiter als Vorsitzendem und sechs von ihm berufenen Wahlberechtigten als Beisitzern. Bei der Berufung der Beisitzer sind die im Wahlkreis vertretenen Parteien und Wählergruppen nach Möglichkeit zu berücksichtigen.

(4) Der Wahlausschuss nimmt die Aufgaben wahr, die ihm durch die Hessische Gemeindeordnung, die Hessische Landkreisordnung, dieses Gesetz und die aufgrund dieses Gesetzes erlassenen Rechtsverordnungen zugewiesen werden.[10]

(5) Der Wahlausschuss besteht auch nach der Wahl, längstens bis zum Ablauf der Wahlzeit der Vertretungskörperschaft, fort. Für ausgeschiedene Mitglieder beruft der Wahlleiter neue Mitglieder in den Wahlausschuss. Der Wahlausschuss kann anlässlich einer Direktwahl oder eines Bürgerentscheids für den Rest der Wahlzeit ganz oder teilweise neu gebildet werden.[11]

---

9 Bei Wahlen, die durch die Vertretungskörperschaften selbst durchgeführt werden (mittelbare Wahlen) ist der Vorsitzende der Vertretungskörperschaft Wahlleiter (§ 55 Abs. 4 Satz 3 HGO, § 32 Satz 2 HKO).

10 Vgl. § 42 Abs. 1 HGO, § 38 Abs. 1 HKO, § 3 KWO.

11 Absatz 5 Satz 3 erlaubt eine vollständige Neubildung des Wahlausschusses anlässlich einer Direktwahl oder eines Bürgerentscheids für den Rest der Wahlzeit; dies schließt die Möglichkeit ein, den Wahlausschuss nur teilweise umzubilden.

§ 6 Wahlvorsteher, Wahlvorstand[12]

(1) Der Gemeindevorstand beruft für jeden Wahlbezirk einen Wahlvorstand sowie einen oder mehrere Briefwahlvorstände für die Gemeinde. Die Wahlvorstände bestehen aus dem Wahlvorsteher als Vorsitzendem, seinem Stellvertreter, dem Schriftführer und zwei bis sechs Wahlberechtigten als Beisitzern;[13] § 5 Abs. 3 Satz 2 gilt entsprechend.

(2) In Gemeinden, die nur einen Wahlbezirk bilden, nimmt der Gemeindewahlausschuss die Aufgaben des Wahlvorstandes und der Gemeindewahlleiter die Aufgaben des Wahlvorstehers wahr.

(3) Der Wahlvorstand leitet und überwacht die Wahlhandlung und ermittelt das Wahlergebnis des Wahlbezirks.

(4) Der Gemeindevorstand ist befugt, personenbezogene Daten von Mitgliedern von Wahlvorständen zum Zweck ihrer Berufung in einen Wahlvorstand zu erheben und zu verarbeiten. Zu diesem Zweck dürfen personenbezogene Daten von Personen, die zur Tätigkeit in Wahlvorständen geeignet sind, auch für künftige Wahlen verarbeitet werden, sofern der Betroffene der Verarbeitung nicht widersprochen hat. Der Betroffene ist über das Widerspruchsrecht zu unterrichten. Im Einzelnen dürfen folgende Daten erhoben und verarbeitet werden: Name, Vorname, Geburtsdatum, Anschrift, Telefonnummern, Zahl der Berufungen zu einem Mitglied der Wahlvorstände und die dabei ausgeübte Funktion sowie die Art der Wahl, für die der Betroffene eingesetzt wurde.

(5) Auf Ersuchen der Gemeindevorstände sind zur Sicherstellung der Wahldurchführung die Behörden des Landes, der Gemeinden, der Landkreise sowie der sonstigen der Aufsicht des Landes unterstehenden juristischen Personen des öffentlichen Rechts verpflichtet, aus dem Kreis ihrer Bediensteten unter Angabe von Name, Vorname, Geburtsdatum und Anschrift zum Zweck der Berufung als Mitglieder der Wahlvorstände Personen zu benennen, die im Gebiet der ersuchenden Gemeinde wohnen. Die ersuchte Stelle hat den Betroffenen über die übermittelten Daten und den Empfänger zu benachrichtigen.

(6) Daten, die nach § 9 Abs. 5 des Bundeswahlgesetzes erhoben wurden, können zur Sicherstellung der Wahldurchführung auch für die Berufung zu Mitgliedern von Wahlvorständen für Wahlen und Abstimmungen nach diesem Gesetz verwendet werden.

---

12 Vgl. § 4 KWO.

13 Für die Funktion des Wahlvorstehers, des stellvertretenden Wahlvorstehers und des Schriftführers können auch nicht wahlberechtigte Personen rekrutiert werden.

(7) Der Gemeindevorstand kann für die Zeit nach dem Wahltag weitere Wahlvorstände berufen und ihnen die Ermittlung der Wahlergebnisse einzelner oder mehrerer Wahlbezirke einschließlich der Briefwahl übertragen (Auszählungswahlvorstände). Beschäftigte der Gemeinde oder des Landkreises können auch dann in den Auszählungswahlvorstand berufen werden, wenn sie nicht wahlberechtigt sind; § 5 Abs. 3 Satz 2 findet keine Anwendung. Die Auszählungswahlvorstände setzen die Ermittlung der Wahlergebnisse der Wahlbezirke und der Briefwahl fort.

§ 6a Tätigkeit der Wahlausschüsse und Wahlvorstände

(1) Die Wahlausschüsse und Wahlvorstände verhandeln, beraten und entscheiden in öffentlicher Sitzung. Soweit nicht in diesem Gesetz etwas anderes bestimmt ist, entscheidet bei den Abstimmungen Stimmenmehrheit; bei Stimmengleichheit gibt die Stimme des Vorsitzenden den Ausschlag.

(2) Die Mitglieder der Wahlorgane, ihre Stellvertreter und die Schriftführer sind zur unparteiischen Wahrnehmung ihres Amtes und zur Verschwiegenheit über die ihnen bei ihrer amtlichen Tätigkeit bekannt gewordenen Angelegenheiten verpflichtet. Sie dürfen in Ausübung ihres Amtes ihr Gesicht nicht verhüllen.

§ 6b Ehrenämter

(1) Die Beisitzer der Wahlausschüsse und die Mitglieder der Wahlvorstände üben ihre Tätigkeit ehrenamtlich aus. Zur Übernahme dieses Ehrenamtes sind alle Wahlberechtigten und die in § 6 Abs. 7 Satz 2 genannten Personen verpflichtet. Das Ehrenamt darf nur aus wichtigem Grund abgelehnt werden.

(2) Für die Ausübung des Ehrenamtes ist die erforderliche Freistellung von der Arbeit zu gewähren.

Dritter Abschnitt: **Wahlvorbereitung**

§ 7 Ausübung des Wahlrechts

(1) Wählen kann nur, wer in ein Wählerverzeichnis eingetragen ist oder einen Wahlschein hat.

(2) Wer im Wählerverzeichnis eingetragen ist, kann nur in dem Wahlbezirk wählen, in dessen Wählerverzeichnis er geführt wird.

(3) Wer einen Wahlschein hat, kann an der Wahl des Wahlkreises, in dem der Wahlschein ausgestellt ist,
1. durch Briefwahl oder
2. durch Stimmabgabe in einem beliebigen Wahlbezirk des Wahlkreises
teilnehmen.

(4) Jeder Wahlberechtigte kann das Wahlrecht nur einmal und nur persönlich ausüben. Eine Ausübung des Wahlrechts durch einen Vertreter anstelle des Wahlberechtigten ist unzulässig.

(5) Ein Wahlberechtigter, der des Lesens unkundig oder wegen einer Behinderung an der Abgabe seiner Stimme gehindert ist, kann sich hierzu der Hilfe einer anderen Person bedienen. Die Hilfeleistung ist auf technische Hilfe bei der Kundgabe einer vom Wahlberechtigten selbst getroffenen und geäußerten Wahlentscheidung beschränkt. Unzulässig ist eine Hilfeleistung, die unter missbräuchlicher Einflussnahme erfolgt, die selbstbestimmte Willensbildung oder Entscheidung des Wahlberechtigten ersetzt oder verändert oder wenn ein Interessenkonflikt der Hilfsperson besteht.

§ 8 Wählerverzeichnis[14]

(1) Die Gemeindevorstände führen für jeden Wahlbezirk für die dort wohnhaften Wahlberechtigten ein Wählerverzeichnis.

(2) Jeder Wahlberechtigte hat das Recht, an den Werktagen vom zwanzigsten bis zum sechzehnten Tag vor der Wahl (Einsichtsfrist) während der allgemeinen Öffnungszeiten der Gemeindebehörde die Richtigkeit oder Vollständigkeit der zu seiner Person im Wählerverzeichnis eingetragenen Daten zu überprüfen. Zur Überprüfung der Richtigkeit oder Vollständigkeit der Daten von anderen im Wählerverzeichnis eingetragenen Personen haben Wahlberechtigte während der Einsichtsfrist nur dann ein Recht auf Einsicht in das Wählerverzeichnis, wenn sie Tatsachen glaubhaft machen, aus denen sich eine Unrichtigkeit oder Unvollständigkeit des Wählerverzeichnisses ergeben kann; die dabei gewonnenen Erkenntnisse dürfen nur für die Begründung eines Einspruchs gegen das Wählerverzeichnis und für Zwecke der Wahlprüfung verwendet werden. Das Recht zur Überprüfung nach Satz 2 besteht nicht hinsichtlich der Daten von Wahlberechtig-

14 Vgl. §§ 7–15 KWO.

ten, für die im Melderegister eine Auskunftssperre nach § 51 Abs. 1 des Bundesmeldegesetzes vom 3. Mai 2013 (BGBl. I S. 1084), zuletzt geändert durch Gesetz vom 20. Juni 2015 (BGBl. I S. 970), eingetragen ist.

(3) Wer das Wählerverzeichnis für unrichtig oder unvollständig hält, kann innerhalb der Einsichtsfrist beim Gemeindevorstand Einspruch erheben. Gegen die Entscheidung kann Beschwerde an den Gemeindewahlleiter eingelegt werden.

(4) Ab Beginn der Einsichtsfrist ist die Eintragung oder Streichung von Personen im Wählerverzeichnis nur noch auf rechtzeitigen Einspruch sowie in Fällen offensichtlicher Unrichtigkeit des Wählerverzeichnisses auch von Amts wegen zulässig.

§ 9 Wahlschein[15]

(1) Ein Wahlberechtigter, der im Wählerverzeichnis eingetragen ist oder aus einem von ihm nicht zu vertretenden Grund in das Wählerverzeichnis nicht aufgenommen worden ist, erhält auf Antrag einen Wahlschein.[16]

(2) Wird der Wahlschein versagt, so kann dagegen Einspruch beim Gemeindevorstand eingelegt werden. § 8 Abs. 3 Satz 2 gilt entsprechend.

§ 10 Wahlvorschlagsrecht[17]

(1) Die Wahl erfolgt aufgrund von Wahlvorschlägen.

(2) Wahlvorschläge können von Parteien im Sinne des Art. 21 des Grundgesetzes und von Wählergruppen eingereicht werden.

(3) Eine Partei oder Wählergruppe kann in jedem Wahlkreis nur einen Wahlvorschlag einreichen.

(4) Die Verbindung von Wahlvorschlägen mehrerer Parteien oder Wählergruppen ist unzulässig.

---

15 Vgl. §§ 16–21 KWO.

16 Die formellen und materiellen Voraussetzungen für die Erteilung eines Wahlscheins sind in §§ 16 ff KWO geregelt.

17 Vgl. §§ 22–26 KWO.

§ 11 Inhalt und Form der Wahlvorschläge

(1) Der Wahlvorschlag muss den Namen der Partei oder Wählergruppe und, sofern sie eine Kurzbezeichnung verwenden, auch diese tragen. Der Name und die Kurzbezeichnung müssen sich von den Namen und Kurzbezeichnungen bereits bestehender Parteien und Wählergruppen deutlich unterscheiden.

(2) Der Wahlvorschlag darf beliebig viele Bewerber enthalten; ihre Reihenfolge muss erkennbar sein. Ein Bewerber darf für eine Wahl nur auf einem Wahlvorschlag benannt werden. Als Bewerber kann nur vorgeschlagen werden, wer seine Zustimmung dazu schriftlich erteilt hat; die Zustimmung ist unwiderruflich.

(3) Der Wahlvorschlag muss von der Vertrauensperson und der stellvertretenden Vertrauensperson persönlich und handschriftlich unterzeichnet sein.[18] Sie werden von der Versammlung benannt, die den Wahlvorschlag aufstellt. Die Vertrauensperson oder die stellvertretende Vertrauensperson kann durch schriftliche Erklärung des für den Wahlkreis zuständigen Parteiorgans oder der Vertretungsberechtigten der Wählergruppe abberufen und durch eine andere ersetzt werden, die als Ersatzperson von einer Mitglieder- oder Vertreterversammlung benannt wurde. Soweit in diesem Gesetz nichts anderes bestimmt ist, sind nur die Vertrauensperson und die stellvertretende Vertrauensperson, jede für sich, berechtigt, verbindliche Erklärungen zum Wahlvorschlag abzugeben und entgegenzunehmen.

(4) Wahlvorschläge von Parteien oder Wählergruppen, die während der vor dem Wahltag laufenden Wahlzeit nicht ununterbrochen mit mindestens einem Abgeordneten oder Vertreter in der zu wählenden Vertretungskörperschaft oder im Landtag oder aufgrund eines Wahlvorschlags aus dem Lande im Bundestag vertreten waren, müssen außerdem von mindestens zweimal so vielen Wahlberechtigten persönlich und handschriftlich unterzeichnet sein, wie Vertreter zu wählen sind. Die Wahlberechtigung der Unterzeichner von Wahlvorschlägen muss im Zeitpunkt der Unterzeichnung gegeben sein und ist bei Einreichung des Wahlvorschlags nachzuweisen. Jeder Wahlberechtigte kann nur einen Wahlvorschlag unterzeichnen.

---

18 Ein Wahlvorschlag muss von der Vertrauensperson und der stellvertretenden Vertrauensperson persönlich und handschriftlich unterzeichnet sein. Die Vorschrift ersetzt die Regelung, nach welcher Wahlvorschläge von Parteien und Wählergruppen von fünf Wahlberechtigten eigenhändig unterzeichnet sein mussten. Die Vertrauensperson sowie die stellvertretende Vertrauensperson können auch Bewerber sein.

§ 12 Aufstellung der Wahlvorschläge

(1) Die Bewerber für die Wahlvorschläge werden in geheimer Abstimmung in einer Versammlung der Mitglieder der Partei oder Wählergruppe im Wahlkreis oder in einer Versammlung der von den Mitgliedern der Partei oder Wählergruppe im Wahlkreis aus ihrer Mitte gewählten Vertreter (Vertreterversammlung) aufgestellt und ihre Reihenfolge im Wahlvorschlag festgelegt.[19] Bei der Aufstellung sollen nach Möglichkeit Frauen und Männer gleichermaßen berücksichtigt werden. Mit der Wahl der Vertreterversammlung darf nicht früher als 18 Monate und mit der Aufstellung der Bewerber für die Wahlvorschläge darf nicht früher als 15 Monate vor Ablauf der Wahlzeit begonnen werden; dies gilt nicht, wenn die Wiederholung der Wahl im ganzen Wahlkreis angeordnet wurde.[20] Vorschlagsberechtigt ist auch jeder Teilnehmer der Versammlung; den Bewerbern ist Gelegenheit zu geben, sich und ihr Programm der Versammlung in angemessener Zeit vorzustellen. Eine Wahl mit verdeckten Stimmzetteln gilt als geheime Abstimmung. Das Nähere über die Wahl der Vertreter für die Vertreterversammlung, über die Einberufung und Beschlussfähigkeit der Mitglieder- oder Vertreterversammlung sowie über das gesetzlich nicht geregelte Verfahren für die Aufstellung von Wahlvorschlägen und für die Benennung der Vertrauenspersonen regeln die Parteien und Wählergruppen.

(2) Bewerber für die Wahl des Ortsbeirats können auch in einer Mitglieder- oder Vertreterversammlung der Partei oder Wählergruppe auf Gemeindeebene aufgestellt werden. In diesem Fall muss die Partei oder Wählergruppe die Wahlvorschläge für sämtliche Ortsbeiratswahlen in der Gemeinde in einer oder mehreren gemeinsamen Versammlungen aufstellen.

(3) Über den Verlauf der Versammlung ist eine Niederschrift aufzunehmen. Die Niederschrift muss Angaben über Ort und Zeit der Versammlung, die Form der Einladung, die Zahl der erschienenen Mitglieder oder Vertreter,

---

19 § 17 PartG schreibt den Parteien bei der Aufstellung von Wahlvorschlägen eine geheime Abstimmung vor und überträgt die weitere Regelung dem Satzungsrecht der Parteien und dem Wahlrecht. Danach ist bei der Nominierung von Kandidaten für eine allgemeine Wahl ein Kernbestand an Verfahrensgrundsätzen einzuhalten, ohne den ein Wahlvorschlag schlechterdings nicht Grundlage eines demokratischen Wahlgangs sein kann (BVerfGE 89, S. 242).

20 § 12 Abs. 1 S. 3 KWG tritt am 1. April 2021 in Kraft (Art. 29 Abs. 3 des Gesetzes zur Verbesserung der politischen Teilhabe von ausländischen Einwohnerinnen und Einwohnern an der Kommunalpolitik sowie zur Änderung kommunal- und wahlrechtlicher Vorschriften vom 7.5.2020 (GVBl. S. 318, 328).

die Ergebnisse der Abstimmungen sowie über die Vertrauenspersonen und die jeweilige Ersatzperson nach § 11 Abs. 3 Satz 3 enthalten. Die Niederschrift ist von dem Versammlungsleiter, dem Schriftführer und zwei weiteren Mitgliedern oder Vertretern zu unterzeichnen; sie haben dabei gegenüber dem Wahlleiter an Eides statt zu versichern, dass die Wahl der Bewerber in geheimer Abstimmung erfolgt ist und die Anforderungen nach Abs. 1 Satz 3 beachtet worden sind. Der Wahlleiter ist zur Abnahme einer solchen Versicherung an Eides statt zuständig.

§ 13 Einreichung, Änderung und Rücknahme von Wahlvorschlägen

(1) Die Wahlvorschläge sind spätestens am 69. Tag vor dem Wahltag bis 18 Uhr schriftlich bei dem Wahlleiter einzureichen.

(2) Ein Wahlvorschlag kann durch gemeinsame schriftliche Erklärung der Vertrauensperson und der stellvertretenden Vertrauensperson ganz oder teilweise zurückgenommen werden, solange nicht über seine Zulassung entschieden ist.

(3) Nach der Zulassung (§ 15) können Wahlvorschläge nicht mehr geändert oder zurückgenommen werden.

§ 14 Mängelbeseitigung

(1) Der Wahlleiter hat die Wahlvorschläge sofort nach Eingang auf Ordnungsmäßigkeit und Vollständigkeit zu prüfen; die Prüfung partei- oder wählergruppeninterner Vorgänge (§ 12 Abs. 1 Satz 6) ist ausgeschlossen. Stellt er Mängel fest, die die Gültigkeit eines Wahlvorschlags berühren, so soll er, falls die Mängel noch vor Ablauf der Frist für die Einreichung der Wahlvorschläge (§ 13 Abs. 1) abgestellt werden können, unverzüglich auf ihre Beseitigung hinwirken.

(2) Nach Ablauf der Einreichungsfrist können nur noch Mängel gültiger Wahlvorschläge behoben werden. Ein gültiger Wahlvorschlag liegt nicht vor, wenn

1. die Form oder Frist des § 13 Abs. 1 nicht gewahrt ist,
2. die erforderlichen gültigen Unterschriften fehlen (§ 11 Abs. 3 und 4),
3 der Nachweis über die Versammlung zur Aufstellung der Bewerber nicht erbracht ist (§ 12 Abs. 3),
4. der Nachweis über die Wahlberechtigung der Unterzeichner des Wahlvorschlags fehlt (§ 11 Abs. 4).

Fehlt die Zustimmungserklärung eines Bewerbers nach § 11 Abs. 2 Satz 3, so ist der Wahlvorschlag insoweit ungültig.

(3) Nach der Entscheidung über die Zulassung eines Wahlvorschlags (§ 15) ist jede Mängelbeseitigung ausgeschlossen.

§ 15 Zulassung und Veröffentlichung der Wahlvorschläge

(1) Der Wahlausschuss beschließt am achtundfünfzigsten Tag vor der Wahl in öffentlicher Sitzung über die Zulassung der Wahlvorschläge.

(2) Ein Wahlvorschlag ist zurückzuweisen, wenn er verspätet eingereicht ist oder den Anforderungen nicht entspricht, die durch dieses Gesetz und die Kommunalwahlordnung aufgestellt sind. Sind in einem Wahlvorschlag die Anforderungen nur hinsichtlich einzelner Bewerber nicht erfüllt, so werden sie aus dem Wahlvorschlag gestrichen; Entsprechendes gilt für die Unterzeichner eines Wahlvorschlags.

(3) Weist der Wahlausschuss einen Wahlvorschlag zurück, so kann die Vertrauensperson des Wahlvorschlags hiergegen binnen zwei Tagen nach Verkündung der Entscheidung Einspruch bei dem Wahlleiter einlegen; über den Einspruch entscheidet der Wahlausschuss.

(4) Der Wahlleiter macht die zugelassenen Wahlvorschläge spätestens am achtundvierzigsten Tag vor der Wahl öffentlich bekannt und veranlasst, dass amtliche Musterstimmzettel verteilt werden; er kann sich dazu vereinfachter, nicht adressierter Verteilungsformen bedienen. Die Wahlvorschläge sind in der Reihenfolge zu veröffentlichen, dass zuerst die im Landtag vertretenen Parteien nach der Zahl ihrer Landesstimmen bei der letzten Landtagswahl aufgeführt werden. Danach folgen die in der zu wählenden Vertretungskörperschaft vertretenen Parteien und Wählergruppen in der Reihenfolge der bei der letzten Wahl erreichten Anzahl der Stimmen. Schließlich folgen die übrigen Wahlvorschläge, über deren Reihenfolge das Los entscheidet. Das Los ist in der Sitzung des Wahlausschusses, in der über die Zulassung der Wahlvorschläge entschieden wird, vom Wahlleiter zu ziehen.

(5) Weist ein Bewerber gegenüber dem Wahlleiter bis zum Ablauf der Frist für die Einreichung der Wahlvorschläge nach, dass für ihn im Melderegister eine Auskunftssperre nach § 51 Abs. 1 des Bundesmeldegesetzes eingetragen ist, ist in der Bekanntmachung nach Abs. 4 Satz 1 anstelle seiner Anschrift (Hauptwohung) eine Erreichbarkeitsanschrift zu verwenden; die Angabe eines Postfachs genügt nicht.

§ 16 Stimmzettel[21]

(1) Die Stimmzettel werden für jeden Wahlkreis unter Verantwortung des Wahlleiters amtlich hergestellt.

(2) Auf dem Stimmzettel sind die zugelassenen Wahlvorschläge in der Reihenfolge nach § 15 Abs. 4 neben- oder untereinander aufzuführen. Bei jedem Wahlvorschlag sind der Name der Partei oder Wählergruppe und, sofern sie eine Kurzbezeichnung verwendet, auch diese sowie die Rufnamen und Familiennamen der Bewerber anzugeben. Auf dem Stimmzettel wird zu jedem Bewerber zusätzlich

1. der Beruf oder Stand,
2. das Geburtsjahr,
3. der Geburtsname, wenn ein abweichender Familienname geführt wird,
4. ein Ordens- oder Künstlername, wenn dieser im Pass-, Personalausweis- oder Melderegister eingetragen ist, und
5. bei der Wahl der Kreistagsabgeordneten die Gemeinde der Hauptwohnung, bei der Wahl der Gemeindevertreter der nach § 12 Satz 4 der Hessischen Gemeindeordnung benannte Gemeindeteil der Hauptwohnung

aufgenommen, wenn und soweit die jeweilige Vertretungskörperschaft dies mit der Mehrheit der gesetzlichen Zahl ihrer Mitglieder spätestens zwölf Monate vor Ablauf der Wahlzeit beschlossen hat; für die Wahl der Ortsbeiräte muss der Beschluss der Gemeindevertretung für sämtliche Ortsbeiratswahlen einheitlich erfolgen. Bei einem Nachweis nach § 15 Abs. 5 ist abweichend von Satz 3 Nr. 5 für den Bewerber anstelle der Gemeinde oder des Gemeindeteils der Hauptwohnung die Gemeinde oder der Gemeindeteil der Erreichbarkeitsanschrift anzugeben.[22] Es werden für jeden Wahlvorschlag höchstens so viele Personen aufgeführt, wie Vertreter zu wählen sind.

(3) Ist nach den Grundsätzen der Mehrheitswahl zu wählen, sind alle Bewerber des Wahlvorschlags auf dem Stimmzettel ohne Angabe der Partei oder Wählergruppe, die den Bewerber aufgestellt hat, aufzuführen.

---

21 Vgl. § 27 KWO.

22 Mit der Bezeichnung Gemeindeteil wird an die Begrifflichkeit des § 12 Satz 4 HGO angeknüpft. Gemeindeteile im Sinne dieser Vorschrift sind Orts- bzw. Stadtteile und Wohnplätze.

Vierter Abschnitt: **Wahlhandlung und Feststellung des Wahlergebnisses**

§ 17 Öffentlichkeit der Wahl

Wahlhandlung und Ermittlung des Wahlergebnisses sind öffentlich. Der Wahlvorstand kann Personen, die die Ruhe und Ordnung stören, aus dem Wahlraum verweisen.[23]

§ 17a Unzulässige Wahlpropaganda und Unterschriftensammlung, unzulässige Veröffentlichung von Wählerbefragungen

(1) Während der Wahlzeit sind in und an dem Gebäude, in dem sich der Wahlraum befindet, sowie in dem Bereich mit einem Abstand von weniger als zehn Metern von dem Gebäudeeingang jede Beeinflussung der Wähler durch Wort, Ton, Schrift oder Bild sowie jede Unterschriftensammlung verboten.[24]

(2) Die Veröffentlichung von Ergebnissen von Wählerbefragungen nach der Stimmabgabe über den Inhalt der Wahlentscheidung ist vor Ablauf der Wahlzeit unzulässig.

(3) Ordnungswidrig handelt, wer
1. gegen das Verbot des Abs. 1 verstößt oder
2. entgegen Abs. 2 Ergebnisse von Wählerbefragungen nach der Stimmabgabe über den Inhalt der Wahlentscheidung vor Ablauf der Wahlzeit veröffentlicht.

Die Ordnungswidrigkeit kann mit einer Geldbuße bis zu fünfzigtausend Euro geahndet werden.

(4) Verwaltungsbehörde im Sinne des § 36 Abs. 1 Nr. 1 des Gesetzes über Ordnungswidrigkeiten ist
1. bei Ordnungswidrigkeiten nach Abs. 3 Satz 1 Nr. 1 der Gemeindevorstand,
2. bei Ordnungswidrigkeiten nach Abs. 3 Satz 1 Nr. 2 das für das Kommunalwahlrecht zuständige Ministerium.

---

23 Vgl. §§ 37, 38 KWO.

24 Die Regelung über die Bannmeile ist keine bloße Ordnungsvorschrift; die Aufstellung von Wahlplakaten innerhalb der Bannmeile stellt vielmehr eine Unregelmäßigkeit im Wahlverfahren dar, die zur Wiederholung der Wahl führt (Hess VGH HSGZ 2003, 271).

§ 18 Stimmabgabe[25]

(1) Die Stimmabgabe erfolgt bei der Verhältniswahl geheim durch Ankreuzen oder durch eine andere eindeutige Kennzeichnung unter Beachtung der nachstehenden Bestimmungen:

1. Jeder Wähler kann so viele Stimmen abgeben, wie Vertreter zu wählen sind;
2. er kann seine Stimmen nur Bewerbern geben, die im Stimmzettel aufgeführt sind;
3. im Rahmen der ihm zur Verfügung stehenden Stimmenzahl kann er Bewerbern jeweils bis zu drei Stimmen geben (kumulieren);
4. er kann seine Stimmen Bewerbern aus verschiedenen Wahlvorschlägen geben (panaschieren);
5. er kann einen Wahlvorschlag unverändert annehmen oder einen Wahlvorschlag kennzeichnen und außerdem einzelnen Bewerbern in einem oder mehreren Wahlvorschlägen Stimmen geben oder einzelne Bewerber streichen.

Der Wähler faltet den Stimmzettel in der Wahlzelle so, dass die Stimmabgabe nicht erkannt werden kann, und legt ihn in gefaltetem Zustand in die Wahlurne.

(2) Die nach § 7 Abs. 5 zulässige Hilfe bei der Stimmabgabe bleibt unberührt. Die Hilfsperson ist zur Geheimhaltung der Kenntnisse verpflichtet, die sie bei der Hilfeleistung von der Wahl einer anderen Person erlangt hat.

(3) Für die Mehrheitswahl gelten Abs. 1 Nr. 1 bis 3 und Abs. 2 entsprechend.

---

25 Vgl. §§ 39–42 KWO. Die Möglichkeit des Einsatzes von Wahlgeräten ist aus dem KWG gestrichen worden. Das Bundesverfassungsgericht hat mit Urteil vom 3.3.2009 – 2 BvC 3/07 und 2 BvC 4/07 – Bestimmungen der Bundeswahlgeräteverordnung insoweit als mit der Verfassung unvereinbar erklärt, als sie keine dem Grundsatz der Öffentlichkeit der Wahl entsprechende Kontrolle sicherstellen. Der Einsatz von Wahlgeräten, die die Stimmen der Wähler elektronisch erfassen und das Wahlergebnis elektronisch ermitteln, sei nur unter engen Voraussetzungen mit dem Grundgesetz vereinbar.

§ 19 Briefwahl[26]

(1) Bei der Briefwahl hat der Wähler dem Gemeindevorstand der Gemeinde, in der der Wahlschein ausgestellt worden ist, im verschlossenen Wahlbriefumschlag

1. seinen Wahlschein,
2. in einem besonderen verschlossenen Stimmzettelumschlag seinen Stimmzettel

so rechtzeitig zu übersenden, dass der Wahlbrief spätestens am Wahltag bis 18 Uhr eingeht. Werden Wahlen oder Abstimmungen nach § 2 Abs. 3 verbunden, muss für jede Wahl oder Abstimmung ein gesonderter Stimmzettelumschlag verwendet werden. § 18 Abs. 2 gilt entsprechend.

(2) Auf dem Wahlschein hat der Wähler oder die Hilfsperson gegenüber dem Gemeindevorstand an Eides statt zu versichern, dass der Stimmzettel persönlich oder gemäß dem erklärten Willen des Wählers gekennzeichnet worden ist. Der Gemeindevorstand ist zur Abnahme einer solchen Versicherung an Eides statt zuständig.

§ 20 Ermittlung des Wahlergebnisses im Wahlbezirk[27]

(1) Nach Beendigung der Wahlhandlung ermitteln die Wahlvorstände öffentlich das Wahlergebnis im Wahlbezirk durch Zählen der Stimmen. Ist die Zahl der Wähler in einem Wahlbezirk so gering, dass erkennbar sein kann, wie einzelne Wähler gewählt haben, wird abweichend von Satz 1 die Ermittlung des Wahlergebnisses im Wahlbezirk mit der Ermittlung der Ergebnisse anderer Wahlbezirke verbunden.

(2) Der Wahlvorstand entscheidet über die Gültigkeit der abgegebenen Stimmen und über alle bei der Wahlhandlung und bei der Ermittlung des Wahlergebnisses sich ergebenden Anstände. Der Wahlausschuss hat das Recht der Nachprüfung.

(3) Das Briefwahlergebnis ist besonders zu ermitteln, wenn Briefwahlvorstände gebildet worden sind. Im Übrigen obliegt die Ermittlung des Wahlergebnisses den von dem Gemeindevorstand bestimmten Wahlvorständen, die die bei der Briefwahl abgegebenen Stimmen zusammen mit den übrigen Stimmen auszählen. Für die Briefwahlvorstände gelten Abs. 1 und 2 entsprechend.

---

26 Vgl. § 45 KWO.
27 Vgl. §§ 46–48 KWO.

§ 20a Auslegungsregeln für die Ergebnisermittlung[28]

(1) Bewerbern, die vom Wähler gestrichen worden sind, werden keine Stimmen zugeteilt.

(2) Hat der Wähler einem Bewerber mehr als drei Stimmen gegeben, gelten die Mehrstimmen als nicht abgegeben.

(3) Hat der Wähler nur Bewerbern eines Wahlvorschlags Stimmen gegeben und dabei die ihm zur Verfügung stehende Stimmenzahl überschritten, gelten die Mehrstimmen als nicht abgegeben. Sie bleiben in der Weise unberücksichtigt, indem in der umgekehrten Bewerberreihenfolge

1. zunächst bei Bewerbern mit einer Stimme,
2. dann bei Bewerbern mit zwei Stimmen und
3. anschließend bei Bewerbern mit drei Stimmen

jeweils eine Stimme nicht gewertet wird. Wird danach die dem Wähler zur Verfügung stehende Stimmenzahl noch immer überschritten, wird auf die Bewerber mit ursprünglich zwei und drei Stimmen Satz 2 entsprechend angewandt bis die zulässige Stimmenzahl erreicht ist.

(4) Bei der unveränderten Annahme eines Wahlvorschlags wird jedem auf dem Stimmzettel aufgeführten Bewerber in der Reihenfolge des Wahlvorschlags eine Stimme zugeteilt. Sind danach noch nicht alle dem Wähler zur Verfügung stehenden Stimmen vergeben, ist der Vorgang zu wiederholen, bis die restlichen Stimmen zugeteilt sind; die Obergrenze von drei Stimmen je Bewerber ist dabei einzuhalten.

(5) Hat der Wähler Bewerberstimmen vergeben und dabei seine Stimmenzahl nicht ausgeschöpft oder Bewerber gestrichen ohne Bewerberstimmen zu vergeben, gilt die Kennzeichnung eines Wahlvorschlags als Vergabe der restlichen Stimmen. Jedem Bewerber des gekennzeichneten Wahlvorschlags, der weniger als drei Stimmen erhalten hat und nicht vom Wähler gestrichen worden ist, wird in diesem Fall in der Reihenfolge des Wahlvorschlags jeweils eine Stimme zugeteilt. Abs. 4 Satz 2 gilt entsprechend.

(6) Hat der Wähler mehrere Wahlvorschläge gekennzeichnet und Bewerberstimmen vergeben, ohne dabei die Zahl der ihm zur Verfügung stehenden Stimmen zu überschreiten, bleibt die Kennzeichnung der Wahlvorschläge unbeachtlich.

(7) Für die Mehrheitswahl gelten Abs. 2 und 3 entsprechend.

---

28 Die Auslegungsregeln sollen ungültige Stimmen so weit wie möglich ausschließen.

§ 21 Ungültige Stimmen

(1) Ungültig sind Stimmen, wenn der Stimmzettel
1. als nicht amtlich hergestellt erkennbar ist,
2. keine Kennzeichnung enthält,
3. den Willen des Wählers nicht zweifelsfrei erkennen lässt,
4. einen Zusatz oder Vorbehalt enthält; Streichungen von Bewerbernamen gelten nicht als Vorbehalt oder Zusatz.

In den Fällen des Satz 1 Nr. 1, 2 und 4 sind alle Stimmen ungültig.

(2) Ungültig sind alle Stimmen, wenn der Wähler
1. mehrere Wahlvorschläge gekennzeichnet hat, es sei denn, er hat Bewerbern Stimmen gegeben und dabei die Zahl der ihm zur Verfügung stehenden Stimmen nicht überschritten,
2. an Bewerber in mehreren Wahlvorschlägen mehr als die ihm zur Verfügung stehenden Stimmen vergeben hat.

(3) Ist bei der Briefwahl der Stimmzettelumschlag leer, sind alle Stimmen ungültig. Mehrere in einem Stimmzettelumschlag enthaltene Stimmzettel gelten als ein Stimmzettel, wenn sie gleich lauten oder nur einer von ihnen gekennzeichnet ist; ansonsten sind die Stimmen ungültig.

(4) Die Stimmen eines Wählers, der an der Briefwahl teilgenommen hat, werden nicht dadurch ungültig, dass er vor dem Wahltag stirbt, aus dem Wahlkreis verzieht oder sonst das Wahlrecht verliert.

§ 21a Zurückweisung von Wahlbriefen[29]

(1) Bei der Briefwahl sind Wahlbriefe zurückzuweisen, wenn
1. der Wahlbrief nicht rechtzeitig eingegangen ist,
2. dem Wahlbriefumschlag kein oder kein gültiger Wahlschein beiliegt,
3. dem Wahlbriefumschlag kein Stimmzettelumschlag beigefügt ist,
4. weder der Wahlbriefumschlag noch der Stimmzettelumschlag verschlossen ist,
5. der Wahlbriefumschlag mehrere Stimmzettelumschläge, aber nicht eine gleiche Anzahl gültiger und mit der vorgeschriebenen Versicherung an Eides statt versehener Wahlscheine enthält,
6. der Wähler oder die Hilfsperson die vorgeschriebene Versicherung an Eides statt zur Briefwahl auf dem Wahlschein nicht unterschrieben hat,
7. kein amtlicher Stimmzettelumschlag benutzt worden ist,

---

29 Vgl. §§ 52, 53 KWO.

8. ein Stimmzettelumschlag benutzt worden ist, der offensichtlich in einer das Wahlgeheimnis gefährdenden Weise von den übrigen abweicht oder einen deutlich fühlbaren Gegenstand enthält.

(2) Die Einsender zurückgewiesener Wahlbriefe werden nicht als Wähler gezählt; ihre Stimmen gelten als nicht abgegeben.

§ 22 Feststellung des Wahlergebnisses im Wahlkreis[30]

(1) Der Wahlausschuss stellt fest, wie viele Stimmen im Wahlkreis auf die einzelnen Bewerber und Wahlvorschläge abgegeben worden sind, wie viele Sitze auf die einzelnen Wahlvorschläge entfallen und welche Bewerber gewählt worden sind; die auf einen Wahlvorschlag entfallende Stimmenzahl besteht aus der Summe der von den Bewerbern dieses Wahlvorschlags erreichten Stimmen.

(2) (aufgehoben)[31]

(3) Ist die Wahl nach den Grundsätzen der Verhältniswahl durchgeführt, so werden den einzelnen Wahlvorschlägen so viele Sitze zugeteilt, wie ihnen im Verhältnis der auf sie entfallenden Stimmenzahlen zur Gesamtstimmenzahl aller an der Sitzverteilung teilnehmenden Wahlvorschläge zustehen. Dabei erhält jeder Wahlvorschlag zunächst so viele Sitze, wie sich für ihn ganze Zahlen ergeben. Sind danach noch Sitze zu vergeben, so sind sie in der Reihenfolge der höchsten Zahlenbruchteile, die sich nach der Berechnung nach Satz 1 ergeben, auf die Wahlvorschläge zu verteilen. Über die Zuteilung des letzten Sitzes entscheidet bei gleichen Zahlenbruchteilen das vom Wahlleiter zu ziehende Los.

(4) Erhält bei der Verteilung der Sitze nach Abs. 3 der Wahlvorschlag einer Partei oder Wählergruppe, auf den mehr als die Hälfte der Stimmenzahl aller an der Sitzverteilung teilnehmenden Wahlvorschläge entfallen ist, nicht mehr als die Hälfte der insgesamt zu vergebenden Sitze, so sind die nach Zahlenbruchteilen zu vergebenden Sitze abweichend von Abs. 3 Satz 3 und 4 zu verteilen. In diesem Fall wird zunächst dem in Satz 1 genannten Wahlvorschlag ein weiterer Sitz zugeteilt; für die danach noch zu vergebenden Sitze ist wieder Abs. 3 Satz 3 und 4 anzuwenden.[32]

30 Vgl. § 54 KWO.

31 Abs. 2 regelte ursprünglich ein Mindestquorum für die Teilnahme an der Sitzverteilung von 5 % (sog. Sperrklausel).

32 Vgl. aber für die Wahlen, die die Vertretungskörperschaften durchführen (mittelbare Wahlen) § 55 Abs. 4 Satz 1 HGO, § 32 Satz 1 HKO.

(4a) Die einem Wahlvorschlag zugefallenen Sitze werden den Bewerbern in der Reihenfolge der Stimmenzahl zugewiesen; bei gleicher Stimmenzahl entscheidet die Reihenfolge der Benennung im Wahlvorschlag.

(5) Ist die Wahl nach den Grundsätzen der Mehrheitswahl durchgeführt, so sind die Bewerber des Wahlvorschlags in der Reihenfolge der Stimmenzahl gewählt. Über die Zuteilung des letzten Sitzes entscheidet bei gleichen Stimmenzahlen das vom Wahlleiter zu ziehende Los.

(6) Bei der Verteilung der Sitze werden Bewerber nicht berücksichtigt, die verstorben sind, ihre Wählbarkeit verloren haben oder dem Wahlleiter schriftlich den Verzicht auf ihre Anwartschaft erklärt haben; der Verzicht kann nicht widerrufen werden. .

(7) Sind mehr Sitze zu verteilen, als Bewerber gewählt worden sind, bleiben die überschüssigen Sitze unbesetzt; die gesetzliche Mitgliederzahl der Vertretungskörperschaft vermindert sich für die Wahlzeit entsprechend.

§ 23 Erwerb der Rechtsstellung eines Vertreters und Bekanntgabe des Wahlergebnisses[33]

(1) Ein gewählter Bewerber erwirbt die Rechtsstellung eines Vertreters mit der Feststellung des Wahlergebnisses im Wahlkreis (§ 22 Abs. 1), jedoch nicht vor dem Ablauf der Wahlzeit der bisherigen Vertretungskörperschaft; Abs. 2 Satz 3 bleibt unberührt.

(2) Der Wahlleiter macht das Wahlergebnis und die Namen der Vertreter öffentlich bekannt und benachrichtigt sie. Ist ein Vertreter an der Mitgliedschaft in der Vertretungskörperschaft gehindert (§ 37, § 65 Abs. 2 der Hessischen Gemeindeordnung, § 27, § 36 Abs. 2 der Hessischen Landkreisordnung), so weist ihn der Wahlleiter darauf hin, dass er den Wegfall des Hinderungsgrundes nur binnen einer Woche nach Zustellung der Benachrichtigung nachweisen kann. Wird der Wegfall des Hinderungsgrundes nicht bis zum Ablauf der Frist nachgewiesen, gilt die Rechtsstellung als Vertreter rückwirkend als nicht erworben; bis zum Nachweis des Wegfalls des Hinderungsgrundes können Rechte aus der Rechtsstellung eines Vertreters nicht ausgeübt werden.

§ 24 *(aufgehoben)*

---

33 Vgl. §§ 55, 56 KWO.

Fünfter Abschnitt: **Wahlprüfung, Nachwahl**[34]

§ 25 Einsprüche gegen die Gültigkeit der Wahl

(1) Gegen die Gültigkeit der Wahl kann jeder Wahlberechtigte des Wahlkreises binnen einer Ausschlussfrist von zwei Wochen nach der öffentlichen Bekanntmachung des Wahlergebnisses Einspruch erheben. Der Einspruch eines Wahlberechtigten, der nicht die Verletzung eigener Rechte geltend macht, ist nur zulässig, wenn ihn eins vom Hundert der Wahlberechtigten, mindestens jedoch fünf Wahlberechtigte, unterstützen; bei mehr als 10 000 Wahlberechtigten müssen mindestens 100 Wahlberechtigte den Einspruch unterstützen.

(2) Der Einspruch ist schriftlich oder zur Niederschrift beim Wahlleiter einzureichen und innerhalb der Einspruchsfrist im Einzelnen zu begründen; nach Ablauf der Einspruchsfrist können weitere Einspruchsgründe nicht mehr geltend gemacht werden.

§ 26 Beschluss der Vertretungskörperschaft[35]

(1) Die neue Vertretungskörperschaft hat über die Gültigkeit der Wahl und über Einsprüche nach § 25 in folgender Weise zu beschließen:

1. War ein Vertreter nicht wählbar oder an der Mitgliedschaft in der Vertretungskörperschaft gehindert (§ 37, § 65 Abs. 2 der Hessischen Gemeindeordnung, § 27, § 36 Abs. 2 der Hessischen Landkreisordnung) oder hätte er aus anderen Gründen nach § 15 Abs. 2 Satz 2 aus dem Wahlvorschlag gestrichen werden müssen, so ist sein Ausscheiden anzuordnen.
2. Sind im Wahlverfahren Unregelmäßigkeiten oder strafbare oder gegen die guten Sitten verstoßende Handlungen, die das Wahlergebnis beeinflussen, vorgekommen, bei denen nach den Umständen des Einzelfalls eine nach der Lebenserfahrung konkrete Möglichkeit besteht, dass sie auf die Verteilung der Sitze von entscheidendem Einfluss gewesen sein können, so ist
   a) wenn sich die Unregelmäßigkeiten oder die strafbaren oder gegen die guten Sitten verstoßenden Handlungen nur auf einzelne Wahl- oder Briefwahlbezirke erstrecken, in diesen Wahlbezirken,

---

34 Vgl. §§ 57–59, 75 KWO.
35 Vgl. §§ 57, 58 KWO.

b) wenn sich die Unregelmäßigkeiten oder die strafbaren oder gegen die guten Sitten verstoßenden Handlungen auf den ganzen Wahlkreis oder auf mehr als die Hälfte der Wahl- und Briefwahlbezirke erstrecken, im ganzen Wahlkreis

die Wiederholung der Wahl anzuordnen (§ 30).[36]

3. Ist die Feststellung des Wahlergebnisses unrichtig, so ist sie aufzuheben und eine neue Feststellung anzuordnen (§ 31).
4. Liegt keiner der unter Nr. 1 bis 3 genannten Fälle vor, so ist die Wahl für gültig zu erklären; wurden bei der Vorbereitung oder Durchführung der Wahl Rechte eines Einspruchsführers verletzt, wird die Rechtsverletzung in dem Beschluss festgestellt.

Beteiligte im Verfahren sind der Wahlberechtigte, der Einspruch erhoben hat, und der Vertreter, dessen Wahl unmittelbar angefochten oder dessen Ausscheiden nach Satz 1 Nr. 1 zu prüfen ist.

(2) An der Beratung und Beschlussfassung nach Abs. 1 können die Mitglieder der Vertretungskörperschaft auch dann mitwirken, wenn sie durch die Entscheidung betroffen werden.

§ 27 Verwaltungsgerichtliche Entscheidung

Gegen den Beschluss der Vertretungskörperschaft nach § 26 steht den Beteiligten und der Aufsichtsbehörde innerhalb eines Monats nach Zustellung oder Verkündung der Entscheidung die Klage im Verwaltungsstreitverfahren zu. Die allgemeinen Vorschriften über das verwaltungsgerichtliche Verfahren finden mit der Maßgabe Anwendung, dass die Klage gegen die Vertretungskörperschaft zu richten ist und ein Widerspruch gegen den Beschluss der Vertretungskörperschaft nicht stattfindet; § 26 Abs. 1 Satz 1 Nr. 4 gilt entsprechend.

§ 28 Anfechtung

Entscheidungen und Maßnahmen, die sich unmittelbar auf das Wahlverfahren beziehen, können nur mit den in diesem Gesetz und in der Kommu-

---

36 Mit der Regelung des § 26 Abs. 1 Nr. 2 soll klargestellt werden, dass als Wahlfehler Unregelmäßigkeiten oder strafbare oder gegen die guten Sitten verstoßende Handlungen, die das Wahlergebnis beeinflussen, vorliegen müssen. Damit sind die materiellen Wahlprüfungsgründe des für Landtagswahlen geltenden Art. 78 Abs. 2 der Hessischen Verfassung für das Kommunalwahlrecht übernommen worden.

nalwahlordnung vorgesehenen Rechtsbehelfen sowie im Wahlprüfungsverfahren angefochten werden.

§ 29 Auflösung der Vertretungskörperschaft, Rechtswirksamkeit ihrer Beschlüsse

Wird im Wahlprüfungsverfahren die Wahl im ganzen Wahlkreis oder in mehr als der Hälfte der Wahlbezirke für ungültig erklärt, so ist mit der Rechtskraft der Entscheidung über die Ungültigkeit der Wahl die Vertretungskörperschaft aufgelöst; dies gilt nicht im Falle des § 30 Abs. 4. Beschlüsse der Vertretungskörperschaft, die vor der Rechtskraft einer solchen Entscheidung über die Ungültigkeit der Wahl gefasst worden sind, werden in ihrer Rechtswirksamkeit durch die Ungültigkeitserklärung nicht berührt.

§ 30[37] Wiederholungswahl

(1) Wird im Wahlprüfungsverfahren die vollständige oder teilweise Wiederholung der Wahl angeordnet, ist sie innerhalb von vier Monaten nach Rechtskraft der Entscheidung in dem dort bestimmten Umfang zu wiederholen. Der Wahltag wird unverzüglich nach Rechtskraft der Entscheidung von der Vertretungskörperschaft bestimmt; § 42 Satz 3 bis 5 gilt entsprechend. Im Falle des § 29 Satz 1 wird der Wahltag von der Aufsichtsbehörde bestimmt. Die Wiederholungswahl findet für den Rest der Wahlzeit statt.

(2) Findet die Wiederholungswahl nur in einzelnen Wahlbezirken statt, so wird aufgrund der Wahlvorschläge und der Wählerverzeichnisse der Hauptwahl gewählt. Wahlvorschläge können nur geändert werden, wenn sich dies aus der Wahlprüfungsentscheidung ergibt oder wenn ein Bewerber gestorben ist oder nicht mehr wählbar ist; Personen, die gestorben sind oder ihr Wahlrecht verloren haben, werden im Wählerverzeichnis gestrichen. Im Übrigen gelten die Vorschriften für die Neuwahl.

(3) Findet die Wiederholungswahl im ganzen Wahlkreis statt, so ist nach den für die Neuwahl geltenden Vorschriften zu verfahren.

(4) Wiederholungswahlen unterbleiben, wenn die Rechtskraft der Entscheidung im letzten Jahr der Wahlzeit eintritt.

---

37 Vgl. §§ 59, 75 KWO.

§ 31 Neufeststellung des Wahlergebnisses

(1) Ist die Feststellung des Wahlergebnisses rechtskräftig aufgehoben, so hat der Wahlausschuss das Wahlergebnis unverzüglich neu festzustellen. Er ist hierbei an die Grundsätze der Entscheidung über die Neufeststellung gebunden.

(2) Das Wahlergebnis ist vom Wahlleiter öffentlich bekannt zu machen. Für die Nachprüfung gelten die Vorschriften der §§ 25 bis 28.[38]

§ 32 Nachwahl

(1) Eine Nachwahl findet statt,
1. wenn die Wahl in einem Wahlkreis oder Wahlbezirk infolge höherer Gewalt nicht durchgeführt werden konnte,
2. wenn eine Gemeindevertretung oder ein Kreistag durch die Aufsichtsbehörde vorzeitig aufgelöst wird,
3. wenn aus Anlass der Änderung von Gemeinde- und Kreisgrenzen eine Wahl erforderlich wird; dies gilt insbesondere, wenn eine Gemeinde in eine andere Gemeinde eingegliedert wird oder sich Gemeinden zu einer neuen Gemeinde zusammenschließen.

(2) Ist eine Nachwahl nach Abs. 1 Satz 1 Nr. 3 Halbsatz 2 erforderlich, gilt Folgendes:
1. Wird eine Gemeinde in eine andere Gemeinde eingegliedert, gilt der Wohnsitz in der eingegliederten Gemeinde als Wohnsitz in der aufnehmenden Gemeinde. Wird eine neue Gemeinde gebildet, gilt der Wohnsitz in den zusammengeschlossenen Gemeinden als Wohnsitz in der neuen Gemeinde.
2. Für Parteien und Wählergruppen, die während der vor der Grenzänderung laufenden Wahlzeit mit mindestens einem Vertreter ununterbrochen in einer der Gemeindevertretungen der von der Grenzänderung betroffenen Gemeinden vertreten waren, gilt § 11 Abs. 4 nicht.
3. § 15 Abs. 4 Satz 3 gilt mit der Maßgabe, dass sich die Anzahl der Stimmen für Parteien und Wählergruppen, die in den Gemeindevertretungen der von der Grenzänderung betroffenen Gemeinden vertreten waren, nach der bei der letzten Gemeindewahl erreichten Zahl der gewichteten Stimmen bestimmt; die gewichteten Stimmen von Parteien und Wählergruppen, die in allen oder mehreren Gemeindevertretungen vertreten waren, werden zusammengezählt. Die Zahl der gewichteten

---

38 Vgl. § 58 KWO.

Stimmen wird in der Weise ermittelt, dass die Zahl der für den Wahlvorschlag abgegebenen gültigen Stimmen durch die Gesamtzahl der gültigen Stimmen dividiert und sodann mit der Gesamtzahl der gültigen Stimmzettel multipliziert wird.
4. Maßgeblich für die Zahl der zu wählenden Gemeindevertreter nach § 38 der Hessischen Gemeindeordnung sind die letzten vor der Grenzänderung vom Hessischen Statistischen Landesamt festgestellten Einwohnerzahlen der Gemeinden, die von der Grenzänderung betroffen sind.

(3) Nachwahlen nach Abs. 1 Nr. 1 sind binnen vier Monaten nach Wegfall der Hinderungsgründe, Nachwahlen nach Abs. 1 Nr. 2 binnen vier Monaten nach rechtswirksamer Auflösung der Vertretungskörperschaft und Nachwahlen nach Abs. 1 Nr. 3 binnen sechs Monaten nach rechtswirksamer Grenzänderung abzuhalten. Wäre eine Nachwahl nach Abs. 1 Nr. 3 innerhalb eines Jahres vor Ablauf der allgemeinen Wahlzeit vorzunehmen, so kann davon abgesehen werden.

(4) Ist die Wahl in einem Wahlkreis nicht durchgeführt worden, weil keine oder keine gültigen Wahlvorschläge eingereicht worden sind, so kann die Aufsichtsbehörde zu einem ihr geeignet erscheinenden Zeitpunkt eine Nachwahl für den Rest der Wahlzeit anordnen und erforderlichenfalls einen besonderen Wahlleiter bestellen.

(5) Auf Nachwahlen finden die Vorschriften über Wiederholungswahlen (§ 30) sinngemäß Anwendung.

Sechster Abschnitt: **Ausscheiden und Nachrücken von Vertretern**

§ 33 Verlust der Rechtsstellung eines Vertreters

(1) Ein Vertreter verliert seinen Sitz
1. durch Verzicht,
2. durch Wegfall einer Voraussetzung seiner jederzeitigen Wählbarkeit oder der Fähigkeit zur Bekleidung öffentlicher Ämter sowie durch Vorliegen eines Hinderungsgrundes für die Mitgliedschaft in der Vertretungskörperschaft (§ 37, § 65 Abs. 2 der Hessischen Gemeindeordnung, § 27, § 36 Abs. 2 der Hessischen Landkreisordnung),
3. aufgrund einer Entscheidung im Wahlprüfungsverfahren,

4. im Falle der Eingliederung einer Gemeinde in eine andere Gemeinde durch eine Vereinbarung nach § 16 Abs. 3 der Hessischen Gemeindeordnung, wenn der Vertreter der aufnehmenden Gemeindevertretung nicht angehört; § 34 gilt in diesem Fall nicht.

(2) Der Verzicht ist dem Wahlleiter gegenüber schriftlich zu erklären; er ist unwiderruflich.

(3) Der Vertreter scheidet aus der Vertretungskörperschaft aus,
1. im Falle des Abs. 1 Nr. 1 mit der Feststellung des Wahlleiters,
2. im Falle des Abs. 1 Nr. 2 bei Vorliegen eines rechtskräftigen Richterspruchs mit der Feststellung eines Wahlleiters, im Übrigen mit der Unanfechtbarkeit der Feststellung des Wahlleiters,
3. im Falle des Abs. 1 Nr. 3 mit der Rechtskraft der Entscheidung,
4. im Falle des Abs. 1 Nr. 4 mit dem Inkrafttreten der Vereinbarung nach § 16 Abs. 3 der Hessischen Gemeindeordnung.

(4) Durch das Ausscheiden eines Vertreters wird die Rechtswirksamkeit seiner bisherigen Tätigkeit nicht berührt.

§ 34 Nachrücken

(1) Wenn ein Vertreter stirbt, seine Rechtsstellung nach § 23 Abs. 2 Satz 3 als nicht erworben gilt oder seinen Sitz verliert (§ 33), so rückt der nächste noch nicht berufene Bewerber des Wahlvorschlags mit den meisten Stimmen an seine Stelle; bei gleicher Stimmenzahl ist die Reihenfolge der Benennung im Wahlvorschlag entscheidend. Ist der Wahlvorschlag erschöpft, so bleibt der Sitz unbesetzt; die gesetzliche Mitgliederzahl der Vertretungskörperschaft vermindert sich für die Wahlzeit entsprechend.[39]

(1a) Bei der Mehrheitswahl rückt der nächste noch nicht berufene Bewerber mit der höchsten Stimmenzahl nach; bei Stimmengleichheit entscheidet das vom Wahlleiter zu ziehende Los.

(2) Bei der Nachfolge bleiben Bewerber unberücksichtigt,
1. die seit dem Zeitpunkt der Aufstellung des Wahlvorschlags aus der Partei oder der Wählergruppe, für die sie bei der Wahl aufgetreten waren, ausgeschieden sind,
2. die dem Wahlleiter schriftlich den Verzicht auf ihre Anwartschaft erklärt haben; der Verzicht kann nicht widerrufen werden,

---

39 Vgl. aber für die Vertretungskörperschaften § 55 Abs. 4 Satz 2 HGO, § 32 Satz 1 HKO.

3. die verstorben sind oder bei denen ein Grund nach § 33 Abs. 1 Nr. 2 vorliegt.

(3) Der Wahlleiter stellt das Ausscheiden des bisherigen Vertreters und den Namen des nachrückenden Vertreters oder das Leerbleiben des Sitzes fest. § 23 gilt mit der Maßgabe, dass an die Stelle der Feststellung des Wahlergebnisses im Wahlkreis die Feststellung des Wahlleiters oder der Vertretungskörperschaft nach Abs. 4 Satz 3 tritt.[40]

(4) Gegen die Feststellung des Wahlleiters sind die Rechtsmittel nach §§ 25 bis 27 gegeben; Entsprechendes gilt, wenn der Wahlleiter keine Feststellung trifft, obwohl die Voraussetzungen des Abs. 1 vorliegen. Die Vertretungskörperschaft hat über die Einsprüche in der Weise zu beschließen, dass die Feststellung des Wahlleiters bestätigt, aufgehoben oder abgeändert wird. Ist der Wahlleiter untätig geblieben, so trifft die Vertretungskörperschaft die entsprechende Feststellung.

(5) Der nachrückende Vertreter behält seinen Sitz oder der Sitz bleibt leer, bis im Wahlprüfungsverfahren rechtskräftig entschieden ist.

(6) Wird die Feststellung des Wahlleiters im Wahlprüfungsverfahren geändert, so wird hierdurch die Rechtswirksamkeit der bisherigen Beschlüsse der Vertretungskörperschaft und der bisherigen Tätigkeit des zu Unrecht nachgerückten Vertreters nicht berührt.

§ 35 Folgen des Verbotes einer Partei oder Wählergruppe

(1) Erklärt das Bundesverfassungsgericht nach Art. 21 Abs. 2 des Grundgesetzes eine Partei oder eine ihrer Teilorganisationen für verfassungswidrig, verlieren mit der Verkündung der Entscheidung die Vertreter ihren Sitz und nachrückende Bewerber ihre Anwartschaft, die aufgrund eines Wahlvorschlags dieser Partei oder Teilorganisation gewählt worden sind oder dieser Partei oder Teilorganisation zum Zeitpunkt der Verkündung der Entscheidung angehören, soweit nicht in der Entscheidung etwas anderes bestimmt ist. Wird eine Wählergruppe als Ersatzorganisation einer für verfassungswidrig erklärten Partei oder aus anderen Gründen rechtskräftig verboten, gilt Satz 1 entsprechend.

(2) Die freigewordenen Sitze bleiben leer; die gesetzliche Mitgliederzahl der Vertretungskörperschaft vermindert sich für die Wahlzeit entsprechend. Dies gilt nicht, wenn die Vertreter aus dem Wahlvorschlag einer

40 Vgl. § 58 KWO.

nicht für verfassungswidrig erklärten Partei oder einer nicht rechtskräftig verbotenen Wählergruppe gewählt waren; in diesem Falle bestimmt sich die Nachfolge nach § 34.

(3) Der Wahlleiter stellt das Ausscheiden der Vertreter und das Leerbleiben der Sitze oder die nachrückenden Vertreter fest. § 34 Abs. 3 gilt entsprechend.

(4) Vermindert sich die gesetzliche Mitgliederzahl der Vertretungskörperschaft um mehr als drei Vertreter, so wird das Wahlergebnis gemäß § 22 neu festgestellt; dabei werden die Stimmen nicht berücksichtigt, die für die für verfassungswidrig erklärte Partei oder für die rechtskräftig verbotene Wählergruppe abgegeben worden sind.

Siebenter Abschnitt

§§ 36 bis 40 *(aufgehoben)*

Achter Abschnitt: **Wahl der Bürgermeister und Landräte**[41]

§ 41 Geltungsbereich

So weit in den §§ 42 bis 53 dieses Gesetzes sowie in § 39 der Hessischen Gemeindeordnung und § 37 der Hessischen Landkreisordnung nichts anderes bestimmt ist, gelten die Bestimmungen des Ersten bis Fünften und des Elften Abschnitts dieses Gesetzes für die Wahl der Bürgermeister und Landräte entsprechend.[42] Wer als Bewerber an der Direktwahl teilnimmt, kann auch nicht Mitglied in einem Wahlvorstand sein.

---

41 Vgl. § 39 HGO, § 37 HKO; *Hannappel/Meireis*, Leitfaden für die Vorbereitung und Durchführung der Direktwahlen im Lande Hessen – Ausgabe 2017

42 Für Direktwahlen, deren Wahltag zum Zeitpunkt des Inkrafttretens dieses Gesetzes bereits bestimmt und öffentlich bekannt gemacht worden ist, gelten § 39 HGO und § 37 HKO sowie das KWG in der bis dahin geltenden Fassung fort (siehe Art. 13 Abs. 1 des Gesetzes vom 28. März 2015 (GVBl. S. 158)

§ 42[43] Wahltag

Die Wahl sowie eine etwa notwendig werdende Stichwahl finden an einem Sonntag statt. Der Wahltag wird zugleich mit dem Tag der Stichwahl durch die jeweilige Vertretungskörperschaft bestimmt. Soll als Wahltag oder Tag der Stichwahl ein Tag bestimmt werden, der für die Bundestags-, Europa- oder Landtagswahl als Wahltag oder für einen Volksentscheid oder eine Volksabstimmung als Abstimmungstag festgesetzt ist, bedarf die Bestimmung des Wahltags nach Satz 2 der Mehrheit der Stimmen der gesetzlichen Zahl der Mitglieder der Vertretung. Wird nach der Bestimmung des Wahltages oder des Tages der Stichwahl nach Satz 2 einer der beiden Tage als Wahltag für die Bundestags-, Europa- oder Landtagswahl oder als Abstimmungstag für einen Volksentscheid oder eine Volksabstimmung festgesetzt, kann die Vertretungskörperschaft den Wahltag bis spätestens drei Monate vor der Wahl aufheben und einen neuen Wahltag sowie den Tag der Stichwahl bestimmen.

§ 43 Wählerverzeichnis für die Stichwahl[44]

Für die Stichwahl ist das Wählerverzeichnis der ersten Wahl maßgebend. Für die Berichtigung offensichtlicher Unrichtigkeiten gilt § 8 Abs. 4 entsprechend.

§ 44 Wahlschein

Wahlberechtigte, die für die erste Wahl einen Wahlschein erhalten haben, weil sie aus einem von ihnen nicht zu vertretenden Grund nicht in das

---

Für bis zum 29. Februar 2016 durch Direktwahl im Sinne von Art. 13 Abs. 1 des Gesetzes vom 28. März 2015 (GVBl. S. 158) gewählte hauptamtliche Wahlbeamte gilt für den Eintritt in den Ruhestand in der laufenden Amtszeit § 6 des Hessischen Beamtengesetzes in der bis zum Inkrafttreten dieses Gesetzes geltenden Fassung fort. Bei allen weiteren sich unmittelbar anschließenden Amtszeiten in einem Amt als hauptamtlicher Wahlbeamter im Sinne von Satz 1 oder Abs. 4 Satz 1 des o. g. Gesetzes gilt § 6 des Hessischen Beamtengesetzes mit Ausnahme der Abs. 7 und 9 in der bis zum Inkrafttreten dieses Gesetzes geltenden Fassung fort; die §§ 33 bis 35 des Hessischen Beamtengesetzes finden keine Anwendung (siehe Art. 13 Abs. 3 des Gesetzes vom 28. März 2015 (GVBl. S. 158).

43 Vgl. § 42 Abs. 3 HGO, § 38 Abs. 3 HKO, § 2 Abs. 3 KWG.

44 Vgl. § 64 KWO.

Wählerverzeichnis aufgenommen worden waren, sowie Personen, die erst für die Stichwahl wahlberechtigt sind, erhalten von Amts wegen einen Wahlschein für die Stichwahl.

§ 45 Wahlvorschläge

(1) Wahlvorschläge können auch von Einzelbewerbern eingereicht werden. Der Wahlvorschlag eines Einzelbewerbers trägt dessen Familiennamen als Kennwort.

(2) Jeder Wahlvorschlag darf nur einen Bewerber enthalten.

(3) Für die Unterzeichnung von Wahlvorschlägen von Parteien und Wählergruppen gilt § 11 Abs. 3 entsprechend; Wahlvorschläge von Einzelbewerbern müssen von diesen persönlich und handschriftlich unterzeichnet sein. Wahlvorschläge von Parteien oder Wählergruppen, die während der vor dem Wahltag laufenden Wahlzeit nicht ununterbrochen mit mindestens einem Abgeordneten bei der Wahl des Bürgermeisters in der Vertretungskörperschaft der Gemeinde, bei der Wahl des Landrats in der Vertretungskörperschaft des Landkreises oder im Landtag oder aufgrund eines Wahlvorschlags aus dem Lande im Bundestag vertreten waren, sowie von Einzelbewerbern müssen außerdem von mindestens zweimal so vielen Wahlberechtigten persönlich und handschriftlich unterzeichnet sein, wie die Vertretungskörperschaft der Gemeinde oder des Landkreises von Gesetzes wegen Vertreter hat. Dies gilt nicht für Wahlvorschläge von Landräten und Bürgermeistern, die während der vor dem Wahltag laufenden Amtszeit dieses Amt im Landkreis beziehungsweise in der Gemeinde ausgeübt haben.[45]

(4) Ein gültiger Wahlvorschlag liegt auch dann nicht vor, wenn der Bewerber mangelhaft bezeichnet ist, so dass eine Person nicht feststeht.

(5) Die Wahlvorschläge sind in der Reihenfolge zu veröffentlichen, dass bei der Wahl des Bürgermeisters zuerst die in der Vertretungskörperschaft der Gemeinde, bei der Wahl des Landrats zuerst die in der Vertretungskörper-

---

45 Bei Bürgermeistern und Landräten, die sich nach einer Direktwahl erneut um dieses Amt bewerben, kann von einem ernsthaften Wahlvorschlag ausgegangen werden. Durch die Regelung sollen Bürgermeister und Landräte von der Notwendigkeit der Beibringung von Unterstützungsunterschriften bei einer erneuten Kandidatur um das Amt befreit werden (siehe S. 63 der Begründung zum Gesetzentwurf der Fraktionen der CDU und der FDP für ein Gesetz zur Änderung der HGO und anderer Gesetze vom 10.5.2011 Drucks. 18/4031)

schaft des Landkreises vertretenen Parteien und Wählergruppen nach der Zahl ihrer Stimmen bei der letzten Wahl der Vertretungskörperschaft aufgeführt werden. Dann folgen die übrigen Wahlvorschläge, über deren Reihenfolge das Los entscheidet. Das Los ist in der Sitzung des Wahlausschusses, in der über die Zulassung der Wahlvorschläge entschieden wird, vom Wahlleiter zu ziehen. Die Verpflichtung zur Verteilung von Musterstimmzetteln (§ 15 Abs. 4 Satz 1) gilt nicht.

(6) Bewerber können nach der ersten Wahl bis zum Beginn der Sitzung des Wahlausschusses nach § 47 Abs. 1 durch schriftliche Erklärung gegenüber dem Wahlleiter auf eine Teilnahme an der Stichwahl verzichten.

§ 46 Stimmzettel[46]

(1) Die Stimmzettel enthalten Familiennamen, Rufnamen, Lebensalter am Tag der Wahl oder der Stichwahl, Beruf oder Stand und die Gemeinde der Hauptwohnung der Bewerber, jeweils den Namen des Trägers des Wahlvorschlags in der Reihenfolge nach § 45 Abs. 5 und, sofern die Partei oder Wählergruppe eine Kurzbezeichnung verwendet, auch diese, bei Einzelbewerbern das Kennwort, im Falle einer Stichwahl die entsprechenden Angaben der zwei Bewerber. Zusätzlich kann für jeden Bewerber ein Ordens- oder Künstlername angegeben werden, wenn dieser im Pass-, Personalausweis- oder Melderegister eingetragen ist. Weist ein Bewerber bis zum Ablauf der Frist für die Einreichung der Wahlvorschläge gegenüber dem Wahlleiter nach, dass für ihn im Melderegister eine Auskunftssperre nach § 51 Abs. 1 des Bundesmeldegesetzes eingetragen ist, ist anstelle der Gemeinde der Hauptwohnung die Gemeinde der Erreichbarkeitsanschrift anzugeben.[47]

(2) Wird nur eine Bewerbung zugelassen, enthalten die Stimmzettel die in Abs. 1 genannten Angaben des Bewerbers und lauten auf „Ja“ und „Nein“. Dies gilt entsprechend, wenn nur ein Bewerber an der Stichwahl teilnimmt.

§ 47 Feststellung des Wahlergebnisses im Wahlkreis[48]

(1) Der Wahlausschuss stellt fest, ob ein Bewerber gewählt ist oder welche beiden Bewerber in die Stichwahl kommen. War nur ein Bewerber zur

46 Vgl. § 67 KWO.

47 In die Bewerberangaben auf dem Stimmzettel wird nicht die gesamte Anschrift, sondern nur der Gemeindenamen der Hauptwohnung aufgenommen.

48 Vgl. § 72 KWO.

Wahl zugelassen, wird festgestellt, ob er gewählt ist oder ob das Wahlverfahren einschließlich der Wahlvorbereitung wiederholt wird. Im Falle des Verzichts von Bewerbern auf die Teilnahme an der Stichwahl stellt der Wahlausschuss fest, welcher Bewerber an der Stichwahl teilnimmt oder ob das Wahlverfahren einschließlich der Wahlvorbereitung wiederholt wird.

(2) Bei einer Stichwahl stellt der Wahlausschuss fest, welcher Bewerber gewählt ist. Hat nur ein Bewerber an der Stichwahl teilgenommen, wird festgestellt, ob er gewählt ist oder ob das Wahlverfahren einschließlich der Wahlvorbereitung wiederholt wird.

§ 48 Stichwahl[49]

Ist eine Stichwahl erforderlich, macht der Wahlleiter unverzüglich nach der Feststellung des Wahlergebnisses den Tag der Stichwahl und die Namen der beiden an der Stichwahl teilnehmenden Bewerber unter Angabe ihrer Stimmenzahl öffentlich bekannt. Dies gilt entsprechend, wenn nur ein Bewerber an der Stichwahl teilnimmt. Haben beide Bewerber auf ihre Teilnahme an der Stichwahl verzichtet, macht der Wahlleiter öffentlich bekannt, dass das Wahlverfahren einschließlich der Wahlvorbereitung wiederholt wird.

§ 49 Einsprüche gegen die Gültigkeit der Wahl

Gegen die Gültigkeit der Wahl kann auch jeder Bewerber, der an der Wahl teilgenommen hat, oder der Bewerber eines zurückgewiesenen Wahlvorschlags, nach Maßgabe des § 25 Einspruch erheben. Über den Einspruch beschließt die Vertretungskörperschaft. Im Falle einer Stichwahl beginnt die Frist für die Erhebung des Einspruchs erst nach der Bekanntmachung des Ergebnisses der Stichwahl zu laufen. Die Prüfung der Gültigkeit der Wahl durch die Vertretungskörperschaft entsprechend § 26 Abs. 1 bleibt unberührt.

§ 50 Beschluss der Vertretungskörperschaft[50]

Die Vertretungskörperschaft hat über die Gültigkeit der Wahl und über Einsprüche nach §§ 25, 49 in folgender Weise zu beschließen:

---

49 Vgl. § 73 Abs. 2 KWO.

50 Vgl. § 74 i. V. m. § 57 KWO.

1. War der gewählte Bewerber nicht wählbar, so ist die ganze Wahl für ungültig zu erklären und die Wiederholung der Wahl im ganzen Wahlkreis anzuordnen.
2. Sind im Wahlverfahren Unregelmäßigkeiten oder strafbare oder gegen die guten Sitten verstoßende Handlungen, die das Wahlergebnis beeinflussen, vorgekommen, bei denen nach den Umständen des Einzelfalls eine nach der Lebenserfahrung konkrete Möglichkeit besteht, dass sie auf das Ergebnis von entscheidendem Einfluss gewesen sein können, so ist
   a) wenn sich die Unregelmäßigkeiten oder die strafbaren oder gegen die guten Sitten verstoßenden Handlungen nur auf einzelne Wahl- oder Briefwahlbezirke erstrecken, in diesen Wahlbezirken,
   b) wenn sich die Unregelmäßigkeiten oder die strafbaren oder gegen die guten Sitten verstoßenden Handlungen auf den ganzen Wahlkreis oder auf mehr als die Hälfte der Wahl- und Briefwahlbezirke erstrecken, im ganzen Wahlkreis

   die Wiederholung der Wahl anzuordnen.
3. Ist die Feststellung des Wahlergebnisses unrichtig, so ist sie aufzuheben und eine neue Feststellung anzuordnen. Führt die Neufeststellung des Wahlergebnisses dazu, dass kein Bewerber gewählt ist oder die Stichwahl nicht unter den Bewerbern mit den höchsten Stimmenzahlen durchgeführt worden ist, findet § 31 Abs. 2 Satz 2 keine Anwendung.
4. Liegt keiner der unter Nr. 1 bis 3 Satz 1 genannten Fälle vor, so ist die Wahl für gültig zu erklären; wurden bei der Vorbereitung oder Durchführung der Wahl Rechte eines Einspruchsführers verletzt, wird die Rechtsverletzung in dem Beschluss festgestellt.

§ 51 Verwaltungsgerichtliche Entscheidung

Die Klage nach § 27 steht auch dem Bewerber zu, der nach § 49 Einspruch erhoben hat.

§ 52 Nach- und Wiederholungswahl[51]

(1) Eine Nachwahl findet statt,
1. wenn ein Bewerber nach der Zulassung des Wahlvorschlags vor der Wahl stirbt oder seine Wählbarkeit verliert (§ 39 Abs. 1c Satz 1 der

51 Vgl. § 75 KWO.

Hessischen Gemeindeordnung, § 37 Abs. 1c Satz 1 der Hessischen Landkreisordnung),
2. wenn die Wahl oder die Stichwahl im Wahlkreis oder in einem Wahlbezirk infolge höherer Gewalt nicht durchgeführt werden konnte.

Die Nachwahl muss im Falle des Satz 1 Nr. 1 spätestens vier Wochen nach dem Tag der ausgefallenen Wahl, im Falle des Satz 1 Nr. 2 spätestens vier Wochen nach dem Wegfall der Hinderungsgründe stattfinden.

(2) In den Fällen des Abs. 1 Satz 1 Nr. 1 kann binnen einer vom Wahlleiter bestimmten Frist durch gemeinsame schriftliche Erklärung der Vertrauensperson und der stellvertretenden Vertrauensperson des betroffenen Wahlvorschlags ein anderer Bewerber benannt werden; das Verfahren nach § 41 in Verbindung mit § 12 braucht nicht eingehalten zu werden, der Unterschriften nach § 45 Abs. 3 bedarf es nicht. Im Übrigen findet die Nachwahl auf denselben Grundlagen und nach denselben Vorschriften wie die ausgefallene Wahl statt.

(3) Eine Wiederholungswahl findet statt,
1. wenn nur ein Bewerber zur Wahl zugelassen war und nicht mehr als die Hälfte der gültigen Stimmen auf „Ja" lauten (§ 39 Abs. 1c Satz 3 der Hessischen Gemeindeordnung, § 37 Abs. 1c Satz 3 der Hessischen Landkreisordnung),
2. wenn einer der beiden Bewerber für die Stichwahl vor der Stichwahl stirbt oder seine Wählbarkeit verliert (§ 39 Abs. 1c Satz 2 der Hessischen Gemeindeordnung, § 37 Abs. 1c Satz 2 der Hessischen Landkreisordnung),
3. wenn beide Bewerber für die Stichwahl auf die Teilnahme an der Stichwahl verzichten (§ 39 Abs. 1c Satz 3 der Hessischen Gemeindeordnung, § 37 Abs. 1c Satz 3 der Hessischen Landkreisordnung),
4. wenn nur ein Bewerber an der Stichwahl teilgenommen und nicht die Mehrheit der abgegebenen gültigen Stimmen erhalten hat (§ 39 Abs. 1c Satz 3 der Hessischen Gemeindeordnung, § 37 Abs. 1c Satz 3 der Hessischen Landkreisordnung),
5. wenn im Wahlprüfungsverfahren die Wahl für ungültig erklärt wird,
6. wenn die Neufeststellung des Wahlergebnisses dazu führt, dass kein Bewerber gewählt ist oder die Stichwahl nicht unter den Bewerbern mit den höchsten Stimmenzahlen durchgeführt worden ist,
7. wenn der Gewählte die Wahl ablehnt.

Im Falle des Satz 1 Nr. 1, 3 und 4 ist das Wahlverfahren einschließlich der Wahlvorbereitung (§ 42 Abs. 1 der Hessischen Gemeindeordnung, § 38 Abs. 1 der Hessischen Landkreisordnung) nach der Feststellung des Wahlausschusses nach § 47, im Falle des Satz 1 Nr. 5 nach rechtskräftiger

Feststellung der Ungültigkeit der Wahl, im Falle des Satz 1 Nr. 6 nach der Neufeststellung des Wahlergebnisses durch den Wahlausschuss nach § 41 in Verbindung mit § 31 Abs. 1 und im Falle des Satz 1 Nr. 7 nach der Ablehnung der Wahl durch den Gewählten jeweils unverzüglich zu wiederholen; § 42 gilt entsprechend. Im Falle des Satz 1 Nr. 2 ist die Wahl spätestens vier Wochen nach dem Tag der ausgefallenen Stichwahl zu wiederholen; Abs. 2 gilt entsprechend. Wird die Wahl im ganzen Wahlkreis wiederholt, gilt § 30 Abs. 1 Satz 4 nicht.

(4) Wird eine Nachwahl erforderlich, weil eine Gemeinde in eine andere Gemeinde eingegliedert wird oder sich Gemeinden zu einer neuen Gemeinde zusammenschließen, wird die Wahl des Bürgermeisters gleichzeitig mit der Nachwahl durchgeführt; den Tag der Stichwahl bestimmt die Kommunalaufsicht. Für Parteien und Wählergruppen, die während der vor dem Inkrafttreten der Grenzänderung laufenden Wahlzeit mit mindestens einem Vertreter ununterbrochen in den Vertretungskörperschaften der von der Grenzänderung betroffenen Gemeinden vertreten waren, gilt § 45 Abs. 3 Satz 2 nicht. Für die Reihenfolge der Veröffentlichung von Wahlvorschlägen nach § 45 Abs. 5 Satz 1 gilt § 32 Abs. 2 Nr. 3 entsprechend.

§ 53 Rechtswirksamkeit der Amtshandlungen des Bürgermeisters oder Landrats

Amtshandlungen des Bürgermeisters oder Landrats, die vor der Rechtskraft einer Entscheidung über die Ungültigkeit der Wahl vorgenommen worden sind, werden in ihrer Rechtswirksamkeit durch die Ungültigkeitserklärung nicht berührt.

Neunter Abschnitt: **Bürgerentscheid**[52]

§ 54 Geltungsbereich

Soweit in den §§ 55 bis 57 nichts anderes bestimmt ist, gelten die für die Wahl der Gemeindevertretung maßgeblichen Vorschriften dieses Gesetzes mit Ausnahme der §§ 25 bis 27 für die Durchführung eines Bürgerentscheids entsprechend.

---

52 Vgl. § 8b HGO, §§ 76–80 KWO; *Hannappel/Meireis*, Leitfaden Bürgerbegehren und Bürgerentscheid im Lande Hessen –Ausgabe 2012

§ 55 Tag des Bürgerentscheids, Bekanntmachung

(1) Der Bürgerentscheid findet an einem Sonntag statt. Der Tag wird von der Gemeindevertretung bestimmt. Der Bürgerentscheid ist frühestens drei und spätestens sechs Monate nach der Entscheidung der Gemeindevertretung über die Zulässigkeit des Bürgerbegehrens oder die Durchführung eines Bürgerentscheids durchzuführen; § 42 Satz 3 und 4 gilt entsprechend.

(2) Der Gemeindevorstand macht den Tag des Bürgerentscheids und dessen Gegenstand öffentlich bekannt.
Die Bekanntmachung hat zu enthalten:
1. den Tag des Bürgerentscheids,
2. den Text der zu entscheidenden Frage,
3. eine Erläuterung des Gemeindevorstands, die kurz und sachlich sowohl die Begründung der Antragsteller als auch die von den Gemeindeorganen vertretene Auffassung über den Gegenstand des Bürgerentscheids darlegen soll.

(3) Die in dem Bürgerentscheid zu entscheidende Frage ist so zu stellen, dass sie mit „Ja" oder „Nein" beantwortet werden kann.

§ 56 Stimmzettel

Die Stimmzettel müssen die zu entscheidende Frage enthalten und auf „Ja" und „Nein" lauten. Zusätze sind unzulässig. Die Verpflichtung zur Verteilung von Musterstimmzetteln (§ 15 Abs. 4 Satz 1) gilt nicht.

§ 57 Feststellung des Ergebnisses

Der Wahlausschuss stellt das Ergebnis des Bürgerentscheids fest. Der Gemeindewahlleiter unterrichtet die Gemeindeorgane unverzüglich über das festgestellte Ergebnis und macht es öffentlich bekannt.

Zehnter Abschnitt: Ausländerbeiratswahl[53]

§ 58 Geltungsbereich

Soweit in den §§ 59 bis 64 nichts anderes bestimmt ist, gelten die für die Wahl der Gemeindevertretung maßgeblichen Vorschriften dieses Gesetzes für die Wahl des Ausländerbeirats entsprechend. Briefwahl findet nur statt, wenn die Gemeinde dies in der Hauptsatzung vorsieht.

§ 59 *(aufgehoben)*

§ 60 Wahlorgane

Die Aufgaben der Wahlorgane für die Ausländerbeiratswahl werden von den Wahlorganen für die Gemeindewahl wahrgenommen.

§ 61 Aufstellung der Wahlvorschläge

§ 12 gilt mit der Maßgabe, dass an der Aufstellung der Wahlvorschläge nur solche Mitglieder der Partei oder Wählergruppe im Wahlkreis teilnehmen können, die im Zeitpunkt der Aufstellung zum Ausländerbeirat wahlberechtigt sind.

§ 62 Veröffentlichung der Wahlvorschläge

Die Reihenfolge der zugelassenen Wahlvorschläge bei der Veröffentlichung wird durch das Los festgelegt. Das Los ist in der Sitzung des Wahlausschusses, in der über die Zulassung der Wahlvorschläge entschieden wird, vom Gemeindewahlleiter zu ziehen.

§ 63 Stimmzettel

§ 16 gilt mit der Maßgabe, dass die Gemeindevertretung den Beschluss nach Abs. 2 Satz 3 fasst und dass die Stimmzettel die zugelassenen Wahlvorschläge in der Reihenfolge nach § 62 enthalten.

---

53 Vgl. § 86 HGO, §§ 81–84 KWO; *Hannappel/Meireis*, Leitfaden Ausländerbeiratswahlen im Lande Hessen – Ausgabe 2015

§ 64 Wahlprüfung

Über die Gültigkeit der Wahl des Ausländerbeirats entscheidet die Gemeindevertretung.

Elfter Abschnitt: **Schlussvorschriften**

§ 65 Wahlkosten

Die Kosten, die den Gemeinden durch die Wahl des Kreistags und des Landrats erwachsen, werden nicht ersetzt.

§ 66 Wahlstatistik[54]

(1) Die Ergebnisse der Gemeinde- und Kreiswahlen, der Wahlen der Bürgermeister und Landräte, der Bürgerentscheide und der Ausländerbeiratswahlen sind als Landesstatistik zu bearbeiten.

(2) Aus dem Ergebnis der Wahlen können in repräsentativ ausgewählten Wahlbezirken unter Wahrung des Wahlgeheimnisses

1. das Hessische Statistische Landesamt Wahlstatistiken über das Stimmverhalten der Wähler nach § 18 Abs. 1 als Landesstatistiken erstellen; das Stimmverhalten kann nach Geschlechts- und Altersgliederung der Wahlberechtigten untersucht werden,
2. die Gemeindewahlleiter Wahlstatistiken über
   a) die Wahlbeteiligung nach Geburtsjahresgruppen und Geschlecht,
   b) Geschlechts- und Altersgliederung der Wahlberechtigten und der Wähler unter Berücksichtigung der Stimmabgabe für die einzelnen Wahlvorschläge

   als Kommunalstatistiken erstellen.

In die Statistiken nach Satz 1 Nr. 1 und 2 Buchst. b können repräsentativ ausgewählte Briefwahlbezirke einbezogen werden.

(3) Erhebungsmerkmale für die Statistiken nach Abs. 2 Satz 1 Nr. 2 sind Geschlecht, Geburtsjahresgruppe, Teilnahme an der Wahl, Wahlscheinvermerk, abgegebene Stimme, ungültige Stimme. Hilfsmerkmal ist der Wahl- oder Briefwahlbezirk. Für die Statistiken nach Abs. 2 Satz 1 Nr. 1 und 2 Buchst. b sind höchstens sechs Geburtsjahresgruppen zu bilden, in denen

---

54 Vgl. § 110 KWO.

jeweils mindestens sieben Geburtsjahrgänge zusammenzufassen sind. Für die Statistik nach Abs. 2 Satz 1 Nr. 2 Buchst. a sind höchstens zehn Geburtsjahresgruppen zu bilden, in denen jeweils mindestens drei Geburtsjahrgänge zusammenzufassen sind.

(4) Die Statistiken nach Abs. 2 Satz 1 Nr. 1 und Nr. 2 Buchst. b werden unter Verwendung von Stimmzetteln mit Unterscheidungsbezeichnungen nach Geschlecht und Geburtsjahresgruppe und die Statistik nach Abs. 2 Satz 1 Nr. 2 Buchst. a wird durch Auszählung der Wählerverzeichnisse durchgeführt.

(5) Ein für die Statistiken nach Abs. 2 ausgewählter Wahlbezirk muss mindestens 400 Wahlberechtigte, ein ausgewählter Briefwahlbezirk mindestens 400 Wähler umfassen. Wählerverzeichnisse und gekennzeichnete Stimmzettel dürfen nicht zusammengeführt werden. Für die Vernichtung der Stimmzettel gelten die wahlrechtlichen Vorschriften. Ergebnisse für einzelne Wahl- oder Briefwahlbezirke dürfen nicht bekannt gegeben werden.

§ 66a Funktionsbezeichnungen

Funktionsbezeichnungen in diesem Gesetz und den zu diesem Gesetz erlassenen Verordnungen werden in weiblicher oder männlicher Form geführt; in Vordrucken und öffentlichen Bekanntmachungen können sie in der gesetzlichen Fassung verwendet werden.

§ 67 Fristen und Termine, Schriftform, öffentliche Bekanntmachungen

(1) Die in diesem Gesetz vorgesehenen Fristen und Termine verlängern oder ändern sich nicht dadurch, dass der letzte Tag der Frist oder ein Termin auf einen Sonnabend, einen Sonntag oder einen gesetzlichen Feiertag fällt. Eine Wiedereinsetzung in den vorigen Stand ist ausgeschlossen.

(2) Soweit in diesem Gesetz und den hierzu erlassenen Rechtsverordnungen nichts anderes bestimmt ist, müssen schriftliche Erklärungen persön-

lich und handschriftlich unterzeichnet sein und bei dem zuständigen Empfänger im Original vorliegen.[55]

(3) Öffentliche Bekanntmachungen des Gemeindevorstands, des Kreisausschusses und des Wahlleiters nach diesem Gesetz und den aufgrund dieses Gesetzes erlassenen Rechtsverordnungen erfolgen in einer im Wahlkreis verbreiteten, mindestens einmal wöchentlich erscheinenden Zeitung, in einem Amtsblatt oder im Internet. Erfolgen öffentliche Bekanntmachungen mehrerer Gemeinden in derselben Zeitung oder demselben Amtsblatt, können sie verbunden werden. Erfolgt die öffentliche Bekanntmachung im Internet,

1. sind die Unversehrtheit, Vollständigkeit und Ursprungszuordnung der Veröffentlichung nach aktuellem Stand der Technik zu gewährleisten,
2. ist statt einer Anschrift nur der Wohnort anzugeben,
3. ist die Veröffentlichung des Kreisausschusses oder des Kreiswahlleiters an einer oder mehreren bestimmten Stellen der Kreisverwaltung und die Veröffentlichung des Gemeindevorstands oder des Gemeindewahlleiters an einer oder mehreren bestimmten Stellen der Gemeindeverwaltung zu jedermanns Einsicht während der Dienststunden auszuhängen und
4. sind personenbezogene Daten in öffentlichen Bekanntmachungen nach § 15 Abs. 4 Satz 1 und § 48 spätestens sechs Monate nach Bekanntgabe des Wahlergebnisses im Wahlkreis, in öffentlichen Bekanntmachungen nach § 23 Abs. 2 Satz 1, auch in Verbindung mit § 34 Abs. 3 Satz 2, spätestens sechs Monate nach dem Ende der Wahlzeit zu löschen.

Im Übrigen gilt die Verordnung über öffentliche Bekanntmachungen der Gemeinden und Landkreise vom 12. Oktober 1977 (GVBl. I S. 409), geändert durch Gesetz vom 16. Dezember 2011 (GVBl. I S. 786), in der jeweils geltenden Fassung mit der Maßgabe, dass in dem Hinweis nach § 5a Abs. 1 Satz 2 der Verordnung über öffentliche Bekanntmachungen der Gemeinden und Landkreise zusätzlich die Veröffentlichungsstellen nach Satz 3 Nr. 3 benannt werden müssen.[56]

---

55 Eingefügt durch das zweite Gesetz zur Änderung verwaltungsverfahrensrechtlicher Vorschriften vom 21.3.2005 (GVBl. I S. 218); Regelungen über eine rechtsverbindliche elektronische Kommunikation bestehen mit einer Ausnahme derzeit nicht; ausdrücklich zugelassen ist die Möglichkeit, auf elektronischem Weg einen Wahlschein und die Briefwahlunterlagen zu beantragen (§ 17 KWO).

56 Gem. § 7 Abs. 1 HGO können öffentliche Bekanntmachungen auch im Internet erfolgen. Der Gesetzgeber hat dies nunmehr auch für den Bereich der Wahlen vollzogen.

§ 68 Ausführungsvorschriften

Die für das Kommunalwahlrecht zuständige Ministerin oder der hierfür zuständige Minister erlässt zur Ausführung dieses Gesetzes eine Kommunalwahlordnung und die sonst erforderlichen Rechtsvorschriften. In der Kommunalwahlordnung sind insbesondere Bestimmungen zu treffen über
die Bildung der Wahlbezirke,
die Bestellung, Bildung und Tätigkeit sowie das Verfahren der Wahlorgane,
die Wahlzeit,
die einzelnen Voraussetzungen für die Aufnahme in die Wählerverzeichnisse, deren Führung, Berichtigung und Abschluss, über die Einsicht in die Wählerverzeichnisse, über den Einspruch und die Beschwerde gegen das Wählerverzeichnis sowie über die Benachrichtigung der Wahlberechtigten,
die Voraussetzungen für die Erteilung von Wahlscheinen, deren Ausstellung, über den Einspruch und die Beschwerde gegen die Versagung von Wahlscheinen,
Aufstellung, Einreichung, Inhalt und Form der Wahlvorschläge sowie der dazu gehörigen Unterlagen, über ihre Prüfung, die Beseitigung von Mängeln sowie über ihre Zulassung und Bekanntgabe,
Form und Inhalt des Stimmzettels und über den Wahlbrief- und Stimmzettelumschlag,
Bereitstellung, Einrichtung und Bekanntmachung der Wahlräume sowie über Vorrichtungen zur Geheimhaltung der Wahl,
die Stimmabgabe, auch soweit besondere Verhältnisse besondere Regelungen erfordern,
die Briefwahl,
die Wahl in Kranken-, Pflege-, Justizvollzugs- und ähnlichen Anstalten,
die Feststellung der Wahlergebnisse, ihre Weitermeldung und Bekanntgabe sowie die Benachrichtigung der Gewählten,
die Durchführung der Wahl von Ortsbeiräten,
die Durchführung von Wiederholungswahlen und Nachwahlen sowie die Berufung von nachrückenden Bewerbern,
die Durchführung der Wahlen von Bürgermeistern und Landräten,
die Durchführung von Bürgerentscheiden,
die Durchführung von Ausländerbeiratswahlen,
Bekanntmachung und Zustellungen,
Aufstellung und elektronische Veröffentlichung von Vordruckmustern,
die Durchführung der Wahlstatistik.
Für die gleichzeitige Durchführung von Direktwahlen und Bürgerentscheiden mit Europa-, Bundestags- und Landtagswahlen oder Volksabstimmungen und Volksentscheiden kann die für das Kommunalwahlrecht zu-

ständige Ministerin oder der hierfür zuständige Minister Bestimmungen treffen, die zur Anpassung an das jeweilige Wahlrecht erforderlich sind.

§ 68a Übergangsvorschrift für die Durchführung der allgemeinen Kommunalwahlen am 14. März 2021 sowie Direktwahlen im Zuge der Corona-Pandemie[57]

Für die Kreis-, Gemeinde-, Ortsbeirats- und Ausländerbeiratswahlen am 14. März 2021 sowie für Direktwahlen gelten die folgenden Vorschriften:

1. Abweichend von § 11 Abs. 4 Satz 1 müssen Wahlvorschläge in den in dieser Vorschrift genannten Fällen nur zusätzlich von mindestens so vielen Wahlberechtigten persönlich und handschriftlich unterzeichnet sein, wie Vertreter zu wählen sind.
2. Abweichend von § 45 Abs. 3 Satz 2 müssen Wahlvorschläge in den in dieser Vorschrift genannten Fällen nur zusätzlich von mindestens so vielen Wahlberechtigten persönlich und handschriftlich unterzeichnet sein, wie die Vertretungskörperschaft der Gemeinde oder des Landkreises von Gesetzes wegen Vertreter hat.

§ 69 In-Kraft-Treten

(1) (infolge Zeitablaufs gegenstandslos)

(2) Im Übrigen tritt das Gesetz am Tage nach seiner Verkündung in Kraft.

---

57 § 68a KWG tritt am 31. Dezember 2021 außer Kraft (Art. 4 des Gesetzes zur Änderung des Hessischen Kommunalwahlgesetzes und anderer Vorschriften aus Anlass der Corona-Pandemie vom 11.12.2020, GVBl. S. 915)

G Hessische Kommunalwahlordnung (KWO)

in der Fassung vom 26. März 2000 (GVBl. I S. 198, 233), zuletzt geändert durch Verordnung vom 25.5.2020 (GVBl. S. 368)

Übersicht

Erster Abschnitt: **Geltungsbereich, Wahlorgane**

§ 1 Geltungsbereich[1]

Die Wahlordnung gilt für die Wahl der Gemeindevertretungen (Gemeindewahl), der Ortsbeiräte (Ortsbeiratswahl), der Kreistage (Kreiswahl), der Bürgermeister und Landräte (Direktwahl), der Ausländerbeiräte (Ausländerbeiratswahl) und für die Durchführung eines Bürgerentscheids (Abstimmung).

§ 2 Aufgaben des Wahlleiters[2]

Soweit Aufgaben nicht ausdrücklich anderen Stellen übertragen sind, ist der Wahlleiter für die ordnungsmäßige Vorbereitung und Durchführung der Wahl verantwortlich. Er beschafft auch die erforderlichen Vordrucke.

§ 3 Bildung und Tätigkeit der Wahlausschüsse[3]

(1) Der Vorsitzende beruft unverzüglich die Beisitzer des Wahlausschusses und für jeden Beisitzer einen Stellvertreter. Er bestellt einen Schriftführer;

---

1 Die Wahlgrundsätze finden für die Wahlen der Gemeindevertretungen/Kreistage (§ 29 HGO, § 21 HKO) und Ortsbeiräte (§ 82 HGO) Anwendung. Für die Wahl der Bürgermeister/Landräte (§ 39 HGO, § 37 HKO) und der Ausländerbeiräte (§ 84 HGO) gelten darüber hinaus Sondervorschriften (§§ 60–75 KWO, §§ 81–84 KWO).

2 Vgl. § 5 KWG.

3 §§ 5, 6a KWG.

dieser ist nur stimmberechtigt, wenn er zugleich Beisitzer ist. Hat ein Mitglied oder ein stellvertretendes Mitglied des Wahlausschusses seine Zustimmung zur Aufnahme auf einen Wahlvorschlag nach § 11 Abs. 2 Satz 3 des Gesetzes erteilt, hat es den Wahlleiter unverzüglich darüber zu informieren.[4]

(2) Die Wahlausschüsse sind ohne Rücksicht auf die Zahl der erschienenen Beisitzer beschlussfähig. Der Vorsitzende bestimmt Ort und Zeit der Sitzungen. Er lädt die Beisitzer zu den Sitzungen und weist dabei darauf hin, dass der Ausschuss ohne Rücksicht auf die Zahl der erschienenen Beisitzer beschlussfähig ist. Die Beisitzer sollen Gelegenheit erhalten, die zu beratenden Unterlagen vor der Sitzung zur Kenntnis zu nehmen.

(3) Zeit, Ort und Gegenstand der Verhandlungen sind öffentlich bekannt zu machen. Für die öffentliche Bekanntmachung genügt ein Aushang am oder im Eingang des Sitzungsgebäudes mit dem Hinweis, dass jeder Zutritt zu der Sitzung hat.

(4) Der Vorsitzende weist die Beisitzer und den Schriftführer auf ihre Verpflichtung zur unparteiischen Wahrnehmung ihres Amtes und zur Verschwiegenheit über die ihnen bei ihrer amtlichen Tätigkeit bekannt gewordenen Angelegenheiten hin.

(5) Der Vorsitzende ist befugt, Personen, die die Ruhe und Ordnung stören, aus dem Sitzungsraum zu verweisen.

(6) Wenn das Los entscheidet, zieht der Vorsitzende in der Sitzung des Wahlausschusses das Los; die Lose werden von einem Beisitzer hergestellt. Vor Ziehung des Loses überzeugt sich der Wahlausschuss von der Ordnungsmäßigkeit der Lose. Der Losentscheid ist in die Niederschrift aufzunehmen.

(7) Über jede Sitzung ist vom Schriftführer eine Niederschrift nach einem Vordruckmuster zu fertigen; sie ist vom Vorsitzenden, von den Beisitzern und vom Schriftführer zu unterzeichnen.

§ 4 Wahlvorsteher und Wahlvorstand, Briefwahlvorstände[5]

(1) Vor jeder Wahl sind für jeden Wahlbezirk ein Wahlvorsteher und sein Stellvertreter zu ernennen.

---

4 Nach § 4 Abs. 2 Satz 3 KWG sollen Bewerber ab dem Zeitpunkt der Erteilung ihrer Zustimmung nach § 11 Abs. 2 Satz 3 KWG nicht mehr Mitglied oder stellvertretendes Mitglied im Wahlausschuss sein können.

5 Vgl. § 6 KWG.

(2) Die Beisitzer des Wahlvorstandes sind aus den Wahlberechtigten der Gemeinde, nach Möglichkeit aus den Wahlberechtigten des Wahlbezirks, zu berufen; dies gilt nicht für den Schriftführer und dessen Stellvertreter.

(3) Der Wahlvorsteher, der Schriftführer und deren Stellvertreter werden vom Gemeindevorstand vor Beginn der Wahlhandlung auf ihre Verpflichtung zur unparteiischen Wahrnehmung ihres Amtes und zur Verschwiegenheit über die ihnen bei ihrer amtlichen Tätigkeit bekannt gewordenen Angelegenheiten hingewiesen. Die Mitglieder des Wahlvorstands dürfen während ihrer Tätigkeit kein auf eine politische Überzeugung hinweisendes Zeichen sichtbar tragen.

(4) Der Gemeindevorstand bestellt aus den Beisitzern den Schriftführer und dessen Stellvertreter.

(5) Der Gemeindevorstand hat die Mitglieder des Wahlvorstandes vor der Wahl so über ihre Aufgaben zu unterrichten, dass ein ordnungsgemäßer Ablauf der Wahlhandlung sowie der Ermittlung und Feststellung des Wahlergebnisses gesichert ist.

(6) Der Gemeindevorstand beruft den Wahlvorstand ein. Er tritt nach Maßgabe von Abs. 8 Satz 1 und Abs. 9 am Wahltag rechtzeitig vor Beginn der Wahlhandlung im Wahlraum zusammen.[6]

(7) Der Wahlvorstand sorgt für die ordnungsgemäße Durchführung der Wahl. Der Wahlvorsteher leitet die Tätigkeit des Wahlvorstandes.

(8) Während der Wahlhandlung müssen immer der Wahlvorsteher und der Schriftführer oder ihre Stellvertreter und mindestens ein Beisitzer anwesend sein. Bei der Ermittlung und Feststellung des Wahlergebnisses sollen alle Mitglieder des Wahlvorstandes anwesend sein.

(9) Der Wahlvorstand ist beschlussfähig, wenn der Wahlvorsteher und der Schriftführer oder ihre Stellvertreter sowie während der Wahlhandlung mindestens ein Beisitzer, bei der Ermittlung und Feststellung des Wahlergebnisses mindestens drei Beisitzer anwesend sind. Fehlende Beisitzer sind vom Wahlvorsteher durch Wahlberechtigte zu ersetzen, wenn es mit Rücksicht auf die Beschlussfähigkeit des Wahlvorstandes erforderlich ist. Sie sind vom Wahlvorsteher nach § 3 Abs. 4 auf ihre Verpflichtung hinzuweisen.

---

6 Die Wahlvorstände brauchen vor Beginn der Wahlhandlung nicht vollständig zusammenzutreten; es reicht aus, wenn die Vorgaben des § 4 Abs. 8 Satz 1 und Abs. 9 KWO bei der Wahlhandlung erfüllt sind.

(10) Bei Bedarf stellt der Gemeindevorstand dem Wahlvorstand die erforderlichen Hilfskräfte zur Verfügung. An der Beschlussfassung nehmen diese Hilfskräfte nicht teil.

(11) Für die Briefwahlvorsteher und Briefwahlvorstände gelten die Abs. 1 bis 9 entsprechend mit folgenden Maßgaben:

1. Der Gemeindevorstand beruft für die Briefwahl einen oder mehrere Briefwahlvorstände. Die Zahl der auf einen Briefwahlvorstand entfallenden Wahlbriefe darf nicht so gering sein, dass erkennbar wird, wie einzelne Wahlberechtigte gewählt haben; auf einen Briefwahlvorstand sollen mindestens fünfzig Wahlbriefe entfallen.
2. Der Briefwahlvorstand ist bei der Zulassung und Zurückweisung der Wahlbriefe nach § 53 Abs. 2 und 3 beschlussfähig, wenn mindestens drei Mitglieder, darunter der Wahlvorsteher und der Schriftführer oder ihre Stellvertreter, anwesend sind.

§ 4a Auszählungswahlvorstand[7]

(1) Der Gemeindevorstand legt bei der Berufung eines Auszählungswahlvorstandes fest, für welche Wahlbezirke der Auszählungswahlvorstand das Wahlergebnis ermittelt.

(2) Soweit Auszählungswahlvorstände berufen wurden, gelten die § 4 Abs. 1 bis 10 mit der Maßgabe entsprechend, dass § 4 Abs. 2 bei der Berufung von Beschäftigten der Gemeinde oder des Landkreises in den Auszählungswahlvorstand nicht anwendbar ist.

Zweiter Abschnitt: **Vorbereitung der Wahl**

1. Wahlbezirke

§ 4b *(aufgehoben)*

7 Vgl. § 6 Abs. 6 KWG.

§ 5 Allgemeine Wahlbezirke[8]

(1) Gemeinden mit mehr als 2500 Einwohnern werden in der Regel in mehrere Wahlbezirke eingeteilt. Der Gemeindevorstand bestimmt, wie viel Wahlbezirke zu bilden und wie sie abzugrenzen sind.

(2) Die Wahlbezirke sollen nach den örtlichen Verhältnissen so abgegrenzt werden, dass allen Wahlberechtigten die Teilnahme an der Wahl möglichst erleichtert wird. Die Zahl der Wahlberechtigten eines Wahlbezirks darf nicht so gering sein, dass erkennbar wird, wie einzelne Wahlberechtigte gewählt haben.

(3) Der Kreiswahlleiter kann gemeindefreie Grundstücke für die Kreiswahl mit benachbarten Gemeinden oder Gemeindeteilen zu einem Wahlbezirk vereinigen.

§ 5a Briefwahlbezirke[9]

Ein Briefwahlbezirk wird bestimmt durch die dem Briefwahlvorstand nach § 4 Abs. 11 zugewiesene Zuständigkeit nach Wahlbezirken.

§ 6 Sonderwahlbezirke

(1) Für Krankenhäuser, Altenheime, Altenwohnheime, Pflegeheime, Erholungsheime und gleichartige Einrichtungen mit einer größeren Anzahl von Wahlberechtigten, die keinen Wahlraum außerhalb der Einrichtung aufsuchen können, soll der Gemeindevorstand bei entsprechendem Bedürfnis Sonderwahlbezirke zur Stimmabgabe für Wahlscheininhaber bilden.

(2) Mehrere Einrichtungen können zu einem Sonderwahlbezirk zusammengefasst werden.

§ 6a Beweglicher Wahlvorstand

Für die Stimmabgabe in kleineren Krankenhäusern, kleineren Alten- oder Pflegeheimen, Klöstern, sozialtherapeutischen Anstalten und Justizvoll-

---

8 Vgl. § 3 KWG.

9 In § 5a KWO wird eine Legaldefinition des Briefwahlbezirks aufgenommen. Ein Briefwahlbezirk wird danach über die dem Briefwahlvorstand nach § 4 Abs. 11 zugewiesene Zuständigkeit nach Wahlbezirken definiert; die Vorschrift entspricht § 2 Abs. 2 Satz 2 des Wahlstatistikgesetzes.

zugsanstalten sollen bei entsprechendem Bedürfnis und soweit möglich bewegliche Wahlvorstände gebildet werden. Der bewegliche Wahlvorstand besteht aus dem Wahlvorsteher des zuständigen Wahlbezirks oder seinem Stellvertreter und zwei Beisitzern des Wahlvorstandes. Der Gemeindevorstand kann jedoch auch den beweglichen Wahlvorstand eines anderen Wahlbezirks mit der Entgegennahme der Stimmzettel beauftragen.

2. Wählerverzeichnisse

§ 7 Führung des Wählerverzeichnisses[10]

(1) Der Gemeindevorstand legt vor jeder Wahl für jeden allgemeinen Wahlbezirk (§ 5) ein Verzeichnis der Wahlberechtigten nach Familiennamen und Vornamen, Tag der Geburt und Wohnung an; den Namen kann der Zusatz „Frau“ oder „Herr“ hinzugefügt werden. Das Wählerverzeichnis soll in einem automatisierten Verfahren geführt werden.

(2) Das Wählerverzeichnis wird unter fortlaufender Nummer in der Buchstabenfolge der Familiennamen, bei gleichen Familiennamen der Vornamen, angelegt. Es kann auch nach Ortsteilen, Straßen und Hausnummern gegliedert werden. Es enthält je eine Spalte für Vermerke über die Stimmabgabe und für Bemerkungen.

(3) Der Gemeindevorstand sorgt dafür, dass die Unterlagen für die Wählerverzeichnisse jederzeit so vollständig vorhanden sind, dass diese vor Wahlen rechtzeitig angelegt werden können.

§ 8 *(gestrichen)*

§ 9 Eintragung der Wahlberechtigten

(1) Von Amts wegen sind in das Wählerverzeichnis alle Wahlberechtigten einzutragen, die am 42. Tag vor der Wahl (Stichtag) bei der Meldebehörde für eine Wohnung in diesem Wahlbezirk gemeldet sind.

(2) Verlegt ein Wahlberechtigter, der nach Abs. 1 in das Wählerverzeichnis eingetragen ist, seine Wohnung innerhalb des Wahlkreises, bleibt er in dem Wählerverzeichnis seines bisherigen Wahlbezirks eingetragen. Geht

10 Vgl. § 8 KWG.

durch einen Wohnungswechsel das Wahlrecht zum Ortsbeirat verloren, ist dies im Wählerverzeichnis kenntlich zu machen und in der Spalte „Bemerkungen" oder in der für die Stimmabgabe vorgesehenen Spalte des Wählerverzeichnisses zu erläutern. Wird bei der Kreiswahl die Wohnung in eine andere Gemeinde verlegt und meldet der Wahlberechtigte dies vor Beginn der Einsichtsfrist für das Wählerverzeichnis bei der Meldebehörde des Zuzugsortes an, so wird er abweichend von Satz 1 auf Antrag in das dortige Wählerverzeichnis eingetragen. Die Gemeindebehörde des Zuzugsortes benachrichtigt hiervon unverzüglich die Gemeindebehörde des Fortzugsortes, die den Wahlberechtigten in ihrem Wählerverzeichnis streicht. Wenn bei der Gemeindebehörde des Fortzugsortes eine Mitteilung über den Ausschluss vom Wahlrecht vorliegt oder nachträglich eingeht, benachrichtigt sie hiervon unverzüglich die Gemeindebehörde des Zuzugsortes, die den Wahlberechtigten in ihrem Wählerverzeichnis streicht. Der Wahlberechtigte ist bei der Anmeldung seiner neuen Wohnung über die Regelung in Satz 1 und 3 zu belehren.

(3) Verlegt ein Wahlberechtigter, der mehrere Wohnungen innehat und nach Abs. 1 in das Wählerverzeichnis seiner Hauptwohnung eingetragen ist, seine Hauptwohnung innerhalb des Wahlkreises, oder wird seine bisherige Hauptwohnung zur Nebenwohnung und die im Wahlkreis liegende bisherige Nebenwohnung zur Hauptwohnung, gilt Abs. 2 entsprechend. Abs. 2 gilt ebenfalls entsprechend, wenn ein Wahlberechtigter, der nach Abs. 1 in das Wählerverzeichnis eingetragen ist, im Wahlkreis eine weitere Wohnung bezieht, die seine Hauptwohnung ist.

(4) Wahlberechtigte Unionsbürger, die nicht der Meldepflicht unterliegen, werden auf Antrag in das Wählerverzeichnis eingetragen. Der Inlandsaufenthalt ist durch eine Bescheinigung des Herkunftsmitgliedstaates oder in sonstiger Weise glaubhaft zu machen.

(5) Der Antrag auf Eintragung in das Wählerverzeichnis ist schriftlich bis spätestens zum 21. Tag vor der Wahl beim zuständigen Gemeindevorstand zu stellen. Er muss den Familiennamen, die Vornamen, den Tag der Geburt und die Anschrift des Wahlberechtigten enthalten. Ein Wahlberechtigter mit Behinderung kann sich hierbei der Hilfe einer anderen Person bedienen; § 40 gilt entsprechend.

(6) Gibt der Gemeindevorstand einem Antrag auf Eintragung in das Wählerverzeichnis nicht statt oder streicht er einen in das Wählerverzeichnis eingetragenen Wahlberechtigten, hat er den Betroffenen unverzüglich zu unterrichten. Gegen die Entscheidung kann der Betroffene Einspruch einlegen; er ist auf diese Möglichkeit hinzuweisen. § 13 Abs. 1, 3 und 4 gelten entsprechend. Die Fristen für die Zustellung der Entscheidung, § 13 Abs. 3

Satz 1, und für die Beschwerdeentscheidung, § 13 Abs. 4 Satz 4, gelten nur, wenn der Einspruch vor dem 12. Tag vor der Wahl eingelegt worden ist.

§ 10 Benachrichtigung der Wahlberechtigten

(1) Spätestens am Tage vor der Bereithaltung des Wählerverzeichnisses zur Einsichtnahme benachrichtigt der Gemeindevorstand jeden Wahlberechtigten, der in das Wählerverzeichnis eingetragen ist, nach einem Vordruckmuster. Die Mitteilung soll enthalten

1. den Familiennamen, die Vornamen und die Wohnung des Wahlberechtigten,
2. die Angabe des Wahlraumes einschließlich einer Kennzeichnung, ob er barrierefrei im Sinne des § 3 Abs. 1 des Hessischen Behinderten-Gleichstellungsgesetzes vom 20. Dezember 2004 (GVBl. I S. 482), zuletzt geändert durch Gesetz vom 13. Dezember 2012 (GVBl. S. 622), in der jeweils geltenden Fassung ist,[11]
3. die Angabe der Wahlzeit,
4. die Nummer, unter der der Wahlberechtigte in das Wählerverzeichnis eingetragen ist,
5. die Aufforderung, die Wahlbenachrichtigung zur Wahl mitzubringen und den Personalausweis, Unionsbürger einen gültigen Identitätsausweis, oder einen Reisepass bereitzuhalten,

5a. die Belehrung, dass nach § 7 Abs. 4 des Hessischen Kommunalwahlgesetzes jeder Wahlberechtigte sein Wahlrecht nur einmal und nur persönlich ausüben kann,

6. die Belehrung, dass die Wahlbenachrichtigung einen Wahlschein nicht ersetzt und daher nicht zur Wahl in einem anderen als dem angegebenen Wahlraum berechtigt,
7. einen Hinweis, wo Wahlberechtigte Informationen über barrierefreie Wahlräume im Sinne des § 3 Abs. 1 des Hessischen Behinderten-Gleichstellungsgesetzes erhalten können,

---

11 Gem. § 3 Abs. 1 des Hessischen Behinderten-Gleichstellungsgesetzes sind barrierefrei bauliche und sonstige Anlagen sowie andere gestaltete Lebensbereiche, wenn sie für Menschen mit Behinderungen in der allgemein üblichen Weise ohne besondere Erschwernis und grundsätzlich ohne fremde Hilfe zugänglich und nutzbar sind. Bei der Kennzeichnung, ob der Wahlraum barrierefrei ist, hat sich der Abdruck eines Rollstuhlpiktogramms auf den Wahlbenachrichtigungen bewährt.

8. die Belehrung über die Beantragung eines Wahlscheines und über die Übersendung von Briefwahlunterlagen; sie muss mindestens Hinweise darüber enthalten,
   a) dass der Wahlscheinantrag nur auszufüllen ist, wenn der Wahlberechtigte in einem anderen Wahlraum seines Wahlkreises oder durch Briefwahl wählen will,
   b) unter welchen Voraussetzungen ein Wahlschein erteilt wird (§ 16a Abs. 1, § 17 Abs. 4 Satz 3) und
   c) dass der Wahlschein von einem anderen als dem Wahlberechtigten nur beantragt werden kann, wenn die Berechtigung zur Antragstellung durch Vorlage einer schriftlichen Vollmacht nachgewiesen wird (§ 17 Abs. 3).

Erfolgt die Eintragung eines Wahlberechtigten, der nach § 9 Abs. 4 oder 5 auf Antrag in das Wählerverzeichnis eingetragen wird, nach der Versendung der Benachrichtigungen nach Satz 1, hat dessen Benachrichtigung unverzüglich nach der Eintragung zu erfolgen.

(2) Der Mitteilung nach Abs. 1 ist ein Vordruck für einen Antrag auf Ausstellung eines Wahlscheins mit Briefwahlunterlagen nach einem Vordruckmuster beizufügen.

§ 11 Bekanntmachung über das Recht auf Einsicht in das Wählerverzeichnis, die Erteilung von Wahlscheinen und das Wahlrecht von Unionsbürgern

(1) Der Gemeindevorstand macht die Wahl spätestens am 24. Tag vor der Wahl nach einem Vordruckmuster öffentlich bekannt. Die Wahlbekanntmachung soll enthalten:

1. den Tag der Wahl sowie Beginn und Ende der Wahlzeit mit dem Hinweis darauf, dass die Wahl öffentlich ist und jedermann zum Wahlraum Zutritt hat, soweit das ohne Störung des Wahlgeschäfts möglich ist,
2. ein Verzeichnis der Wahlbezirke; an dessen Stelle kann auf die Angabe in der Wahlbenachrichtigung verwiesen werden,
3. die Angabe, in welchen Wahlbezirken die Wahl nach Altersgruppen und Geschlecht getrennt durchgeführt wird,
4. den Hinweis, dass jeder Wahlberechtigte so viele Stimmen hat, wie Vertreter zu wählen sind,

4a. den Hinweis, dass jeder Wahlberechtigte sein Wahlrecht nur einmal und persönlich ausüben kann und eine Ausübung des Wahlrechts durch einen Vertreter anstelle des Wahlberechtigten unzulässig ist,

4b. den Hinweis, dass nach § 7 Abs. 5 des Gesetzes ein Wahlberechtigter, der des Lesens unkundig oder wegen einer Behinderung an der Abgabe seiner Stimme gehindert ist, sich zur Stimmabgabe der Hilfe einer anderen Person bedienen kann, die Hilfeleistung auf technische Hilfe bei der Kundgabe einer vom Wahlberechtigten selbst getroffenen und geäußerten Wahlentscheidung beschränkt und eine Hilfeleistung unzulässig ist, die unter missbräuchlicher Einflussnahme erfolgt, die selbstbestimmte Willensbildung oder Entscheidung des Wahlberechtigten ersetzt oder verändert oder wenn ein Interessenkonflikt der Hilfsperson besteht,
4c. den Hinweis, dass nach § 107a Abs. 1 des Strafgesetzbuches mit Freiheitsstrafe bis zu fünf Jahren oder mit Geldstrafe bestraft wird, wer unbefugt wählt oder sonst ein unrichtiges Ergebnis einer Wahl herbeiführt oder das Ergebnis verfälscht und unbefugt auch wählt, wer im Rahmen zulässiger Assistenz entgegen der Wahlentscheidung des Wahlberechtigten oder ohne eine geäußerte Wahlentscheidung des Wahlberechtigten eine Stimme abgibt sowie dass nach § 107a Abs. 3 des Strafgesetzbuches auch der Versuch strafbar ist,
5. die Ankündigung, dass die Wahlberechtigten eingetragen werden und ihnen bis spätestens zum 21. Tag vor der Wahl eine Wahlbenachrichtigung mit der Angabe des Wahlraums einschließlich einer Kennzeichnung zugeht, ob er barrierefrei ist,
6. den Hinweis, wo und in welcher Zeit ein Verzeichnis der barrierefreien Wahlräume eingesehen werden kann und wo amtliche Musterstimmzettel erhältlich sind,
7. die Information darüber, dass das Wählerverzeichnis von der Gemeindebehörde zur Einsicht bereitgehalten wird, von wem, zu welchem Zweck und unter welchen Voraussetzungen, wo, wie lange und zu welchen Zeiten das Wählerverzeichnis eingesehen werden kann und ob der Ort der Einsichtnahme barrierefrei ist sowie darüber, dass bei dem Gemeindevorstand innerhalb der Einsichtsfrist schriftlich oder zur Niederschrift Einspruch gegen das Wählerverzeichnis eingelegt werden kann,
8. die Voraussetzungen, unter denen wahlberechtigte Unionsburger, die nicht der Meldepflicht unterliegen, an der Wahl teilnehmen können,
9. die Voraussetzungen, unter denen Wahlscheine und Briefwahlunterlagen beantragt werden können und wie durch Briefwahl gewählt wird,
10. eine Beschreibung des Inhalts der amtlich hergestellten Stimmzettel und deren Kennzeichnung durch die Wähler sowie den Hinweis, dass amtliche Stimmzettel im Wahlraum bereitgehalten werden,

11. Ort und Zeit des Zusammentritts der Auszählungs- und Briefwahlvorstände und
12. den Hinweis auf das Verbot der unzulässigen Wahlpropaganda und Unterschriftensammlung sowie der Veröffentlichung von Wählerbefragungen nach § 17a des Gesetzes.

(2) Die Wahlbekanntmachung ist zu Beginn der Wahlhandlung am oder im Eingang des Gebäudes, in dem sich der Wahlraum befindet, anzubringen. Ihr ist ein Stimmzettelmuster beizufügen.

§ 12 Einsicht in das Wählerverzeichnis

(1) Der Gemeindevorstand hält das Wählerverzeichnis mindestens am Ort der Gemeindeverwaltung während der allgemeinen Öffnungszeiten zur Einsichtnahme bereit. Die Einsichtnahme soll durch ein Datensichtgerät ermöglicht werden, das nur von einem Beschäftigten des Gemeindevorstands bedient werden darf. Es ist sicherzustellen, dass Bemerkungen nach § 14 Abs. 5 im Klartext gelesen werden können.

(2) Innerhalb der Einsichtsfrist ist das Anfertigen von Auszügen aus dem Wählerverzeichnis durch Wahlberechtigte zulässig, soweit dies im Zusammenhang mit der Prüfung des Wahlrechts einzelner bestimmter Personen steht. Die Auszüge dürfen nur für diesen Zweck verwendet und unbeteiligten Dritten nicht zugänglich gemacht werden.

§ 13 Einspruch gegen das Wählerverzeichnis und Beschwerde

(1) Der Einspruch ist schriftlich oder zur Niederschrift beim Gemeindevorstand einzulegen. Soweit die behaupteten Tatsachen nicht offenkundig sind, hat der Einspruchsführer die erforderlichen Beweismittel beizubringen. Ein Wahlberechtigter mit Behinderungen kann sich hierbei der Hilfe einer anderen Person bedienen; § 40 gilt entsprechend.

(2) Will der Gemeindevorstand einem Einspruch gegen die Eintragung eines anderen stattgeben, so hat er diesem vor der Entscheidung Gelegenheit zur Äußerung zu geben.

(3) Der Gemeindevorstand hat seine Entscheidung dem Einspruchsführer und dem Betroffenen spätestens am zehnten Tag vor der Wahl zuzustellen und auf den zulässigen Rechtsbehelf hinzuweisen. Einem auf Eintragung gerichteten Einspruch gibt der Gemeindevorstand in der Weise statt, dass

er dem Wahlberechtigten nach Berichtigung des Wählerverzeichnisses die Wahlbenachrichtigung zugehen lässt.

(4) Gegen die Entscheidung des Gemeindevorstands kann binnen zwei Tagen nach Zustellung Beschwerde an den Gemeindewahlleiter eingelegt werden. Die Beschwerde ist schriftlich oder zur Niederschrift beim Gemeindevorstand einzulegen. Der Gemeindevorstand legt die Beschwerde mit den Vorgängen unverzüglich dem Gemeindewahlleiter vor. Der Gemeindewahlleiter hat über die Beschwerde spätestens am vierten Tag vor der Wahl zu entscheiden; Abs. 2 gilt entsprechend. Die Beschwerdeentscheidung ist den Beteiligten und dem Gemeindevorstand bekannt zu geben. Sie ist vorbehaltlich anderer Entscheidung im Wahlprüfungsverfahren endgültig.

§ 14 Berichtigung des Wählerverzeichnisses

(1) Nach Beginn der Einsichtsfrist ist die Eintragung oder Streichung von Personen sowie die Vornahme sonstiger Änderungen im Wählerverzeichnis nur noch auf rechtzeitigen Einspruch zulässig. § 9 Abs. 4 und 5, § 20 sowie Abs. 2 bis 5 bleiben unberührt.

(2) Ist das Wählerverzeichnis offensichtlich unrichtig oder unvollständig, so kann der Gemeindevorstand den Mangel auch von Amts wegen beheben. Dies gilt nicht für Mängel, die Gegenstand eines Einspruchsverfahrens sind. § 13 Abs. 2 bis 4 gilt entsprechend. Die Frist für die Zustellung der Entscheidung (§ 13 Abs. 3 Satz 1) und für die Beschwerdeentscheidung (§ 13 Abs. 4 Satz 3) gilt nur, wenn die von Amts wegen behebbaren Mängel vor dem zwölften Tage vor der Wahl bekannt werden.

(3) Nach Abschluss des Wählerverzeichnisses können Änderungen mit Ausnahme der in Abs. 2 und in § 36 Abs. 2 vorgesehenen Berichtigungen nicht mehr vorgenommen werden.

(4) Hatte sich in einem Verfahren nach Abs. 1 herausgestellt, dass der Wahlberechtigte noch in einem Wählerverzeichnis einer anderen Gemeinde geführt wird, so benachrichtigt der Gemeindevorstand, der den Wahlberechtigten einträgt, den anderen Gemeindevorstand, der den Wahlberechtigten in seinem Wählerverzeichnis streicht.

(5) Alle von Beginn der Einsichtsfrist ab vorgenommenen Änderungen sind in der Spalte „Bemerkungen" zu erläutern und mit Datum und einem Hinweis auf den verantwortlichen Bediensteten zu versehen; wird das Wählerverzeichnis nicht im automatisierten Verfahren geführt, sind die Angaben mit Datum und Unterschrift des vollziehenden Bediensteten zu versehen.

§ 15 Abschluss des Wählerverzeichnisses

Das Wählerverzeichnis ist spätestens am Tag vor der Wahl, jedoch nicht früher als am dritten Tag vor der Wahl auszudrucken und abzuschließen. Der Gemeindevorstand stellt dabei die Zahl der Wahlberechtigten des Wahlbezirks fest. Der Abschluss wird nach einem Vordruckmuster beurkundet.

3. Wahlscheine

§ 16 Zuständige Behörde, Form des Wahlscheins[12]

Der Wahlschein wird nach einem Vordruckmuster von dem Gemeindevorstand erteilt, in dessen Wählerverzeichnis der Wahlberechtigte eingetragen ist oder hätte eingetragen werden müssen.

§ 16a Voraussetzungen für die Erteilung von Wahlscheinen[13]

(1) Ein Wahlberechtigter, der in das Wählerverzeichnis eingetragen ist, erhält auf Antrag einen Wahlschein.

(2) Ein Wahlberechtigter, der nicht in das Wählerverzeichnis eingetragen ist, erhält auf Antrag einen Wahlschein,

1. wenn er nachweist, dass er ohne sein Verschulden die Antragsfrist nach § 9 Abs. 5 Satz 1 oder die Einspruchsfrist nach § 8 Abs. 3 des Gesetzes versäumt hat,
2. wenn sein Recht auf Teilnahme an der Wahl erst nach Ablauf der Fristen nach § 9 Abs. 5 Satz 1 oder § 8 Abs. 3 des Gesetzes entstanden ist,
3. wenn sein Wahlrecht erst nach Abschluss des Wählerverzeichnisses im Einspruchs- oder Beschwerdeverfahren festgestellt worden ist.

§ 17 Wahlscheinanträge

(1) Die Erteilung eines Wahlscheins kann schriftlich oder mündlich beim Gemeindevorstand beantragt werden. Die Schriftform gilt auch durch Telegramm, Fernschreiben, Telefax, E-Mail oder durch sonstige dokumentier-

---

12 Vgl. § 9 KWG.
13 Vgl. § 9 KWG.

bare elektronische Übermittlung als gewahrt. Eine fernmündliche Antragstellung ist unzulässig. Ein Wahlberechtigter mit Behinderung kann sich bei der Antragstellung der Hilfe einer anderen Person bedienen; § 40 gilt entsprechend.

(2) Der Antragsteller muss den Familiennamen, die Vornamen, den Tag der Geburt und seine Anschrift (Straße, Hausnummer, Postleitzahl, Ort) angeben.

(3) Wer den Antrag für einen anderen stellt, muss durch Vorlage einer schriftlichen Vollmacht nachweisen, dass er dazu berechtigt ist.

(4) Wahlscheine können bis zum zweiten Tag vor der Wahl, 13 Uhr, beantragt werden. In den Fällen des § 16a Abs. 2 können Wahlscheine noch bis zum Wahltag, 15 Uhr, beantragt werden. Gleiches gilt, wenn bei nachgewiesener plötzlicher Erkrankung der Wahlraum nicht oder nur unter nicht zumutbaren Schwierigkeiten aufgesucht werden kann; in diesem Fall hat der Gemeindevorstand vor Erteilung des Wahlscheines den für den Wahlbezirk des Wahlberechtigten zuständigen Wahlvorsteher davon zu unterrichten, der entsprechend § 36 Abs. 2 zu verfahren hat.

(5) Verspätet eingegangene schriftliche Anträge sind unbearbeitet mit den dazugehörigen Briefumschlägen zu verpacken und vorläufig aufzubewahren.

§ 18 Erteilung von Wahlscheinen

(1) Wahlscheine können ab dem einundvierzigsten Tag vor der Wahl erteilt werden.

(2) Der Wahlschein muss den Namen des mit der Erteilung beauftragten Beschäftigten enthalten und mit dem Dienstsiegel versehen sein. Der Name des Beschäftigten und das Dienstsiegel können eingedruckt werden; wird der Wahlschein nicht mit Hilfe automatisierter Einrichtungen erstellt, muss er von dem Beschäftigten eigenhändig unterschrieben werden.

(3) Dem Wahlschein sind beizufügen
1. ein amtlicher Stimmzettel des Wahlkreises,
2. ein amtlicher Stimmzettelumschlag,
3. ein amtlicher Wahlbriefumschlag, auf dem die vollständige Anschrift des Gemeindevorstands, dem der Wahlbrief zu übersenden ist, und der Wahlbezirk angegeben sind, und
4. ein amtliches Merkblatt zur Briefwahl.

§ 19 Abs. 1 Satz 2 bleibt unberührt.

Der Wahlbriefumschlag ist von der Gemeinde freizumachen; dies gilt nicht, wenn der Wahlberechtigte die Briefwahl an Ort und Stelle ausübt oder sich aus dem Antrag ergibt, dass er an einem Ort außerhalb der Bundesrepublik Deutschland mittels Briefwahl wählen will.

(4) Wahlschein und Briefwahlunterlagen werden dem Wahlberechtigten an seine Anschrift übersandt oder amtlich überbracht, soweit sich aus dem Antrag keine andere Anschrift oder die Abholung der Unterlagen ergibt. Wird die Versendung an eine andere Anschrift in einer Form nach § 17 Abs. 1 Satz 2 beantragt, gehört zur Versendung der Briefwahlunterlagen die gleichzeitige Versendung einer Mitteilung an die Wohnanschrift.

(5) Holt der Wahlberechtigte persönlich den Wahlschein und die Briefwahlunterlagen beim Gemeindevorstand ab, so soll ihm Gelegenheit gegeben werden, die Briefwahl an Ort und Stelle auszuüben. Es ist sicherzustellen, dass der Stimmzettel unbeobachtet gekennzeichnet und in den Stimmzettelumschlag gelegt werden kann. An einen anderen als den Wahlberechtigten persönlich dürfen Wahlschein und Briefwahlunterlagen nur ausgehändigt werden, wenn die Berechtigung zur Empfangnahme durch Vorlage einer schriftlichen Vollmacht nachgewiesen wird. § 17 Abs. 1 Satz 4 gilt entsprechend. Von der Vollmacht kann nur Gebrauch gemacht werden, wenn die bevollmächtigte Person nicht mehr als vier Wahlberechtigte vertritt; dies hat sie dem Gemeindevorstand vor Empfangnahme der Unterlagen schriftlich zu versichern. Auf Verlangen hat sich die bevollmächtigte Person auszuweisen.

(6) Über die erteilten Wahlscheine führt der Gemeindevorstand ein Wahlscheinverzeichnis, in dem die Fälle des § 16a Abs. 1 und die des § 16a Abs. 2 getrennt gehalten werden. Das Verzeichnis wird als Liste oder als Sammlung der Durchschriften der Wahlscheine geführt. Auf dem Wahlschein wird die Nummer eingetragen, unter der er im Wahlscheinverzeichnis vermerkt ist, sowie die Nummer, unter der der Wahlberechtigte im Wählerverzeichnis geführt wird. Bei nicht in das Wählerverzeichnis eingetragenen Wahlberechtigten wird auf dem Wahlschein vermerkt, dass dessen Erteilung nach § 16a Abs. 2 erfolgt ist und welchem Wahlbezirk der Wahlberechtigte zugeordnet wird. Werden nach Abschluss des Wählerverzeichnisses noch Wahlscheine erteilt, so ist darüber ein besonderes Verzeichnis nach Satz 1 bis 3 zu führen.

(7) Wird ein Wahlberechtigter, der bereits einen Wahlschein erhalten hat, im Wählerverzeichnis gestrichen, so ist der Wahlschein für ungültig zu erklären. Das Wahlscheinverzeichnis ist zu berichtigen. Der Gemeindevorstand führt über die für ungültig erklärten Wahlscheine ein Verzeichnis, in das der Name des Wahlberechtigten und die Wahlscheinnummer aufzu-

nehmen sind. In den Fällen des § 21 Abs. 4 des Gesetzes ist im Wahlscheinverzeichnis und im Verzeichnis der für ungültig erklärten Wahlscheine in geeigneter Form zu vermerken, dass die Stimmen eines Wählers, der bereits an der Briefwahl teilgenommen hat, nicht ungültig ist.

(8) Verlorene Wahlscheine werden nicht ersetzt. Versichert ein Wahlberechtigter glaubhaft, dass ihm der beantragte Wahlschein nicht zugegangen ist, kann ihm bis zum Wahltage, 15 Uhr, ein neuer Wahlschein erteilt werden; Abs. 7 Satz 1 bis 3 gilt entsprechend.

§ 19 Erteilung von Wahlscheinen an bestimmte Personengruppen

(1) Der Gemeindevorstand fordert spätestens am achten Tag vor der Wahl von den Leitungen

1. der Einrichtungen, für die ein Sonderwahlbezirk gebildet worden ist (§ 6),
2. der kleineren Krankenhäuser, kleineren Alten- oder Pflegeheime, Klöster, sozialtherapeutischen Anstalten und Justizvollzugsanstalten, für deren Wahlberechtigte die Stimmabgabe vor einem beweglichen Wahlvorstand vorgesehen ist (§§ 6a, 44a und 44b),

ein Verzeichnis der wahlberechtigten Personen aus der Gemeinde, die sich in der Einrichtung befinden oder dort beschäftigt sind und die am Wahltage in der Einrichtung wählen wollen. Er erteilt diesen Wahlberechtigten Wahlscheine ohne Briefwahlunterlagen und übersendet sie unmittelbar an diese.

(2) Der Gemeindevorstand veranlasst die Leitungen der Einrichtungen spätestens am dreizehnten Tag vor der Wahl, die wahlberechtigten Personen, die sich in der Einrichtung befinden oder dort beschäftigt sind und die in den Wählerverzeichnissen anderer Gemeinden geführt werden, zu verständigen, dass sie ihr Wahlrecht nur durch Briefwahl im Wahlkreis ihrer Gemeinde ausüben können und sich dafür von dem Gemeindevorstand, in dessen Wählerverzeichnis sie eingetragen sind, einen Wahlschein mit Briefwahlunterlagen beschaffen müssen.

§ 20 Vermerk im Wählerverzeichnis

Hat ein Wahlberechtigter einen Wahlschein erhalten, so wird im Wählerverzeichnis in der Spalte für den Vermerk über die Stimmabgabe „Wahlschein“ oder „W“ eingetragen.

§ 21 Einspruch gegen die Versagung des Wahlscheines und Beschwerde

Wird die Erteilung eines Wahlscheines versagt, so kann dagegen Einspruch eingelegt werden. § 13 Abs. 1, 3 und 4 gilt entsprechend. Die Frist für die Zustellung der Entscheidung (§ 13 Abs. 3 Satz 1) und für die Beschwerdeentscheidung (§ 13 Abs. 4 Satz 4) gilt nur, wenn der Einspruch vor dem zwölften Tag vor der Wahl eingelegt worden ist.

4. Wahlvorschläge, Stimmzettel

§ 22 Aufforderung zur Einreichung von Wahlvorschlägen[14]

(1) Nachdem der Wahltag bestimmt worden ist, spätestens am 79. Tag vor dem Wahltag, fordert der Wahlleiter durch öffentliche Bekanntmachung zur Einreichung von Wahlvorschlägen auf. Die Aufforderung muss

1. auf die gesetzlichen Erfordernisse für die Wahlvorschläge nach den §§ 10 bis 13 des Gesetzes und
2. auf die Wählbarkeitsvoraussetzungen nach § 32 der Hessischen Gemeindeordnung in der Fassung der Bekanntmachung vom 7. März 2005 (GVBl. I S. 142), zuletzt geändert durch Gesetz vom 16. Dezember 2011 (GVBl. I S. 786), und nach § 23 der Hessischen Landkreisordnung in der Fassung der Bekanntmachung vom 7. März 2005 (GVBl. I S. 183), zuletzt geändert durch Gesetz vom 16. Dezember 2011 (GVBl. I S. 786), hinweisen sowie
3. die für die Wahl maßgebliche Einwohnerzahl und die Zahl der zu wählenden Vertreter sowie
4. einen Hinweis enthalten, dass die Wahlvorschläge nach Möglichkeit so frühzeitig vor dem 69. Tag vor dem Wahltag einzureichen sind, dass etwaige Mängel, die die Gültigkeit der Wahlvorschläge berühren, rechtzeitig behoben werden können.

Hat die Vertretungskörperschaft einen Beschluss nach § 16 Abs. 2 Satz 3 des Gesetzes gefasst, ist in der Aufforderung anzugeben, welche Angaben auf dem Stimmzettel zusätzlich aufgenommen werden.

(2) Wahlvorschläge können auch vor der öffentlichen Aufforderung eingereicht werden.

---

14 Vgl. §§ 10–15 KWG.

§ 23 Inhalt und Form der Wahlvorschläge

(1) Der Wahlvorschlag soll nach einem Vordruckmuster eingereicht werden. Er muss enthalten

1. den Namen der Partei oder Wählergruppe und, sofern sie eine Kurzbezeichnung verwendet, auch diese,
2. Familiennamen, Rufnamen, den Zusatz „Frau" oder „Herr", Beruf oder Stand, Tag der Geburt, Geburtsort und Anschrift (Hauptwohnung) der Bewerber,
3. die Geburtsnamen, wenn ein abweichender Familienname geführt wird, oder die eingetragenen Ordens- oder Künstlernamen der Bewerber, wenn die Vertretungskörperschaft einen Beschluss nach § 16 Abs. 2 Satz 3 Nr. 3 oder 4 des Hessischen Kommunalwahlgesetzes gefasst hat,
4. Namen und Anschriften der Vertrauensperson und ihres Stellvertreters.

(2) Muss ein Wahlvorschlag nach § 11 Abs. 4 des Gesetzes von Wahlberechtigten des Wahlkreises unterzeichnet sein, so sind die weiteren Unterschriften auf amtlichen Formblättern nach einem Vordruckmuster unter Beachtung folgender Vorschriften zu erbringen:

1. Die Formblätter werden auf Anforderung vom Wahlleiter kostenfrei geliefert; die Lieferung soll durch Bereitstellung einer Druckvorlage oder in elektronischer Form erfolgen. Bei der Anforderung ist der Name der Partei oder Wählergruppe und, sofern sie eine Kurzbezeichnung verwendet, auch diese anzugeben. Der Träger des Wahlvorschlags hat ferner die Aufstellung der Bewerber in einer Mitglieder- oder Vertreterversammlung nach § 12 des Gesetzes zu bestätigen. Der Wahlleiter hat die in Satz 2 genannten Angaben im Kopf der Formblätter zu vermerken.
2. Die Wahlberechtigten, die einen Wahlvorschlag unterstützen, müssen die Erklärung auf dem Formblatt persönlich und handschriftlich unterzeichnen; außer der Unterschrift sind Familienname, Vorname, Tag der Geburt und Anschrift (Hauptwohnung) des Unterzeichners sowie der Tag der Unterzeichnung anzugeben.
3. Für jeden Unterzeichner ist auf dem Formblatt oder gesondert eine Bescheinigung des Gemeindevorstands der Gemeinde, bei der er im Wählerverzeichnis einzutragen ist, beizufügen, dass er im Zeitpunkt der Unterzeichnung im betreffenden Wahlkreis wahlberechtigt ist. Gesonderte Bescheinigungen des Wahlrechts sind vom Träger des Wahlvorschlags bei der Einreichung des Wahlvorschlags mit den Unterstützungsunterschriften zu verbinden. Wer für einen anderen eine

Bescheinigung des Wahlrechts beantragt, muss nachweisen, dass der Betreffende den Wahlvorschlag unterstützt.

4. Ein Wahlberechtigter darf für jede Wahl nur einen Wahlvorschlag unterzeichnen; hat jemand mehrere Wahlvorschläge für eine Wahl unterzeichnet, so ist seine Unterschrift auf allen weiteren Wahlvorschlägen für diese Wahl ungültig.
5. Die Wahlvorschläge dürfen erst nach Aufstellung des Wahlvorschlags durch eine Mitglieder- oder Vertreterversammlung unterzeichnet werden. Vorher geleistete Unterschriften sind ungültig.

(3) Dem Wahlvorschlag sind beizufügen

1. die Erklärung der vorgeschlagenen Bewerber nach einem Vordruckmuster, dass sie ihrer Aufstellung zustimmen und ihnen die Modalitäten des Erwerbs der Rechtsstellung eines Vertreters nach § 23 des Gesetzes bekannt sind; die Erklärung muss Angaben darüber enthalten, ob der Bewerber nach den Bestimmungen über die Unvereinbarkeit von Amt und Mandat an der Mitgliedschaft in der Vertretungskörperschaft gehindert ist, sowie eine Verpflichtung des Bewerbers, später eintretende Hinderungsgründe dem Wahlleiter mitzuteilen,[15]
2. eine Bescheinigung des zuständigen Gemeindevorstandes, dass die vorgeschlagenen Bewerber wählbar sind,
3. eine Ausfertigung der Niederschrift über die Beschlussfassung der Mitglieder- oder Vertreterversammlung, in der die Bewerber aufgestellt worden sind, mit den nach § 12 Abs. 3 des Gesetzes vorgeschriebenen Angaben und Versicherungen an Eides statt,
4. die erforderliche Zahl von Unterstützungsunterschriften nebst Bescheinigungen des Wahlrechts der Unterzeichner (Abs. 2 Nr. 2 und 3).

(4) Die Bescheinigung des Wahlrechts (Abs. 2 Nr. 3) und die Bescheinigung der Wählbarkeit (Abs. 3 Nr. 2) sind kostenfrei zu erteilen. Der Gemeindevorstand darf bei einer Wahl für jeden Wahlberechtigten die Bescheinigung des Wahlrechts nur einmal zu einem Wahlvorschlag erteilen; dabei darf er nicht festhalten, für welchen Wahlvorschlag die erteilte Bescheinigung bestimmt ist.

---

15 Die Bewerber sollen bereits bei der Abgabe der Zustimmungserklärung darauf hingewiesen werden, dass eine Annahmeerklärung nicht mehr erforderlich ist und die Rechtsstellung eines Vertreters kraft Gesetzes grundsätzlich mit der Feststellung des Wahlergebnisses im Wahlkreis, jedoch nicht vor Ablauf der Wahlzeit der bisherigen Vertretungskörperschaft, erworben wird.

§ 24 Vorprüfung der Wahlvorschläge durch den Wahlleiter

(1) Der Wahlleiter vermerkt auf jedem eingereichten Wahlvorschlag den Tag und bei Eingang am letzten Tag der Einreichungsfrist außerdem die Uhrzeit des Eingangs und prüft unverzüglich, ob der Wahlvorschlag vollständig ist und den Erfordernissen des Gesetzes und dieser Verordnung entspricht.

(2) Stellt der Wahlleiter bei der Prüfung des Wahlvorschlags Mängel fest, so soll er hierüber die Vertrauensperson unverzüglich unterrichten.

§ 25 Zulassung der Wahlvorschläge

(1) Der Wahlleiter lädt die Vertrauenspersonen der Wahlvorschläge zu der Sitzung, in der über die Zulassung der Wahlvorschläge entschieden wird.

(2) Der Wahlleiter legt dem Wahlausschuss alle eingegangenen Wahlvorschläge vor und berichtet ihm über das Ergebnis der Vorprüfung.

(3) Der Wahlausschuss prüft die eingegangenen Wahlvorschläge und beschließt über ihre Zulassung oder Zurückweisung. Vor einer Entscheidung ist der erschienenen Vertrauensperson des betroffenen Wahlvorschlags Gelegenheit zur Äußerung zu geben.

(4) Der Wahlausschuss stellt die zugelassenen Wahlvorschläge mit den in § 23 Abs. 1 Satz 2 Nr. 1 bis 3 bezeichneten Angaben fest. Geben die Namen mehrerer Parteien oder Wählergruppen oder deren Kurzbezeichnungen zu Verwechslungen Anlass, so fügt der Gemeindewahlausschuss einem der Wahlvorschläge eine Unterscheidungsbezeichnung bei. Trifft der Kreiswahlausschuss für die Kreiswahl eine Unterscheidungsbezeichnung, gilt diese auch für die Gemeinde- und Ortsbeiratswahlen in den kreisangehörigen Gemeinden.

(5) Der Wahlleiter gibt die Entscheidung des Wahlausschusses in der Sitzung im Anschluss an die Beschlussfassung unter kurzer Angabe der Gründe bekannt und weist auf den zulässigen Rechtsbehelf hin.

(6) Der Niederschrift über die Sitzung (§ 3 Abs. 7) sind die zugelassenen Wahlvorschläge in der vom Wahlausschuss festgestellten Fassung beizufügen.

(7) Die zuständigen Wahlleiter teilen die zugelassenen Wahlvorschläge für die Wahl der Gemeindevertretungen und der Kreistage dem Statistischen Landesamt unverzüglich mit.

§ 26 Bekanntmachung der Wahlvorschläge

Der Wahlleiter ordnet die zugelassenen Wahlvorschläge unter fortlaufenden Nummern in der Reihenfolge, wie sie durch § 15 Abs. 4 des Gesetzes bestimmt ist, und macht sie öffentlich bekannt. Die Bekanntmachung enthält für jeden Wahlvorschlag die in § 23 Abs. 1 Satz 2 Nr. 1 bis 3 bezeichneten Angaben mit den Maßgaben, dass für die Bewerber

1. statt des Tages der Geburt nur das jeweilige Geburtsjahr,
2 im Falle eines Beschlusses nach § 16 Abs. 2 Satz 3 Nr. 5 des Hessischen Kommunalwahlgesetzes zusätzlich der Name des Gemeindeteils der Hauptwohnung und
3. im Falle eines Nachweises nach § 15 Abs. 5 des Hessischen Kommunalwahlgesetzes statt der Anschrift die Erreichbarkeitsanschrift

angegeben wird.

§ 27 Gestaltung des Stimmzettels[16]

(1) Die Stimmzettel sind nach einem Vordruckmuster zu gestalten. Alle Stimmzettel eines Wahlkreises müssen von einheitlicher Papierfarbe sein. Sie sollen von weißem oder weißlichem Papier sein. Das Papier muss so beschaffen sein, dass nach Kennzeichnung und Faltung durch den Wähler bei der Stimmabgabe andere Personen nicht erkennen können, wie er gewählt hat.

(2) Die Stimmzettel müssen im Kopf deutlich sichtbar die Angaben enthalten, für welche Wahl sie Verwendung finden und wie die Stimmen abgegeben werden können. Die Bewerber erhalten eine Ordnungsnummer, die sich aus der Nummer des Wahlvorschlags und der Reihenfolge auf dem Wahlvorschlag zusammensetzt.

(3) Auf dem Stimmzettel werden die Nummern der im Landtag vertretenen Parteien, für die ein Wahlvorschlag nicht eingereicht oder zugelassen worden ist, ausgelassen; ein Leerfeld ist nicht vorzusehen.

(4) Die Stimmzettel dürfen außer dem vorgesehenen amtlichen Aufdruck keine Kennzeichen tragen. Für wahlstatistische Auszählungen nach § 110 können Unterscheidungsbezeichnungen aufgedruckt werden.

---

16 Vgl. §§ 16, 46 KWG.

§ 28 Stimmzettelumschläge, Wahlbriefumschläge

(1) Die Stimmzettelumschläge für die Briefwahl müssen undurchsichtig, durch Klebung verschließbar und innerhalb eines Wahlbezirks von gleicher Größe, Beschaffenheit und Farbe sein.

(2) Die Wahlbriefumschläge sollen von hellroter Farbe sein.

5. Weitere Wahlvorbereitungen

§ 29 Wahlräume

(1) Der Gemeindevorstand bestimmt die Räume, in denen die Wahl vorzunehmen ist und in denen Briefwahlvorstände oder Auszählungswahlvorstände tätig werden. Die Wahlräume sind nach Möglichkeit in öffentlichen Gebäuden einzurichten.

(2) Die Wahlräume sollen nach den örtlichen Verhältnissen so ausgewählt und eingerichtet werden, dass allen Wahlberechtigten, insbesondere Menschen mit Behinderungen und anderen Menschen mit Mobilitätsbeeinträchtigungen, die Teilnahme an der Wahl möglichst erleichtert wird. Der Gemeindevorstand teilt frühzeitig und in geeigneter Weise mit, welche Wahlräume barrierefrei im Sinne des § 3 Abs. 1 des Hessischen Behinderten-Gleichstellungsgesetzes sind.

§ 30 Wahlkabinen

(1) In jedem Wahlraum richtet der Gemeindevorstand Wahlkabinen mit Tischen ein, in denen der Wähler seinen Stimmzettel unbeobachtet kennzeichnen und falten kann. Als Wahlkabine kann auch ein nur durch den Wahlraum zugänglicher Nebenraum dienen, wenn dessen Eingang vom Wahltisch aus übersehen werden kann.

(2) In der Wahlkabine sollen Schreibstifte bereitliegen.

§ 31 Wahlurne

Die gefalteten Stimmzettel werden in verschließbaren Wahlurnen gesammelt.

§ 32 *(aufgehoben)*

§ 33 Wahlzeit

(1) Die Wahl dauert von 8 bis 18 Uhr.

(2) Der Gemeindewahlleiter kann für einzelne Wahlbezirke, wenn besondere Gründe es dringend erfordern, einen früheren Beginn der Wahlhandlung, jedoch nicht früher als 5 Uhr, festsetzen.

§ 34 *(aufgehoben)*

Dritter Abschnitt: **Wahlhandlung**

1. Allgemeine Bestimmungen

§ 35 Ausstattung des Wahlvorstandes

(1) Der Gemeindevorstand übergibt dem Wahlvorsteher eines jeden Wahlbezirks vor Beginn der Wahlhandlung

1. das Wählerverzeichnis,
2. das Verzeichnis der eingetragenen Wahlberechtigten, denen nach Abschluss des Wählerverzeichnisses noch Wahlscheine erteilt worden sind,
3. Vordruck der Wahlniederschrift,
4. amtliche Stimmzettel in genügender Zahl,
5. Vordrucke der Zähllisten,
6. Abdrucke des Hessischen Kommunalwahlgesetzes und dieser Verordnung,
7. Abdruck der Wahlbekanntmachung oder Auszug aus ihr, der die Aufzählung der Wahlbezirke und die Erläuterung der Briefwahl nicht zu enthalten braucht,
8. Verschlussmaterial für die Wahlurne,
9. Verpackungs- und Siegelmaterial zum Verpacken der Stimmzettel und Wahlscheine sowie Verpackungsmaterial zur Aufnahme der Wahlunterlagen.

(2) Erfolgt die Stimmermittlung mit automatisierten Verfahren (§ 48a Abs. 8), stellt der Gemeindevorstand die erforderliche Ausstattung bereit.

§ 36 Eröffnung der Wahlhandlung

(1) Der Wahlvorsteher eröffnet die Wahlhandlung damit, dass er die anwesenden Beisitzer auf ihre Verpflichtung zur unparteiischen Wahrnehmung ihres Amtes und zur Verschwiegenheit über die ihnen bei ihrer amtlichen Tätigkeit bekannt gewordenen Angelegenheiten hinweist. Er stellt sicher, dass der Hinweis allen Beisitzern vor Aufnahme ihrer Tätigkeit erteilt wird.[17]

(2) Vor Beginn der Stimmabgabe berichtigt der Wahlvorsteher das Wählerverzeichnis nach dem Verzeichnis der etwa nachträglich ausgestellten Wahlscheine (§ 18 Abs. 6 Satz 5), indem er bei den in diesem Verzeichnis aufgeführten Wahlberechtigten in der Spalte für den Stimmabgabevermerk „Wahlschein" oder „W" einträgt. Er berichtigt dementsprechend die Abschlussbescheinigung des Wählerverzeichnisses in der daneben vorgesehenen Spalte und bescheinigt das an der vorgesehenen Stelle. Erhält der Wahlvorsteher später die Mitteilung von der Ausstellung von Wahlscheinen nach § 17 Abs. 4 Satz 3, verfährt er entsprechend Satz 1 und 2.

(3) Der Wahlvorstand überzeugt sich vor Beginn der Stimmabgabe davon, dass die Wahlurne leer ist. Der Wahlvorsteher verschließt die Wahlurne. Sie darf bis zum Schluss der Wahlhandlung nicht mehr geöffnet werden.

§ 37 Öffentlichkeit[18]

Während der Wahlhandlung sowie der Ermittlung und Feststellung des Wahlergebnisses hat jedermann zum Wahlraum Zutritt, soweit das ohne Störung des Wahlgeschäfts möglich ist.

§ 38 Ordnung im Wahlraum

Der Wahlvorstand sorgt für Ruhe und Ordnung im Wahlraum. Er ordnet bei Andrang den Zutritt zum Wahlraum. Der Wahlvorstand kann Personen, die die Ordnung und Ruhe stören, aus dem Wahlraum verweisen.

---

17 Die Regelung in Abs. 1 Satz 1 erlaubt es, zunächst nur die anwesenden Beisitzer des Wahlvorstandes vom Wahlvorsteher auf ihre Verpflichtung zur unparteiischen Wahrnehmung ihres Amtes und zur Verschwiegenheit über die ihnen bei ihrer amtlichen Tätigkeit bekannt gewordenen Angelegenheiten hinzuweisen. Die Regelung in Abs. 1 Satz 2 soll sicherstellen, dass auch die später hinzukommenden Beisitzer vor Beginn ihrer Tätigkeit entsprechend unterrichtet werden.

18 Vgl. § 17 KWG.

§ 39 Stimmabgabe[19]

(1) Wenn der Wähler den Wahlraum betritt, erhält er einen amtlichen Stimmzettel. Der Wahlvorstand kann anordnen, dass er hierzu seine Wahlbenachrichtigung vorzeigt.

(2) Der Wähler begibt sich in die Wahlkabine, kennzeichnet dort seinen Stimmzettel und faltet ihn so zusammen, dass bei der Stimmabgabe andere Personen die Kennzeichnung nicht erkennen können. In der Wahlkabine darf nicht fotografiert werden. Der Wahlvorstand achtet darauf, dass sich immer nur ein Wähler und dieser nur so lange wie notwendig in der Wahlkabine aufhält.

(3) Danach tritt der Wähler an den Tisch des Wahlvorstandes und gibt seine Wahlbenachrichtigung ab. Auf Verlangen, insbesondere wenn er seine Wahlbenachrichtigung nicht vorlegt, hat er sich über seine Person auszuweisen.

(4) Sobald der Schriftführer den Namen des Wählers im Wählerverzeichnis gefunden hat, die Wahlberechtigung festgestellt ist und kein Anlass zur Zurückweisung des Wählers nach Abs. 6 und 7 besteht, gibt der Wahlvorsteher die Wahlurne frei. Der Wähler legt den gefalteten Stimmzettel in die Wahlurne. Der Schriftführer vermerkt die Stimmabgabe im Wählerverzeichnis in der dafür bestimmten Spalte. Die Mitglieder des Wahlvorstandes sind dabei, wenn nicht die Feststellung der Wahlberechtigung es erfordert, nicht befugt, Angaben zur Person des Wählers so zu verlautbaren, dass sie von sonstigen im Wahlraum Anwesenden zur Kenntnis genommen werden können.

(5) aufgehoben

(6) Der Wahlvorstand hat einen Wähler zurückzuweisen, der

1. nicht in das Wählerverzeichnis eingetragen ist und keinen Wahlschein besitzt,

1a. sich auf Verlangen des Wahlvorstandes nicht ausweisen kann oder die zur Feststellung der Identität erforderlichen Mitwirkungshandlungen verweigert,

2. keinen Wahlschein vorlegt, obwohl sich im Wählerverzeichnis ein Wahlscheinvermerk (§ 20) befindet, es sei denn, es wird festgestellt, dass er nicht im Wahlscheinverzeichnis eingetragen ist,

3. bereits einen Stimmabgabevermerk im Wählerverzeichnis hat, es sei denn, er weist nach, dass er noch nicht gewählt hat,

---

19 Vgl. § 18 KWG.

4. seinen Stimmzettel außerhalb der Wahlkabine gekennzeichnet oder gefaltet hat,
5. seinen Stimmzettel so gefaltet hat, dass seine Stimmabgabe erkennbar ist, oder ihn mit einem äußerlich sichtbaren, das Wahlgeheimnis offensichtlich gefährdenden Kennzeichen versehen hat,
6. für den Wahlvorstand erkennbar in der Wahlkabine fotografiert oder gefilmt hat oder
7. für den Wahlvorstand erkennbar mehrere oder einen nicht amtlich hergestellten Stimmzettel abgeben oder mit dem Stimmzettel einen weiteren Gegenstand in die Wahlurne werfen will.

Ein Wähler, bei dem die Voraussetzungen des Satz 1 Nr. 1 vorliegen und der im Vertrauen auf die ihm übersandte Benachrichtigung, dass er im Wählerverzeichnis eingetragen ist, keinen Einspruch eingelegt hat, ist gegebenenfalls bei der Zurückweisung darauf hinzuweisen, dass er bei dem Gemeindevorstand bis 15 Uhr einen Wahlschein beantragen kann.

(7) Glaubt der Wahlvorsteher, das Wahlrecht einer im Wählerverzeichnis eingetragenen Person beanstanden zu müssen oder werden sonst aus der Mitte des Wahlvorstandes Bedenken gegen die Zulassung eines Wählers zur Stimmabgabe erhoben, so beschließt der Wahlvorstand über die Zulassung oder Zurückweisung. Der Beschluss ist in der Wahlniederschrift zu vermerken.

(8) Hat der Wähler seinen Stimmzettel verschrieben, diesen versehentlich unbrauchbar gemacht oder wird der Wähler nach Abs. 6 Satz 1 Nr. 4 bis 7 zurückgewiesen, so ist ihm auf Verlangen ein neuer Stimmzettel auszuhändigen.

§ 40 Stimmabgabe von Wählern mit Behinderungen

(1) Ein Wähler, der des Lesens unkundig ist oder wegen einer Behinderung gehindert ist, den Stimmzettel zu kennzeichnen, zu falten oder selbst in die Wahlurne zu werfen, bestimmt eine andere Person, deren Hilfe er sich bei der Stimmabgabe bedienen will, und gibt dies dem Wahlvorstand bekannt. Hilfsperson kann auch ein vom Wähler bestimmtes Mitglied des Wahlvorstandes sein.

(2) Die Hilfeleistung ist auf technische Hilfe bei der Kundgabe einer vom Wahlberechtigten selbst getroffenen und geäußerten Wahlentscheidung beschränkt. Unzulässig ist eine Hilfeleistung, die unter missbräuchlicher Einflussnahme erfolgt, die selbstbestimmte Willensbildung oder Entscheidung des Wahlberechtigten ersetzt oder verändert oder wenn ein Interessenkonflikt der Hilfsperson besteht.

(3) Die Hilfsperson darf gemeinsam mit dem Wähler die Wahlkabine aufsuchen, soweit das zur Hilfeleistung erforderlich ist. Die Hilfsperson ist zur Geheimhaltung der Kenntnisse verpflichtet, die sie bei der Hilfeleistung von der Wahl eines anderen erlangt hat.

§ 41 *(aufgehoben)*

§ 42 Stimmabgabe von Inhabern eines Wahlscheines

Der Inhaber eines Wahlscheines nennt seinen Namen, weist sich aus und übergibt den Wahlschein dem Wahlvorsteher. Dieser prüft den Wahlschein. Entstehen Zweifel über die Gültigkeit des Wahlscheines oder über den rechtmäßigen Besitz, so klärt sie der Wahlvorstand nach Möglichkeit auf und beschließt über die Zulassung oder Zurückweisung des Inhabers; die Gemeindevorstände stellen sicher, dass die Gültigkeit überprüft werden kann. Der Vorgang ist in der Wahlniederschrift zu vermerken. Der Wahlvorsteher behält den Wahlschein auch im Falle der Zurückweisung ein.

§ 43 Schluss der Wahlhandlung

Sobald die Wahlzeit nach § 33 abgelaufen ist, wird dies vom Wahlvorsteher bekannt gegeben. Von da ab sind nur noch die Wähler zur Stimmabgabe zuzulassen, die vor Ablauf der Wahlzeit erschienen sind und sich im Wahlraum oder aus Platzgründen davor befinden. Nach Ablauf der Wahlzeit eintreffenden Personen ist der Zutritt zur Stimmabgabe zu sperren. Nachdem die vor Ablauf der Wahlzeit erschienenen Wähler ihre Stimme abgegeben haben, erklärt der Wahlvorsteher die Wahlhandlung für geschlossen.

2. Besondere Regelungen

§ 44 Wahl in Sonderwahlbezirken

(1) Zur Stimmabgabe in Sonderwahlbezirken (§ 6) wird jeder in der Einrichtung anwesende Wahlberechtigte zugelassen, der einen für den Wahlkreis gültigen Wahlschein hat.

(2) Der Gemeindevorstand bestimmt im Einvernehmen mit der Leitung der Einrichtung einen geeigneten Wahlraum. Für die verschiedenen Teile eines

Sonderwahlbezirks können verschiedene Wahlräume bestimmt werden. Der Gemeindevorstand richtet den Wahlraum her, sorgt für Wahlurnen und Wahlschutzvorrichtungen und übergibt dem Wahlvorstand ein Verzeichnis der für ungültig erklärten Wahlscheine.

(3) Der Gemeindevorstand bestimmt die Wahlzeit für den Sonderwahlbezirk im Einvernehmen mit der Leitung der Einrichtung im Rahmen der allgemeinen Wahlzeit nach dem tatsächlichen Bedürfnis.

(4) Die Leitung der Einrichtung gibt den Wahlberechtigten den Wahlraum und die Wahlzeit am Tag vor der Wahl bekannt und weist auf die Möglichkeit der Stimmabgabe nach Abs. 5 hin.

(5) Der Wahlvorsteher oder sein Stellvertreter und zwei Beisitzer können sich unter Mitnahme einer verschlossenen Wahlurne und der erforderlichen Stimmzettel auch in die Krankenzimmer und an die Krankenbetten begeben. Dort nehmen sie die Wahlscheine entgegen und verfahren nach den §§ 42 und 39 Abs. 4 bis 8. Dabei muss auch bettlägerigen Wählern Gelegenheit gegeben werden, ihre Stimmzettel unbeobachtet zu kennzeichnen und zu falten. Der Wahlvorsteher oder sein Stellvertreter weist Wähler, die sich bei der Stimmabgabe der Hilfe einer Hilfsperson bedienen wollen, darauf hin, dass sie auch ein von ihnen bestimmtes Mitglied des Wahlvorstandes als Hilfsperson in Anspruch nehmen können. Nach Schluss der Stimmabgabe sind die verschlossene Wahlurne und die Wahlscheine unverzüglich in den Wahlraum des Sonderwahlbezirks zu bringen. Dort ist die Wahlurne bis zum Schluss der allgemeinen Stimmabgabe unter Aufsicht des Wahlvorstandes verschlossen zu verwahren. Danach wird ihr Inhalt mit dem Inhalt der allgemeinen Wahlurne vermengt und zusammen mit den übrigen Stimmen des Sonderwahlbezirks ausgezählt. Der Vorgang ist in der Wahlniederschrift zu vermerken.

(6) Die Öffentlichkeit der Wahlhandlung sowie der Ermittlung und Feststellung des Wahlergebnisses soll nach Möglichkeit durch die Anwesenheit anderer Wahlberechtigter gewährleistet werden.

(7) Die Leitung der Einrichtung hat bei Kranken mit ansteckenden Krankheiten insbesondere § 30 Abs. 1 des Infektionsschutzgesetzes vom 20. Juli 2000 (BGBl. I S. 1045), zuletzt geändert durch Gesetz vom 17. Dezember 2008 (BGBl. I S. 2586), zu beachten.

(8) Das Wahlergebnis des Sonderwahlbezirks darf nicht vor Schluss der allgemeinen Wahlzeit ermittelt werden.

(9) Im Übrigen gelten die allgemeinen Bestimmungen.

§ 44a Stimmabgabe in kleineren Krankenhäusern, kleineren Alten- oder Pflegeheimen und Klöstern

(1) Der Gemeindevorstand soll bei entsprechendem Bedürfnis und soweit möglich im Benehmen mit der Leitung eines kleineren Krankenhauses oder eines kleineren Alten- oder Pflegeheimes zulassen, dass dort anwesende Wahlberechtigte, die einen für den Wahlkreis gültigen Wahlschein besitzen, vor einem beweglichen Wahlvorstand (§ 6a) wählen.

(2) Der Gemeindevorstand vereinbart mit der Leitung der Einrichtung die Zeit der Stimmabgabe innerhalb der allgemeinen Wahlzeit. Die Leitung der Einrichtung stellt, soweit erforderlich, einen geeigneten Wahlraum bereit. Der Gemeindevorstand richtet ihn her; § 44 Abs. 2 Satz 3 gilt entsprechend. Die Leitung der Einrichtung gibt den Wahlberechtigten Ort und Zeit der Stimmabgabe bekannt.

(3) Der bewegliche Wahlvorstand begibt sich unter Mitnahme einer verschlossenen Wahlurne und der erforderlichen Stimmzettel in das Krankenhaus oder in das Alten- oder Pflegeheim, nimmt die Wahlscheine entgegen und verfährt nach § 42 und § 39 Abs. 4 bis 8. Der Wahlvorsteher oder sein Stellvertreter weist Wähler, die sich bei der Stimmabgabe der Hilfe einer Hilfsperson bedienen wollen, darauf hin, dass sie auch ein von ihnen bestimmtes Mitglied des Wahlvorstandes als Hilfsperson in Anspruch nehmen können. Nach Schluss der Stimmabgabe sind die verschlossene Wahlurne und die Wahlscheine unverzüglich in den Wahlraum des Wahlbezirks zu bringen. Dort ist die Wahlurne bis zum Schluss der allgemeinen Stimmabgabe unter Aufsicht des Wahlvorstandes verschlossen zu verwahren. Danach wird ihr Inhalt mit dem Inhalt der allgemeinen Wahlurne vermengt und zusammen mit den Stimmen des Wahlbezirks ausgezählt. Der Vorgang ist in der Wahlniederschrift zu vermerken.

(4) § 44 Abs. 5 bis 7 finden entsprechende Anwendung. Im Übrigen gelten die allgemeinen Bestimmungen.

(5) Für eine Stimmabgabe im Kloster gelten Abs. 1 bis 4 entsprechend.

§ 44b Stimmabgabe in sozialtherapeutischen Anstalten und Justizvollzugsanstalten

(1) In sozialtherapeutischen Anstalten und Justizvollzugsanstalten soll der Gemeindevorstand bei entsprechendem Bedürfnis und soweit möglich Gelegenheit geben, dass die in der Anstalt anwesenden Wahlberechtigten,

die einen für den Wahlkreis gültigen Wahlschein besitzen, in der Anstalt vor einem beweglichen Wahlvorstand (§ 6a) wählen.

(2) Der Gemeindevorstand vereinbart mit der Anstaltsleitung die Zeit der Stimmabgabe innerhalb der allgemeinen Wahlzeit. Die Anstaltsleitung stellt einen Wahlraum bereit. Der Gemeindevorstand richtet ihn her; § 44 Abs. 2 Satz 3 gilt entsprechend. Die Anstaltsleitung gibt den Wahlberechtigten Ort und Zeit der Stimmabgabe bekannt und sorgt dafür, dass sie zur Stimmabgabe den Wahlraum aufsuchen können.

(3) § 44a Abs. 3 und § 44 Abs. 5 bis 7 gelten entsprechend. Im Übrigen gelten die allgemeinen Bestimmungen.

§ 45 Briefwahl[20]

(1) Wer durch Briefwahl wählt,
kennzeichnet persönlich seinen Stimmzettel, legt ihn in den amtlichen Stimmzettelumschlag und verschließt diesen,
unterzeichnet die auf dem Wahlschein vorgedruckte Versicherung an Eides statt zur Briefwahl unter Angabe des Tages,
steckt den verschlossenen amtlichen Stimmzettelumschlag und den unterschriebenen Wahlschein in den amtlichen Wahlbriefumschlag,
verschließt den Wahlbriefumschlag und
trifft geeignete Vorkehrungen dafür, dass der Wahlbrief der darauf angegebenen Stelle spätestens am Wahltag bis 18 Uhr zugeht. Nach Eingang des Wahlbriefs beim Gemeindevorstand darf er nicht mehr zurückgegeben werden.

(2) Der Stimmzettel ist unbeobachtet zu kennzeichnen und in den Stimmzettelumschlag zu legen. Hat der Wähler seinen Stimmzettel verschrieben oder den Stimmzettel oder seinen Stimmzettelumschlag versehentlich unbrauchbar gemacht, so ist ihm auf Verlangen ein neuer Stimmzettel und gegebenenfalls ein neuer Stimmzettelumschlag auszuhändigen. Für die Stimmabgabe von Wählern mit Behinderung gilt § 40 entsprechend. Hat der Wähler den Stimmzettel durch eine Hilfsperson kennzeichnen lassen, so hat diese durch Unterschreiben der Versicherung an Eides statt zur Briefwahl zu bestätigen, dass sie den Stimmzettel gemäß dem erklärten Willen des Wählers gekennzeichnet hat; die Hilfsperson muss das 16. Lebensjahr vollendet haben.

---

20 Vgl. § 45 KWG.

(3) In Krankenhäusern, Altenheimen, Altenwohnheimen, Pflegeheimen, Erholungsheimen, sozialtherapeutischen Anstalten und Justizvollzugsanstalten sowie Gemeinschaftsunterkünften ist Vorsorge zu treffen, dass der Stimmzettel unbeobachtet gekennzeichnet und in den Stimmzettelumschlag gelegt werden kann. Die Leitung der Einrichtung bestimmt einen geeigneten Raum, veranlasst dessen Ausstattung und gibt den Wahlberechtigten bekannt, in welcher Zeit der Raum für die Ausübung der Briefwahl zur Verfügung steht. Abs. 2 Satz 3 gilt entsprechend.

(4) Der Gemeindevorstand weist die Leitungen der Einrichtungen in seinem Gemeindegebiet spätestens am dreizehnten Tag vor der Wahl auf die Regelung des Abs. 3 hin.

Vierter Abschnitt: **Ermittlung und Feststellung der Wahlergebnisse**

§ 46 Ermittlung und Feststellung des Wahlergebnisses im Wahlbezirk[21]

Im Anschluss an die Wahlhandlung ermitteln die Wahlvorstände vorbehaltlich des § 47 Abs. 2 das Wahlergebnis im Wahlbezirk und stellen fest
1. die Zahl der Wahlberechtigten,
2. die Zahl der Wähler,
3. die Zahlen der gültigen Stimmen und der ungültigen Stimmzettel,
4. im Falle der Verhältniswahl die Zahlen der für die einzelnen Wahlvorschläge abgegebenen gültigen Stimmen und
5. die Zahlen der für die einzelnen Bewerber abgegebenen gültigen Stimmen.

§ 47 Zählung der Wähler

(1) Vor dem Öffnen der Wahlurne werden alle nicht benutzten Stimmzettel vom Wahltisch entfernt. Zunächst werden die Zahl der Stimmabgabevermerke im Wählerverzeichnis und die Zahl der eingenommenen Wahlscheine festgestellt. Sodann werden die Stimmzettel der Wahlurne entnommen und in gefaltetem Zustand gezählt. Ergibt sich dabei auch nach

21 Vgl. § 20 KWG.

wiederholter Zählung keine Übereinstimmung, so ist dies in der Wahlniederschrift zu vermerken und soweit möglich zu erläutern.

(2) Ergibt die Feststellung nach Abs. 1, dass weniger als 50 Wähler ihre Stimmen abgegeben haben, ordnet der Wahlleiter an, dass der Wahlvorstand dieses Wahlbezirks (abgebender Wahlvorstand) die gefalteten Stimmzettel verpackt, versiegelt und das mit einer Inhaltsangabe versehene Paket zusammen mit einer Bescheinigung nach einem Vordruckmuster über die Zählung der Wähler nach Abs. 1 und die Zahl der Wahlberechtigten aus dem beurkundeten Abschluss des Wählerverzeichnisses dem Wahlvorstand eines bestimmten anderen Wahlbezirks des Wahlkreises (aufnehmender Wahlvorstand) zur gemeinsamen Ermittlung und Feststellung des Wahlergebnisses unverzüglich zu übergeben hat. Zum Schutz des Wahlgeheimnisses kann einem aufnehmenden Wahlvorstand auch die gemeinsame Ermittlung und Feststellung des Wahlergebnisses mehrerer Wahlbezirke übertragen werden, § 4 Abs. 11 Nr. 1 Satz 2 gilt entsprechend. Am Wahlraum eines abgebenden Wahlvorstands ist ein Hinweis anzubringen, wo die gemeinsame Ermittlung und Feststellung des Wahlergebnisses erfolgt. Der Transport der nach Satz 1 zu übergebenden Gegenstände erfolgt in Anwesenheit des Wahlvorstehers und des Schriftführers, eines weiteren Mitglieds des Wahlvorstands und soweit möglich weiterer nach § 37 anwesender Personen. Der aufnehmende Wahlvorstand verfährt entsprechend § 44 Abs. 5 Satz 7 und 8. Die Übergabe der Wahlunterlagen ist in den Wahlniederschriften des abgebenden und des aufnehmenden Wahlvorstands zu vermerken; die Bescheinigung nach Satz 1 ist der Niederschrift des aufnehmenden Wahlvorstands beizufügen.

§ 48 Zählung der Stimmzettel

(1) Nachdem die Stimmzettel sowie die Stimmabgabevermerke und die Wahlscheine gezählt worden sind, ermittelt der Wahlvorstand

1. die Zahl der Stimmzettel, bei denen ein Wahlvorschlag unverändert angenommen worden ist, insgesamt und getrennt nach der Kennzeichnung der Wahlvorschläge,
2. die Zahl der Stimmzettel, die nicht gekennzeichnet worden sind (zweifelsfrei ungültige Stimmzettel),
3. die Zahl der Stimmzettel, die Anlass zu Bedenken geben und
4. die Zahl der übrigen Stimmzettel.

(2) Die Sortierung und Zählung der Stimmzettel erfolgt unter gegenseitiger Kontrolle des Wahlvorstandes. Vor der Zählung ist die Sortierung der Stimmzettel nach Abs. 1 zu überprüfen; eine fehlerhafte Zuordnung ist zu

korrigieren. Jede Zählung muss zweifach erfolgen. Der Wahlvorsteher gibt die festgestellte Anzahl der Stimmzettel nach Abs. 1 jeweils einzeln mündlich bekannt; bei den Zahlen nach Abs. 1 Nr. 1 sagt er laut an, um welchen Wahlvorschlag es sich handelt.

(3) Über Stimmzettel nach Abs. 1 Nr. 3 beschließt der Wahlvorstand; der Wahlvorsteher gibt die Entscheidung des Wahlvorstandes mündlich bekannt, vermerkt den Beschluss auf dem Stimmzettel und versieht die Stimmzettel mit fortlaufenden Nummern. Bei Stimmzetteln nach Abs. 1 Nr. 2 und bei Stimmzetteln, die nach dem Beschluss nach Satz 1 keine gültigen Stimmen enthalten (ungültige Stimmzettel), sagt der Wahlvorsteher laut an, dass die Stimmen ungültig sind. Die Anzahl der Stimmzettel, die nach dem Beschluss nach Satz 1 gültige Stimmzettel nach Abs. 1 Nr. 1 sind, wird für jeden Wahlvorschlag gesondert ermittelt.

(4) Der Schriftführer vermerkt die festgestellte Anzahl der Stimmzettel nach Abs. 1 bis 3 in der Wahlniederschrift.

(5) Beantragt ein Mitglied des Wahlvorstandes eine erneute Zählung der Stimmzettel, so ist diese zu wiederholen. Die Gründe für die erneute Zählung sind in der Wahlniederschrift zu vermerken.

(6) Ist die Stimmermittlung in dem Wahlbezirk einem Auszählungswahlvorstand übertragen, setzt dieser die Stimmermittlung am Tag nach dem Wahltag fort. Andernfalls kann der Wahlvorstand beschließen, dass

1. die Stimmermittlung unterbrochen wird, wenn die Stimmermittlung an einem anderen Ort fortgeführt werden soll oder
2. die Stimmermittlung vertagt wird, wenn die Stimmermittlung am Tag nach dem Wahltag fortgesetzt werden soll;

der Wahlvorsteher gibt die Entscheidung mündlich bekannt. § 51 gilt entsprechend.

§ 48a Zählung der Stimmen[22]

(1) Ist ein Auszählungswahlvorstand gebildet, übergibt ihm der Gemeindevorstand die vom Wahlvorstand übernommenen Wahlunterlagen; § 36 Abs. 1 gilt entsprechend. Im Übrigen gelten die §§ 37, 38 sowie die nachfolgenden Bestimmungen sowohl für den Wahlvorstand als auch den Auszählungswahlvorstand.

(2) Der Wahlvorsteher verteilt die Stimmzettel nach § 48 Abs. 1 Nr. 4 auf die übrigen Mitglieder des Wahlvorstandes. Der Gemeindevorstand kann

22 Vgl. §§ 20a, 21 KWG.

festlegen, dass für die Zählung der Stimmen Arbeitsgruppen gebildet werden.[23] Jeder Arbeitsgruppe müssen mindestens drei Personen, davon mindestens zwei Mitglieder des Wahlvorstandes, angehören; ihr können Hilfskräfte zugeordnet werden. Zur Ermittlung der Stimmen werden Zähllisten nach einem Vordruckmuster verwendet, die von einem Mitglied des Wahlvorstandes (Listenführer) zu führen sind. Sind einer Arbeitsgruppe Hilfskräfte zugeordnet, nehmen diese die Aufgaben des Listenführers wahr.

(3) Der Wahlvorstand ermittelt für jeden Bewerber die auf ihn entfallenen gültigen Stimmen wie folgt: Ein Mitglied des Wahlvorstandes prüft den Stimmzettel und sagt die Namen der Bewerber, die Stimmen erhalten haben, und die Anzahl der auf jeden Bewerber entfallenden gültigen Stimmen laut an. Der Listenführer verzeichnet auf der Zählliste bei dem jeweiligen Bewerber die Anzahl der auf ihn entfallenden Stimmen und wiederholt laut den Namen des Bewerbers und die Anzahl der zugeteilten Stimmen. Ein weiteres Mitglied des Wahlvorstandes überwacht die Prüfung des Stimmzettels, die Zählung der Stimmen und die Führung der Zählliste.

(4) Stimmen, die nach § 20a Abs. 2 und 3 des Gesetzes als nicht abgegeben gelten, werden gestrichen; die Korrektur ist auf dem Stimmzettel zu vermerken. Falls Reststimmen nach § 20a Abs. 5 des Gesetzes auf Bewerber eines Wahlvorschlags zu verteilen sind, sind die begünstigten Bewerber auf dem Stimmzettel zu kennzeichnen und die Zahl der zusätzlich auf sie entfallenden Stimmen zu vermerken. Die Summe der vom Wähler an Bewerber vergebenen Stimmen und die Summe der Reststimmen sollen dabei auf dem Stimmzettel vermerkt werden. Für die Vermerke ist ein Schreibstift zu verwenden, der sich farblich eindeutig von den für die Stimmabgabe der Wähler verwendeten Schreibstiften unterscheidet. Für Stimmzettel nach § 21 Abs. 2 des Gesetzes sagt der Wahlvorsteher laut an, dass die Stimmen ungültig sind; Abs. 5 Satz 5 gilt entsprechend.

(5) Stimmzettel, auf denen die Gültigkeit von Stimmen Anlass zu Bedenken gibt, sind auszusondern; über die Gültigkeit der darauf vergebenen Stimmen beschließt der Wahlvorstand. Der Wahlvorsteher gibt die Entscheidung mündlich bekannt und sagt bei gültigen Stimmen an, für welchen Bewerber die Stimmen abgegeben worden sind. Er vermerkt den Beschluss auf den Stimmzetteln und versieht sie mit fortlaufenden Nummern. Die gültigen Stimmen werden danach auf die jeweiligen Bewerber verteilt

23 Hierbei handelt es sich um ein Geschäft der laufenden Verwaltung gem. § 70 Abs. 2 HGO, so dass nicht das Kollegialorgan Gemeindevorstand als solches tätig werden muss.

und in der entsprechenden Zählliste verzeichnet. Die Zahl der ungültigen Stimmzettel wird vom Schriftführer in die Wahlniederschrift übertragen. Stimmzettel, die aufgrund eines Beschlusses nach § 48 Abs. 3 Satz 1 gültige Bewerberstimmen enthalten, werden nach Satz 4 behandelt.[24]

(6) Der Schriftführer addiert die auf den Zähllisten für jeden Bewerber festgehaltenen Stimmen und trägt sie in die nach einem Vordruckmuster zu führende Anlage zur Niederschrift ein. Dort trägt er für jeden Bewerber auch die Zahl der auf ihn entfallenden Stimmen aufgrund von unverändert angenommen Wahlvorschlägen (§ 48 Abs. 1 Nr. 1) ein und bildet daraus eine Gesamtsumme. Durch Addition der Stimmen für alle Bewerber eines Wahlvorschlags ermittelt er die Zahl der Stimmen für jeden Wahlvorschlag. Beantragt ein Mitglied des Wahlvorstandes vor der Unterzeichnung der Wahlniederschrift eine erneute Prüfung und Zählung der Stimmen, so ist diese nach Abs. 2 bis 5 zu wiederholen. Die Gründe für die erneute Zählung und Prüfung sind in der Wahlniederschrift zu vermerken.

(7) Der Wahlvorstand kann beschließen, dass die Stimmermittlung vertagt wird; § 48 Abs. 6 gilt entsprechend.

(8) Die Stimmermittlung kann auch mit automatisierten Verfahren erfolgen, wenn dabei Sicherheit und Zuverlässigkeit bei der Ermittlung und Feststellung des Wahlergebnisses gewährleistet sind. In diesem Fall wird die Kennzeichnung der Stimmzettel aus den nach § 48 Abs. 1 Nr. 4 gebildeten Stimmzettelstapeln von einem Mitglied des Wahlvorstandes laut angesagt und von dem Listenführer mit dem automatisierten Verfahren erfasst. Ein weiteres Mitglied des Wahlvorstandes überprüft die ordnungsgemäße Erfassung des Stimmzettels. Die Stimmzettel werden nummeriert. Die Erfassung der auf jeden Bewerber aufgrund von unverändert angenommenen Wahlvorschlägen entfallenen Stimmen erfolgt auf Ansage durch den Schriftführer.

(9) Im Anschluss an die Feststellungen nach § 46 gibt der Wahlvorsteher das Wahlergebnis im Wahlbezirk mit den in dieser Vorschrift bezeichneten Angaben mündlich bekannt.

---

24 Da entgegen der bisherigen Regelung des § 48 Abs. 6 Satz 4 die Stimmzettel über die der Wahlvorstand am Wahlabend Beschluss gefasst hat, nicht mehr den einzelnen Stimmzettelstapeln, sondern der Wahlniederschrift beigefügt werden, soll die Neuregelung in Abs. 5 Satz 6 sicherstellen, dass Stimmzettel über die Beschluss gefasst worden ist, sowohl bei der Zahl der ungültigen Stimmzettel, als auch hinsichtlich der gültigen Bewerberstimmen ausgewertet werden.

§ 48b Mehrheitswahl

Für die Mehrheitswahl gelten die §§ 48, 48a entsprechend.

§ 49 Schnellmeldungen, vorläufige Wahlergebnisse

(1) Nach Feststellung der nach § 48 Abs. 1 und 3 ermittelten Zahl der Stimmzettel, meldet diese der Wahlvorsteher in Gemeinden mit mehr als einem Wahlbezirk dem Gemeindevorstand. Die Meldung wird auf dem schnellsten Wege erstattet. Sie enthält hinsichtlich der Gemeinde- und Kreiswahlen die Zahlen

1. der Wahlberechtigten,
2. der Wähler und
3. der Stimmzettel nach § 48 Abs. 1 und 3.

Das für das Kommunalwahlrecht zuständige Ministerium kann anordnen, dass die auf der Grundlage der Meldungen nach Satz 1 vom Gemeindevorstand und den Kreiswahlleitern wahlkreisweise zusammengestellten Zwischenergebnisse auf schnellstem Wege bis zum Ministerium oder an eine von ihm bestimmte Stelle weitergeleitet werden; es kann auch Anordnungen zur Art und Weise der Übermittlungen treffen.

(2) Sobald das Wahlergebnis im Wahlbezirk festgestellt ist, meldet es der Wahlvorsteher in Gemeinden mit mehr als einem Wahlbezirk dem Gemeindevorstand. Abs. 1 Satz 1 bis 3 gilt mit der Maßgabe entsprechend, dass die Meldung die Zahlen

1. der Wahlberechtigten,
2. der Wähler,
3. der gültigen Stimmen und der ungültigen Stimmzettel,
4. bei der Verhältniswahl der für die einzelnen Wahlvorschläge abgegebenen Stimmen und
5. der für die einzelnen Bewerber abgegebenen Stimmen

enthält.

(3) Der Gemeindevorstand stellt bei Gemeindewahlen das Gesamtergebnis und bei Kreiswahlen das Teilergebnis für den Bereich der Gemeinde zusammen und gibt diese Ergebnisse wahlbezirks- und gemeindeweise an den Kreiswahlleiter weiter.

(4) Der Kreiswahlleiter stellt bei Kreiswahlen das Gesamtergebnis und bei Gemeindewahlen die gesammelten Ergebnisse der kreisangehörigen Gemeinden zusammen. Er gibt diese Ergebnisse auf dem schnellsten Wege an das für das Kommunalwahlrecht zuständige Ministerium oder eine von diesem bestimmte Stelle weiter. Das für das Kommunalwahlrecht zustän-

dige Ministerium kann Anordnungen zur Art und Weise der Übermittlungen treffen; dies gilt auch für die Meldungen nach Abs. 3. Es kann auch anordnen, dass ihm oder der von ihm bestimmten Stelle die Ergebnisse der Gemeindewahlen auf schnellstem Wege weitergeleitet werden. Entsprechendes gilt für die Gemeindevorstände der kreisfreien Städte.

§ 50 Wahlniederschrift

(1) Über die Wahlhandlung sowie die Ermittlung und Feststellung des Wahlergebnisses ist vom Schriftführer eine Wahlniederschrift nach einem Vordruckmuster zu fertigen; im Falle der Stimmermittlung mit automatisierten Verfahren (§ 48a Abs. 8) kann hierüber eine gesonderte Niederschrift gefertigt werden, die mit der Wahlniederschrift zu verbinden ist. Die Niederschrift ist von den Mitgliedern des Wahlvorstandes zu genehmigen und zu unterzeichnen.
Verweigert ein Mitglied des Wahlvorstandes die Unterschrift, so ist der Grund hierfür in der Wahlniederschrift zu vermerken. Beschlüsse nach § 39 Abs. 7, § 42 Satz 3, § 48 Abs. 3 Satz 1, Abs. 6 und § 48a Abs. 5, 7 sowie Beschlüsse über Anstände bei der Wahlhandlung oder bei der Ermittlung und Feststellung des Wahlergebnisses sind in der Wahlniederschrift zu vermerken.

(2) Der Wahlniederschrift sind beizufügen:

1. Stimmzettel, über die der Wahlvorstand nach § 48 Abs. 3 Satz 1, § 48a Abs. 5 besonders beschlossen hat,
2. die Wahlscheine, über die der Wahlvorstand nach § 42 Satz 2 besonders beschlossen hat, sowie
3. die verwendeten Zähllisten.

(3) Der Wahlvorsteher hat die Wahlniederschrift mit den Anlagen unverzüglich dem Gemeindevorstand zu übergeben.

(4) Der Gemeindevorstand hat die Niederschriften über die Kreiswahl der zu seiner Gemeinde gehörenden Wahlbezirke und über ein etwa gesondert ermitteltes Briefwahlergebnis einschließlich einer Zusammenstellung der Ergebnisse dieser Wahl für das Gemeindegebiet dem Kreiswahlleiter so rechtzeitig zu übermitteln, dass diese Unterlagen im Laufe des auf die Stimmermittlung folgenden Tages bei ihm eingehen.

(5) Wahlvorsteher, Gemeindebehörden und Verwaltungsbehörden der Landkreise sowie die Kreiswahlleiter haben sicherzustellen, dass die Wahlniederschriften mit den Anlagen Unbefugten nicht zugänglich sind.

§ 51 Übergabe und Verwahrung der Wahlunterlagen

(1) Hat der Wahlvorstand seine Aufgaben erledigt, so verpackt der Wahlvorsteher je für sich

1. die Stimmzettel nach § 48 Abs. 1 Nr. 1, bei der Verhältniswahl nach Wahlvorschlägen geordnet und gebündelt,
2. die Stimmzettel nach § 48 Abs. 1 Nr. 4,
3. die Stimmzettel nach § 48 Abs. 1 Nr. 2 und
4. die eingenommenen Wahlscheine

soweit sie nicht der Wahlniederschrift beigefügt sind, versiegelt die einzelnen Pakete, versieht sie mit einer Inhaltsangabe und übergibt sie dem Gemeindevorstand. Bis zur Übergabe an den Gemeindevorstand hat der Wahlvorsteher sicherzustellen, dass die in Satz 1 aufgeführten Unterlagen Unbefugten nicht zugänglich sind.

(2) Der Gemeindevorstand hat die Pakete zu verwahren, bis die Vernichtung der Wahlunterlagen zugelassen ist (§ 112). Er hat sicherzustellen, dass die Pakete Unbefugten nicht zugänglich sind.

(3) Der Wahlvorsteher gibt dem Gemeindevorstand das Wählerverzeichnis, die von ihm sonst zur Verfügung gestellten Gegenstände und die eingenommenen Wahlbenachrichtigungen zurück.

(4) Der Gemeindevorstand hat die in Abs. 1 bezeichneten Unterlagen auf Anforderung dem Wahlleiter vorzulegen. Werden nur Teile eines Pakets angefordert, so bricht der Gemeindevorstand das Paket in Gegenwart von zwei Zeugen auf, entnimmt ihm den angeforderten Teil und versiegelt das Paket erneut. Über den Vorgang ist eine Niederschrift zu fertigen, die von allen Beteiligten zu unterzeichnen ist.

§ 52 Behandlung der Wahlbriefe, Vorbereitung der Ermittlung und Feststellung des Briefwahlergebnisses

(1) Der Gemeindevorstand sammelt die Wahlbriefe ungeöffnet und hält sie unter Verschluss.

(2) Der Gemeindevorstand verteilt die Wahlbriefe auf die einzelnen Briefwahlvorstände. Der Gemeindevorstand übergibt jedem Briefwahlvorstand das Verzeichnis über die für ungültig erklärten Wahlscheine (§ 18 Abs. 7) oder die Mitteilung, dass keine Wahlscheine für ungültig erklärt worden sind.

(3) Der Gemeindevorstand vermerkt auf jedem am Wahltage nach Schluss der Wahlzeit eingegangenen Wahlbrief Tag und Uhrzeit des Eingangs, auf

den vom nächsten Tag an eingehenden Wahlbriefen nur den Eingangstag; sie werden ungeöffnet verpackt. Das Paket wird von ihm versiegelt, mit Inhaltsangabe versehen und verwahrt, bis die Vernichtung der Wahlbriefe zugelassen ist (§ 112). Er hat sicherzustellen, dass das Paket Unbefugten nicht zugänglich ist.

§ 53 Zulassung der Wahlbriefe, Ermittlung und Feststellung des Briefwahlergebnisses

(1) Für die Tätigkeit des Briefwahlvorstandes gelten die für den Wahlvorstand geltenden Bestimmungen entsprechend, soweit nicht in den Abs. 2 bis 8 etwas anderes bestimmt ist.

(2) Der Briefwahlvorstand öffnet die Wahlbriefe nacheinander und entnimmt ihnen den Wahlschein und den Stimmzettelumschlag. Ist der Wahlschein in einem Verzeichnis für ungültig erklärter Wahlscheine aufgeführt oder werden Bedenken gegen die Gültigkeit des Wahlscheins erhoben, so sind die betroffenen Wahlbriefe samt Inhalt unter Kontrolle des Briefwahlvorstehers auszusondern und später entsprechend Abs. 3 zu behandeln. Die aus den übrigen Wahlbriefen entnommenen Stimmzettelumschläge werden ungeöffnet in die Wahlurne gelegt; die Wahlscheine werden gesammelt.

(3) Werden gegen einen Wahlbrief Bedenken erhoben, so beschließt der Briefwahlvorstand über die Zulassung oder Zurückweisung. Der Wahlbrief ist vom Briefwahlvorstand zurückzuweisen, wenn ein Tatbestand nach § 21a Abs. 1 Nr. 2 bis 8 des Gesetzes vorliegt. Die Zahl der beanstandeten, der nach besonderer Beschlussfassung zugelassenen und die Zahl der zurückgewiesenen Wahlbriefe sind in der Wahlniederschrift zu vermerken. Die zurückgewiesenen Wahlbriefe sind samt Inhalt auszusondern, mit einem Vermerk über den Zurückweisungsgrund zu versehen, wieder zu verschließen und fortlaufend zu nummerieren. Die Einsender zurückgewiesener oder verspätet eingegangener Wahlbriefe werden nicht als Wähler gezahlt; ihre Stimmen gelten als nicht abgegeben.

(4) Nachdem die Stimmzettelumschläge den Wahlbriefen entnommen und in die Wahlurne gelegt worden sind, jedoch nicht vor Schluss der allgemeinen Wahlzeit, ermittelt und stellt der Briefwahlvorstand das Wahlergebnis mit den in § 46 Nr. 2 bis 5 bezeichneten Angaben fest. § 47 Abs. 1 gilt mit der Maßgabe entsprechend, dass für die Zählung der Wähler die Stimmzettelumschläge ungeöffnet zu zählen sind und die Ermittlung und Feststellung des Briefwahlergebnisses nach § 47 Abs. 2 Satz 1 auch einem

anderen Briefwahlvorstand oder einem Wahlvorstand eines allgemeinen Wahlbezirks übertragen werden kann. § 48 gilt mit der Maßgabe entsprechend, dass leer abgegebene Stimmzettelumschläge nach § 48 Abs. 1 Nr. 2, Abs. 3 Satz 2 sowie Stimmzettelumschläge, die Anlass zu Bedenken geben oder mehrere Stimmzettel enthalten, nach § 48 Abs. 1 Nr. 3, Abs. 3 zu behandeln sind.

(5) Über die Zulassung der Wahlbriefe sowie die Ermittlung und Feststellung des Briefwahlergebnisses ist vom Schriftführer eine Niederschrift nach einem Vordruckmuster zu fertigen. Der Niederschrift sind beizufügen

1. die Stimmzettel und Stimmzettelumschläge, über die der Briefwahlvorstand entsprechend § 48 Abs. 3 Satz 1besonders beschlossen hat,
2. die Wahlbriefe, die der Briefwahlvorstand zurückgewiesen hat,
3. die Wahlscheine, über die der Briefwahlvorstand beschlossen hat, ohne dass die Wahlbriefe zurückgewiesen wurden.

(6) Der Briefwahlvorsteher übergibt die Wahlniederschrift mit den Anlagen unverzüglich dem Gemeindevorstand.

(7) Das Wahlergebnis der Briefwahl wird für Gemeinde- und Kreiswahlen vom Gemeindevorstand in die Schnellmeldung für den Bereich der Gemeinde übernommen.

(8) Der Briefwahlvorsteher verpackt die Wahlunterlagen entsprechend § 51 Abs. 1 und übergibt sie dem Gemeindevorstand, der sie verwahrt, bis ihre Vernichtung zugelassen ist (§ 112). Die leer abgegebenen Stimmzettelumschläge werden den Stimmzetteln nach § 48 Abs. 1 Nr. 2 beigefügt.

(8a) Stellt der Wahlleiter fest, dass im Wahlkreis die regelmäßige Beförderung von Wahlbriefen infolge von Naturkatastrophen oder ähnlichen Ereignissen höherer Gewalt gestört war, gelten die dadurch betroffenen Wahlbriefe, die nach Behebung des Ereignisses, spätestens aber am zweiundzwanzigsten Tag nach der Wahl bei dem Gemeindevorstand eingehen, als rechtzeitig eingegangen, wenn sie ohne die Störung spätestens am Wahltag bis 18 Uhr eingegangen wären. In Deutschland abgesandte Wahlbriefe mit einem Poststempel spätestens vom zweiten Tag vor der Wahl gelten als rechtzeitig eingegangen. Die als rechtzeitig eingegangen anzusehenden Wahlbriefe sind auf schnellstem Wege dem zuständigen Briefwahlvorstand zur nachträglichen Feststellung des Briefwahlergebnisses zu überweisen, sofern der Wahlleiter feststellt, dass die nach § 4 Abs. 11 Nr. 1 Satz 2 erforderliche Zahl von Wahlbriefen erreicht ist. Wird diese Zahl für einzelne Briefwahlvorstände unterschritten, bestimmt der Wahlleiter, welchem Briefwahlvorstand des Wahlkreises die durch das Ereignis betroffenen Wahlbriefe überwiesen werden; wird die erforderliche Zahl von Wahlbriefen im Wahlkreis unterschritten, bestimmt der Wahlleiter, welcher Briefwahlvorstand über die Zulassung oder Zurückweisung der Wahlbriefe entscheidet und welcher Briefwahlvorstand des Wahlkreises über die Gültigkeit der abgegebenen Stimmen entscheidet und die nachträgliche Feststellung des Briefwahlergebnisses trifft. Im Übrigen kann die Aufsichtsbehörde Regelungen zur Anpassung an die besonderen Verhältnisse im Einzelfall treffen.

§ 54 Ermittlung und Feststellung des Wahlergebnisses im Wahlkreis[25]

(1) Der Wahlleiter prüft die Wahlniederschriften der Wahlvorstände auf Vollständigkeit und Ordnungsmäßigkeit. Er stellt auf Grund der Wahlniederschriften das endgültige Ergebnis der Wahl im Wahlkreis unter Hinzufügen des Briefwahlergebnisses auf einem Zählbogen nach einem Vordruckmuster zusammen. Ergeben sich aus der Wahlniederschrift oder aus sonstigen Gründen Bedenken gegen die Ordnungsmäßigkeit des Wahlgeschäfts, so klärt sie der Wahlleiter soweit wie möglich auf.

(2) Der Wahlausschuss tritt spätestens zwölf Tage nach der Wahl zu einer öffentlichen Sitzung zusammen. In dieser Sitzung ermittelt der Wahlausschuss nach Berichterstattung durch den Wahlleiter das Wahlergebnis des Wahlkreises und stellt fest

1. die Zahl der Wahlberechtigten,
2. die Zahl der Wähler,
3. die Zahlen der ungültigen Stimmzettel und der gültigen Stimmen,
4. bei der Verhältniswahl die Zahlen der für die einzelnen Wahlvorschläge abgegebenen gültigen Stimmen,
5. die Zahlen der für die einzelnen Bewerber abgegebenen gültigen Stimmen,
6. die Zahlen der Sitze, die den einzelnen Parteien und Wählergruppen insgesamt zustehen,
7. die Namen der gewählten Bewerber; den Namen kann der Zusatz „Frau“ oder „Herr“ hinzugefügt werden.

(3) Der Wahlausschuss ist berechtigt, Feststellungen des Wahlvorstandes zu berichtigen und dabei auch über die Gültigkeit abgegebener Stimmen abweichend zu beschließen. Ungeklärte Bedenken vermerkt er in der Niederschrift.

---

25 Vgl. § 22 KWG.

(4) Die Niederschrift über die Sitzung (§ 3 Abs. 7) und die ihr beigefügte Zusammenstellung des Wahlergebnisses werden von allen Mitgliedern des Wahlausschusses, die an der Feststellungsverhandlung teilgenommen haben, unterzeichnet; dies gilt auch für den Schriftführer, der nicht zugleich Beisitzer ist.

(5) In den Gemeinden, die nur einen Wahlbezirk bilden, kann die Feststellung des endgültigen Wahlergebnisses und die Fertigung der Niederschrift nach Abs. 4 unmittelbar im Anschluss an die Feststellung des vorläufigen Wahlergebnisses vorgenommen werden.

§ 55 Bekanntmachung des endgültigen Wahlergebnisses[26]

(1) Sobald die Feststellung des Wahlergebnisses abgeschlossen ist, macht der Wahlleiter das endgültige Wahlergebnis mit den im § 54 Abs. 2 Satz 2 und 3 bezeichneten Angaben bekannt. In der Bekanntmachung ist auf die Zulässigkeitsvoraussetzungen für einen Einspruch nach § 25 des Gesetzes hinzuweisen.

(2) Gleichzeitig mit der Veröffentlichung übermittelt der Kreiswahlleiter dem Statistischen Landesamt das endgültige Wahlergebnis der Kreiswahl und der Gemeindewahl mit den dazugehörigen Zusammenstellungen. Entsprechendes gilt für die Gemeindewahlleiter der kreisfreien Städte. Das Statistische Landesamt kann mit Zustimmung des für das Kommunalwahlrecht zuständigen Ministeriums Anordnungen zur Art und Weise der Übermittlung treffen. Wurde das endgültige Wahlergebnis in elektronischer Form übermittelt, kann es von einer Übermittlung auf anderem Wege absehen.

§ 56 Benachrichtigung der gewählten Bewerber

(1) Nach der Ermittlung und Feststellung des Wahlergebnisses im Wahlkreis benachrichtigt der Wahlleiter die gewählten Bewerber. Gewählte Bewerber, die an der Mitgliedschaft in der Vertretungskörperschaft gehindert sind (§ 37, § 65 Abs. 2 der Hessischen Gemeindeordnung, § 27, § 36 Abs. 2 der Hessischen Landkreisordnung), stellt er die Benachrichtigung zu und fordert sie auf, binnen einer Woche nach Zustellung den Wegfall des Hinderungsgrundes durch schriftliche Bescheinigung nachzuweisen. Er weist darauf hin, dass die Rechtsstellung eines Vertreters rückwirkend als nicht erworben gilt, falls dieser Nachweis nicht bis zum Ablauf der Frist

26 Vgl. § 23 Abs. 2 KWG.

erbracht wird und bis zum Nachweis des Wegfalls des Hinderungsgrundes Rechte aus der Rechtsstellung eines Vertreters nicht ausgeübt werden können.[27]

(2) Kann ein gewählter Bewerber den nach § 23 Abs. 2 Satz 2 des Gesetzes erforderlichen Nachweis nicht innerhalb der Wochenfrist erbringen, so stellt ihm der Wahlleiter die Benachrichtigung zu, dass das Mandat rückwirkend als nicht erworben gilt und weist ihn auf die Möglichkeit des Einspruchs hin.

Fünfter Abschnitt: **Wahlprüfung, Ausscheiden und Nachrücken von Vertretern, Wiederholungswahl**[28]

§ 57 Beschlussfassung der Vertretungskörperschaft

(1) Die Entscheidung über Einsprüche sowie über die Gültigkeit der Wahl (§ 26 des Gesetzes) soll die neue Vertretungskörperschaft in der ersten Sitzung nach der Wahl (§ 56 HGO; § 32 HKO) treffen.

(2) In schwierigen Fällen soll die neue Vertretungskörperschaft in der ersten Sitzung nach der Wahl zur Vorprüfung einen Wahlprüfungsausschuss bilden und nach Möglichkeit in der nächsten entscheiden.

§ 58 Zustellungen und Bekanntmachungen bei der Wahlprüfung, beim Ausscheiden und beim Nachrücken von Vertretern

(1) Beschlüsse und Feststellungen, die bei der Wahlprüfung, beim Ausscheiden von Vertretern und bei der Ersatzbestimmung für ausscheidende Vertreter getroffen werden, sind vom Wahlleiter wie folgt zuzustellen:

1. der Kommunalaufsichtsbehörde sind alle Beschlüsse zuzustellen, die die Vertretungskörperschaft nach § 26, § 31 Abs. 2 Satz 2 und § 34

---

27 Die Benachrichtigung hat nur deklaratorische Funktion; der Erwerb der Rechtsstellung erfolgt kraft Gesetzes. Nach Satz 1 ist deshalb grundsätzlich eine formlose Benachrichtigung ausreichend. Etwas anderes gilt nach Satz 2 bei Vertretern, die an der Mitgliedschaft in der Vertretungskörperschaft gehindert sind; diesen Personen muss der Wahlleiter die Benachrichtigung förmlich zustellen und sie auffordern, innerhalb einer Woche nach Zustellung den Wegfall des Hinderungsgrundes durch schriftliche Bescheinigung nachzuweisen.

28 Vgl. §§ 25–32 KWG.

Abs. 4 Satz 1 des Gesetzes fasst. Das Gleiche gilt für die Feststellung, die der Wahlleiter nach § 34 Abs. 3 Satz 1 des Gesetzes trifft;

2. demjenigen, der Einspruch erhoben hat, sind alle Beschlüsse zuzustellen, die die Vertretungskörperschaft nach § 26, § 31 Abs. 2 Satz 2 und § 34 Abs. 4 Satz 2 des Gesetzes fasst, soweit sie seinen Einspruch betreffen;
3. dem Vertreter sind alle Beschlüsse zuzustellen, die die Vertretungskörperschaft nach § 26, § 31 Abs. 2 Satz 2 und § 34 Abs. 4 Satz 1 des Gesetzes fasst, soweit hierdurch sein Mandat berührt wird. Das Gleiche gilt für die Feststellung, die der Wahlleiter nach § 34 Abs. 3 Satz 1 des Gesetzes trifft.

(2) Der Wahlleiter gibt die rechtskräftigen Beschlüsse über die Wahlprüfung (§ 26 des Gesetzes) und die Feststellungen über das Ausscheiden des bisherigen Vertreters und den Namen des nachrückenden Vertreters oder das Leerbleiben des Sitzes (§ 34 Abs. 3 Satz 1 des Gesetzes) öffentlich bekannt; §§ 55 Abs. 1 Satz 2 und 56 finden entsprechend Anwendung.

§ 59 Wiederholungswahl

(1) Das Wahlverfahren ist nur insoweit zu erneuern, als dies nach der Entscheidung im Wahlprüfungsverfahren erforderlich ist.

(2) Wird die Wahl nur in einzelnen Wahlbezirken wiederholt, so darf die Abgrenzung dieser Wahlbezirke nicht geändert werden. Auch sonst soll die Wahl möglichst in denselben Wahlbezirken wie bei der Hauptwahl wiederholt werden. Wahlvorstände können neu gebildet und Wahlräume neu bestimmt werden.

(3) Findet die Wiederholungswahl infolge von Unregelmäßigkeiten bei der Aufstellung und Behandlung von Wählerverzeichnissen statt, so ist in den betroffenen Wahlbezirken das Verfahren der Aufstellung, Einsichtnahme, Berichtigung und des Abschlusses des Wählerverzeichnisses neu durchzuführen.

(4) Wird die Wahl nur in einzelnen Wahlbezirken wiederholt, gilt für die Aufstellung des Wählerverzeichnisses Folgendes:

1. Wahlberechtigte, die bei der Hauptwahl ihren Wahlschein in einem Wahlbezirk abgegeben haben, in dem die Wahl nicht wiederholt wird, werden aus dem Wählerverzeichnis gestrichen.
2. Wird die Wahl nur in einzelnen allgemeinen Wahlbezirken wiederholt, werden Wahlberechtigte, die an der Briefwahl in diesen Wahlbezirken teilgenommen haben, aus dem Wählerverzeichnis gestrichen.

(5) Für die Wiederholungswahl werden neue Wahlscheine ausgegeben. Wird die Wahl nur in einzelnen Briefwahlbezirken wiederholt, erhalten Wahlberechtigte, für die ein Vermerk nach § 20 im Wählerverzeichnis eingetragen ist, unverzüglich Briefwahlunterlagen von Amts wegen; dies gilt nicht für Wahlberechtigte, die ihren Wahlschein in einem allgemeinen Wahlbezirk abgegeben haben. Im Falle des Abs. 4 Nr. 2 erhalten auch diejenigen Personen einen Wahlschein, die nachweisen, dass sie bei der Hauptwahl den Wahlschein in einem Wahlbezirk abgegeben haben, in dem die Wahl wiederholt wird.

(6) Wird die Wahl nur in einzelnen Briefwahlbezirken wiederholt, gelten die §§ 10 und 34 mit der Maßgabe entsprechend, dass in der Benachrichtigung der Wahlberechtigten und in der Wahlbekanntmachung darauf hinzuweisen ist, dass eine Wahl in allgemeinen Wahlbezirken nicht stattfindet und die Briefwahlunterlagen von Amts wegen übersandt werden; die Benachrichtigung der Wahlberechtigten kann mit der Übersendung der Briefwahlunterlagen verbunden werden.

Sechster Abschnitt: **Wahl der Bürgermeister und Landräte**[29]

§ 60 Geltungsbereich

Soweit in den §§ 61 bis 75 nichts anderes bestimmt ist, gelten die Vorschriften dieser Verordnung mit Ausnahme des Siebenten und Achten Abschnitts für die Wahl der Bürgermeister und Landräte entsprechend.

§ 61 Bekanntmachung des Wahltags und des Tags der Stichwahl

(1) Der Wahlleiter macht den Wahltag und den Tag einer etwa notwendig werdenden Stichwahl spätestens am neunzigsten Tag vor dem Wahltag öffentlich bekannt.

(2) Der Wahlleiter übermittelt den Wahltag und den Tag einer etwa notwendig werdenden Stichwahl dem Statistischen Landesamt.

---

29 Vgl. §§ 41–53 KWG.

§ 62 Wahlbezirke und Wahlräume bei der Stichwahl

Bei der Stichwahl wird in den für die Wahl bestimmten Wahlbezirken und Wahlräumen gewählt.

§ 63 Benachrichtigung der Wahlberechtigten

(1) Für die Benachrichtigung der Wahlberechtigten gilt § 10 entsprechend mit der Maßgabe, dass auch auf die Möglichkeit und den Tag einer etwa notwendig werdenden Stichwahl hinzuweisen ist. Außerdem ist mitzuteilen, dass mit dem aufgedruckten Vordruck neben dem Wahlschein für die Wahl gleichzeitig ein Wahlschein für die Stichwahl beantragt werden kann. Wahlberechtigte, die einen Wahlschein nur für die Wahl beantragt haben, erhalten mit dem Wahlschein zugleich eine Wahlbenachrichtigung für die Stichwahl mit einem Antrag auf Ausstellung eines entsprechenden Wahlscheines.

(2) Abs. 1 gilt nicht, wenn nur ein Bewerber zur Wahl zugelassen ist.

§ 64 Wählerverzeichnis[30]

(1) Das Wählerverzeichnis enthält für die Wahl und eine etwa notwendig werdende Stichwahl je eine Spalte für den Vermerk über die Stimmabgabe, sofern nicht beabsichtigt ist, das Wählerverzeichnis für die Stichwahl neu auszudrucken.

(2) Im Falle der Berichtigung offenbarer Unrichtigkeiten in der Zeit zwischen der Wahl und der Stichwahl gilt § 13 Abs. 2 bis 4 entsprechend mit der Maßgabe, dass der Gemeindevorstand seine Entscheidung nach § 13 Abs. 3 dem Betroffenen spätestens am sechsten Tag vor der Stichwahl zuzustellen hat.

(3) Vor einer Stichwahl ist das Wählerverzeichnis entsprechend § 15 neu abzuschließen. Die Zahl der Wahlberechtigten, die einen Wahlschein nach § 16a Abs. 2 oder § 44 des Gesetzes erhalten, wird dabei nachrichtlich in den Abschluss des Wählerverzeichnisses aufgenommen.

---

30 Vgl. § 43 KWG.

§ 65 Wahlscheinverzeichnis, Einspruch und Beschwerde

(1) Für die Wahl und eine etwa notwendig werdende Stichwahl werden gemeinsame Wahlscheinverzeichnisse nach § 18 Abs. 6 geführt, in denen die für die Wahl und die Stichwahl erteilten Wahlscheine gesondert nachgewiesen werden; Personen, die von Amts wegen einen Wahlschein nach § 44 des Gesetzes erhalten, sind dabei den Fällen des § 16a Abs. 2 zuzuordnen.

(2) Für den Einspruch gegen die Versagung eines Wahlscheins für die Stichwahl und die Beschwerde gilt § 13 entsprechend mit der Maßgabe, dass die Entscheidungen schnellstmöglich zu treffen und der betroffenen Person mitzuteilen sind.

§ 66 Aufforderung zur Einreichung von Wahlvorschlägen

Für die Aufforderung zur Einreichung von Wahlvorschlägen gilt § 22 entsprechend mit der Maßgabe, dass auf die gesetzlichen Erfordernisse für die Wahlvorschläge nach den §§ 10 bis 13 und 45 des Gesetzes hinzuweisen ist.

§ 67 Gestaltung des Stimmzettels[31]

(1) Auf dem Stimmzettel für die Wahl werden die Bewerber untereinander aufgeführt; nehmen nur zwei Bewerber an der Wahl teil, werden sie nebeneinander von links nach rechts in der Reihenfolge nach § 45 Abs. 5 des Gesetzes aufgeführt. Unter den Angaben der Bewerber wird jeweils der Träger des Wahlvorschlags und, sofern die Partei oder Wählergruppe eine Kurzbezeichnung verwendet, auch diese, bei Einzelbewerbern das Kennwort, genannt.

(2) Auf dem Stimmzettel für die Stichwahl werden die beiden Bewerber nebeneinander von links nach rechts in der Reihenfolge nach § 45 Abs. 5 des Gesetzes aufgeführt; Abs. 1 Satz 2 gilt entsprechend.

(3) Im Übrigen gilt § 27 entsprechend.

---

31 Vgl. § 46 KWG.

§ 68 Wahlbekanntmachung

(1) Für die Bekanntmachung der Wahl gilt § 11 entsprechend mit der Maßgabe, dass der Gemeindevorstand zusätzlich auf die Möglichkeit und den Tag einer etwa notwendig werdenden Stichwahl hinweist.

(2) Für die Bekanntmachung der Stichwahl gilt § 11 entsprechend mit der Maßgabe, dass sie unverzüglich nach der Feststellung des Wahlergebnisses zu erfolgen hat; der Gemeindevorstand weist zusätzlich darauf hin, dass

1. Wahlberechtigte, die für die Wahl eine Wahlbenachrichtigung erhalten haben, keine neue Wahlbenachrichtigung für die Stichwahl erhalten,
2. nicht im Wählerverzeichnis eingetragene Wahlberechtigte, die für die Wahl einen Wahlschein nach § 16a Abs. 2 des Gesetzes erhalten haben, sowie Personen, die erst für die Stichwahl wahlberechtigt sind, von Amts wegen einen Wahlschein für die Stichwahl erhalten (§ 44 des Gesetzes) und dass sich Personen, denen dieser Wahlschein noch nicht zugegangen ist, unverzüglich an den Gemeindevorstand wenden sollten,
3. für die Stichwahl Wahlscheine nach den allgemeinen Vorschriften beantragt werden können, sofern der Antrag nicht bereits im Zusammenhang mit der Wahl gestellt worden ist.

§ 69 Stimmabgabe

Der Wahlvorstand belässt dem Wähler die Wahlbenachrichtigung für eine etwa notwendig werdende Stichwahl. Dies gilt nicht, wenn nur ein Bewerber zur Wahl zugelassen ist.

§ 70 Ermittlung des Wahlergebnisses im Wahlbezirk

(1) Für die Ermittlung des Wahlergebnisses im Wahlbezirk gelten § 48 Abs. 1 bis 5 und § 48a Abs. 9 mit folgenden Maßgaben entsprechend:

1. Bei Zählung der Stimmzettel nach § 48 Abs. 2 und 3 ermittelt der Wahlvorstand für die Stimmzettel nach § 48 Abs. 1 Nr. 1 und 2 die Zahl der für die einzelnen Wahlvorschläge abgegebenen Stimmen sowie die Zahl der ungültigen Stimmen.
2. Bei der Beschlussfassung nach § 48 Abs. 3 Satz 1 gibt der Wahlvorsteher die Entscheidung des Wahlvorstandes mündlich bekannt, vermerkt den Beschluss auf dem Stimmzettel und versieht die Stimmzettel mit fortlaufenden Nummern. Bei gültigen Stimmen sagt er laut an,

für welchen Wahlvorschlag die Stimmen abgegeben worden sind. Stimmzettel, über die Beschluss gefasst wurde, sind der Wahlniederschrift beizufügen.
3. Die ermittelten Zahlen der gültigen und ungültigen Stimmen werden vom Schriftführer jeweils für sich zusammengezählt und in der Wahlniederschrift vermerkt.

(2) Für die Schnellmeldungen der vorläufigen Wahlergebnisse gilt § 49 Abs. 2 bis 4 entsprechend mit der Maßgabe, dass keine Weitergabe des Gesamtergebnisses an das für Kommunalwahlrecht zuständige Ministerium erfolgt.

§ 71 Übergabe und Verwahrung der Wahlunterlagen

Für die Übergabe und Verwahrung der Wahlunterlagen gilt § 51 entsprechend mit der Maßgabe, dass der Wahlvorsteher die gültigen Stimmzettel nach Bewerbern geordnet und gebündelt verpackt.

§ 72 Feststellung des Wahlergebnisses im Wahlkreis[32]

Der Wahlausschuss stellt fest:
1. die Zahl der Wahlberechtigten,
2. die Zahl der Wähler,
3. die Zahlen der gültigen und ungültigen Stimmen,
4. die Zahlen der für die einzelnen Bewerber abgegebenen gültigen Stimmen, bei Teilnahme nur eines Bewerbers an der Wahl oder Stichwahl die Zahlen der gültigen „Ja"- und „Nein"-Stimmen,
5. welcher Bewerber gewählt ist, oder ob das Wahlverfahren einschließlich der Wahlvorbereitung wiederholt wird,
6. welche beiden Bewerber in die Stichwahl kommen, im Falle des Verzichts von Bewerbern auf die Teilnahme an der Stichwahl, welcher Bewerber an der Stichwahl teilnimmt, oder ob das Wahlverfahren einschließlich der Wahlvorbereitung wiederholt wird.

---

32 Vgl. § 47 KWG.

§ 73 Bekanntmachung des Wahlergebnisses, Benachrichtigung des gewählten Bewerbers

(1) Sobald die Feststellung des Wahlergebnisses abgeschlossen ist, macht der Wahlleiter das endgültige Wahlergebnis mit den in § 72 bezeichneten Angaben bekannt. In der Bekanntmachung ist auf die Zulässigkeitsvoraussetzungen für einen Einspruch nach §§ 25, 41 Satz 1, § 49 des Gesetzes hinzuweisen.

(2) Ist eine Stichwahl erforderlich, weist der Wahlleiter in der Bekanntmachung zusätzlich auf den Tag der Stichwahl hin, nennt die Namen der beiden an der Stichwahl teilnehmenden Bewerber unter Angabe ihrer Stimmenzahl und teilt mit, dass die Frist für die Erhebung des Einspruchs gegen die Wahl erst nach Bekanntmachung des Ergebnisses der Stichwahl zu laufen beginnt; dies gilt entsprechend, wenn nur ein Bewerber an der Stichwahl teilnimmt. Die Bekanntmachung erfolgt unverzüglich nach der Feststellung des Wahlergebnisses.

(3) Gleichzeitig mit der Veröffentlichung übermittelt der Wahlleiter dem Statistischen Landesamt das endgültige Wahlergebnis. Ist eine Stichwahl erforderlich, wird das Ergebnis der Wahl erst mit dem endgültigen Ergebnis der Stichwahl übermittelt.

(4) Für die Benachrichtigung des gewählten Bewerbers gilt § 56 Abs. 1 Satz 1 entsprechend.

§ 74 Beschlussfassung der Vertretungskörperschaft[33]

Für die Beschlussfassung der Vertretungskörperschaft über Einsprüche sowie über die Gültigkeit der Wahl gilt § 57 entsprechend mit der Maßgabe, dass die Vertretungskörperschaft die Entscheidung in der ersten Sitzung nach Ablauf der Einspruchsfrist des § 25 Abs. 1 des Gesetzes treffen soll.

§ 75 Nach- und Wiederholungswahl[34]

(1) Der Wahlleiter macht öffentlich bekannt, dass im Wahlkreis oder in einzelnen Wahlbezirken eine Nachwahl stattfindet.

---

33 Vgl. § 50 KWG.
34 Vgl. § 52 KWG.

(2) Wird die Nachwahl erforderlich, weil der Bewerber eines zugelassenen Wahlvorschlags nach der Zulassung, aber vor der Wahl gestorben ist oder seine Wählbarkeit verloren hat, sagt der Wahlleiter mit der Bekanntmachung nach Abs. 1 die Wahl ab.

(3) Bei der Nachwahl wird in den für die Wahl bestimmten Wahlbezirken und Wahlräumen vor den für die Wahl gebildeten Wahlvorständen mit den für die Wahl zugelassenen und den Wahlvorschlägen nach § 52 Abs. 2 des Gesetzes gewählt. Satz 1 gilt entsprechend, wenn die Nachwahl erforderlich wird, weil die Stichwahl im Wahlkreis oder in einem Wahlbezirk infolge höherer Gewalt nicht durchgeführt werden konnte. In den Fällen des Abs. 2 haben die für die Wahl erteilten Wahlscheine für die Nachwahl keine Gültigkeit; sie werden von Amts wegen ersetzt. Im Übrigen behalten die für die Wahl oder die Stichwahl erteilten Wahlscheine für die Nachwahl Gültigkeit. Neue Wahlscheine werden nach den allgemeinen Bestimmungen erteilt. Wahlbriefe mit alten Wahlscheinen, die beim Gemeindevorstand eingegangen sind, werden dort gesammelt und unter Beachtung des Wahlgeheimnisses vernichtet.

(4) Ist die Wahl zu wiederholen, weil einer der beiden Bewerber für die Stichwahl vor der Stichwahl gestorben ist oder seine Wählbarkeit verloren hat, gelten Abs. 1 und Abs. 2 entsprechend. Die für die Stichwahl erteilten Wahlscheine haben für die Wiederholungswahl keine Gültigkeit; sie werden von Amts wegen ersetzt. Neue Wahlscheine werden nach den allgemeinen Bestimmungen erteilt. Wahlbriefe mit alten Wahlscheinen, die beim Gemeindevorstand eingegangen sind, werden dort gesammelt und unter Beachtung des Wahlgeheimnisses vernichtet.

(5) Der Wahlleiter kann im Einzelfall Regelungen zur Anpassung an besondere Verhältnisse treffen.

(6) Für die Bekanntmachung des Tages der Nach- oder Wiederholungswahl gilt § 61 entsprechend.

Siebenter Abschnitt: **Bürgerentscheid**[35]

§ 76 Geltungsbereich

Soweit in den §§ 77 bis 80 nicht anderes bestimmt ist, gelten die Vorschriften dieser Verordnung mit Ausnahme der §§ 57 und 58 sowie des Sechs-

35 Vgl. § 8b HGO, §§ 54–57 KWG.

ten und Achten Abschnitts für die Durchführung der Abstimmung entsprechend.

§ 77 Bekanntmachung der Abstimmung

(1) Die Bekanntmachung durch den Gemeindevorstand nach § 55 Abs. 2 des Gesetzes hat unverzüglich nach der Bestimmung des Tags der Abstimmung durch die Gemeindevertretung zu erfolgen. Der Wahlleiter übermittelt den Tag der Abstimmung dem Statistischen Landesamt.

(2) Für die Bekanntmachung der Abstimmung gilt § 11 Abs. 1 entsprechend mit der Maßgabe, dass die Bekanntmachung zusätzlich einen Hinweis auf die Bekanntmachung der Abstimmung nach § 55 Abs. 2 des Gesetzes enthalten muss.

§ 78 Ermittlung des Abstimmungsergebnisses im Wahlbezirk

Für die Ermittlung des Abstimmungsergebnisses im Wahlbezirk gilt § 70 entsprechend.

§ 79 Ermittlung und Feststellung des Abstimmungsergebnisses

Für die Ermittlung und Feststellung des Abstimmungsergebnisses gilt § 54 entsprechend mit der Maßgabe, dass der Wahlausschuss feststellt:

1. die Zahl der Stimmberechtigten,
2. die Zahl der Abstimmenden,
3. die Zahlen der gültigen und ungültigen Stimmen,
4. die Zahlen der gültigen „Ja"- und „Nein"-Stimmen,
5. das Ergebnis des Bürgerentscheids im Sinne des § 8b Abs. 6 Satz 1 und 2 der Hessischen Gemeindeordnung.

§ 80 Sicherung und Vernichtung von Abstimmungsunterlagen

Für die Sicherung und Vernichtung von Abstimmungsunterlagen gelten die §§ 111 und 112 entsprechend mit der Maßgabe, dass die Abstimmungsunterlagen nach § 112 Abs. 3 ein Jahr nach der Abstimmung vernichtet werden können.

Achter Abschnitt: *(aufgehoben)*

Neunter Abschnitt: **Vorschriften für eine gleichzeitige Durchführung mehrerer Kommunalwahlen sowie einer Volksabstimmung**

§ 85 Geltungsbereich

Werden Gemeinde-und Kreiswahlen sowie Orts- und Ausländerbeiratswahlen (allgemeine Kommunalwahlen) gleichzeitig oder werden Direktwahlen oder Bürgerentscheide gleichzeitig oder gleichzeitig mit allgemeinen Kommunalwahlen durchgeführt, so gelten ergänzend die Vorschriften der §§ 86 bis 91a. Werden mehrere Wahlen und Abstimmungen nach Satz 1 (Kommunalwahlen) gleichzeitig mit einer Volksabstimmung durchgeführt, so gelten für die Kommunalwahlen die Vorschriften des Hessischen Kommunalwahlgesetzes und dieser Verordnung sowie für die Volksabstimmung die Vorschriften der Stimmordnung nur, soweit in den §§ 86 bis 91b nichts anderes bestimmt ist; im Falle des § 19 der Stimmordnung gilt dies entsprechend.

§ 86 Wahl- und Stimmbezirke, Wahl- und Abstimmungsräume, Wahlorgane

(1) Die Wahl- und Stimmbezirke, Wahl- und Abstimmungsräume und Wahlvorstände müssen dieselben sein; für die Ausländerbeiratswahl gilt § 5 Abs. 2 Satz 2 nicht.

(2) Im Falle des § 85 Satz 2 gilt Abs. 1 mit der Maßgabe, dass die zu Mitgliedern der Wahlvorstände für die Volksabstimmung berufenen Personen zugleich als Mitglieder der Wahlvorstände für die Kommunalwahl zu berufen sind; sie sind entsprechend zu unterrichten. Mitglieder der Kreiswahlausschüsse für die Volksabstimmung können zugleich zu Mitgliedern des Kreis- oder Gemeindewahlausschusses für die Kommunalwahlen berufen werden, sofern sie die kommunalwahlrechtlichen Voraussetzungen erfüllen. Auslagenersatz und Erfrischungsgeld werden nur einmal nach § 5 der Stimmordnung in Verbindung mit § 25 der Landeswahlordnung gewährt.

§ 86a Absage der Orts- oder Ausländerbeiratswahl, Entfallen des Orts- oder Ausländerbeirats

Im Falle des § 82 Abs. 1 Satz 5 oder des § 86 Abs. 1 Satz 3 der Hessischen Gemeindeordnung sagt der Wahlleiter die Wahl ab, macht dies öffentlich bekannt und unterrichtet die Aufsichtsbehörde.
Im Falle des § 82 Abs. 1 Satz 6 oder des § 86 Abs. 1 Satz 4 der Hessischen Gemeindeordnung macht der Wahlleiter öffentlich bekannt, dass die Einrichtung des Ortsbeirats für die restliche Dauer der laufenden Wahlzeit entfällt und unterrichtet die Aufsichtsbehörde.

§ 87 Wählerverzeichnis, Wahlbekanntmachung

(1) Für alle verbundenen Wahlen und Abstimmungen wird ein verbundenes Wählerverzeichnis verwendet; eine unterschiedliche Wahl- oder Stimmberechtigung ist kenntlich zu machen und erforderlichenfalls in der Spalte „Bemerkungen" zu erläutern. Für den Vermerk über die Stimmabgabe ist jeweils eine eigene Spalte zu verwenden. § 64 Abs. 1 bleibt unberührt, es sei denn, das Wählerverzeichnis der Direktwahl wird für die Stichwahl neu ausgedruckt. Die Kenntlichmachung einer unterschiedlichen Wahl- oder Stimmberechtigung kann auch in den für die Stimmabgabe vorgesehenen Spalten des Wählerverzeichnisses erfolgen.

(2) Die Beurkundungen der Zahl der Wahl- oder Stimmberechtigten nach § 15 Satz 3 sind für alle verbundenen Wahlen und Abstimmungen getrennt anzufertigen. Findet gleichzeitig mit einer Gemeindewahl eine Wahl des Bürgermeisters oder eine Abstimmung statt, entfällt eine gesonderter Abschluss des Wählerverzeichnisses nach § 15 Satz 3; die Zahl der Wahlberechtigten für die Gemeindewahl ist zugleich die Zahl der Wahlberechtigten für die Wahl des Bürgermeisters und die Zahl der Stimmberechtigten für die Abstimmung.

(3) Es wird eine gemeinsame Wahlbekanntmachung nach § 11 verwendet, in der darauf hinzuweisen ist,
1. welche Wahlen und Abstimmungen gleichzeitig durchgeführt werden,
2. welche Farben die Stimmzettel für die verschiedenen Wahlen und Abstimmungen aufweisen,
3. für welche Wahlen ein gemeinsamer oder getrennter Wahlschein ausgestellt wird,
4. dass gemeinsame Wählerverzeichnisse und Wahlbenachrichtigungen, gemeinsame Wahlscheinanträge sowie ein gemeinsamer Wahlbrief-

umschlag und für jede der verbundenen Wahlen und Abstimmungen eigene Stimmzettelumschläge verwendet werden.

(4) Wird eine Stichwahl gleichzeitig mit allgemeinen Kommunalwahlen durchgeführt, gelten für die Stichwahl die Abs. 1 bis 3 nicht.

(5) Im Falle des § 85 Satz 2 gelten Abs. 1 bis 4 mit der Maßgabe, dass die Bekanntmachungen nach Abs. 3 und § 7 der Stimmordnung in Verbindung mit § 7 der Landeswahlordnung miteinander verbunden werden können. In der verbundenen Wahlbekanntmachung ist darauf hinzuweisen,

1. welchen Inhalt die für die Volksabstimmung und die für die Kommunalwahlen verwendeten Stimmzettel haben,
2. wie sich die Stimmzettel durch Farbe und Aufdruck voneinander unterscheiden und wie sie zu kennzeichnen sind,
3. dass gemeinsame Wählerverzeichnisse und Wahlbenachrichtigungen, gemeinsame Wahlscheinanträge und Wahlscheine sowie ein gemeinsamer Wahlbriefumschlag verwendet wird.

§ 88 Wahlbenachrichtigung, Wahlschein

(1) Für alle Wahlen wird eine gemeinsame Wahlbenachrichtigung und ein gemeinsamer Wahlschein ausgestellt, auf dem kenntlich zu machen ist, für welche Wahlen die Wahlberechtigung besteht; ist für die Ausländerbeiratswahl eine Briefwahl nach § 58 Satz 2 des Gesetzes nicht vorgesehen, wird für diese Wahl ein getrennter Wahlschein ausgestellt. Satz 1 gilt entsprechend, wenn gleichzeitig eine Abstimmung durchgeführt wird. Der gemeinsame Wahlschein für die Wahlen gilt zugleich als Stimmschein für die Abstimmung. In dem der Wahlbenachrichtigung beizufügenden Vordruck für einen Antrag auf Erteilung eines Wahlscheins und dem Wahlschein ist ein entsprechender Hinweis aufzunehmen.

(2) Wird ein Wahlberechtigter, der bereits einen Wahlschein erhalten hat, im Wählerverzeichnis ganz oder teilweise gestrichen, so ist der Wahlschein entsprechend der Streichung für ungültig zu erklären.

(3) Wird eine Stichwahl gleichzeitig mit allgemeinen Kommunalwahlen durchgeführt, gelten für die Stichwahl die Abs. 1 und 2 nicht.

(4) Im Falle des § 85 Satz 2 gelten die Abs. 1 bis 3 mit folgenden Maßgaben entsprechend:

1. Für die gemeinsame Wahlbenachrichtigung, den gemeinsamen Wahlscheinantrag sowie den gemeinsamen Wahlschein werden Vordruckmuster erstellt.

2. Über die erteilten Wahlscheine wird ein gemeinsames Wahlscheinverzeichnis und ein gemeinsames Verzeichnis der für ungültig erklärten Wahlscheine geführt; in den Verzeichnissen ist kenntlich zu machen, für welche Wahl oder Abstimmung die Wahl- oder Abstimmungsberechtigung besteht.
3. In dem amtlichen Merkblatt zur Briefwahl ist zusätzlich auf die Durchführung der Volksabstimmung hinzuweisen. Für das gemeinsame Merkblatt wird ein Vordruckmuster erstellt.
4. Der Wahlbriefumschlag für die Kommunalwahl wird für die Volksabstimmung mitbenutzt; er ist mit einem entsprechenden Hinweis zu versehen. Für den gemeinsamen Wahlbriefumschlag wird ein Vordruckmuster erstellt.
5. Für die gemeinsame Wahlbenachrichtigung und den gemeinsamen Wahlscheinantrag gilt § 74a Abs. 4 der Landeswahlordnung entsprechend. Der Landeswahlleiter kann die Beschaffung der amtlichen Merkblätter für die Briefwahl und der Wahlbriefumschläge sowie die Postdienstleistungen für den gemeinsamen Versand der Briefwahl- und Briefabstimmungsunterlagen und die Freimachung der Wahlbriefumschläge übernehmen.

§ 88a Inhalt und Form der Wahlvorschläge bei der Ausländerbeiratswahl

Für Bewerber nach § 86 Abs. 4 Nr. 1 der Hessischen Gemeindeordnung ist dem Wahlvorschlag eine beglaubigte Kopie der Einbürgerungsurkunde beizufügen. Bewerber nach § 86 Abs. 4 Nr. 2 der Hessischen Gemeindeordnung haben in geeigneter Weise den Besitz einer ausländischen Staatsangehörigkeit glaubhaft zu machen.

§ 89 Stimmzettel, Stimmzettelumschläge

(1) Für jede Wahl und jede Abstimmung wird ein besonderer Stimmzettel verwendet. Aus dem Aufdruck des Stimmzettels muss hervorgehen, für welche Wahl oder welche Abstimmung er bestimmt ist.

(2) Die Stimmzettel für die Gemeindewahl werden aus weißem oder weißlichem Papier und die Stimmzettel für die Kreiswahl aus rotem oder rötlichem Papier hergestellt. Statt farbigem Papier kann auch eine entsprechende farbige Markierung auf dem Stimmzettel verwendet werden, wenn die Stimmzettel dadurch für jede Wahl deutlich zu unterscheiden sind. Die

Stimmzettel für die Orts- und Ausländerbeiratswahl, die Direktwahl oder die Abstimmung müssen sich von den Stimmzetteln der in Satz 1 genannten Wahlen farblich oder durch eine farbige Markierung auf dem Stimmzettel deutlich unterscheiden. Bei gleichzeitiger Durchführung mehrerer Direktwahlen oder Abstimmungen müssen für jede Direktwahl und jede Abstimmung besondere Stimmzettel verwendet werden, die sich durch entsprechende Aufdrucke und farblich oder durch eine farbige Markierung auf dem Stimmzettel deutlich unterscheiden müssen.

(3) Für jede Wahl und jede Abstimmung werden die Stimmzettel einzeln gefaltet abgegeben.

(4) Die Stimmzettelumschläge sind durch einen Aufdruck deutlich zu kennzeichnen; sie müssen mit der Stimmzettelfarbe nach Abs. 2 übereinstimmen.

§ 90 *(aufgehoben)*

§ 90a Wahlhandlung

(1) Jeder Wähler erhält für diejenigen Wahlen und Abstimmungen, für die er wahlberechtigt ist, jeweils einen amtlichen Stimmzettel. Für jede gleichzeitig durchgeführte Wahl oder Abstimmung kann eine eigene Wahlurne verwendet werden; die Wahlurnen sind entsprechend § 89 Abs. 2 farblich zu markieren.[36] Findet gleichzeitig mit allgemeinen Kommunalwahlen die erste Wahl der Direktwahl statt, gibt der Wahlvorstand dem Wähler nach der Stimmabgabe die Wahlbenachrichtigung für eine etwa notwendig werdende Stichwahl wieder zurück.

(2) Im Falle des § 85 Satz 2 können für die Volksabstimmung und die Kommunalwahlen gemeinsame Wahlurnen verwendet werden.

---

36 Durch die Regelung soll es den Kommunen bei der Durchführung mehrerer Wahlen und Abstimmungen ermöglicht werden, statt einer auch mehrere Wahlurnen zu verwenden; damit soll insbesondere der bei der gleichzeitigen Durchführung von Wahlen und Abstimmungen entstehende Sortieraufwand für die Stimmzettel verringert werden.

§ 91 Feststellung des Wahlergebnisses im Wahlbezirk

(1) Vor der Zählung der Wähler nach § 47 Abs. 1 sind die Stimmzettel nach Wahlen und Abstimmungen getrennt zu legen.[37]

(2) Die Stimmen sind in folgender Reihenfolge zu zählen: Wahl oder Stichwahl des Bürgermeisters, Wahl oder Stichwahl des Landrats, Gemeindewahl, Kreiswahl, Ortsbeiratswahl, Abstimmung und Ausländerbeiratswahl. Werden mehrere Abstimmungen gleichzeitig durchgeführt, bestimmt der Gemeindewahlleiter, in welcher Reihenfolge die Stimmen für die Abstimmungen zu zählen sind. Für eine gesicherte Aufbewahrung der Stimmzettel, die noch nicht gezählt werden, ist zu sorgen. Die Unterlagen nach § 51 Abs. 1 sind für jede Wahl und jede Abstimmung getrennt zu verpacken, zu versiegeln und zu bezeichnen; eingenommene gemeinsame Wahlscheine sind den Unterlagen für die Gemeindewahl beizufügen.

(3) Mit der Zählung von Stimmen nach § 48 a darf erst begonnen werden, wenn die Zählungen nach den §§ 48, 70 und 78 beendet sind. Für die Ermittlung und Feststellung des Ergebnisses der Ausländerbeiratswahl gelten die §§ 47 bis 49 mit der Maßgabe, dass

1. der Wahlvorstand nach der Zählung der Wähler nach §n 47 Abs. 1 die Stimmzettel und eingenommene getrennte Wahlscheine verpackt, die einzelnen Pakete versiegelt, mit einer Inhaltsangabe versieht und dem Gemeindevorstand übergibt,
2. nach § 47 Abs. 2 Satz 1 als aufnehmender Wahlvorstand ein Auszählungswahlvorstand bestimmt wird; die gefalteten Stimmzettel und eingenommene getrennte Wahlscheine sind zu verpacken, die einzelnen Pakete zu versiegeln und mit einer Inhaltsangabe dem Gemeindevorstand zu übergeben,
3. eine Schnellmeldung nach § 49 Abs. 1 nicht erfolgt,
4. der Auszählungsvorstand die Zählung und Sortierung der Stimmzettel nach § 48 Abs. 1 Nr. 1, 2 und 4, Abs. 2, 4 und 5 und die Zählung der Stimmen nach § 48 a Abs. 2 bis 9 vornimmt.

(4) Wahl- oder Abstimmungsniederschriften sind für jede Wahl und jede Abstimmung getrennt zu führen. § 89 Abs. 1 Satz 2 und Abs. 2 finden entsprechende Anwendung.

(5) Wird eine Wahl des Bürgermeisters oder eine Abstimmung gemeinsam mit allgemeinen Kommunalwahlen durchgeführt, meldet der Gemeindevorstand das Wahl- oder Abstimmungsergebnis auf schnellstem Wege

---

37 Die bisherige Vorgabe, dass die Stimmzettel vor der Zählung der Wähler auseinander zu falten sind, ist entfallen.

dem Kreiswahlleiter und dieser auf schnellstem Wege dem für das Kommunalwahlrecht zuständigen Ministerium. Entsprechendes gilt für den Gemeindevorstand einer kreisfreien Stadt und bei der Wahl des Landrats für den Kreiswahlleiter.

(6) Im Falle des § 85 Satz 2 ist das Ergebnis der Volksabstimmung vor den Ergebnissen der Kommunalwahlen zu ermitteln; für eine gesicherte Verwahrung der Stimmzettel, die noch nicht gezählt worden sind, ist zu sorgen.

§ 91a Feststellung des Briefwahlergebnisses

(1) Für die Tätigkeit des Briefwahlvorstandes gelten die für den Wahlvorstand geltenden Bestimmungen entsprechend, soweit nicht in den Abs. 2 bis 3a etwas anderes bestimmt ist.

(2) Vor der Zählung der Wähler sind die Stimmzettelumschläge nach Wahlen und Abstimmungen getrennt zu legen.

(3) Die Unterlagen nach § 53 Abs. 8 sind für jede Wahl und jede Abstimmung getrennt zu verpacken, zu versiegeln und zu bezeichnen; die Wahl- oder Stimmscheine, die leer abgegebenen Stimmzettelumschläge sowie die Stimmzettelumschläge, über die der Briefwahlvorstand nach §§ 53 Abs. 4, 48 Abs. 3 Satz 1 gesondert beschlossen hat, sind den Unterlagen für die Gemeindewahl beizufügen.

(3a) Stellt der Kreiswahlleiter fest, dass die regelmäßige Beförderung der Wahlbriefe für die Kreiswahl gestört war (§ 53 Abs. 8a), gilt die Feststellung für alle gleichzeitig durchgeführten Wahlen und Abstimmungen; im Übrigen trifft der Gemeindewahlleiter die Feststellungen und Bestimmungen nach § 53 Abs. 8a. Wird die nach § 4 Abs. 11 Nr. 1 Satz 2 erforderliche Zahl von Wahlbriefen für einzelne Briefwahlvorstände unterschritten, bestimmt der Gemeindewahlleiter, welcher Briefwahlvorstand über die Zulassung oder Zurückweisung der Wahlbriefe entscheidet und welcher Briefwahlvorstand über die Gültigkeit der abgegebenen Stimmen entscheidet und die nachträgliche Feststellung des Briefwahlergebnisses trifft.

(4) Im Falle des § 85 Satz 2 gelten für die Ermittlung und Feststellung des Briefwahl- und des Briefabstimmungsergebnisses zusätzlich folgende Bestimmungen:

1. Die Zulassung der Wahlbriefe für die Volksabstimmung wird mit der Zulassung der Wahlbriefe für die Kommunalwahl verbunden. Zurückgewiesene Wahlbriefe werden zusätzlich mit einem Vermerk versehen, für welche Wahl oder Abstimmung die Zurückweisung erfolgt ist, und

in einer Hilfsliste erfasst; sie werden der Niederschrift über die Volksabstimmung beigefügt. Dies gilt nicht, wenn der Wahlschein ausschließlich für die Kommunalwahl ausgestellt war.

2. Die für die Kommunalwahl zugelassenen Stimmzettelumschläge sind von den Wahlumschlägen für die Volksabstimmung zu trennen und bis zur Zählung der Wähler sicher aufzubewahren.
3. Bei der Ermittlung und Feststellung des Briefwahl- und Briefabstimmungsergebnisses können Stimmzettel nur dann als in einem amtlichen Wahl- oder Stimmzettelumschlag abgegeben betrachtet werden, wenn es sich um einen Stimmzettel für diejenige Wahl oder Abstimmung handelt, für die der Wahlbrief zugelassen ist. Befindet sich in dem Wahl- oder Stimmzettelumschlag außerdem ein Stimmzettel für die andere Wahl oder Abstimmung, so bleibt dieser unberücksichtigt.

§ 91b Weitere Bestimmungen für die gleichzeitige Durchführung von Kommunalwahlen mit einer Volksabstimmung

(1) Die Unterlagen für die Volksabstimmung sind getrennt zu verpacken, zu versiegeln, zu bezeichnen und der Niederschrift beizufügen. Das Wählerverzeichnis, die Wahlbenachrichtigungen sowie beim Briefwahlvorstand das Verzeichnis der für ungültig erklärten Wahlscheine und die Hilfslisten nach § 91a Abs. 4 Nr. 1 Satz 2 sind den Unterlagen für die Volksabstimmung beizufügen.

(2) Die bei der Vorbereitung und Durchführung der Volksabstimmung mit Kommunalwahlen und Abstimmungen bei den Gemeinde- und Kreiswahlleitern entstandenen Kosten sind dem zuständigen Ministerium zur Ermittlung der anteiligen Kürzung der Wahlkostenerstattung mitzuteilen. Dabei sind die Aufwendungen für gemeinsam durchgeführte Wahlaufgaben besonders auszuweisen.

Zehnter Abschnitt: Gleichzeitige Durchführung von Direktwahlen und Bürgerentscheiden mit Landtagswahlen, Volksabstimmungen, Volksentscheiden, Bundestags- und Europawahlen

1. Gleichzeitige Durchführung von Direktwahlen und Bürgerentscheiden mit Landtagswahlen

§ 92 Geltungsbereich

Wird eine Direktwahl oder ein Bürgerentscheid am selben Tag wie eine Landtagswahl durchgeführt (verbundene Wahlen), gelten für die Direktwahl und den Bürgerentscheid die Vorschriften des Hessischen Kommunalwahlgesetzes und dieser Verordnung mit Maßgabe der Vorschriften dieses Titels. Bei verbundenen Direktwahlen gilt dies sowohl für die Wahl als auch für die Stichwahl.

§ 93 Wahlorgane

(1) Mitglieder der Kreiswahlausschüsse für die Landtagswahl können zugleich zu Mitgliedern des Kreis- oder Gemeindewahlausschusses für die Direktwahlen oder den Bürgerentscheid berufen werden, sofern sie die kommunalwahlrechtlichen Voraussetzungen hierfür erfüllen.

(2) Die zu den Mitgliedern der Wahlvorstände für die Landtagswahl berufenen Personen sind zugleich als Mitglieder der Wahlvorstände für die Direktwahl oder den Bürgerentscheid zu berufen, sofern sie die kommunalwahlrechtlichen Voraussetzungen hierfür erfüllen; sie sind entsprechend zu unterrichten.

(3) Auslagenersatz und Erfrischungsgeld werden für verbundene Wahlen nur einmal gewährt; für die Bemessung gilt § 25 der Landeswahlordnung.

§ 94 Wahlbezirke, Wahlräume

Die Wahlbezirke und Wahlräume müssen dieselben sein.

§ 95 Wählerverzeichnis, Wahlbekanntmachung

(1) Für die Direktwahl oder den Bürgerentscheid und die Landtagswahl wird ein verbundenes Wählerverzeichnis verwendet; eine unterschiedliche Wahl- oder Stimmberechtigung ist kenntlich zu machen und erforderlichenfalls in der Spalte „Bemerkungen“ zu erläutern. Für den Vermerk über die Stimmabgabe ist jeweils eine eigene Spalte zu verwenden. § 64 Abs. 1 bleibt unberührt, es sei denn, das Wählerverzeichnis der Direktwahl wird für die Stichwahl neu ausgedruckt. Die Kenntlichmachung einer unterschiedlichen Wahl- oder Stimmberechtigung kann auch in den für die Stimmabgabe vorgesehenen Spalten des Wählerverzeichnisses erfolgen.

(2) Der Abschluss verbundener Wählerverzeichnisse wird getrennt beurkundet.

(3) Es wird eine gemeinsame Wahlbekanntmachung verwendet, in der darauf hinzuweisen ist,

1. welche Wahlen und Abstimmungen gleichzeitig durchgeführt werden.
2. welchen Inhalt die für die Landtagswahl und die für die Direktwahl oder den Bürgerentscheid verwendeten Stimmzettel haben,
3. wie sich die Stimmzettel durch Farbe und Aufdruck voneinander unterscheiden und wie sie zu kennzeichnen sind,
4. dass verbundene Wählerverzeichnisse und Wahlbenachrichtigungen sowie Wahlscheinanträge verwendet werden,
5. dass für die Teilnahme an der Landtagswahl und an der Direktwahl oder dem Bürgerentscheid durch Briefwahl jeweils eigene Wahlbriefe abzusenden sind.

§ 96 Wahlbenachrichtigung, Wahlscheinantrag

(1) Die Wahlbenachrichtigung für die Direktwahl oder den Bürgerentscheid soll mit der für die Landtagswahl verbunden werden, indem in das Vordruckmuster für die Landtagswahl zusätzlich ein Hinweis auf die Durchführung als verbundene Wahlen aufgenommen wird. Auf der verbundenen Wahlbenachrichtigung ist kenntlich zu machen, für welche der verbundenen Wahlen die Wahlberechtigung besteht.

(2) Auf der Rückseite der verbundenen Wahlbenachrichtigung ist ein Vordruck für einen gemeinsamen Antrag auf Erteilung der Wahlscheine für die Landtagswahl und die Direktwahl oder den Bürgerentscheid aufzudrucken; das Vordruckmuster für die Landtagswahl ist entsprechend zu ergänzen.

(3) Für die verbundene Wahlbenachrichtigung und den gemeinsamen Wahlscheinantrag werden Vordruckmuster erstellt.

§ 97 Wahlschein, Briefwahl

(1) Für die Landtagswahl und die Direktwahl oder den Bürgerentscheid werden getrennte Wahlscheine erteilt. Der Wahlschein für die Direktwahl oder den Bürgerentscheid muss sich farblich von dem für die Landtagswahl unterscheiden; er soll von gelber Farbe sein.

(2) Über die erteilten Wahlscheine kann ein gemeinsames Wahlscheinverzeichnis geführt werden; dies gilt auch für das Verzeichnis der für ungültig erklärten Wahlscheine.

(3) Im amtlichen Merkblatt zur Briefwahl für die Direktwahl oder den Bürgerentscheid ist zusätzlich auf die Durchführung als verbundene Wahl hinzuweisen. Die Farbe des Merkblatts muss mit der Wahlscheinfarbe nach Abs. 1 Satz 2 übereinstimmen.

(4) Wahlscheine und Briefwahlunterlagen für die Direktwahl oder den Bürgerentscheid sollen zusammen mit denen für die Landtagswahl versandt oder ausgehändigt werden.

§ 98 Stimmzettel, Stimmzettelumschläge

(1) Bei der Landtagswahl und der Direktwahl oder dem Bürgerentscheid sind für die Briefwahl jeweils eigene Stimmzettel und eigene Stimmzettelumschläge zu verwenden.

(2) Stimmzettel, Stimmzettelumschläge und die Wahlbriefumschläge für die Direktwahl oder den Bürgerentscheid sind durch einen Aufdruck deutlich zu kennzeichnen; sie müssen mit der Wahlscheinfarbe nach § 97 Abs. 1 Satz 2 übereinstimmen.

§ 99 *(aufgehoben)*

§ 100 Wahlhandlung

(1) Jeder Wähler erhält für diejenige Wahl, für die er wahlberechtigt ist, jeweils einen amtlichen Stimmzettel.

(2) Die Stimmzettel für die Landtagswahl und die Direktwahl oder den Bürgerentscheid werden in eine gemeinsame Wahlurne gelegt.

(3) Findet gleichzeitig mit der Landtagswahl die erste Wahl der Direktwahl statt, gibt der Wahlvorstand dem Wähler nach der Stimmabgabe die Wahlbenachrichtigung für eine etwa notwendig werdende Stichwahl wieder zurück.

(4) Für die Zählung der Wähler gilt § 59 Abs. 1 der Landeswahlordnung. Trifft der Kreiswahlleiter für die Landtagswahl eine Anordnung nach § 59 Abs. 2 Satz 1 Landeswahlordnung, gilt diese auch für die Direktwahl oder den Bürgerentscheid.

§ 101 Ermittlung und Feststellung der Wahlergebnisse

(1) Das Ergebnis der Landtagswahl ist vor dem Ergebnis der Direktwahl oder des Bürgerentscheides zu ermitteln. Für eine gesicherte Verwahrung der Stimmzettel für die Direktwahl oder den Bürgerentscheid, die noch nicht gezählt werden, ist zu sorgen.

(2) Für jede der verbundenen Wahlen ist eine eigene Niederschrift zu fertigen; § 97 Abs. 1 Satz 2 gilt entsprechend.

§ 102 Zulassung der Wahlbriefe, Ermittlung und Feststellung des Briefwahlergebnisses

(1) Wahlbriefumschläge für die Landtagswahl, die einen Wahlschein und einen Stimmzettelumschlag für die Direktwahl oder den Bürgerentscheid enthalten, werden samt Inhalt ausgesondert und einer späteren Behandlung nach § 53 zugeführt; Wahlschein und Stimmzettelumschlag gelten als in einem Wahlbriefumschlag für die Direktwahl oder den Bürgerentscheid abgegeben. Für Wahlbriefumschläge für die Direktwahl oder den Bürgerentscheid, die einen Wahlschein und einen Stimmzettelumschlag für die Landtagswahl enthalten, gilt dies entsprechend.

(2) Befindet sich in einem Wahlbriefumschlag für die Landtagswahl neben dem Wahlschein für die Landtagswahl ein Stimmzettelumschlag für die Direktwahl oder den Bürgerentscheid, gilt dieser als ein Stimmzettelumschlag für die Landtagswahl. Befindet sich in einem Wahlbriefumschlag für die Direktwahl oder den Bürgerentscheid neben dem Wahlschein für die Direktwahl oder den Bürgerentscheid ein Stimmzettelumschlag für die Landtagswahl, gilt Satz 1 entsprechend.

(3) Befinden sich in einem Wahlbriefumschlag für die Landtagswahl Unterlagen für jede der verbundenen Wahlen, werden die Briefwahlunterlagen für die Landtagswahl einer Behandlung nach § 65 der Landeswahlordnung zugeführt. Wahlschein und Stimmzettelumschlag für die Direktwahl oder den Bürgerentscheid werden nach § 53 behandelt; sie gelten als in einem Wahlbriefumschlag für die Direktwahl oder den Bürgerentscheid abgegeben. Befinden sich in einem Wahlbriefumschlag für die Direktwahl oder den Bürgerentscheid Unterlagen für jede der verbundenen Wahlen, gelten Satz 1 und 2 entsprechend.

(4) Bei der Ermittlung und Feststellung des Briefwahlergebnisses können Stimmzettel nur dann als in einem amtlichen Stimmzettelumschlag abgegeben betrachtet werden, wenn es sich um einen Stimmzettel für diejenige Wahl handelt, für die der Wahlbrief zugelassen ist. Befindet sich in dem Stimmzettelumschlag außerdem ein Stimmzettel für die andere Wahl, so bleibt dieser unberücksichtigt. Im Übrigen gilt § 101 entsprechend.

§ 103 *(aufgehoben)*

§ 104 Übergabe der Wahlunterlagen

Die Unterlagen für die Landtagswahl und die Direktwahl oder den Bürgerentscheid sind getrennt zu verpacken, zu versiegeln, zu bezeichnen und der jeweiligen Niederschrift beizufügen. Das Wählerverzeichnis, die Wahlbenachrichtigungen sowie beim Briefwahlvorstand das Verzeichnis der für ungültig erklärten Wahlscheine sind den Unterlagen für die Landtagswahl beizufügen.

§ 105 Stichwahl, verbundene Direktwahlen und Bürgerentscheide

(1) Wird eine Stichwahl gleichzeitig mit der Landtagswahl durchgeführt, gelten § 95 Abs. 1 und §§ 96, 97 Abs. 4 nicht. § 95 Abs. 3 gilt mit der Maßgabe, dass in der verbundenen Bekanntmachung auf die Verwendung getrennter Wählerverzeichnisse und Wahlbenachrichtigungen, getrennter Wahlscheinanträge sowie getrennter Briefwahlunterlagen hinzuweisen ist.

(2) Werden Direktwahlen und Bürgerentscheide gleichzeitig mit der Landtagswahl durchgeführt, werden die Direktwahlen und die Bürgerentscheide als verbundene Kommunalwahlen entsprechend den §§ 85 bis 91a behandelt.

§ 106 Kosten

Die bei der Vorbereitung und Durchführung verbundener Wahlen bei den Gemeinde- und Kreiswahlleitern entstandenen Kosten sind dem für das Landtagswahlrecht zuständigen Ministerium zur Ermittlung der anteiligen Kürzung der Wahlkostenerstattung mitzuteilen. Dabei sind die Aufwendungen für gemeinsam durchgeführte Wahlaufgaben besonders auszuweisen.

2. Gleichzeitige Durchführung von Direktwahlen oder Bürgerentscheiden mit Volksabstimmungen, Volksentscheiden, Bundestags- und Europawahlen

§ 107 Gleichzeitige Durchführung von Direktwahlen und Bürgerentscheiden mit Volksabstimmungen und Volksentscheiden

Wird eine Direktwahl oder ein Bürgerentscheid am selben Tag wie eine Volksabstimmung oder ein Volksentscheid nach Artikel 123, 124 der Hessischen Verfassung durchgeführt, gelten die §§ 92 bis 106 entsprechend; findet gleichzeitig auch eine Bundestags- oder Europawahl statt, gelten § 108 oder § 109; findet gleichzeitig eine allgemeine Kommunalwahl statt, gelten die §§ 85 bis 91b.

§ 108 Gleichzeitige Durchführung von Direktwahlen und Bürgerentscheiden mit Bundestagswahlen

Wird eine Direktwahl oder ein Bürgerentscheid am selben Tag wie eine Bundestagswahl durchgeführt, gilt § 92 entsprechend mit den Maßgaben, dass

1. § 102 keine Anwendung findet,
2. abweichend von § 11 die Wahlbekanntmachung und das Recht auf Einsicht in die Wählerverzeichnisse nach § 11 und 34 in der jeweils bis zum 30. Dezember 2011 anwendbaren Fassung erfolgt,
3. abweichend von § 17 Abs. 4 für die Beantragung von Wahlscheinen § 27 Abs. 4 der Bundeswahlordnung gilt,
4. Wahlscheine für die Direktwahl oder den Bürgerentscheid ab dem für die Bundestagswahl zulässigen Zeitpunkt erteilt werden,
5. für den Mitteilungsdienst über Wahlscheine, die für ungültig erklärt worden sind, § 28 Abs. 8 Satz 3 der Bundeswahlordnung gilt,

6. für den Zeitpunkt, bis zu dem nicht zugegangene Wahlscheine ersetzt werden können, abweichend von § 18 Abs. 8 Satz 2 § 28 Abs. 10 Satz 2 der Bundeswahlordnung gilt und
7. abweichend von § 17a des Hessischen Kommunalwahlgesetzes § 32 des Bundeswahlgesetzes gilt.

§ 109 Gleichzeitige Durchführung von Direktwahlen und Bürgerentscheiden mit Europawahlen

Wird eine Direktwahl oder ein Bürgerentscheid am selben Tag wie eine Europawahl durchgeführt, gilt § 92 entsprechend mit den Maßgaben, dass
1. § 102 keine Anwendung findet,
2. abweichend von § 11 die Wahlbekanntmachung und das Recht auf Einsicht in die Wählerverzeichnisse nach § 11 und 34 in der jeweils bis zum 30. Dezember 2011 anwendbaren Fassung erfolgt,
3. abweichend von § 17 Abs. 4 für die Beantragung von Wahlscheinen § 26 Abs. 4 Satz 1 der Europawahlordnung gilt,
4. Wahlscheine für die Direktwahl oder den Bürgerentscheid ab dem für die Europawahl zulässigen Zeitpunkt erteilt werden,
5. für den Mitteilungsdienst über Wahlscheine, die für ungültig erklärt worden sind, § 27 Abs. 8 Satz 3 der Europawahlordnung gilt,
6. für den Zeitpunkt, bis zu dem nicht zugegangene Wahlscheine ersetzt werden können, abweichend von § 18 Abs. 8 Satz 2 § 27 Abs. 10 Satz 2 der Europawahlordnung gilt und
7. abweichend von § 17a des Hessischen Kommunalwahlgesetzes § 32 des Bundeswahlgesetzes in Verbindung mit § 4 des Europawahlgesetzes gilt.

Elfter Abschnitt: **Schlussbestimmungen**

§ 110 Wahlstatistik

(1) Die von den Wahlorganen ermittelten Wahlergebnisse werden vom Statistischen Landesamt dokumentiert und ausgewertet. Dabei werden insbesondere Veränderungen im Verhältnis zu vorangegangenen Wahlen ermittelt und die Ergebnisse in unterschiedlichen regionalen Gliederungen dargestellt.

(2) Das Statistische Landesamt teilt den Gemeinden spätestens am 69. Tag vor der Wahl die nach § 66 Abs. 2 Satz 1 Nr. 1 und Satz 2 des Hessischen Kommunalwahlgesetzes bestimmten Wahl- und Briefwahlbezirke mit und gibt ihnen die Erhebungsmerkmale bekannt. Im Anschluss an die Ermittlung des endgültigen Ergebnisses übersenden die Gemeinden auf Anforderung des Statistischen Landesamtes alle Stimmzettel und Ablichtungen der Wahlniederschriften.

§ 110a Datenschutzrechtliche Spezialregelungen

(1) Hinsichtlich der im Wählerverzeichnis enthaltenen personenbezogenen Daten besteht abweichend von § 1 Abs. 8 des Hessischen Datenschutz- und Informationsfreiheitsgesetzes vom 3. Mai 2018 (GVBl S. 82), geändert durch Gesetz vom 12. September 2018 (GVBl. S. 570), in Verbindung mit Art. 15 Abs. 1 und 3 der Verordnung (EU) Nr. 2016/679 des Europäischen Parlaments und des Rates vom 27. April 2016 zum Schutz natürlicher Personen bei der Verarbeitung personenbezogener Daten, zum freien Datenverkehr und zur Aufhebung der Richtlinie 95/46/EG (Datenschutz-Grundverordnung) (ABl. Nr. L 119 S. 1, Nr. L 314 S. 72, Nr. L 127 S. 2) das Recht auf Auskunft und das Recht auf Erhalt einer Kopie abschließend durch das unter den Voraussetzungen des § 8 Abs. 1 und 2 des Hessischen Kommunalwahlgesetzes in Verbindung mit § 12 gewährleistete Recht auf Einsicht in das Wählerverzeichnis und das Recht auf Anfertigen von Auszügen aus dem Wählerverzeichnis.

(2) Hinsichtlich der im Wählerverzeichnis enthaltenen personenbezogenen Daten besteht abweichend von § 1 Abs. 8 des Hessischen Datenschutz- und Informationsfreiheitsgesetzes in Verbindung mit Art. 16 und 18 der Verordnung (EU) Nr. 2016/679 das Recht auf Berichtigung und das Recht auf Einschränkung der Verarbeitung abschließend durch die unter den Voraussetzungen des § 8 Abs. 1 und 2 des Hessischen Kommunalwahlgesetzes in Verbindung mit § 9 Abs. 6 und des § 8 Abs. 1 und 2 des Hessischen Kommunalwahlgesetzes in Verbindung § 13 gewährleisteten Einspruchsrechte.

(3) Hinsichtlich der in Wahlvorschlägen enthaltenen personenbezogenen Daten besteht im Zeitraum vom Ablauf der Frist für die Einreichung der Wahlvorschläge bis zum Ablauf des Wahltages abweichend von § 1 Abs. 8 des Hessischen Datenschutz- und Informationsfreiheitsgesetzes in Verbindung mit Art. 16 und 18 der Verordnung (EU) Nr. 2016/679 das Recht auf Berichtigung und das Recht auf Einschränkung der Verarbeitung abschlie-

ßend durch das unter den Voraussetzungen des § 14 des Hessischen Kommunalwahlgesetzes gewährleistete Mängelbeseitigungsverfahren.

(4) Hinsichtlich der für die Führung des Wählerverzeichnisses und für die Erteilung eines Wahlscheines verarbeiteten personenbezogenen Daten erfolgt die Information der betroffenen Person abweichend von § 1 Abs. 8 des Hessischen Datenschutz- und Informationsfreiheitsgesetzes in Verbindung mit Art. 13 der Verordnung (EU) Nr. 2016/679 abschließend durch die Bekanntmachung nach § 7 bis 9 und 19 des Hessischen Kommunalwahlgesetzes in Verbindung mit § 11.

§ 111 Sicherung der Wahlunterlagen

(1) Die Wählerverzeichnisse, die Wahlscheinverzeichnisse, die Verzeichnisse nach § 18 Abs. 7 Satz 3 und § 19 Abs. 1, die Formblätter mit Unterstützungsunterschriften für Wahlvorschläge sowie eingenommene Wahlbenachrichtigungen sind so zu verwahren, dass sie gegen Einsichtnahme durch Unbefugte geschützt sind.

(2) Auskünfte aus Wählerverzeichnissen, Wahlscheinverzeichnissen und Verzeichnissen nach § 18 Abs. 7 Satz 3 und § 19 Abs. 1 dürfen nur Behörden, Gerichten und sonstigen amtlichen Stellen und nur dann erteilt werden, wenn sie für den Empfänger im Zusammenhang mit der Wahl erforderlich sind. Ein solcher Anlass liegt insbesondere bei Verdacht einer Wahlstraftat, bei Wahlprüfungsangelegenheiten und bei wahlstatistischen Arbeiten vor.

(3) Mitglieder von Wahlorganen, Amtsträgern und für den öffentlichen Dienst besonders Verpflichtete dürfen Auskünfte über Unterstützungsunterschriften für Wahlvorschläge nur Behörden, Gerichten und sonstigen amtlichen Stellen und nur dann erteilen, wenn die Auskunft zur Durchführung der Wahl oder eines Wahlprüfungsverfahrens oder zur Aufklärung des Verdachts einer Wahlstraftat erforderlich ist.

§ 112 Vernichtung von Wahlunterlagen

(1) Die eingenommenen Wahlbenachrichtigungen sind unverzüglich zu vernichten.

(2) Wählerverzeichnisse, Wahlscheinverzeichnisse, Verzeichnisse nach § 18 Abs. 7 Satz 3 und § 19 Abs. 1 sowie Formblätter mit Unterstützungsunterschriften für Wahlvorschläge sind nach Ablauf von sechs Monaten

seit der Wahl zu vernichten, wenn nicht der Gemeindewahlleiter, falls erforderlich nach Abstimmung mit dem Kreiswahlleiter, mit Rücksicht auf ein schwebendes Wahlprüfungsverfahren etwas anderes anordnet oder sie für die Strafverfolgungsbehörde zur Ermittlung einer Wahlstraftat von Bedeutung sein können.

(3) Die übrigen Wahlunterlagen können drei Jahre nach der Wahl vernichtet werden. Der Gemeindewahlleiter kann, falls erforderlich nach Abstimmung mit dem Kreiswahlleiter, zulassen, dass die Unterlagen früher vernichtet werden, soweit sie nicht für ein schwebendes Wahlprüfungsverfahren oder für die Strafverfolgungsbehörde zur Ermittlung einer Wahlstraftat von Bedeutung sein können.

§ 113 Zustellungen

Für Zustellungen gilt das Hessische Verwaltungszustellungsgesetz in der jeweils geltenden Fassung.

§ 114 Öffentliche Bekanntmachungen, Vordruckmuster

(1) Kann eine öffentliche Bekanntmachung nach § 67 Abs. 3 des Hessischen Kommunalwahlgesetzes aufgrund von Naturkatastrophen oder ähnlichen Ereignissen höherer Gewalt nicht rechtzeitig erscheinen, so genügt jede andere Art der Bekanntgabe.

(2) Die in dieser Verordnung erwähnten Vordruckmuster werden von dem für das Kommunalwahlrecht zuständigen Ministerium aufgestellt und im Internet veröffentlicht.

§ 115 Übergangsvorschrift

Für Direktwahlen und Bürgerentscheide, deren Wahl- und Abstimmungstag am 22. Juli 2017 bereits bestimmt und öffentlich bekannt gemacht worden ist, gilt die Kommunalwahlordnung in der bis zum 20. Juli 2017 geltenden Fassung fort; dies gilt nicht für Direktwahlen und Bürgerentscheide, bei denen als Wahl- oder Abstimmungstag der 24. September 2017 bestimmt wurde.

§ 116 Inkrafttreten

Diese Verordnung tritt am Tage nach der Verkündung in Kraft.

H Gesetz über kommunale Gemeinschaftsarbeit (KGG)

vom 16. Dezember 1969 (GVBl. I S. 307), zuletzt geändert durch Gesetz vom 11. Dezember 2019 (GVBl. S. 416)

Übersicht

Erster Abschnitt: **Allgemeine Vorschriften**

§ 1 Anwendungsbereich

Gemeinden und Landkreise können Aufgaben, zu deren Erfüllung sie berechtigt oder verpflichtet sind, gemeinsam wahrnehmen. Dies gilt nicht, wenn die gemeinsame Wahrnehmung einer Aufgabe durch Gesetz ausgeschlossen ist.

§ 2 Formen kommunaler Gemeinschaftsarbeit

(1) Zur gemeinsamen Wahrnehmung von Aufgaben können kommunale Arbeitsgemeinschaften und Zweckverbände gebildet,öffentlich-rechtliche

Vereinbarungen geschlossen und gemeinsame kommunale Anstalten gebildet werden, soweit nicht durch Gesetz eine besondere ausschließliche Rechtsform für die Zusammenarbeit vorgeschrieben ist.

(2) Die Befugnis, sich bei der gemeinsamen Wahrnehmung von Aufgaben der Rechtsformen des Privatrechts zu bedienen, bleibt unberührt.

Zweiter Abschnitt: **Die kommunale Arbeitsgemeinschaft**

§ 3 Beteiligte und Aufgaben

(1) Gemeinden und Landkreise können durch Vereinbarung kommunale Arbeitsgemeinschaften bilden. An diesen Arbeitsgemeinschaften können auch sonstige Körperschaften, Anstalten und Stiftungen des öffentlichen Rechts sowie natürliche Personen und juristische Personen des Privatrechts beteiligt werden.

(2) Die kommunale Arbeitsgemeinschaft ist ein Zusammenschluss ohne eigene Rechtspersönlichkeit; die Zuständigkeit der Beteiligten als Träger der Aufgaben und Befugnisse bleibt unberührt.

(3) Die kommunale Arbeitsgemeinschaft soll Angelegenheiten beraten, die ihre Mitglieder gemeinsam berühren. Sie soll Planungen der einzelnen Mitglieder für diese Angelegenheiten und die Tätigkeit von Einrichtungen ihrer Mitglieder aufeinander abstimmen; sie soll Gemeinschaftslösungen einleiten, um eine wirtschaftliche und zweckmäßige Erfüllung der Aufgaben in einem größeren nachbarlichen Gebiet sicherzustellen.

§ 4 Verfahren

(1) Die Beteiligten regeln die Aufgaben, die Geschäftsführung sowie die Deckung des Finanzbedarfs der kommunalen Arbeitsgemeinschaft. Die Beteiligten können vereinbaren, dass sie an Beschlüsse der kommunalen Arbeitsgemeinschaft gebunden sind, wenn die zuständigen Organe aller Beteiligten den Beschlüssen zugestimmt haben. In der Vereinbarung kann vorgesehen werden, dass die zuständigen Organe der Beteiligten innerhalb einer bestimmten Frist über die Empfehlungen der kommunalen Arbeitsgemeinschaft zu beschließen haben.

(2) Die Vereinbarung über die kommunale Arbeitsgemeinschaft ist schriftlich abzuschließen.

Dritter Abschnitt: **Der Zweckverband**

Erster Titel: Grundlagen

§ 5 Beteiligte

(1) Gemeinden und Landkreise können sich zu Zweckverbänden zusammenschließen, um einzelne Aufgaben, zu deren Wahrnehmung sie berechtigt oder verpflichtet sind, gemeinsam zu erfüllen (Freiverbände).

(2) Neben einer der in Abs. 1 genannten Körperschaften können andere Körperschaften, Anstalten und Stiftungen des öffentlichen Rechts Mitglieder eines Zweckverbandes sein, soweit nicht die für sie geltenden besonderen Vorschriften die Beteiligung ausschließen oder beschränken. Ebenso können natürliche Personen und juristische Personen des Privatrechts Mitglieder eines Zweckverbandes sein, wenn die Erfüllung der Verbandsaufgaben dadurch gefördert wird und Gründe des öffentlichen Wohles nicht entgegenstehen.

§ 6 Rechtsnatur

Der Zweckverband ist eine Körperschaft des öffentlichen Rechts. Er verwaltet seine Angelegenheiten im Rahmen der Gesetze unter eigener Verantwortung.

§ 7 Rechtsverhältnisse

(1) Die Rechtsverhältnisse des Zweckverbandes werden im Rahmen dieses Gesetzes durch eine Verbandssatzung geregelt.

(2) Soweit nicht das Gesetz oder die Verbandssatzung etwas anderes bestimmt, sind auf den Zweckverband die für Gemeinden geltenden Vorschriften sinngemäß anzuwenden.

§ 8 Aufgabenübergang

(1) Das Recht und die Pflicht der in einem Zweckverband zusammengeschlossenen Gemeinden und Landkreise, die übertragenen Aufgaben zu erfüllen und die dazu notwendigen Befugnisse auszuüben, gehen auf den Zweckverband über. Der Zweckverband kann anstelle der Verbandsmitglieder nach den für die übertragenen Aufgaben geltenden Vorschriften

Satzungen erlassen sowie den Anschluss- und Benutzungszwang vorschreiben.

(2) Die Verbandssatzung kann den Übergang einzelner Befugnisse, insbesondere des Rechts, Satzungen zu erlassen, ausschließen oder auf den örtlichen Geltungsbereich einzelner Verbandsmitglieder beschränken; die Zuständigkeit der Verbandsmitglieder bleibt insoweit unberührt.

(3) Bestehende Beteiligungen der Gemeinden und Landkreise an Unternehmen und Verbänden, die denselben oder ähnlichen Aufgaben dienen wie der Zweckverband, bleiben unberührt. Hat nach der Verbandssatzung der Zweckverband anzustreben, solche Beteiligungen anstelle seiner Verbandsmitglieder zu übernehmen, sind die einzelnen Verbandsmitglieder zu den entsprechenden Rechtsgeschäften und Verwaltungsmaßnahmen verpflichtet.

Zweiter Titel: Bildung des Zweckverbandes

§ 9 Verbandssatzung

(1) Zur Bildung eines Zweckverbandes als Freiverband vereinbaren die Beteiligten die Verbandssatzung.

(2) Die Verbandssatzung muss bestimmen
1. den Namen und Sitz des Zweckverbandes,
2. die Verbandsmitglieder und, soweit die dem Zweckverband übertragenen Aufgaben es erfordern, den räumlichen Wirkungsbereich des Zweckverbandes,
3. die Aufgaben,
4. die Verfassung und Verwaltung, insbesondere die Zuständigkeit der Verbandsorgane, die Sitz- und Stimmverteilung in den Verbandsorganen und die Amtszeit ihrer Mitglieder sowie die Bestellung der Mitglieder des Verbandsvorstandes,
5. die Art der öffentlichen Bekanntmachungen,
6. den Maßstab, nach dem die Verbandsmitglieder zur Deckung des Finanzbedarfs beizutragen haben,
7. die Abwicklung im Falle der Auflösung des Zweckverbandes,
8. die Auseinandersetzung und Kostentragung bei ausscheidenden Verbandsmitgliedern,
9. das für die Prüfung des Jahresabschlusses zuständige Rechnungsprüfungsamt.

§ 10 Genehmigung

(1) Die Verbandssatzung bedarf der Genehmigung der Aufsichtsbehörde. Will die Aufsichtsbehörde die Genehmigung versagen, hat sie den Beteiligten vorher Gelegenheit zu geben, ihre Auffassung in einer mündlichen Verhandlung darzulegen.

(2) Ist für die Durchführung einer Aufgabe, für die der Zweckverband gebildet werden soll, eine besondere Genehmigung erforderlich, darf die Verbandssatzung nicht genehmigt werden, wenn zu erwarten ist, dass die besondere Genehmigung versagt wird.

§ 11 Entstehung des Zweckverbandes

Die Verbandssatzung ist von den kommunalen Beteiligten nach § 5 Abs. 1 mit dem Genehmigungsvermerk der Aufsichtsbehörde öffentlich bekanntzumachen. Der Zweckverband entsteht, wenn kein späterer Zeitpunkt in der Verbandssatzung bestimmt ist, an dem auf die öffentliche Bekanntmachung folgenden Tage.

§ 12 Ausgleich

Neben der Verbandssatzung können die Beteiligten schriftliche Abmachungen über den Ausgleich von Vorteilen und Nachteilen treffen, die sich für sie aus der Bildung des Zweckverbandes ergeben. Auf Antrag aller Beteiligten, für die ein Ausgleich in Betracht kommt, regelt die Aufsichtsbehörde den Ausgleich.

§ 13 Pflichtverband und Pflichtanschluss

(1) Die obere Aufsichtsbehörde kann Gemeinden und Landkreise zur gemeinsamen Wahrnehmung von Aufgaben zu einem Zweckverband zusammenschließen (Pflichtverband) oder einem bestehenden Zweckverband anschließen (Pflichtanschluss), wenn die Erfüllung dieser Aufgaben aus Gründen des öffentlichen Wohles dringend geboten ist und ohne den Zusammenschluss oder Anschluss nicht wirksam oder zweckmäßig erfolgen kann.

(2) Die obere Aufsichtsbehörde unterrichtet die Beteiligten über ihr Vorhaben und gibt ihnen auf, sich innerhalb einer bestimmten angemessenen Frist über eine freiwillige Durchführung zu einigen. Einigen sich die Betei-

ligten innerhalb der Frist nicht, verfügt die obere Aufsichtsbehörde den Zusammenschluss der Beteiligten zu einem Zweckverband oder den Anschluss an einen bestehenden Zweckverband und erlässt gleichzeitig die Verbandssatzung oder im Falle des Anschlusses an einen bestehenden Zweckverband deren Änderung; § 11 gilt entsprechend. Vor ihrer Entscheidung hat die obere Aufsichtsbehörde den Beteiligten Gelegenheit zu geben, ihre Auffassung in einer mündlichen Verhandlung darzulegen.

(3) Für den Pflichtverband gelten die Vorschriften über Freiverbände, soweit nichts anderes bestimmt ist. Erforderlichenfalls hat die Verbandssatzung eines Pflichtverbandes dessen Ausstattung mit Dienstkräften und Verwaltungseinrichtungen zu regeln.

(4) Für einen Pflichtverband kann die obere Aufsichtsbehörde den Ausgleich (§ 12) auch dann regeln, wenn sie einen solchen für erforderlich hält und die betreffenden Beteiligten sich nicht innerhalb einer von der oberen Aufsichtsbehörde gesetzten angemessenen Frist einigen.

(5) Die Bildung eines Pflichtverbandes oder der Pflichtanschluss an einen bestehenden Zweckverband soll unterbleiben, wenn die gemeinsame Erfüllung der Aufgaben durch eine Pflichtregelung nach § 29 sichergestellt werden kann.

Dritter Titel: Verfassung und Verwaltung

§ 14 Organe

Organe des Zweckverbandes sind die Verbandsversammlung und der Verbandsvorstand. Die Verbandssatzung kann weitere Organe vorsehen.

§ 15 Verbandsversammlung

(1) Die Verbandsversammlung ist das oberste Organ des Zweckverbandes. Sie entscheidet über die Aufgaben, die ihr dieses Gesetz und die Verbandssatzung zuweisen, sowie über alle wichtigen Angelegenheiten des Verbandes.

(2) Die Verbandsversammlung besteht aus mindestens einem Vertreter eines jeden Verbandsmitglieds. Die Vertreter der Gemeinden und Landkreise werden von ihren Vertretungskörperschaften für deren Wahlzeit gewählt. Die Vertreter anderer Verbandsmitglieder werden für dieselbe Zeit in die Verbandsversammlung entsandt. Die Vertreter üben ihr Amt nach Ablauf ihrer Amtszeit bis zum Amtsantritt der neugewählten Vertreter weiter aus.

Für jedes Mitglied der Verbandsversammlung kann ein Stellvertreter bestellt werden.

(3) Die Mitgliedschaft in der Verbandsversammlung erlischt, wenn die Voraussetzungen der Wahl oder der Entsendung des Mitglieds wegfallen. Eine Abberufung von Vertretern aus wichtigem Grund durch die Vertretungskörperschaft ist jederzeit möglich. § 86 Satz 2 des Hessischen Verwaltungsverfahrensgesetzes gilt entsprechend.

(4) Die Verbandsmitglieder können ihre Vertreter anweisen, wie sie in der Verbandsversammlung abzustimmen haben. Eine Abstimmung entgegen der Weisung berührt die Gültigkeit des Beschlusses der Verbandsversammlung nicht. Bei Verbandsversammlungen mit mehr als 30 Vertretern der Verbandsmitglieder ist die Bildung von Fraktionen zulässig. § 36a der Hessischen Gemeindeordnung gilt entsprechend mit der Maßgabe, dass das Nähere in der Zweckverbandssatzung zu regeln ist.

(5) Die Verbandsversammlung wählt in ihrer ersten Sitzung nach der Bildung des Zweckverbandes aus ihrer Mitte einen Vorsitzenden und einen oder mehrere Stellvertreter.

(6) Die Verbandsversammlung ist beschlussfähig, wenn mehr als die Hälfte der satzungsmäßigen Stimmen vertreten ist und die anwesenden Vertreter der Gemeinden und Landkreise wenigstens die Hälfte der vertretenen Stimmen erreichen. § 53 Abs. 2 der Hessischen Gemeindeordnung gilt entsprechend. Die Verbandssatzung kann weitere Voraussetzungen der Beschlussfähigkeit vorschreiben. Beschlüsse werden, soweit Gesetz oder Verbandssatzung nichts anderes bestimmen, mit der Mehrheit der abgegebenen Stimmen gefasst.

(7) Der Vorsitzende der Verbandsversammlung beruft die Verbandsversammlung mindestens einmal im Jahr. Zu ihrer ersten Sitzung nach der Bildung des Zweckverbandes wird die Verbandsversammlung durch die Aufsichtsbehörde einberufen, soweit nicht die Verbandssatzung etwas anderes bestimmt.

§ 16 Verbandsvorstand

(1) Der Verbandsvorstand ist die Verwaltungsbehörde des Zweckverbandes. Er besteht aus dem Verbandsvorsitzenden, dessen Stellvertreter und mindestens einem weiteren Mitglied. Die Mitglieder des Verbandsvorstandes können nicht gleichzeitig der Verbandsversammlung angehören.

(2) Der Verbandsvorstand vertritt den Zweckverband. Erklärungen des Zweckverbandes werden in seinem Namen durch den Verbandsvorsitzen-

den oder dessen Stellvertreter abgegeben. Erklärungen, durch die der Zweckverband verpflichtet werden soll, bedürfen der Schriftform oder müssen in elektronischer Form mit einer dauerhaft überprüfbaren qualifizierten elektronischen Signatur versehen sein. Sie sind nur rechtsverbindlich, wenn sie vom Verbandsvorsitzenden oder seinem Stellvertreter sowie von einem weiteren Mitglied des Verbandsvorstandes unterzeichnet sind. Dies gilt nicht für Geschäfte der laufenden Verwaltung, die für den Zweckverband von nicht erheblicher Bedeutung sind, sowie für Erklärungen, die ein für das Geschäft oder für den Kreis von Geschäften ausdrücklich Beauftragter abgibt, wenn die Vollmacht in der Form des Satz 3 erteilt ist.

§ 17 Ehrenamtliche und hauptamtliche Tätigkeit

(1) Die Mitglieder der Verbandsversammlung sind ehrenamtlich, die Mitglieder des Verbandsvorstandes in der Regel ehrenamtlich tätig.

(2) Der Zweckverband nimmt seine Aufgaben mit eigenen Bediensteten oder mit Bediensteten der Verbandsmitglieder wahr.

(3) Der Zweckverband hat das Recht, Beamte zu ernennen. Beamte dürfen hauptamtlich nur angestellt werden, wenn dies in der Verbandssatzung vorgesehen ist.

(4) Hat der Zweckverband keine eigenen Dienstkräfte und Verwaltungseinrichtungen, sind die Verwaltungs- und Kassengeschäfte nach Maßgabe der Verbandssatzung durch ein Verbandsmitglied wahrzunehmen; der Zweckverband hat dem Verbandsmitglied einen angemessenen Ausgleich für die ihm hierdurch entstehenden Mehrkosten zu gewähren.

(5) Für die Entschädigung der ehrenamtlich Tätigen gilt § 27 der Hessischen Gemeindeordnung entsprechend.

§ 18 Wirtschaftsführung

(1) Auf die Wirtschafts- und Haushaltsführung des Zweckverbandes sind die Vorschriften des Gemeindewirtschaftsrechts sinngemäß anzuwenden mit Ausnahme der Bestimmungen über die Auslegung des Entwurfs der Haushaltssatzung und die Einrichtung des Rechnungsprüfungsamtes.

(2) Ist die Hauptaufgabe eines Zweckverbandes der Betrieb eines wirtschaftlichen Unternehmens, kann die Verbandssatzung bestimmen, dass auf die Wirtschafts- und Haushaltsführung des Zweckverbandes die Vorschriften über die Eigenbetriebe sinngemäß anzuwenden sind; an die

Stelle des Haushaltsplanes tritt in diesem Falle der Wirtschaftsplan, an die Stelle der Haushaltsrechnung der Jahresabschluss. Die oberste Aufsichtsbehörde kann Ausnahmen zulassen.

Vierter Titel: Deckung des Finanzbedarfs

§ 19 Heranziehung der Verbandsmitglieder

(1) Der Zweckverband erhebt von den Verbandsmitgliedern eine Umlage, soweit seine sonstigen Einnahmen nicht ausreichen, um seinen Finanzbedarf zu decken (Verbandsumlage). Die Umlage soll in der Regel nach dem Verhältnis des Nutzens bemessen werden, den die Verbandsmitglieder aus der Erfüllung der Aufgaben des Zweckverbandes haben. Ein anderer Maßstab kann zugrunde gelegt werden, wenn dies angemessen ist. Die Umlagepflicht einzelner Verbandsmitglieder kann durch die Verbandssatzung auf einen Höchstbetrag beschränkt oder ausgeschlossen werden.

(2) Die Höhe der Umlage ist in der Haushaltssatzung, im Falle des § 18 Abs. 2 im Wirtschaftsplan, für jedes Rechnungsjahr festzusetzen.

§ 20 Heranziehung Dritter

(1) Der Zweckverband kann nach den für die übertragenen Aufgaben geltenden abgaberechtlichen Vorschriften Gebühren und Beiträge erheben. Das Recht, Steuern zu erheben, steht ihm nicht zu.

Fünfter Titel: Änderungen und Auflösung

§ 21 Verfahren

(1) Die durch den Beitritt und das Ausscheiden von Verbandsmitgliedern oder die Änderung der Verbandsaufgaben bedingten Änderungen der Verbandssatzung sowie die Auflösung des Zweckverbandes bedürfen, soweit in der Verbandssatzung nichts anderes bestimmt ist, einer Mehrheit von zwei Dritteln, sonstige Änderungen der Verbandssatzung bedürfen der einfachen Mehrheit der satzungsmäßigen Stimmenzahl der Verbandsversammlung. Die Verbandssatzung kann die Notwendigkeit der Zustimmung einzelner oder aller Verbandsmitglieder vorschreiben. Der Beschluss über den Beitritt oder das Ausscheiden setzt einen Antrag des Beteiligten voraus; dies gilt nicht für das Ausscheiden, wenn die Verbandssatzung einen

Ausschluss vorsieht und die in ihr bestimmten Voraussetzungen hierfür gegeben sind.

(2) Jedes Verbandsmitglied kann ungeachtet der Voraussetzungen des Abs. 1 seine Mitgliedschaft aus wichtigem Grund kündigen. Im Falle einer mindestens zehnjährigen Mitgliedschaft in einem Zweckverband mit Aufgaben, die überwiegend nicht auf gesetzlichen Verpflichtungen beruhen,[1] kann ein Verbandsmitglied ordentlich mit zweijähriger Kündigungsfrist kündigen. Die Kündigung ist gegenüber dem Verbandsvorstand schriftlich zu erklären.

(3) Der Beitritt und das Ausscheiden von Verbandsmitgliedern, die Änderung der Verbandsaufgaben sowie die Auflösung des Zweckverbandes und die Kündigung bedürfen der Genehmigung der Aufsichtsbehörde. Sonstige Änderungen der Verbandssatzung sind der Aufsichtsbehörde anzuzeigen. Die Aufsichtsbehörde kann die Genehmigung zur Auflösung eines Zweckverbandes, zum Ausscheiden oder zur Kündigung eines Verbandsmitglieds aus wichtigem Grund mit der Maßgabe erteilen, dass die Auflösung des Zweckverbandes, das Ausscheiden oder die Kündigung aus wichtigem Grund erst nach Ablauf eines in der Genehmigung bestimmten Zeitraumes wirksam wird, wenn dies zur Anpassung des Zweckverbandes oder der Verbandsmitglieder an die durch die Auflösung, das Ausscheiden oder die Kündigung bedingten Verhältnisse aus Gründen des öffentlichen Wohles erforderlich ist.

(4) Ein Pflichtverband bedarf für jede Änderung der Verbandssatzung der Genehmigung der oberen Aufsichtsbehörde. Die Beteiligten können einen Pflichtverband nicht von sich aus auflösen. Sind die Gründe für die Bildung eines Pflichtverbandes weggefallen, kann die obere Aufsichtsbehörde dies gegenüber dem Pflichtverband erklären. Der Pflichtverband besteht in diesem Falle als Freiverband weiter. Innerhalb von sechs Monaten kann jedes Verbandsmitglied seinen Austritt aus dem Zweckverband erklären.

---

1 Das Recht nach zehnjähriger Mitgliedschaft kündigen zu können, ist auf Zweckverbände im Bereich „freiwilliger Aufgaben" beschränkt (etwa beim Tourismus, Landschaftspflege oder gemeinsamer Einrichtungen wie Schwimmbäder) beschränkt, da kommunale Zusammenarbeiten aufgrund gesetzlicher Verpflichtungen (etwa bei der Wasserversorgung und im Abwasserbereich) dauerhafte Infrastrukturen schaffen, die nicht einseitig zerschlagen werden dürfen (siehe S. 65 des Gesetzentwurfs der Fraktionen der CDU und der FDP für ein Gesetz zur Änderung der HGO und anderer Gesetze vom 10.5.2011 Drucks. 18/4031)

(5) Für Änderungen der Verbandssatzung, die Auflösung des Zweckverbandes und die Kündigung aus wichtigem Grund gelten § 10 Abs. 1 Satz 2, Abs. 2 und § 11 sinngemäß.

§ 22 Abwicklung

(1) Der Zweckverband gilt nach seiner Auflösung als fortbestehend, soweit der Zweck der Abwicklung dies erfordert.

§ 23 Wegfall von Verbandsmitgliedern

(1) Werden Körperschaften des öffentlichen Rechts, die Verbandsmitglieder sind, in eine andere Körperschaft eingegliedert oder mit einer anderen Körperschaft zusammengeschlossen, tritt die Körperschaft des öffentlichen Rechts, in die das Verbandsmitglied eingegliedert oder mit der es zusammengeschlossen wird, an die Stelle des früheren Verbandsmitglieds. Das gleiche gilt, wenn eine Körperschaft auf mehrere andere Körperschaften aufgeteilt wird oder wenn ihre Aufgaben oder Befugnisse auf eine oder mehrere andere Körperschaften übergehen. Die durch den Mitgliederwechsel sich ergebende Änderung der Verbandssatzung ist öffentlich bekanntzumachen.

(2) Wenn Gründe des öffentlichen Wohles nicht entgegenstehen, kann der Zweckverband binnen drei Monaten vom Wirksamwerden der Änderung ab die neue Körperschaft ausschließen; in gleicher Weise kann diese ihren Austritt aus dem Zweckverband erklären. Ausschluss und Austritt bedürfen der Genehmigung der Aufsichtsbehörde; § 11 gilt sinngemäß.

(3) Die Abs. 1 und 2 gelten für andere Verbandsmitglieder entsprechend.

§ 23a Formwechsel[2]

(1) Die Umwandlung eines Zweckverbandes in eine Gesellschaft mit beschränkter Haftung nach den Vorschriften des Umwandlungsgesetzes

---

2 Die Regelung eröffnet nach § 301 Umwandlungsgesetz den direkten Weg, eine Körperschaft des öffentlichen Rechts in eine Kapitalgesellschaft umzuwandeln. Dadurch werden aufwändige Rückübertragungen auf die ehemaligen Zweckverbandsmitglieder vor der Neugründung der Kapitalgesellschaft vermieden (siehe S. 65 des Gesetzentwurfs der Fraktionen der CDU und der FDP für ein Gesetz zur Änderung der HGO und anderer Gesetze vom 10.5.2011 Drucks. 18/4031)

vom 28. Oktober 1994 (BGBl. I S. 3210, 1995 I S. 428), zuletzt geändert durch Gesetz vom 19. Dezember 2018 (BGBl. I S. 2694), über den Formwechsel ist zulässig.

(2) Der Umwandlungsbeschluss bedarf der Zustimmung aller Verbandsmitglieder. In dem Umwandlungsbeschluss muss auch der Gesellschaftsvertrag der Gesellschaft mit beschränkter Haftung enthalten sein. Als Nachweis der Einhaltung der Erfordernisse des Satzes 2 gegenüber dem Registergericht reichen bei kommunalen Körperschaften beglaubigte Beschlussniederschriften aus. Der Umwandlungsbeschluss darf nur gefasst werden, wenn der Zweckverband die Absicht der Umwandlung mindestens sechs Wochen vor dem Umwandlungsbeschluss in einem Umwandlungsbericht der Aufsichtsbehörde angezeigt hat. Die Umwandlung ist öffentlich bekannt zu machen. Im Übrigen sind auf den Formwechsel von den Vorschriften des Umwandlungsgesetzes § 192 Abs. 1, § 193 Abs. 3 bezüglich der Zustimmungserklärungen nicht kommunaler Verbandsmitglieder, § 194, § 195, § 198 Abs. 2 und 3, §§ 199, 201, 202, 204 bis 206, 230 Abs. 1 und § 243 Abs. 1 in Verbindung mit § 218 Abs. 1 entsprechend anzuwenden; ferner ist § 197 des Umwandlungsgesetzes sinngemäß mit der Maßgabe anzuwenden, dass alle Zweckverbandsmitglieder den Gründern gleichstehen. Die weiteren Vorschriften des Ersten Teils des Fünften Buchs des Umwandlungsgesetzes finden keine Anwendung.

Vierter Abschnitt: **Die öffentlich-rechtliche Vereinbarung**

§ 24 Inhalt und Form

(1) Gemeinden und Landkreise können vereinbaren, dass eine der beteiligten Gebietskörperschaften einzelne oder mehrere Aufgaben

1. der übrigen Beteiligten in ihre Zuständigkeit übernimmt, insbesondere den übrigen Beteiligten die Mitbenutzung einer von ihr betriebenen Einrichtung gestattet (Delegation) oder
2. für die übrigen Beteiligten durchführt (Mandatierung).

(2) Den übrigen Beteiligten kann ein Mitwirkungsrecht bei der Erfüllung der Aufgaben eingeräumt werden; dies gilt auch für die Bestellung von Bediensteten.

(3) Ist die Geltungsdauer einer öffentlich-rechtlichen Vereinbarung nicht befristet oder beträgt die Frist mehr als zehn Jahre, hat die Vereinbarung

die Voraussetzungen zu bestimmen, unter denen sie von den Beteiligten gekündigt werden kann.

(4) Die öffentlich-rechtliche Vereinbarung muss die Beteiligten und die Aufgaben bestimmen. Sie ist schriftlich abzuschließen.

(5) Die Vorschriften dieses Abschnittes gelten für öffentlich-rechtliche Vereinbarungen mit Zweckverbänden und Wasser- und Bodenverbänden im Sinne des Wasserverbandsgesetzes vom 12. Februar 1991 (BGBl. I S. 405), geändert durch Gesetz vom 15. Mai 2002 (BGBl. I S. 1578), entsprechend.

§ 25 Rechte und Pflichten

(1) Im Falle einer Delegation gehen das Recht und die Pflicht, die Aufgaben zu erfüllen, und die zur Erfüllung der Aufgaben notwendigen Befugnisse auf die Gebietskörperschaft über, welche die Aufgaben übernommen hat, es sei denn, dass in der Vereinbarung ausdrücklich etwas anderes bestimmt ist. In der Vereinbarung kann der Gebietskörperschaft, auf die Aufgaben übergehen, die Befugnis übertragen werden, Satzungen anstelle der übrigen Beteiligten für deren Gebiet zu erlassen. Die berechtigte Gebietskörperschaft kann im Geltungsbereich der Satzung alle zu ihrer Durchführung erforderlichen Maßnahmen wie im eigenen Gebiet treffen. Das Recht zur Erhebung von Steuern kann nicht übertragen werden.

(2) Im Fall einer Mandatierung bleiben die Rechte und Pflichten der Gebietskörperschaft als Träger der Aufgaben unberührt.

§ 25a Beauftragung

Der Landrat oder der Oberbürgermeister einer kreisfreien Stadt kann den Landrat eines angrenzenden Landkreises oder den Oberbürgermeister einer angrenzenden kreisfreien Stadt mit der Durchführung von Auftragsangelegenheiten beauftragen. Der Landrat kann den Bürgermeister einer kreisangehörigen Gemeinde mit der Durchführung von Auftragsangelegenheiten beauftragen. Die Beauftragung bedarf neben der Zustimmung der beauftragten Behörde auch der Zustimmung des zuständigen kommunalen Organs und der Zustimmung der Aufsichtsbehörde.

§ 26 Genehmigung, Anzeige und Bekanntmachung

(1) Eine Delegation bedarf der Genehmigung der Aufsichtsbehörde; § 10 Abs. 1 Satz 2 und Abs. 2 ist sinngemäß anzuwenden. Für die öffentliche Bekanntmachung und das Wirksamwerden der Delegation gilt § 11. Teile einer Delegation, die nur das Verhältnis der Beteiligten untereinander betreffen, ohne dass Rechte oder Pflichten Dritter berührt werden, brauchen nicht öffentlich bekannt gemacht zu werden.

(2) Eine Mandatierung ist der Aufsichtsbehörde anzuzeigen. Die Mandatierung wird, soweit in ihr nichts anderes bestimmt ist, ohne öffentliche Bekanntmachung wirksam, wenn sie von allen Beteiligten beschlossen und unterschrieben ist.

§ 27 Änderungen und Aufhebung

(1) Änderungen einer Delegation, die den Gegenstand, die den Beteiligten zustehenden Befugnisse oder den Kreis der Beteiligten betreffen, sowie die Aufhebung einer Delegation bedürfen der Genehmigung der Aufsichtsbehörde. Sonstige Änderungen einer Delegation sowie die Änderung und Aufhebung einer Mandatierung sind der Aufsichtsbehörde anzuzeigen.

(2) Jede öffentlich-rechtliche Vereinbarung kann aus wichtigem Grund gekündigt werden; die Kündigung ist schriftlich gegenüber den Beteiligten zu erklären. Die Kündigung einer Delegation bedarf der Genehmigung der Aufsichtsbehörde. Die Aufsichtsbehörde kann die Genehmigung mit der Maßgabe erteilen, dass die Kündigung erst nach Ablauf eines in der Genehmigung bestimmten Zeitraumes wirksam wird, wenn dies zur Anpassung der Beteiligten an die durch die Kündigung bedingten Verhältnisse aus Gründen des öffentlichen Wohles erforderlich ist.

(3) Änderungen einer öffentlich-rechtlichen Vereinbarung und ihre Aufhebung bedürfen der Schriftform. Für Änderungen, die Aufhebung und die Kündigung einer Delegation gelten § 10 Abs. 1 Satz 2, Abs. 2 und § 11 sinngemäß.

§ 28 Wegfall von Beteiligten

(1) Werden Gebietskörperschaften, die an einer öffentlich-rechtlichen Vereinbarung beteiligt sind, in eine andere Gebietskörperschaft eingegliedert oder mit einer anderen Gebietskörperschaft zusammengeschlossen, tritt die Gebietskörperschaft, in welche die an der öffentlich-rechtlichen Verein-

barung beteiligte Körperschaft eingegliedert oder mit der sie zusammengeschlossen wird, an deren Stelle. Das gleiche gilt, wenn eine Gebietskörperschaft auf mehrere andere aufgeteilt wird oder wenn ihre Aufgaben oder Befugnisse, die Gegenstand der öffentlich-rechtlichen Vereinbarung sind, auf eine oder mehrere Körperschaften übergehen.

(2) Wenn Gründe des öffentlichen Wohles nicht entgegenstehen, kann jeder Beteiligte die öffentlich-rechtliche Vereinbarung binnen drei Monaten nach dem Eintritt der neuen Körperschaft kündigen.

§ 29 Pflichtregelung

(1) Ist der Abschluss einer öffentlich-rechtlichen Vereinbarung zur Erfüllung von Aufgaben aus Gründen des öffentlichen Wohles dringend geboten und kann dies auf andere Weise nicht wirksam oder zweckmäßig geschehen, hat die obere Aufsichtsbehörde den Beteiligten eine bestimmte angemessene Frist zum Abschluss der Vereinbarung zu setzen.

(2) Nach fruchtlosem Ablauf der Frist kann die obere Aufsichtsbehörde die erforderliche Regelung treffen, die wie eine Vereinbarung zwischen den Beteiligten wirkt. Der Entscheidung der oberen Aufsichtsbehörde muss eine mündliche Verhandlung mit den Beteiligten vorausgehen.

(3) Die §§ 24 bis 28 gelten für die Pflichtregelung entsprechend. Die Beteiligten können eine Pflichtregelung nicht von sich aus aufheben. Zur Kündigung ist die Genehmigung der oberen Aufsichtsbehörde erforderlich. Sind die Gründe für die Pflichtregelung weggefallen, kann die obere Aufsichtsbehörde dies gegenüber den Beteiligten erklären. Die Pflichtregelung gilt in diesem Falle als Vereinbarung nach § 24 weiter; sie kann von jedem Beteiligten mit einer Frist von drei Monaten gekündigt werden.

Fünfter Abschnitt: **Gemeinsame kommunale Anstalt**

§ 29a Allgemeines

(1) Gemeinden und Landkreise können zur gemeinsamen Aufgabenerfüllung Unternehmen und Einrichtungen in der Rechtsform einer Anstalt des öffentlichen Rechts unter ihrer gemeinsamen Trägerschaft als gemeinsame kommunale Anstalt errichten oder bestehende Regie- und Eigenbetriebe im Wege der Gesamtrechtsnachfolge in eine gemeinsame kommunale Anstalt umwandeln. An der Errichtung einer gemeinsamen

kommunalen Anstalt können sich auch Zweckverbände und kommunale Versorgungskassen beteiligen.

(2) Eine gemeinsame kommunale Anstalt entsteht durch Vereinbarung
1. ihrer Errichtung,
2. einer Beteiligung als Träger an einer Anstalt im Sinne des § 126a Abs. 1 der Hessischen Gemeindeordnung oder
3. der Verschmelzung von Anstalten im Sinne des § 126a Abs. 1 der Hessischen Gemeindeordnung mindestens zweier Gemeinden oder Landkreise im Wege der Gesamtrechtsnachfolge.

(3) An einer bestehenden gemeinsamen kommunalen Anstalt können sich als Träger beteiligen:
1. weitere Gemeinden und Landkreise
2. Anstalten im Sinne des Paragraphen 126a Abs. 1 der Hessischen Gemeindeordnung.
3. Zweckverbände und
4. kommunale Versorgungskassen.

Gemeinsame kommunale Anstalten können im Wege der Gesamtrechtsnachfolge miteinander und mit Anstalten im Sinne des § 126a der Hessischen Gemeindeordnung verschmolzen werden.

(4) Die Satzung bedarf der Genehmigung der Aufsichtsbehörde. § 10 Abs. 1 Satz 1 KGG gilt entsprechend. Änderungen der Satzung sind der Aufsichtsbehörde anzuzeigen. § 127a der Hessischen Gemeindeordnung gilt entsprechend.

(5) Jede Maßnahme nach Abs. 1 bis 3 ist zusammen mit den hierzu erlassenen Satzungsregelungen von den Beteiligten in ihren jeweiligen Bekanntmachungsorganen, die unmittelbar oder mittelbar Träger der gemeinsamen kommunalen Anstalt sind, öffentlich bekannt zu machen. Ist in den Satzungsregelungen kein späterer Zeitpunkt bestimmt, so wird die betreffende Maßnahme am Tag nach der letzten öffentlichen Bekanntmachung wirksam.

§ 29b Grundlagen

(1) Soweit nichts Abweichendes bestimmt ist, gilt für die gemeinsame kommunale Anstalt § 126a der Hessischen Gemeindeordnung entsprechend. Für die staatliche Aufsicht über die gemeinsame kommunale Anstalt gilt § 35 entsprechend.

(2) Im Rahmen der Vereinbarung nach § 29a Abs. 2 legen die Beteiligten die Satzung der gemeinsamen kommunalen Anstalt fest. In der Satzung

sind die Rechtsverhältnisse der gemeinsamen kommunalen Anstalt und das Verfahren zur Änderung der Satzung zu regeln. Für den Inhalt der Satzung gilt § 126a Abs. 2 HGO entsprechend. Die Satzung der gemeinsamen kommunalen Anstalt muss auch Angaben enthalten über

1. die Träger der Anstalt,
2. den Sitz der Anstalt,
3. den Betrag der von jedem Träger der Anstalt auf das Stammkapital zu leistenden Einlage,
4. den räumlichen Wirkungsbereich der Anstalt, wenn ihr hoheitliche Befugnisse übertragen werden oder sie satzungsbefugt ist,
5. die Sitz- und Stimmverteilung im Verwaltungsrat,
6. die Verteilung des Vermögens der Anstalt und des Personals im Fall der Auflösung und des Austritts eines Trägers,
7. das für die Prüfung des Jahresabschlusses und Lagebericht zuständige Rechnungsprüfungsamt.

(3) Dem Verwaltungsrat der gemeinsamen kommunalen Anstalt gehören mindestens Bürgermeister oder Landräte ihrer Träger an. Der Verwaltungsrat bestimmt aus seiner Mitte den Vorsitz.

(4) Die Träger können ihre Verwaltungsratsmitglieder in wichtigen Angelegenheiten anweisen, wie sie im Verwaltungsrat abzustimmen haben.

(5) Soweit die Träger für die Verbindlichkeiten der gemeinsamen kommunalen Anstalt einzutreten haben, haften sie als Gesamtschuldner. Der Ausgleich im Innenverhältnis richtet sich vorbehaltlich einer abweichenden Regelung in der Anstaltssatzung nach dem Verhältnis der von jedem Träger der gemeinsamen kommunalen Anstalt auf das Stammkapital zu leistenden Einlage.

(6) Über Änderungen der Satzung und die Auflösung der gemeinsamen kommunalen Anstalt beschließt der Verwaltungsrat. Die Änderung der Aufgabe der gemeinsamen kommunalen Anstalt, Veränderungen der Trägerschaft, die Erhöhung des Stammkapitals, die Verschmelzung sowie die Auflösung der gemeinsamen kommunalen Anstalt bedürfen der Zustimmung aller Träger. Änderungen der Satzung der gemeinsamen kommunalen Anstalt sind in den Bekanntmachungsorganen ihrer Träger öffentlich bekannt zu machen.

(7) Für die außerordentliche Kündigung aus wichtigem Grund und die ordentliche Kündigung gilt § 21 Abs. 1 bis 3 entsprechend.

Sechster Abschnitt: **Gemeindeverwaltungsverband**

§ 30 Beteiligte und Aufgaben

(1) Gemeinden können zur Stärkung ihrer Verwaltungskraft einen Gemeindeverwaltungsverband bilden. Der Gemeindeverwaltungsverband ist nach der Zahl der Gemeinden und ihrer Einwohner sowie nach der räumlichen Ausdehnung unter Berücksichtigung der örtlichen Verhältnisse so abzugrenzen, dass er seine Aufgaben zweckmäßig und wirtschaftlich erfüllen kann.

(2) Für den Gemeindeverwaltungsverband gelten die Vorschriften über Zweckverbände, soweit nichts anderes bestimmt ist.

(3) Die Mitgliedsgemeinden können vereinbaren, dass der Gemeindeverwaltungsverband
1. Aufgaben der Mitgliedsgemeinden in seine Zuständigkeit übernimmt oder
2. mit der verwaltungsmäßigen Erledigung dieser Aufgaben beauftragt wird. Das Nähere ist in der Verbandssatzung zu regeln.

Der Gemeindeverwaltungsverband kann seine Aufgaben mit Bediensteten der Mitgliedsgemeinden wahrnehmen.

§ 31 Besondere Bestimmungen für die Organe des Gemeindeverwaltungsverbandes

(1) Zu Mitgliedern der Verbandsversammlung dürfen nur Mitglieder der Vertretungskörperschaften der Verbandsgemeinden gewählt werden,

(2) Dem Verbandsvorstand gehören die Bürgermeister der Verbandsgemeinden kraft Amtes an; sie werden im Falle ihrer Verhinderung von ihren allgemeinen Vertretern vertreten.

§ 32 Verbandsumlage

Die Verbandsumlage (§ 19) wird, soweit die Verbandssatzung nichts anderes bestimmt, nach dem Verhältnis der Einwohnerzahlen der Verbandsgemeinden erhoben.

§ 33 *(aufgehoben)*

§ 34 *(aufgehoben)*

Siebter Abschnitt: **Aufsicht**

§ 35 Aufsichtsbehörden

(1) Die Zweckverbände unterstehen staatlicher Aufsicht. Die §§ 135, 137 bis 146 der Hessischen Gemeindeordnung sind sinngemäß anzuwenden.

(2) Aufsichtsbehörde für Zweckverbände ist

1. der Landrat als Behörde der Landesverwaltung, wenn ausschließlich seiner Aufsicht unterstehende Gemeinden Verbandsmitglieder sind,
2. der Regierungspräsident oder die von ihm bestimmte Behörde, wenn die beteiligten Gemeinden mehreren Landkreisen seines Bezirks angehören oder ein Landkreis seines Bezirks beteiligt ist oder Gemeinden beteiligt sind, für die er Aufsichtsbehörde ist,
3. der Minister des Innern oder die von ihm bestimmte Behörde, wenn die beteiligten Gemeinden oder Landkreise mehreren Regierungsbezirken angehören oder die Stadt Frankfurt am Main, die Landeshauptstadt Wiesbaden oder das Land beteiligt ist; das gleiche gilt, wenn ein anderes Land, eine Gemeinde oder ein Gemeindeverband eines anderen Landes oder der Bund beteiligt ist.

(3) Obere Aufsichtsbehörde ist der Regierungspräsident, wenn der Landrat Aufsichtsbehörde ist, sonst der Minister des Innern. Oberste Aufsichtsbehörde ist der Minister des Innern.

(4) Für die bei öffentlich-rechtlichen Vereinbarungen nach diesem Gesetz notwendigen Rechtshandlungen der Aufsichtsbehörde und für die Entgegennahme der ihr gegenüber abzugebenden Anzeigen ist die in Abs. 2 bestimmte Aufsichtsbehörde zuständig. Im Übrigen bleibt die Zuständigkeit der in § 136 der Hessischen Gemeindeordnung bestimmten Aufsichtsbehörden unberührt.

§ 36 Grenzüberschreitende Zweckverbände und öffentlich-rechtliche Vereinbarungen

(1) Die Mitgliedschaft einer Gemeinde, eines Landkreises oder einer sonstigen der Aufsicht des Landes unterstehenden Körperschaft, Anstalt oder Stiftung des öffentlichen Rechts in einem Zweckverband, der seinen Sitz außerhalb des Landes Hessen hat, bedarf der Genehmigung des Ministers des Innern. Das gleiche gilt für die Mitgliedschaft einer Gemeinde oder eines Gemeindeverbandes außerhalb des Landes Hessen oder einer sonstigen nicht der Aufsicht des Landes Hessen unterstehenden Körperschaft,

Anstalt oder Stiftung des öffentlichen Rechts in einem Zweckverband, der seinen Sitz innerhalb des Landes Hessen hat.

(2) Der Minister des Innern kann durch Vereinbarung mit der zuständigen obersten Aufsichtsbehörde des anderen Landes die für den grenzüberschreitenden Zweckverband (Abs. 1) zuständige Aufsichtsbehörde bestimmen.

(3) Die Abs. 1 und 2 gelten für öffentlich-rechtliche Vereinbarungen mit Gemeinden oder Gemeindeverbänden außerhalb des Landes Hessen entsprechend.

§ 37 *(aufgehoben)*

Achter Abschnitt: **Übergangs- und Schlussbestimmungen**

§ 38 Anpassung von Satzungen

Die am 19. Dezember 2019 bestehenden Satzungen von Zweckverbänden sind an § 9 Abs. 2 Nr. 8 und 9 in der ab dem 19. Dezember 2019 geltenden Fassung bis spätestens 31. Dezember 2022 anzupassen.

§ 39 Anwendung in Sonderfällen

(1) Ist durch Gesetz die gemeinsame Erfüllung bestimmter Aufgaben den Gemeinden oder Landkreisen vorgeschrieben oder zugelassen, findet dieses Gesetz insoweit Anwendung, als gesetzlich nichts anderes bestimmt ist.

(2) Auf Planungsverbände nach § 205 des Baugesetzbuches in der Fassung der Bekanntmachung vom 3. November 2017 (BGBl. I S. 3634) und auf Planungsverbände nach den §§ 5 und 7 des Gesetzes über die Metropolregion Frankfurt/Rhein-Main vom 8. März 2011 (GVBl. I S. 153), zuletzt geändert durch Gesetz vom 24. August 2018 (GVBl S. 387), sind die Vorschriften dieses Gesetzes anzuwenden, soweit sich aus dem Baugesetzbuch oder dem Gesetz über die Metropolregion Frankfurt/Rhein-Main nichts anderes ergibt.

§ 40 *(aufgehoben)*

§ 41 *(aufgehoben)*

§ 42 Ausführungsvorschriften

Der Minister des Innern erlässt die zur Ausführung dieses Gesetzes erforderlichen Rechtsverordnungen und Verwaltungsvorschriften.

§ 43 Inkrafttreten

Dieses Gesetz tritt am Tage nach der Verkündung in Kraft.

Stichwortverzeichnis

Das Stichwortverzeichnis verweist auf Paragrafen bzw. Artikel der Gesetze.
Die fett gedruckten Zahlen verweisen auf die Paragrafen, die mager gedruckten auf die Absätze.
Die Gesetze werden (entsprechend ihrer Benennung im Inhaltsverzeichnis) wie folgt abgekürzt:
B = Grundgesetz für die Bundesrepublik Deutschland
C = Verfassung des Landes Hessen
D = Hessische Gemeindeordnung
E = Hessische Landkreisordnung
F = Hessisches Kommunalwahlgesetz
G = Hessische Kommunalwahlordnung
H = Gesetz über kommunale Gemeinschaftsarbeit

Stichwortverzeichnis

Stichwortverzeichnis

Stichwortverzeichnis

Stichwortverzeichnis

Stichwortverzeichnis